Wissensmanagement mit Referenzmodellen

Jörg Becker · Ralf Knackstedt
(Herausgeber)

Wissensmanagement mit Referenzmodellen

Konzepte für die Anwendungssystem- und Organisationsgestaltung

Mit Beiträgen von
Jörg Becker, Jörg Bergerfurth, Christian Botta, Heide Brücher
Patrick Delfmann, Rainer Endl, Peter Fettke, Stefan Gerber
Frank Habermann, Holger Hansmann, Michael Hau
Thomas Hess, Roland Holten, Ralf Knackstedt, Dominik Kuropka
Michael Lohmann, Peter Loos, André Mai, Florian Melchert
Peter Mertens, Stefan Neumann, Michael Rohloff
Fabian Schmidt-Schröder, Gerd Stumme, Oliver Thomas
Antonios Tzouvaras, Michael Wegener

Mit 128 Abbildungen und 13 Tabellen

Springer-Verlag Berlin Heidelberg GmbH

Professor Dr. Jörg Becker
Ralf Knackstedt
Westfälische Wilhelms-Universität Münster
Lehrstuhl für Wirtschaftsinformatik
und Informationsmanagement
Leonardo-Campus 3
48149 Münster
Deutschland
becker@wi.uni-muenster.de
israkn@uni-muenster.de

ISBN 978-3-7908-1514-6

Die Deutsche Bibliothek – CIP-Einheitsaufnahme
Wissensmanagement mit Referenzmodellen: Konzepte für die Anwendungssystem- und Organisationsgestaltung / hrsg. von Jörg Becker und Ralf Knackstedt.
ISBN 978-3-7908-1514-6   ISBN 978-3-642-52449-3 (eBook)
DOI 10.1007/978-3-642-52449-3

Dieses Werk ist urheberrechtlich geschützt. Die dadurch begründeten Rechte, insbesondere die der Übersetzung, des Nachdrucks, des Vortrags, der Entnahme von Abbildungen und Tabellen, der Funksendung, der Mikroverfilmung oder der Vervielfältigung auf anderen Wegen und der Speicherung in Datenverarbeitungsanlagen, bleiben, auch bei nur auszugsweiser Verwertung, vorbehalten. Eine Vervielfältigung dieses Werkes oder von Teilen dieses Werkes ist auch im Einzelfall nur in den Grenzen der gesetzlichen Bestimmungen des Urheberrechtsgesetzes der Bundesrepublik Deutschland vom 9. September 1965 in der jeweils geltenden Fassung zulässig. Sie ist grundsätzlich vergütungspflichtig. Zuwiderhandlungen unterliegen den Strafbestimmungen des Urheberrechtsgesetzes.

© Springer-Verlag Berlin Heidelberg 2002
Ursprünglich erschienen bei Physica-Verlag Heidelberg 2002

Die Wiedergabe von Gebrauchsnamen, Handelsnamen, Warenbezeichnungen usw. in diesem Werk berechtigt auch ohne besondere Kennzeichnung nicht zu der Annahme, dass solche Namen im Sinne der Warenzeichen- und Markenschutz-Gesetzgebung als frei zu betrachten wären und daher von jedermann benutzt werden dürften.

Umschlaggestaltung: Erich Kirchner, Heidelberg
SPIN 10885567   88/2202-5 4 3 2 1 0 – Gedruckt auf säurefreiem Papier

Vorwort

Unter dem Schlagwort *Wissensmanagement* heben Forschung und Praxis zurzeit die Bedeutung des Wissens als Faktor für den Erfolg eines Unternehmens hervor. Wissensmanagement hat dabei das Ziel, den Umgang mit der Ressource Wissen im Unternehmen zu verbessern. Um diese Aufgabe zu unterstützen, wird vielfach die Entwicklung neuer Methoden und Werkzeuge gefordert.

In der z. T. euphorischen Diskussion dieser nur scheinbar neuen Disziplin drohen bewährte Konzepte aus dem Blick zu geraten. So liegen zumindest für die Domäne der *Anwendungssystem- und Organisationsgestaltung* in Form von Referenzmodellen bereits seit Jahren geeignete Instrumente vor, die für den Transfer betriebswirtschaftlichen und informationstechnischen Know-hows genutzt werden können. Es erscheint forschungsökonomisch ausgesprochen sinnvoll, diese Konzepte auch im Fokus des Wissensmanagements aufzugreifen und weiterzuentwickeln. Hierzu wollen die Autoren dieses Bandes einen Beitrag leisten.

Für die Einteilung des eigentlichen Wissensentstehungs- und -verwendungsprozesses wurden zahlreiche Modelle entwickelt. Sie zeigen, dass die Explikation von Wissen eine Hauptschwierigkeit darstellt. Das Wissensmanagement muss geeignete Sprachen und Handlungsanleitungen zur Verfügung stellen, um die Wissensexplikation zu fördern. Für die Domäne der Anwendungssystem- und Organisationsgestaltung stellen die in diesem Band ausführlich diskutierten Techniken zur Konstruktion von Referenzmodellen geeignete Lösungsansätze für dieses Problem dar. Im Teil *Grundlagen* werden Konzepte präsentiert, die allgemein in unternehmensinternen und unternehmensübergreifenden Referenzmodellierungsvorhaben eingesetzt werden können. Konkrete Beispiele für Referenzmodelle werden im darauf folgenden Teil *Modellsysteme* präsentiert. Der abschließende Teil *Anwendungsgebiete* berücksichtigt, dass die Explikation des Wissens kein Selbstzweck ist, und diskutiert ausgewählte Einsatzgebiete der explizierten Wissensbasen.

Im Einzelnen werden im *ersten Teil* Vorschläge zum Vorgehen im Rahmen von Modellierungsprojekten, zur Verwendung von Modellierungstechniken und zur Organisation der Ergebnisse unterbreitet. PETER FETTKE und PETER LOOS stellen mit Referenzmodellkatalogen Instrumente vor, die der Erschließung von Referenzmodellen als Wissensquelle dienen. Die Kataloge ordnen Referenzmodelle nach einheitlichen Gesichtspunkten und erlauben so einen systematischen Zugriff auf das in Referenzmodellen verfügbare Domänenwissen. Die Konstruktion von Referenzmodellen, die sich über die Auswertung von Regelbasen an die speziellen Anforderungen verschiedener Unternehmen und Benutzergruppen anpassen lassen, betrachten JÖRG BECKER, PATRICK DELFMANN, RALF KNACKSTEDT und

DOMINIK KUROPKA. Mit einem Vorgehensmodell und Werkzeugkonzept tragen sie dazu bei, die Zielsetzung der konfigurativen Referenzmodellierung zu operationalisieren. Von den möglichen Parametern konfigurierbarer Referenzmodelle greifen HEIDE BRÜCHER und RAINER ENDL die objektorientierte Informationssystementwicklung und die geschäftsregelbasierte Unternehmensmodellierung heraus. Sie erweitern die verbreitete, objektorientierte Modellierungstechnik UML um Konstrukte, die Geschäftsregeln abbilden können. Einen alternativen Ansatz um zwischen kommunizierenden, sich aber in ihren Konzeptionalisierungen unterscheidenden Partnern zu vermitteln, präsentiert GERD STUMME. Mittels seiner Methode zur Fusion von Ontologien kann projekt- bzw. abteilungsübergreifend eine gemeinsame Sprachebene gefunden werden.

Den Beiträgen des *zweiten Teils* ist gemeinsam, dass sie spezielle Referenzmodelle detailliert vorstellen. Es handelt sich dabei jeweils um umfangreiche Modellsysteme, die verschiedene Modelltypen miteinander verknüpfen. ANTONIOS TZOUVARAS und THOMAS HESS legen dabei den Schwerpunkt auf den hierarchischen Aufbau des Modellsystems. Sie zeigen am Beispiel der Entwicklung eines Referenzmodells für Buchverlage, wie in Form eines inhaltlich-funktionalen Ordnungsrahmens eine geeignete Einstiegsebene als Navigationshilfe für das Gesamtmodell zur Verfügung gestellt wird. STEFAN GERBER und ANDRÉ MAI legen dar, dass die Konsolidierung des Unternehmenswissens gefördert werden kann, indem Modellmuster und Glossare in Modellsysteme integriert werden. Die Instrumente zur Normierung der Modellbestandteile haben sie im Rahmen der Konstruktion eines Modells für das Filialgeschäft von Banken angewendet. Als eines der wenigen Beispiele von Referenzmodellen, die inhaltlich einen interorganisatorischen Fokus besitzen, stellen ROLAND HOLTEN und FLORIAN MELCHERT das vom Supply Chain Council entwickelte SCOR-Modell vor. Das über mehrere Ebenen aufgebaute Modellsystem will Lösungen für die Verbesserung der Zusammenarbeit von Unternehmen entlang von Wertschöpfungsketten vermitteln. Als Beispiel für die unternehmensinterne Entwicklung und Verwendung eines Referenzmodells dient schließlich das Prozessrahmenwerk der Siemens AG, welches von MICHAEL ROHLOFF dargelegt wird. Es soll innerhalb der Siemens AG den Austausch von Best-Practice-Lösungen im IT-Umfeld über Funktionsbereiche und Regionen hinweg fördern.

Die Nutzung des in Referenzmodellen explizierten Wissens zu Zwecken der Anwendungssystem- und Organisationsgestaltung steht im Mittelpunkt des *dritten Teils*. Anstelle eines vollständigen Überblicks werden neuartige bzw. besonders aktuelle Anwendungsgebiete herausgegriffen. Referenzmodelle werden im Rahmen der Einführung von Workflowmanagementsystemen bisher hauptsächlich als Ausgangslösungen für die Konzeption der durch die Software zu unterstützenden Geschäftsprozesse verwendet. JÖRG BECKER, HOLGER HANSMANN, STEFAN NEUMANN und JÖRG BERGERFURTH untersuchen, welche spezifischen Informationen Referenzmodelle enthalten müssen, um eine möglichst umfassende Unterstützung für Workflowmanagementprojekte bieten zu können. Der Realisierung internetbasierter Geschäftsmodelle widmen sich FABIAN SCHMIDT-SCHRÖDER und MICHAEL WEGENER. Sie zeigen, wie mittels einer referenzmodellbasierten Einführungsmethode die Einführung von E-Commerce-Standardsoftware beschleunigt und verbessert werden kann. MICHAEL LOHMANN, MICHAEL HAU und PETER MERTENS berichten über ihre Erfahrungen mit der Entwicklung und Nutzung eines Expertensystems, das die Merkmale von Unternehmen und ihre Anforderungen an die Unterstützung durch Informationssysteme in Beziehung setzt und daraus Regeln ableitet, die beispielsweise Vertriebsprozesse von Anwendungssystemen und die Auswahl von Softwarekomponenten unterstützen können. Das Regelwerk, das Softwareanforderungen auf Unternehmensmerkmale zurückführt, kann zudem als Vorstufe detaillierter Referenzmodelle genutzt werden. Der Anwendungsteil wird durch den Beitrag von FRANK HABERMANN, OLIVER THOMAS und CHRISTIAN BOTTA abgerundet, der den konzentrierten Fokus auf die Referenzmodelle zugunsten einer Ausweitung des Sichtfeldes aufgibt, indem er die Verbesserungsprojekte betrachtet, innerhalb derer Referenzmodelle zum Einsatz kommen können. Es wird ein Wissensmanagementsystem vorgestellt, das Vorlagen für die Durchführung neuer Projekte zur Verfügung stellen kann, indem es zuvor erfasste Projekte auswertet und – im Sinne einer Best-Local-Practice-Lösung – eine Referenz-Projektbeschreibung identifiziert.

Die Herausgeber danken den Autoren herzlich für ihre Beiträge, mit denen sie diesen Band erst möglich gemacht haben. Den Anlass für das Buchprojekt hat die von uns veranstaltete 5. Fachtagung Referenzmodellierung (RefMod) gegeben, die am 2. November in Dresden im Rahmen des 3. Kongresses über Wissenstechnologien KnowTech 2001 stattgefunden hat. Die Zusammenlegung mit einer Konferenz für Wissensmanagement war für uns Anreiz, den Charakter von Referenzmodellen als Instrumente des Wissensmanagements hervorzuheben und bot uns zudem einen hervorragenden organisatorischen Rahmen. Hierfür gilt unser Dank MATHIAS WEBER vom BITKOM als Veranstalter der KnowTech. Für die ausgesprochen engagierte Mitarbeit bei der Vorbereitung der RefMod 2001 und weiterer ähnlicher Veranstaltungen danken wir LUKAS STARKE. TIMO HOELZEL schließlich hat sich um die technische Erstellung des Buches verdient gemacht, wofür ihm unser besonderer Dank gebührt.

Münster, im Frühjahr 2002   Jörg Becker
                                                              Ralf Knackstedt

Inhaltsverzeichnis

Teil 1: Grundlagen **1**

Der Referenzmodellkatalog als Instrument des Wissensmanagements: Methodik und Anwendung
Peter Fettke, Peter Loos **3**

    1   Ausgangssituation und Problemstellung 3

    2   Der Referenzmodellkatalog als Instrument des Wissensmanagements 4

        2.1   Beschreibung 4

        2.2   Erstellung 6

        2.3   Vorgehensmodell 9

        2.4   Bewertung 10

        2.5   Verwandte Arbeiten 12

    3   Referenzmodellkataloge 13

        3.1   Ein Referenzmodellkatalog für die Arbeitsplanmodellierung 13

        3.2   Ein Überblicks-Referenzmodellkatalog 16

    4   Ausblick 18

    Literaturverzeichnis 19

Konfigurative Referenzmodellierung
Jörg Becker, Patrick Delfmann, Ralf Knackstedt, Dominik Kuropka **25**

    1   Bedeutung konfigurativer Referenzmodellierung 25

    2   Methodik zur konfigurativen Referenzmodellierung 34

        2.1   Überblick 34

        2.2   Projektziel definieren 37

        2.3   Referenzmodellierungstechnik definieren 43

        2.4   Referenzmodell erstellen 49

        2.5   Referenzmodell evaluieren 53

2.6 Referenzmodell vermarkten 56

2.7 Komplexitätsmanagement 58

2.8 Konsensbildung 61

3 Fachkonzeptionelle Spezifikation eines konfigurativen Referenzmodellierungswerkzeugs 65

   3.1 Grundlegendes Konzept 65

   3.2 Ordnungsrahmen 69

   3.3 Metamodelle 75

      3.3.1 Entity-Relationship-Metamodell 77

      3.3.2 Fachbegriffsmetamodell 80

      3.3.3 Organisationsmetamodell 81

      3.3.4 Anwendungssystemarchitekturmetamodell 83

      3.3.5 Wissensstrukturmetamodell 84

      3.3.6 Prozessmetamodell 85

      3.3.7 Metamodell für die Repräsentation von Analysetermen 90

   3.4 Konfigurationsmechanismen 92

      3.4.1 Modelltypselektion 92

      3.4.2 Elementtypselektion 93

      3.4.3 Elementselektion 98

      3.4.4 Bezeichnungsvariation 122

      3.4.5 Darstellungsvariation 125

   3.5 Gesamtübersicht: Meta-Metamodell 130

   3.6 Metamodellprojektion 133

      3.6.1 Anpassung von Syntax und Semantik 133

      3.6.2 Durchführungszeitpunkte 134

      3.6.3 Implementierungsansätze 135

4 Zusammenfassung und Ausblick 137

Literaturverzeichnis 140

Erweiterung von UML zur geschäftsregelorientierten Prozessmodellierung
Heide Brücher, Rainer Endl **145**

1 Einleitung 145
2 Prozessmodellierung – Kritik an UML 147
   2.1 Anforderungen an Methoden zur Prozessmodellierung 147
   2.2 Fehlende Komponenten in UML 148
   2.3 Vergleich der Aktivitätsdiagramme in UML mit der EPK 150
3 Erweiterungen von UML zur Modellierung von Geschäftsprozessen 150
   3.1 Integration der Ereignisgesteuerten Prozesskette in UML 151
   3.2 Eriksson/Penker-Extensions (EPE) 153
   3.3 Eine geschäftsregelbasierte Erweiterung von UML 156
      3.3.1 Geschäftsregeln und UML 156
      3.3.2 Ansatz zur geschäftsregelbasierten Prozessmodellierung mit UML 157
4 Schlussfolgerungen und Ausblick 160
Literaturverzeichnis 160

Using Ontologies and Formal Concept Analysis for Organizing Business Knowledge
Gerd Stumme **163**

1 Introduction 163
2 Business Knowledge and Ontologies 164
3 Ontology Merging Based on Formal Concept Analysis 166
4 The Karlsruhe Perspective on Ontologies 168
5 Conclusion 172
Acknowledgement 172
References 173

Teil 2: Modellsysteme 175

Referenzmodellierung für Buchverlage: erste Überlegungen aus strukturorientierter Sicht
Antonios Tzouvaras, Thomas Hess 177

    1   Problemstellung und gestaltungstheoretischer Rahmen 177

    2   Ein genereller Rahmen für Medien-Referenzmodelle 179

        2.1   Betrachtungsgegenstand 179

        2.2   Wertschöpfungskette von Medienunternehmen 180

        2.3   Referenzmodellrahmen 182

    3   Abgrenzung und Strukturierung des Gestaltungsbereichs 186

        3.1   Problemdefinition 186

        3.2   Gestaltungsbereich 187

    4   Ein grobes Strukturmodell 188

        4.1   Selektion 189

        4.2   Konfiguration 190

        4.3   Distribution 191

    5   Fazit und Ausblick 192

    Literaturverzeichnis 193

Ein Referenzmodell für das Filialgeschäft von Banken als betriebliche Wissensplattform
Stefan Gerber, André Mai 195

    1   Eigenschaften von Businessmodellen und Modellierungstools zur Gestaltung der betrieblichen Wissensplattform 195

    2   Architektur und Funktionalität eines Businessmodells für das Filialgeschäft von Banken 197

    3   Konzeptionelle Strukturen des Businessmodells 201

    4   Zusammenfassung 205

    Literaturverzeichnis 206

Das Supply Chain Operations Reference (SCOR)-Modell

Roland Holten, Florian Melchert **207**

1 Problemstellung und gestaltungstheoretischer Rahmen 207

2 Intention: SCOR als prozessorientierte Gestaltungsempfehlung 210

3 Aufbau des SCOR-Modells 211

    3.1 SCOR Prozesskategorien und Kernprozesse 211

    3.2 Vier Ebenen des SCOR-Modells 213

    3.3 Kernprozesse des SCOR-Modells 216

        3.3.1 Der Planungsprozess 217

        3.3.2 Der Beschaffungsprozess 218

        3.3.3 Der Produktionsprozess 219

        3.3.4 Der Vertriebsprozess 219

    3.4 Kennzahlensystem im SCOR-Modell 220

4 Nutzen und Kritik des SCOR-Modells 222

Literaturverzeichnis 223

Das Prozessrahmenwerk der Siemens AG: Ein Referenzmodell für betriebliche Geschäftsprozesse als Grundlage einer systematischen Bebauung der IuK-Landschaft

Michael Rohloff **227**

1 Einleitung 227

2 Referenzmodell für betriebliche Geschäftsprozesse 228

    2.1 Prozesssystematik 228

    2.2 Prozessrahmenwerk 230

    2.3 Prozessbeschreibungen 231

3 Einsatzfelder des Prozessrahmenwerks 232

Literaturverzeichnis 234

Teil 3: Anwendungsgebiete 237

Nutzung von Referenzmodellen für die Einführung von Workflowmanagement am Beispiel der Produktionsplanung und -steuerung
Jörg Becker, Holger Hansmann, Stefan Neumann, Jörg Bergerfurth 239

1. Nutzung von Referenz-Prozessmodellen in Workflowmanagementprojekten 239
2. Eigenschaften Workflow-geeigneter Geschäftsprozesse 241
3. Workflow-orientierte Modellierung von Referenz-Geschäftsprozessen .. 243
4. Workflow-Potenzial in ausgewählten Referenzmodellen der PPS 250
5. Bewertung der Ergebnisse 253

Literaturverzeichnis 254

Referenzmodellierung im E-Business: Prozessorientierte Einführung einer objektorientierten Java-Applikation am Beispiel INTERSHOP enfinity
Fabian Schmidt-Schröder, Michael Wegener 257

1. Einleitung 257
2. Herausforderungen in E-Business-Projekten 258
   - 2.1 Komplexität 258
   - 2.2 Heterogenität 258
   - 2.3 Dynamik 259
3. Referenzmodellierung in klassischen IT-Projekten 260
4. Referenzmodellierung im Internetzeitalter 261
5. Nutzen der Referenzmodellierung im E-Business 263
6. Beispiel: ARIS for INTERSHOP enfinity 264
   - 6.1 Grundregeln zur Prozessmodellierung im E-Commerce 265
   - 6.2 Kritische Erfolgsfaktoren bei der Einführung von INTERSHOP enfinity 267
   - 6.3 Integration von prozess- und objektorientierter Sicht 268
     - 6.3.1 Web-Modellierungsmethodik 269
     - 6.3.2 Modellierungsmethode Storyboard 272

    6.3.3 Modelltyp Pipeline Diagram 275

7 Zusammenfassung 276

Literaturverzeichnis 277

Anforderungsanalyse auf der Basis von Unternehmensmerkmalen
Michael Lohmann, Michael Hau, Peter Mertens **279**

    1 Anliegen 279

    2 Ausgangspunkt 280

        2.1 ICF-Requirements 281

        2.2 ICF-Characteristics 283

        2.3 ICF-Cases 284

        2.4 ICF-Expert 284

        2.5 ICF-Analysis 285

        2.6 Geplante Erweiterungen 285

    3 Anwendungen 286

        3.1 Angebotssystem für Dokumenten- und Workflow-Management-Systeme 286

        3.2 Komponenten-Repository 287

    4 Ausblick 288

    Literaturverzeichnis 288

Organisational-Memory-System zur Unterstützung informationstechnisch basierter Verbesserungen von Geschäftsprozessen
Frank Habermann, Oliver Thomas, Christian Botta **291**

    1 Entwicklung von Wissensmanagement-Systemen 291

        1.1 Theorie und Praxis 291

        1.2 Prozesswissen und Informationstechnik 293

        1.3 Konzeption des Organisational Memory 294

            1.3.1 Funktionen eines Organisational Memory 295

            1.3.2 IT-Unterstützung eines Organisational Memory 295

2 Werkzeuge für das Management von Prozesswissen 296

    2.1 Systeme und Technologien 296

    2.2 Systemzusammenhänge und weitere Technologien 299

    2.3 Konsequenz für OMS-Architekturen 299

3 OMS-Metamodell 301

    3.1 Makromodell IT-basierter Prozessverbesserungen 301

    3.2 Mikromodelle IT-basierter Prozessverbesserungen 303

        3.2.1 Verbesserungsvorschlag 304

        3.2.2 Verbesserungsdomäne 305

        3.2.3 Verbesserungsprojekt 306

        3.2.4 Verbesserungsmaßnahme 307

    3.3 OMS-Rahmenwerk 307

4 Konzeption und Umsetzung der OMS-Werkzeuge 308

    4.1 Operatoren als Gestaltungsmuster 308

    4.2 Documentator – Wissenserfassung 310

    4.3 Mind Mapper – Wissensintegration 313

    4.4 Improvement Process Creator – Wissensverwendung 315

5 Organisational Memory – Herausforderungen 316

Literaturverzeichnis 318

Autorenverzeichnis 323

Teil 1: Grundlagen

Der Referenzmodellkatalog als Instrument des Wissensmanagements: Methodik und Anwendung

Peter Fettke, Peter Loos

Referenzmodelle können als Speicher für explizites Domänenwissen interpretiert werden. Obgleich in der Literatur inzwischen zahlreiche Referenzmodelle dokumentiert sind, ist der Zugang zu diesen Wissensspeichern uneinheitlich und nicht systematisch möglich. Referenzmodellkataloge ermöglichen Referenzmodelle nach einheitlichen Gesichtspunkten zu ordnen und nach spezifischen Gesichtspunkten zugreifbar zu machen. Damit bilden sie ein zentrales Instrument zur Erschließung der Wissensquelle Referenzmodell und bilden die Schnittstelle zwischen den Prozessen der Entwicklung von Referenzmodellen einerseits und der Anwendung von Referenzmodellen andererseits. Es werden zwei Referenzmodellkataloge vorgestellt: Der erste Katalog beschreibt Möglichkeiten der Arbeitsplanmodellierung. Der zweite Katalog ist ein nach Wirtschaftszweigen systematisierender Überblicks-Katalog über vorhandene Referenzmodelle. Künftige Arbeiten werden die Entwicklung weiterer Referenzmodellkataloge thematisieren.

1 Ausgangssituation und Problemstellung

In der Literatur sind neben methodischen Arbeiten zur Referenzmodellierung ebenso inzwischen zahlreiche inhaltlich-funktionale Beiträge verfügbar, die konkrete Referenzmodelle als wiederverwendbare Artefakte dokumentieren. Ein Referenzmodell kann als ein Speicher für explizites Domänenwissen interpretiert werden [Knac01, S. 114-116]. Betrachtet man den Prozess der Entwicklung und Anwendung von Referenzmodellen [Schl00, S. 77-91] aus Sicht des Wissensmanagements (WM) [Schi01, S. 52-58], sind vor dem Hintergrund dieser Arbeit mehrere Defizite zu konstatieren:

- *Identifikation des Wissens*: Abgesehen von 6-10 Jahre alten Übersichten über Referenzmodelle [Scho90; MeHo92; Mare95], sind keine aktuellen Verzeichnisse über Wissensquellen bekannt, die vollständig die vorhandenen Referenzmodelle nachweisen und dokumentieren. Damit bleibt unklar, welche Wissensquellen überhaupt verfügbar sind.

- *Evaluation des Wissens*: Anwendungsdomäne, Wirtschaftszweig, Branche und Verwendungsrandbedingungen der Referenzmodelle sind in vielen Fällen nicht explizit oder nur unzureichend spezifiziert. Häufig erschließen sich diese Angaben für den Modellanwender nur durch das Studium der gesamten Modelldokumentation, was den Prozess der Bewertung und Evaluation eines Referenzmodells erschwert.

- *Allokation des Wissens*: Während auf das Wissen in einem einzelnen Referenzmodell i. d. R. gut zugegriffen werden kann, ist das Wissen, das in den zahlreichen zurzeit verfügbaren Referenzmodellen vorhanden ist, nicht nach einheitlichen Gesichtspunkten dokumentiert. Die mangelnde Konsolidierung des in den Referenzmodellen verfügbaren Domänenwissens erschwert den Wissenstransfer bei der Nutzung der Modelle.

- *Anwendung des Wissens*: Die dargelegten Probleme erschweren die Anwendung der vorhandenen Referenzmodelle. Darüber hinaus ergeben sich zwei weitere spezielle Problembereiche. Erstens sind Referenzmodelle i. d. R. nicht so strukturiert, dass neues Modellierungswissen, das bei der Anwendung von Referenzmodellen entsteht, problemlos in vorhandene Referenzmodelle integriert werden kann. Damit können bspw. verschiedene, häufig verwendete unternehmensspezifische Konfigurationen eines Referenzmodells nicht systematisch dokumentiert werden. Zweitens umfasst diese Phase die Aufgabe des Wissenscontrolling. Hierzu ist kritisch festzustellen, dass es unklar bleibt, an welchen Maßstäben der inhaltlich-funktionale Fortschritt der Referenzmodellierung gemessen werden kann.

Zusammenfassend führen die genannten Kritikpunkte dazu, dass bei der Gestaltung betrieblicher Informationssysteme die Potenziale der vorhandenen Referenzmodelle nicht in vollem Umfang ausgeschöpft werden können. Um dieses Defizit zu überwinden, wird in dieser Arbeit das Instrument des Referenzmodellkatalogs vorgestellt. Ein Referenzmodellkatalog ordnet Referenzmodelle nach einheitlichen Gesichtspunkten und erlaubt einen systematischen Zugriff auf das in Referenzmodellen vorhandene Wissen. Die Beschreibung des Instruments sowie seine Verwendung im Rahmen der Referenzmodellierung wird in Abschnitt 2 dargelegt. Im Abschnitt 3 werden zwei Referenzmodellkataloge detailliert vorgestellt. Der abschließende Abschnitt 4 gibt einen Ausblick auf weitere Fragestellungen.

2 Der Referenzmodellkatalog als Instrument des Wissensmanagements

2.1 Beschreibung

Innerhalb der Ingenieurwissenschaften sind sogenannte Konstruktionskataloge ein bekanntes methodisches Hilfsmittel, um den Konstruktionsprozess methodisch zu unterstützen [Diek81; Roth94, siehe insb. S. 1-2]. Die Grundidee von Konstruktionskatalogen wird im Folgenden auf die Referenzmodellierung übertragen. Das

Instrument des Referenzmodellkatalogs (RMK) betont, dass nicht für jedes betriebliche Modellierungsproblem genau ein Referenzmodell existiert. Statt dessen wird davon ausgegangen, dass grundsätzlich für eine Problembeschreibung eine Reihe von Referenzmodellen vorhanden und nutzbar ist, die sich jeweils hinsichtlich spezifischer Eigenschaften unterscheiden (in [Jost93, S. 124-126] wird dieser Umstand im Kontext der Prozessmodellierung thematisiert). Verschiedene Modellierungsvarianten werden in einem RMK verzeichnet und können im Rahmen der Suche und Evaluation von Referenzmodellen genutzt werden.

Ein RMK ist eine in Tabellenform vorliegende Übersicht über Referenzmodelle, die nach methodischen Gesichtspunkten erstellt wird, sowie innerhalb eines gegebenen Rahmens weitestgehend vollständig und systematisch gegliedert ist. Katalog 1 zeigt eine schematische Darstellung eines RMK, aus der die typische Unterteilung in Haupt-, Gliederungs- und Zugriffsteil hervorgeht. Konkrete Ausprägungen von RMK werden in Abschnitt 3 vorgestellt.

Gliederungsteil		Hauptteil	Zugriffsteil		
1	2	Nr.	a	b	c
A	A.I	1			
		2			
	A.II	3			
	A.III	4			
		5			
B	B.I	6			
		7			
	B.II	8			

Katalog 1: Schematische Darstellung eines Referenzmodellkatalogs

Im Hauptteil des Kataloges werden die zu archivierenden Referenzmodelle jeweils zeilenweise aufgezählt. Ein Referenzmodell kann im Hauptteil eines RMK bspw. durch einen allgemeinen Text, ein graphisches Modell oder einen Verweis auf eine Literaturquelle dokumentiert werden.

Der Gliederungsteil bringt die Elemente des Hauptteils in eine einheitliche Systematik und ist vergleichbar mit dem Inhaltsverzeichnis eines Buches. Eine Anforderung an den Gliederungsteil ist es, die im Hauptteil beschriebenen Referenzmodelle widerspruchsfrei und eindeutig zu systematisieren. Es sei darauf hingewiesen, dass der Gliederungsteil eines RMK nur dann benötigt wird, wenn der Hauptteil des RMK hinreichend viele Einträge umfasst. Andernfalls kann der Gliederungsteil eines RMK entfallen. Der Gliederungsteil des schematischen RMK in Katalog 1 umfasst eine zweistufige Gliederung mit den Gliederungspunkten A, A.I, A.II, A.III, B, B.I usw. Beispielsweise könnte als konkretes Gliederungsmerkmal derjenige betriebliche Funktionalbereich verwendet werden, welcher von dem im Hauptteil verzeichneten Referenzmodell repräsentiert wird. In diesem Beispiel könnten die Gliederungspunkte A und B dann die betrieblichen Funktionen Produktionsplanung bzw. Produktionssteuerung umfassen. Die Funktion Produktionsplanung wiederum ließe sich durch weitere Funktionen wie Primärbedarfsplanung (Gliederungspunkt A.I), Sekundärbedarfsplanung (Gliederungspunkt A.II) usw. verfeinern. Im Hauptteil des Kataloges könnten bei der gegebenen exemplarischen Gliederung unter dem Punkt Primärbedarfsplanung (Gliederungspunkt A.I) jeweils ein Referenzmodell zur stochastischen sowie eines zur deterministischen Bedarfsplanung hinterlegt sein.

Der Zugriffsteil beschreibt verschiedene Merkmale eines Referenzmodells und ermöglicht ein gezieltes Auffinden von Referenzmodellen mit spezifischen Eigenschaften. In Katalog 1 werden die drei Merkmale a, b und c im Zugriffsteil schematisch angedeutet. Beispielsweise könnten als konkrete Merkmale die verwendete Modellierungssprache oder die Modellgröße des entsprechenden Referenzmodells verwendet werden. Je nach angestrebter Zielsetzung des Kataloges kann die Anzahl vorhandener Zugriffsmerkmale variieren.

Darüber hinaus wird jeder Katalog durch ein Prinzipienblatt eingeleitet. Im Prinzipienblatt werden Anwendungsgebiet, Einsatzzweck sowie relevanter Wirtschaftszweig des RMK beschrieben. Ebenso werden im Prinzipienblatt die wichtigsten Begriffe erläutert, die im RMK verwendet werden, und Hinweise auf weitere RMK angeführt.

RMK bieten prinzipiell nur einen knappen Überblick über die katalogisierten Referenzmodelle und bezwecken nicht, die Originalarbeiten zu ersetzen. Um einen schnellen und leichten Einstieg in die katalogisierten Referenzmodelle zu gewährleisten, wird zusätzlich ein Abschnitt „Weiterführende Literatur" im Prinzipienblatt aufgenommen.

2.2 Erstellung

Ein wesentliches Konzept für die Ausgestaltung von RMK sind Gliederungs- sowie Zugriffsmerkmale. Im Folgenden werden Möglichkeiten zur Bestimmung von Merkmalen beschrieben, wobei zwischen vier Merkmalstypen unterschieden wird:

- *Allgemeine formale Merkmale* (Typ 1a): Allgemeine formale Merkmale beschreiben nur „äußere" Merkmale eines Modells und erlauben keinen Einblick auf die zugrunde gelegte Anwendungsdomäne. Formale Merkmale sind bspw. Beschreibungsebene (Fachkonzept, DV-Konzept, Implementierung) oder Beschreibungssicht (Struktur-, Verhaltensmodell) [Schü98, S. 71-74]. Allgemeine formale Merkmale können unabhängig von einer Modellierungssprache festgelegt werden.

- *Spezielle formale Merkmale* (Typ 1b): Daneben können spezielle formale Eigenschaften des Referenzmodells als Merkmale definiert werden. Spezielle formale Merkmale können nur mit Bezug auf eine bestimmte Modellierungssprache angegeben werden. Hier bieten sich bspw. Maßzahlen zur Bestimmung der Modellgröße (bspw. Anzahl Funktionen in einem Funktionsbaum) oder Modellkomplexität (bspw. Anzahl Beziehungen in einem ERM) an. Diese Merkmale können einen ersten Hinweis zur Ausgestaltung des Modells geben. Weitere Beispiele finden sich in [Hars94; Maie96].

- *Allgemeine inhaltliche Merkmale* (Typ 2a): Die Merkmale des Typs 1 erlauben keine inhaltlichen Aussagen, in welchen Anwendungsdomänen ein Modell zum Einsatz kommt, sondern erfassen ausschließlich formale Modelleigenschaften. Zur inhaltlichen Beschreibung sind folgende Merkmale denkbar:

  - *Verrichtung* und *Objekt*: In der betriebswirtschaftlichen Organisationslehre wird eine betriebliche Aufgabe als eine Verpflichtung verstanden, Verrichtungen an Objekten durchzuführen [Fres80, S. 207]. Da Referenzmodelle zur Gestaltung von Informationssystemen eingesetzt werden und Informationssysteme wiederum die betrieblichen Aufgaben einer Unternehmung unterstützen, erscheint es möglich, Referenzmodelle durch Angabe der Merkmale Verrichtung bzw. Objekt näher zu klassifizieren. Beispiele für Verrichtungen sind: Buchen, Planen, Überprüfen, Kontrollieren, Schweißen, Drehen bzw. für Objekte: Lieferant, Kunde, Konto, Kredit, Angebot, Antrag [Kosi62; Krüg92, Sp. 222f.; Schr98, S. 119-125].

  - *Wirtschaftszweig*: Die Angabe des Wirtschaftszweigs gibt ergänzende Informationen, in welchen volkswirtschaftlichen Bereichen ein Referenzmodell zum Einsatz kommen kann. Grundlage zur Definition der Wirtschaftszweige ist die Klassifikation des Statistischen Bundesamtes [Stat93].

  - *Branche*: Der Begriff Branche kann verstanden werden als ein „Sammelbegriff für eine Vielzahl von Unternehmen, die auf gleichen oder ähnlichen Märkten tätig sind" [Gabl00, S. 541]. Der Begriff Markt wiederum kann sachlich, räumlich sowie zeitlich abgegrenzt werden [Meff91, S. 281f.]. Mit Hilfe des Branchenbegriffs können Unternehmen produktbezogen systematisiert werden. So kann z. B. die Branche „Wasserversorger für Endkunden in Deutschland im Jahr 2000" abgegrenzt werden. Aus diesem Blickwinkel kann darüber hinaus zwischen beschafften und abgesetzten Produkten weiter differenziert werden. Einschränkend wird darauf hingewiesen, dass eine Branche i. d. R. nur subjektiv und zweckbezogen abgegrenzt werden kann, was dazu führt, dass sich die Inhalte der Begriffe Branche und Wirtschaftszweig z. T. überschneiden können.

  - *Betriebstyp*: Die Betriebswirtschaftslehre verwendet seit geraumer Zeit die Typologie als eine Methode zur Erkenntnisgewinnung [Loos97, S. 17f.]. Vorhandene Betriebstypologien stellen einen fruchtbaren Ausgangspunkt dar, um entsprechende Merkmale zu identifizieren. Eine Übersicht über betriebstypologische Arbeiten gibt [Brau99, S. 9f.].

- *Funktionalbereich*: Auch wenn viele Betriebe grundsätzlich anders gestaltet sind, existieren doch auf einer groben Ebene gewisse funktionale Ähnlichkeiten. Beispielsweise führt jeder Betrieb die Funktionen Beschaffung, Leistungserstellung sowie Leistungsverwertung durch, auch wenn diese im Detail sehr unterschiedlich ausgestaltet sein können. Als Ausgangspunkt der funktionalen Beschreibung kann bspw. die erste funktionale Ebene des Referenzmodells in [Mert00; MeGr00] verwendet werden.

- *Transaktionsphase*: Informationssysteme werden in [Bode99, S. 21-23, 61-103] auf Basis der Phasen der Transaktionskostentheorie gruppiert. Der Autor nennt folgende Phasen: Marketing, Leistungsbereitstellung, Information, Beratung, Vereinbarung, Durchführung, Abrechnung sowie Bezahlung. Die genannten Phasen können als Merkmale verstanden werden.

- *Anwendungssystemkategorien*: In [Mert00, S. 11-13] werden betriebliche Informationssysteme in die Kategorien Administrations-, Dispositions-, Planungs- und Kontrollsystem unterschieden.

- *Spezielle inhaltliche Merkmale* (Typ 2b): Darüber hinaus können spezielle inhaltliche Merkmale zur Beschreibung von Referenzmodellen verwendet werden. Hierbei kann es sich bspw. um eine qualitative Bewertung der Ausgestaltung des Referenzmodells („Der Prozess X führt zu einer besseren Auslastung der Kapazität Y.") oder um die Laufzeit- bzw. Speicherkomplexität eines Algorithmus („Die Maschinenbelegungsplanungsstrategie Z hat eine Laufzeit-Komplexität von O(n).") handeln. Derartige Merkmale können prinzipiell nur im Kontext einer gegeben Anwendungsdomäne näher definiert werden.

Aufgrund der Vielzahl möglicher Merkmale stellt sich die Frage, welche der beschriebenen Gliederungs- und Zugriffsmerkmale bei der Gestaltung eines Kataloges herangezogen werden sollen. Leider sind in der Literatur nur wenige Ansätze verfügbar, die explizit Zusammenhänge zwischen Merkmalen und Referenzmodellen herstellen (für empirische Ansätze siehe bspw. [Mors98; Schi99; MeLo00], in [Jost93; Loos97] werden deduktive Ansätze vorgestellt). Vor diesem Hintergrund ist darauf hinzuweisen, dass der Prozess der Entwicklung von RMK nicht ausschließlich an formal-wissenschaftlichen Kriterien wie Vollständigkeit, Präzision und Konsistenz der verwendeten Gliederungs- und Zugriffsmerkmale auszurichten ist. Darüber hinaus sind ebenso weitere Kriterien wie Erweiterbarkeit, Benutzbarkeit und Wirtschaftlichkeit zu berücksichtigen [FeLo00]. Zwischen diesen Kriterien bestehen Zielkonflikte (Trade-Offs), die nicht allgemeingültig aufgelöst, sondern nur im Kontext der Erstellung eines konkreten RMK abgewogen werden können. Dieses Vorgehen wird dahingehend begründet, dass der Zustand einer vollständig fehlenden Systematisierung aus Gründen der Wirtschaftlichkeit einer Modellsuche nicht befriedigen kann.

2.3 Vorgehensmodell

Die Abschnitte 2.1 und 2.2 fokussieren primär den Aufbau und die Struktur von RMK. Im Folgenden wird ein Vorgehensmodell für die Verwendung und Handhabung von RMK erläutert. Das Vorgehensmodell umfasst vier Phasen (vgl. mittleren Zyklus der Abbildung 1):

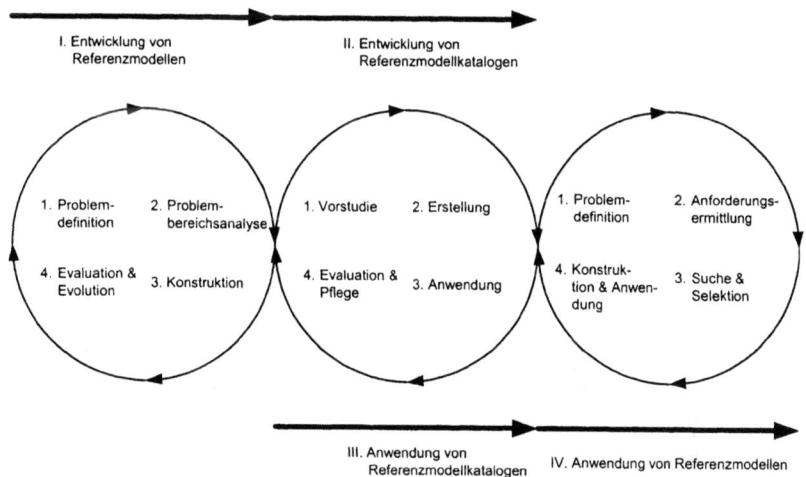

Abbildung 1: Referenzmodellierung mit Referenzmodellkatalogen

1. *Vorstudie*: Im Rahmen der Vorstudie werden die Verwendungszwecke eines RMK näher festlegt, ähnliche Kataloge untersucht, relevante Referenzmodelle erhoben und es wird ein Überblick über potenzielle Zugriffs- und Gliederungsmerkmale erstellt.

2. *Erstellung*: Gegenstand der zweiten Phase ist die Erstellung eines RMK. Dazu werden zunächst die zu katalogisierenden Referenzmodelle festgelegt. Anschließend werden die notwendigen Zugriffs- und Gliederungsmerkmale bestimmt und jedes Referenzmodell wird im Hinblick auf die Merkmale bewertet und dokumentiert.

3. *Anwendung*: Die Phase der Anwendung umfasst die Suche und Selektion eines Referenzmodells aus einem RMK im Hinblick auf ein definiertes Problem und spezifizierten Anforderungen.

4. *Evaluation & Pflege*: Im Rahmen der Evaluation und Pflege werden Untersuchungen zur Eignung von RMK durchgeführt, um die Prozesse der Erstellung und Anwendung von Referenzmodellen optimal zu unterstützen.

Das beschriebene Vorgehensmodell ist eng mit den Prozessen der Erstellung und Anwendung von Referenzmodellen [Schl00, S. 77-91] verwoben. Entsprechende Berührungspunkte werden im Folgenden verdeutlicht:

- *Erstellung von Referenzmodellen*: Der Erstellungsprozess von Referenzmodellen umfasst die vier Phasen Problemdefinition, Problembereichsanalyse, Konstruktion und Evaluation & Evolution. Innerhalb der Phase Problemdefinition können vorhandene RMK verwendet werden, um den Problembereich präzise abzugrenzen. Ebenso können die in RMK beschriebenen Zugriffs- und Gliederungsmerkmale als Ausgangspunkt für eine detaillierte Problembereichsanalyse herangezogen werden. (Der Nutzen einer Modellklassifikation bei der Problemanalyse wird ebenso in [BHKS00, S. 103f.] betont.) Darüber hinaus können die in den relevanten RMK definierten Begriffe genutzt werden.

- *Anwendung von Referenzmodellen*: Der Anwendungsprozess von Referenzmodellen umfasst die vier Phasen Problemdefinition, Anforderungsermittlung, Suche & Selektion und Konstruktion & Anwendung. Zunächst bieten RMK wie bei dem Prozess der Entwicklung von Referenzmodellen eine allgemeine Hilfestellung in den Phasen 1 und 2. Innerhalb der 3. Phase leisten RMK eine wesentliche Unterstützung, um Referenzmodelle systematisch auszuwählen. Dazu muss der Modellersteller zunächst einen für das Modellierungsproblem relevanten RMK ermitteln. Hierbei können je nach Modellierungsphase, Modellierungssicht, Problembereich usw. unterschiedliche RMK von Interesse sein. Wenn ein prinzipiell geeigneter RMK gefunden ist, kann in einem zweiten Schritt auf Basis der definierten Zugriffsmerkmale ein geeignetes Referenzmodell ausgewählt und für die unternehmensspezifische Anpassung und Konfiguration genutzt werden.

Zusammenfassend können RMK als ein Wissensmedium verstanden werden, das als Bindeglied zwischen dem Prozess der Entwicklung von Referenzmodellen einerseits und dem Prozess der Anwendung von Referenzmodellen andererseits fungiert (vgl. Abbildung 1).

2.4 Bewertung

Für das Instrument des RMK werden folgende Nutzungsmöglichkeiten gesehen, die aus Sicht des WM dargestellt werden:

- *Identifikation des Wissens*: Das Instrument erlaubt es, Verzeichnisse zu erstellen, die einen systematischen Überblick über das in Referenzmodellen vorhandene Domänenwissen geben.

- *Evaluation des Wissens*: Die in RMK verzeichneten Referenzmodelle können nach bestimmten Gesichtspunkten gegliedert werden, wodurch eine Beurteilung eines Referenzmodells erleichtert wird. Darüber hinaus können zu bestimmten Modellen verschiedene Zugriffsmerkmale definiert werden, die eine Suche und Selektion von spezifischen Referenzmodellen unterstützen. Damit wird das Wissen, das sich in Referenzmodellen widerspiegelt, strukturiert dargestellt und qualitativ bewertet, wodurch der Zugriff auf dieses Wissen beschleunigt bzw. überhaupt erst möglich wird.

- *Allokation des Wissens*: Ein RMK fördert eine nach einheitlichen Gesichtspunkten konsolidierte Darstellung verschiedener Referenzmodelle. Dadurch wird der Transfer des in den Referenzmodellen vorhandenen Domänenwissens erleichtert. Dies verspricht nicht nur eine bessere Nutzung von Referenzmodellen bei der praktischen Anwendung, sondern auch in der (akademischen) Lehre der Unternehmensmodellierung. Gleichzeitig können RMK die Grundlage zur Normierung von Referenzmodellen bilden. (Die Bedeutung einer Klassifikation bei einer Modellnormung wird im Kontext der Prozessmodellierung auch von [DIN00, S. 2-4, 5-1 bis 5-8] hervorgehoben.) Zudem fördert ein RMK eine Sichtweise auf Referenzmodelle in der Art, dass Referenzmodelle nicht als monolithische Artefakte verstanden werden, sondern als einzelne eigenständige Module, die flexibel zusammengesetzt und konfiguriert werden können (in [Remm97, siehe insb. S. 226f.] wird auf diesen Vorteil im Kontext der Prozessmodellierung hingewiesen). Diese Sichtweise führt zu einer besseren Wiederverwendung von Referenzmodellen.

- *Anwendung des Wissens*: Die zuvor genannten Vorteile führen zunächst zu einer allgemein verbesserten Anwendungsmöglichkeit von Referenzmodellen. Des weiteren ergeben sich zwei spezifische Vorteile: Erstens erlauben RMK, verschiedene Modellierungsvarianten vergleichend gegenüberzustellen. Eine derartige synoptische Gegenüberstellung alternativer Modellierungsvarianten kann die Generierung von neuem Referenzmodellwissen stimulieren [Pawl98, S. 25f.]. Zweitens bilden RMK ebenso ein Instrument des Wissenscontrolling: Die Anzahl und der Umfang der vorhandenen RMK ist ein Maßstab, um den inhaltlich-funktionalen Fortschritt der Referenzmodellierung zu beurteilen.

Neben den geschilderten Vorteilen stößt das Instrument RMK an die folgenden Grenzen:

- Die Qualität von Referenzmodellen muss durch geeignete Maßnahmen sichergestellt werden, um zu vermeiden, dass Referenzmodelle schlechter Qualität katalogisiert werden. Hierbei ist es bspw. denkbar, Qualitätseigenschaften von Modellen (siehe bspw. [BRS95]) als Zugriffsmerkmale für den RMK zu verwenden. Allerdings können Modelle nur schwer objektiv beurteilt werden [Fran00, siehe insb. S. 349].

- RMK geben keine direkte Unterstützung bei der Konfiguration, Anpassung und Integration von Referenzmodellen. Die Unterstützung ist nur indirekt in der Art möglich, dass Modelle, die oft in einer bestimmten Weise konfiguriert werden, als weitere Exemplare in einem RMK aufgenommen und über spezifische Zugriffsmerkmale von schon vorhandenen Modellen abgegrenzt werden.

- Die Katalogisierung von Referenzmodellen ist aufwendig: Es ist schwierig, die in der Literatur vorhandenen Referenzmodelle ex post zu katalogisieren, da die zur Katalogisierung notwendigen Angaben in der Beschreibung des Referenzmodells oft nur implizit oder gar nicht vorhanden sind. Indes kann dieses Problem künftig gemildert werden, indem bestimmte Merkmale schrittweise normiert werden, so dass künftige Ersteller von Referenzmodellen prinzipiell eine festgelegte Menge von Modelleigenschaften dokumentieren, um so das von ihnen erstellte Referenzmodell gegenüber vorhandenen abzugrenzen. Ferner stellt sich bei der Katalogisierung eines Referenzmodells die Frage nach einer adäquaten Granularität: Während eine grobgranulare Modellerschließung mit weniger Aufwand verbunden ist, ermöglicht eine feingranulare einen präziseren Zugriff auf die verzeichneten Modelle.

2.5 Verwandte Arbeiten

Die theoretische Darstellung des Instruments RMK wird durch eine Abgrenzung zu verwandten Arbeiten abgeschlossen. Die in den Arbeiten von SCHOLZ-REITER [Scho90] sowie MERTENS und HOLZNER [MeHL96] erstellten tabellarischen Übersichten über Referenzmodelle können formal als RMK interpretiert werden, wobei beide Ansätze nicht nur Referenzmodelle, sondern auch konzeptionelle Modelle und Vorgehensmodelle in die Untersuchung mit einbeziehen. Allerdings verfolgen beide Ansätze eine andere Zielsetzung als die vorliegende Arbeit: Es wird kein Instrumentarium entwickelt, um den Prozess der Referenzmodellentwicklung und -anwendung methodisch zu unterstützen. Statt dessen möchten die Autoren einen vergleichenden Überblick über bekannte Referenzmodelle geben. MARENT [Mare95] gibt einen allgemeinsprachlichen Überblick über Referenzmodelle, ohne einen merkmalsbasierten Vergleich durchzuführen. Ebenso verfolgt er nicht das Ziel, eine methodische Hilfe für die Referenzmodellierung zu entwickeln. MERTENS et al. [Mert96; MeHL96; Mert97; Kauf99; Kauf00; MeLo00] verfolgen den Ansatz, Unternehmen über Modelle zu beschreiben und daraus Schlussfolgerungen zu ziehen, welche informationstechnischen Anforderungen von einem Unternehmen ausgehen. Die in diesem Kontext erstellte ICF-Datenbank (Industries, Characteristics, Functions) enthält allerdings nur Fallbeschreibungen von Unternehmen und keine Referenzmodelle. Der von diesen Autoren gewählte Ansatz beschreitet einen methodisch anderen Weg: Es werden betriebliche Probleme gesammelt und analysiert, um so betriebliche Modelle zu gestalten und zu optimieren. Statt dessen möchten RMK ausschließlich vorhandene Referenzmodelle sammeln und klassifizieren, ohne neue Modelle zu entwickeln oder vorhandene zu verbessern. Von MALONE et al. [Malo99] wird das Ziel verfolgt, ein Prozesshandbuch zu erstellen, in dem alle bekannten Geschäftsprozesse einer Unternehmung verzeichnet sind. MALONE et al. beschränken sich bei ihrer Untersuchung ausschließlich auf die Prozesssicht, andere Sichten auf betriebliche Informationssysteme werden explizit nicht berücksichtigt. Ebenso ist der primäre Fokus von MALONE et al. eine organisatorische Systemgestaltung, eine informationstechnische Gestaltung wird nicht angestrebt. Innerhalb der Pattern-Community ist ebenso die Idee aufgegriffen worden, in Form von Handbüchern wieder verwendbare Lösungen systematisch zu dokumentieren. Verfügbare Handbücher (bspw. [GHJV95; Busc96; SSRB00]) haben indes einen DV-technischen Fokus, andere Arbeiten, die auch eine fachkonzeptionelle Modellierung umfassen (bspw. [Hay96; CoNM97; Fowl97]) treffen keine Aussagen, wie die beschriebenen Modelle systematisch angeordnet werden können. Der Muster-Katalog in [Risi00] gibt zwar einen umfassenden Überblick über vorhandene Muster, ist allerdings wenig systematisch (bspw. werden betriebswirtschaftliche Kategorien wie Banking oder Accounting technischen Merkmalen wie Analysis, GUI Development ohne nähere Erläuterung gleichgeordnet) und berücksichtigt nicht Arbeiten, die im Bereich der Referenzmodellierung vorliegen [FeLo01].

3 Referenzmodellkataloge

3.1 Ein Referenzmodellkatalog für die Arbeitsplanmodellierung

In diesem Abschnitt wird ein RMK für die Modellierung von Arbeitsplänen vorgestellt. Arbeitspläne werden zur Pflege von Informationen im Fertigungsbereich eines Industrieunternehmens eingesetzt. Für die Modellierung von Arbeitsplänen werden in der Literatur vier verschiedene Verfahren vorgeschlagen [Loos92, S. 134-145]. In Katalog 2 ist das Prinzipienblatt, in Katalog 3 der RMK dargestellt.

Zweck: Überblick über die Vor- und Nachteile der bekannten Verfahren zur Modellierung von Arbeitsplänen geben.

Einsatz beim methodischen Modellieren: Konstruktion und Anwendung von Datenmodellen im Kleinen.

Wirtschaftszweig: Fertigungsbetrieb

Zentrale Begriffe: Ein *Arbeitsplan* (APL) speichert Fertigungsvorschriften für die Produktion von Teilen. Als ein *Arbeitsgang* (AG) wird ein einzelner Fertigungsschritt bezeichnet.

Aufbau und Gliederung: Im *Hauptteil* des Kataloges sind die Referenzmodelle in Form eines Entity-Relationship-Model dargestellt. Ein *Gliederungsteil* ist bei vier Katalogeinträgen nicht erforderlich. Im *Zugriffsteil* werden die vier Referenzmodelle der Arbeitsplanmodellierung hinsichtlich 12 ausgewählter Kriterien auf Basis einer Ordinalskala bewertet (sehr gut (++), gut (+), mittel (o), schlecht (-), nicht möglich (--)): *a) alternative Reihenfolge*: Können alternative Abarbeitungsreihenfolgen abgebildet werden? *b) alternative Arbeitsgänge*: Können alternative Arbeitsgänge bzw. Arbeitsgangsequenzen abgebildet werden? *c) Bearbeitungspfadwechsel*: Können Wechsel des Bearbeitungspfades nach Beendigung eines Teils der Arbeitsgänge abgebildet werden? *d) 1 Arbeitsgang mehrmals im Arbeitsplan*: Kann derselbe Arbeitsgang redundanzfrei in mehreren Arbeitsplänen abgebildet werden? *e) Splitting im Arbeitsplan*: Kann ein Splitting von Arbeitsgängen abgebildet werden? *f) 1 Arbeitsplan für mehrere Teile*: Kann derselbe Arbeitsplan verschiedenen Teilen zugeordnet werden? *g) Fertigungsüberwachung*: Kann der Fertigungsfortschritt eines Teils überwacht werden? *h) Aufwand sequentiell abzuarbeitender Arbeitsplan*: Wie hoch ist der Speicheraufwand bei einem sequentiell abzuarbeitenden Arbeitsplan? *i) Aufwand alternative Reihenfolge*: Wie hoch ist der Speicheraufwand bei einer Speicherung eines Arbeitsplans mit alternativen Reihenfolgen? *j) Aufwand alternativer Arbeitsgang*: Wie hoch ist der Speicheraufwand zur Abbildung alternativer Arbeitsgänge? *k) Aufwand Bearbeitungspfadwechsel*: Wie hoch ist der Speicheraufwand zur Abbildung von Bearbeitungspfadwechseln? *l) mehrere Vorgänger-Arbeitsgänge*: Wie hoch ist der Speicheraufwand zur Abbildung mehrerer Vorgänger bzw. Bearbeitungspfade für einen Arbeitsgang?

Weiterführende Literatur: [Loos92, S. 134-145]

Weitere Kataloge: –

Katalog 2: Referenzmodellkatalog Arbeitsplanmodellierung (Prinzipienblatt)

Der Referenzmodellkatalog als Instrument des Wissensmanagements 15

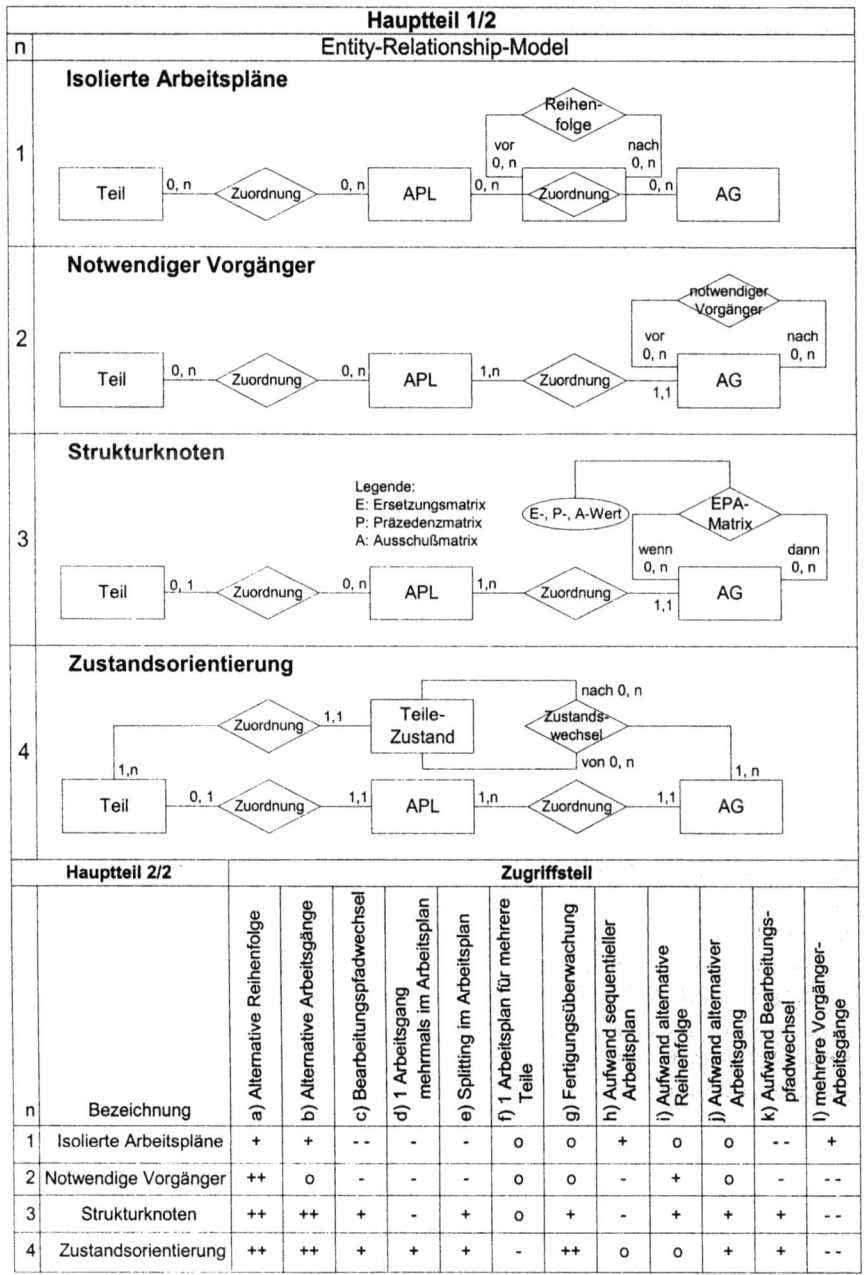

Katalog 3: Referenzmodellkatalog Arbeitsplanmodellierung

3.2 Ein Überblicks-Referenzmodellkatalog

In der Literatur sind zahlreiche Referenzmodelle beschrieben [Hay96; Jost93; KeTe98; Köbe99; Krus96; Kurb99; Loos92; Loos97; Mert00; MeGr00; Raut97; Remm97; Rins95; Rohl95; Sche97; BeSc96; GDV00; Meye00; o.V.97; Fowl97; Lang97; Lind92; Schi98; Schl00; Schw99; Wede93]. Deswegen soll ein Überblicks-RMK für Referenzmodelle entwickelt werden. In Katalog 4 wird das Prinzipienblatt, in Katalog 5 und 6 wird der eigentliche Katalog vorgestellt.

Zweck: Überblick über die in der Literatur vorhandenen Referenzmodelle geben.

Einsatz beim methodischen Modellieren: Frühe Modellierungsphase, um einen Überblick über schon vorhandene Referenzmodelle zu gewinnen. Es werden fachkonzeptionelle Modelle verzeichnet, DV-konzeptionelle Modelle werden nicht berücksichtigt.

Wirtschaftszweig: alle

Zentrale Begriffe: –

Aufbau und Gliederung: Der *Hauptteil* des Kataloges verzeichnet Autoren, Quelle und Erscheinungsjahr des Referenzmodells. Der *Gliederungsteil* orientiert sich an Wirtschaftszweigen und gibt einen groben Überblick, in welchen volkswirtschaftlichen Bereichen das Referenzmodell verwendet werden kann. Der *Zugriffsteil* des Kataloges besteht aus vier Merkmalsgruppen: Sicht, Sprache, Art sowie Funktion. Es werden die *Sichten* Struktur, Verhalten sowie Funktion unterschieden. Die Merkmalsgruppe *Sprache* unterscheidet die Sprachen Ereignisgesteuerte Prozessketten (EPK), Entity-Relationship-Model (ERM), Funktionsbaum, Objektorientierte Ansätze (OO-Ansatz) wie UML, OMT oder die Notation der Booch-Methode. Die Merkmalsgruppe *Art* beschreibt, ob das Referenzmodell durch deduktive oder induktive Methoden erstellt worden ist [BeSc96, S. 25f.]. Hinsichtlich der Merkmalsgruppe *Funktion* wird angegeben, welche betriebliche Funktionen von dem Referenzmodell unterstützt werden [Mert00; MeGr00]. Jedes Merkmal wird im Hinblick auf die Skala „Merkmal ist erfüllt" (Symbol: X), „Merkmal ist zum Teil erfüllt" (Symbol: (X)) und „Merkmal ist nicht erfüllt" (Symbol: -) bewertet.

Weiterführende Literatur: Siehe Hauptteil des Kataloges.

Weitere Kataloge: Weitere Übersichten über Referenzmodelle werden in den 6-10 Jahre alten Arbeiten von [Scho90; MeHo92; Mare95] gegeben.

Katalog 4: Überblicks-Referenzmodellkatalog (Prinzipienblatt)

Der Referenzmodellkatalog als Instrument des Wissensmanagements 17

		Hauptteil 1/2
n	Quelle	Inhaltliche Abgrenzung aus Sicht des Autors / der Autoren
1	[Hay95]	Einzelne ausgewählte Bereiche eines Industrieunternehmens.
2	[Jost93]	Klein- und Mittelständige Industriebetriebe mit primär mechanischer Fertigung (S. 13-18), umfassende betriebstypologische Präzisierung (S. 33-40).
3	[KeTe98]	Modellfirmen des Typs Losfertiger mit Lagerverkauf sowie auftragsbezogener Montagefertiger (S. XX, 283-291).
4	[Köbe99]	Belegungsplanung innerhalb der Fertigungssteuerung bei Werkstattfertigung (S. 42f., 72).
5	[Krus96]	Gesamte Vertriebslogistik von der Angebotserstellung bis hin zur Fakturierung und der Weiterleitung der Daten an die Finanzbuchhaltung bei kundenanonymer Lagerfertigung (S. 43).
6	[Kurb99]	Produktionsplanungs- und -steuerungssysteme in Industriebetrieben bei Programm- und Auftragsfertiger (S. 32-36, 111, 189-192).
7	[Loos92]	Fertigungsbereich eines Industrieunternehmens (S. 1, 11f.).
8	[Loos97]	Wirtschaftszweig Chemische Industrie bzw. Industrieunternehmen mit vorwiegend stoffumwandelnden Produktionsprozessen (S. 3), umfassende betriebstypologische Präzisierung (S. 2f., 17-87).
9	[Mert00; MeGr00]	Keine explizite Abgrenzung, lt. Titel Industrieunternehmen.
10	[Raut97]	Produktionsplanungs- und -steuerungssysteme, das die notwendigen Belange des Recycling berücksichtigt, betriebstypologische Präzisierung (S. 1-7).
11	[Remm97]	Keine explizite Abgrenzung, implizit werden Fertigungsunternehmen betrachtet (S. 102f.).
12	[Rins95]	Kurzfristige Fertigungssteuerung in Industriebetrieben von Projektfertigern, Kleinserienfertigung, Großserienfertigung, Fertiger mit geographisch verteilten Produktionsstätten (S. 30, 55-61).
13	[Rohl95]	Sämtliche Aufgaben der Materialbedarfsplanung (S. 255).
14	[Sche97]	Keine explizite Abgrenzung, lt. Titel Industrieunternehmen.
15	[BeSc96]	Sämtliche Unternehmen, die Handelsfunktionen ausüben, betriebstypologische Präzisierung (S. 1f.).
16	[GDV00]	Versicherungsunternehmen mit Schwerpunkten auf das Erstversicherungsgeschäft sowie auf die direkten Leistungsbereiche (S. 12).
17	[Meye00]	Sämtliche Bank-bezogenen EDV-Anwendungssysteme (S. 4, 22-24).
18	[o.V.97]	Vorgangsbearbeitung in öffentlichen Verwaltungen.
19	[Fowl97]	Einzelne ausgewählte Bereiche im Gesundheitswesen sowie im Finanzbereich.
20	[Lang97]	Prozess der Auftragsabwicklung (S. 113-156).
21	[Lind92]	Prozess der Kundenauftragsbearbeitung von der Angebotserstellung bis hin zur Fakturierung (S. 104).
22	[Schi98]	Sämtliche Aspekte eines Qualitätssicherungsinformationssystems (S. 1-9, 24-26, 165f.).
23	[Schl00]	Sämtliche Aspekte eines computergestützten Controlling aus Gestaltungs- und Nutzungssicht (S. 98f.).
24	[Schw99]	Elementare informationstechnische Strukturen und Prozesse zur mengenmäßigen Lagerverwaltung, keine Berücksichtigung des Wareneingangs- bzw. -ausgangs, keine Inventur usw. (S. 186).
25	[Wede93]	Bereich des Rechnungswesens.

Katalog 5: Überblicks-Referenzmodellkatalog (Teil 1/2)

Gliederungsteil	Hauptteil 2/2			Zugriffsteil																			
				Sicht			Sprache			Art			Betriebliche Funktion										
Wirtschafts-zweig	n	Autoren	Jahr	Struktur	Verhalten	Funktion	EPK	ERM	Fkt.-baum	OO-Ansatz	induktiv	deduktiv	F & E	Vertrieb	Beschaffung	Lagerhaltung	Produktion	Versand	Kd.-dienst	Finanzen	Rewe	Personal	Gebäudem.	Weitere Fkt.
Verarbeitendes Gewerbe	1	Hay	1996	X	-	-	-	X	-	-	X	-	-	-	-	X	X	-	X	-	X	-	-	-
	2	Jost	1992	-	X	X	X	-	X	-	-	X	-	X	-	X	X	X	-	-	-	-	-	-
	3	Keller, Teufel	1998	-	X	-	X	-	-	-	X	-	-	X	X	X	X	X	-	X	X	X	-	X
	4	Köbernik	1999	X	-	-	-	-	-	X	-	X	-	-	-	-	X	-	-	-	-	-	-	-
	5	Kruse	1996	X	X	X	X	X	X	-	-	X	-	X	-	X	-	X	-	-	X	-	-	-
	6	Kurbel	1999	X	-	-	-	X	-	-	X	-	-	-	-	X	X	-	-	-	-	-	-	-
	7	Loos	1992	X	-	-	-	X	-	-	X	-	-	-	-	X	X	-	-	-	-	-	-	-
	8	Loos	1997	X	-	-	-	X	-	-	X	-	-	-	-	X	X	-	-	-	-	-	-	-
	9	Mertens	2000	(X)	-	X	-	-	X	-	X	X	X	X	X	X	X	X	X	X	X	X	-	-
	10	Rautenstrauch	1997	X	X	-	-	X	-	-	X	-	-	-	X	X	X	-	-	-	-	-	-	-
	11	Remme	1997	-	X	-	X	-	-	-	X	-	-	-	-	X	-	-	-	-	-	-	-	X
	12	Rinschede	1995	X	-	X	-	-	-	X	-	X	-	-	-	-	X	-	-	-	-	-	-	-
	13	Rohloff	1995	X	X	X	-	-	-	X	-	X	-	-	-	-	X	-	-	-	-	-	-	-
	14	Scheer	1997	X	X	X	X	X	X	-	-	X	X	X	X	X	X	X	X	X	X	X	-	-
Handel	15	Becker, Schütte	1996	X	X	X	X	X	X	-	-	X	-	X	X	X	-	X	-	-	X	X	X	-
Kredit- und Versicherungs-gewerbe	16	GDV	2000	X	X	X	-	-	-	X	X	X	-	X	-	-	X	X	X	-	-	-	-	-
	17	Meyer zu Selhausen	2000	-	(X)	X	-	-	-	-	X	-	X	X	X	X	X	X	X	X	X	X	-	-
Öffentl. Verwalt.	18	o.V.	1997	X	X	-	X	-	-	X	-	X	-	-	-	X	-	X	-	-	-	-	-	X
nicht spezifisch	19	Fowler	1997	X	(X)	-	-	-	-	X	X	-	-	-	-	X	X	-	-	X	X	-	-	-
	20	Lang	1997	-	X	-	X	-	-	-	X	-	-	X	-	-	X	-	-	X	-	-	-	X
	21	Lindtner	1992	X	-	-	-	X	-	-	X	-	-	X	-	-	X	-	-	X	-	-	-	-
	22	Schildheuer	1997	X	X	X	-	-	-	X	-	X	-	-	-	-	-	-	-	-	-	-	-	X
	23	Schlagheck	2000	X	X	X	-	-	-	X	-	X	-	-	-	-	-	-	-	X	X	-	-	X
	24	Schwegmann	1999	X	X	-	X	-	-	X	-	X	-	-	-	X	-	-	-	-	-	-	-	-
	25	Wedekind	1993	X	(X)	-	-	-	-	-	X	-	-	-	-	-	-	-	X	-	-	-	-	-

Katalog 6: Überblicks-Referenzmodellkatalog (Teil 2/2)

4 Ausblick

RMK bilden ein methodisches Instrumentarium, um das in Referenzmodellen enthaltene explizite Domänenwissen systematisch für die Entwicklung unternehmensspezifischer Informationsmodelle nutzbar zu machen. Um diesen vielversprechenden Ansatz weiter auszubauen, werden in künftigen Arbeiten sich anschließende Fragestellungen bearbeitet:

- *Erstellung weiterer RMK*: In dieser Arbeit wurden zwei RMK vorgestellt. Um die Potenziale von RMK zu nutzen, werden weitere RMK benötigt. Hierbei können bspw. RMK für spezielle Wirtschaftszweige (bspw. für das verarbeitende Gewerbe) oder für spezielle betriebliche Aufgaben (bspw. für Führungsinformationssysteme) entwickelt werden. Sobald hinreichend viele RMK entwickelt worden sind, sollte über ein Meta-RMK der Zugriff auf die bereits erstellten RMK sichergestellt werden.

- *Erweiterung des Überblicks-Katalogs*: Innerhalb der Literatur sind weitere Referenzmodelle (bspw. [Mare95; DiHu98; Luxe00]) vorhanden, die in den Überblicks-Katalog zu integrieren sind. Ebenso ist zu überlegen, wie die Arbeiten der Pattern-Community, die durchaus ebenso als Referenzmodelle verstanden werden können [Schw99, S. 96], in einem Überblicks-Katalog nachzuweisen sind.

- *Feingranulare Erschließung der Referenzmodelle*: In dem hier vorgestellten Überblicks-RMK wurden die in der Literatur beschriebenen Referenzmodelle nur als Ganzes verzeichnet. Es bietet sich an, diese Modelle feingranularer zu erschließen, indem jeweils einzelne Teilbereiche eines Modells in einem RMK aufgenommen werden.

- *Werkzeugunterstützung*: Es sollten Werkzeuge entwickelt werden, die es erlauben, RMK automatisiert zu erstellen, zu pflegen und zu benutzen. Hierbei sind bspw. Fragen zur Architektur der Werkzeuge oder zur Gestaltung von Anfragesprachen für RMK von Interesse. Wenn hinreichend viele RMK verfügbar sind, sollten Algorithmen zur automatisierten Recherche in RMK entwickelt werden. Hierbei ist bspw. an Verfahren des Case Based Reasoning zu denken. Ferner können Systeme entwickelt werden, die eine Online-Recherche in vorhandenen Katalogen erlauben.

Abschließend soll sich den Worten von MERTENS und HOLZNER angeschlossen werden [MeHo92, S. 21]:

„Beim Vergleich der Veröffentlichungen zu den [...] Modellen fällt auf, dass viele Autoren ihre Arbeiten nicht in die Forschungslandschaft einordnen, ihre Entwicklungen also nicht positionieren. Bisweilen wird die eigene Vorstellung nur in den Raum gestellt, oft mit dem Anspruch, man schaffe etwas Neues; dies wird jedoch nicht belegt. Nützlich wären einführende Kapitel zum Stand der Modellierung mit Hinweisen, wo Bedarf zur Verbesserung bzw. Erweiterung besteht, den man mit dem eigenen Werk decken möchte. So könnte eine Klassifikation resultieren [...] und schließlich die Theorie der Unternehmensmodellierung in der Wirtschaftsinformatik rascher ausreifen."

Literaturverzeichnis

[BeSc96] Becker, J.; Schütte, R.: Handelsinformationssysteme. Landsberg am Lech 1996.

[BHKS00] Becker, J.; Holten, R.; Knackstedt, R.; Schütte, R.: Referenz-Informationsmodellierung. In: F. Bodendorf; M. Grauer (Hrsg.): Verbundtagung Wirtschaftsinformatik 2000. Aachen 2000, S. 86-109.

[Bode99] Bodendorf, F.: Wirtschaftsinformatik im Dienstleistungsbereich. Berlin et al. 1999.

[Brau99] Braun, M.: Ausdifferenzierung eines Componentware-PPS-Systems in Richtung auf Branchen und Betriebstypen. Diss., Universität Erlangen-Nürnberg, Erlangen-Nürnberg 1999.

[BRS95] Becker, J.; Rosemann, M.; Schütte, R.: Grundsätze ordnungsmäßiger Modellierung. Wirtschaftsinformatik, 37 (1995) 4, S. 435-445.

[Busc96] Buschmann, F.; Meunier, R.; Rohnert, H.; Sommerlad, P.; Stal, M.: Pattern-Oriented Software Architecture – A System of Patterns. Chichester et al. 1996.

[CoNM97] Coad, P.; North, D.; Mayfield, M.: Object Models – Strategies, Patterns, and Applications. 2. Aufl., Upper Saddle River, NJ 1997.

[Diek81] Diekhöner, G. W.: Erstellen und Anwenden von Konstruktionskatalogen im Rahmen des methodischen Konstruierens. Düsseldorf 1981.

[DiHu98] Dick, N.; Huschens, J.: IAA – The IBM Insurance Application Architecture. In: P. Bernus; K. Mertins; G. Schmidth (Hrsg.): Handbook on Architectures of Information Systems. Berlin et al. 1998, S. 619-637.

[DIN00] DIN Deutsches Institut für Normung e. V. (Hrsg.): Geschäftsprozessgestaltung – Typisierung und Modellierung (DIN-Fachbericht 80). Berlin, Wien, Zürich 2000.

[FeLo00] Fettke, P.; Loos, P.: Komponentendokumentationen – Eine systematische Bewertung von Ordnungssystemen aus formaler Sicht. In: K. Turowski (Hrsg.): Modellierung und Spezifikation von Fachkomponenten: Workshop im Rahmen der MobIS 2000 Modellierung betrieblicher Informationssysteme, Siegen, Deutschland, 12. Oktober 2000, Tagungsband. Siegen 2000, S. 51-70.

[FeLo01] Fettke, P.; Loos, P.: Zur Klassifikation von Patterns. In: Organisatoren der Net.ObjectDays (Hrsg.): Net.ObjectDays 2001 – Tagungsband, 10.-13. September 2001, Messekongresszentrum Erfurt. Erfurt 2001, S. 251-252.

[Fowl97] Fowler, M.: Analysis Patterns: Reusable Object Models. Menlo Park, CA 1997.

[Fran00] Frank, U.: Modelle als Evaluationsobjekt – Einführung und Grundlegung. In: L. J. Heinrich; I. Häntschel (Hrsg.): Evaluation und Evaluationsforschung in der Wirtschaftsinformatik – Handbuch für Praxis, Lehre und Forschung. München, Wien 2000, S. 339-352.

[Fres80] Frese, E.: Aufgabenanalyse und -synthese. In: E. Grochla (Hrsg.): Handwörterbuch der Organisation. 2. Aufl., Stuttgart 1980, S. 207-217.

[Gabl00] Gabler (Hrsg.): Gabler Wirtschaftslexikon. Bd. 1, 15. Aufl., Wiesbaden 2000.

[GDV00] Gesamtverband der Deutschen Versicherungswirtschaft e. V. (Hrsg.): Die Anwendungsarchitektur der deutschen Versicherungswirtschaft. http://www.gdv-online.de/vaa/, Abruf: 2001-07-24.

[GHJV95] Gamma, E.; Helm, R.; Johnson, R.; Vlissides, J.: Design Patterns – Elements of Reusable Object-Oriented Software. Reading, MA, et al. 1995.

[Hars94] Hars, A.: Referenzdatenmodelle – Grundlage effizienter Datenhaltung. Wiesbaden 1994.

[Hay96]	Hay, D. C.: Data Model Patterns – Conventions of Thought. New York, NY 1996.
[Jost93]	Jost, W.: EDV-gestützte CIM-Rahmenplanung. Wiesbaden 1993.
[Kauf00]	Kaufmann, T.: Marktplatz für Bausteine heterogener betrieblicher Anwendungssysteme. FORWIN-Bericht-Nr.: FWN-2000-003. Bamberg et al. 2000.
[Kauf99]	Kaufmann, T.; Schmitzer, B.; Ließmann, H.; Lohmann, M.; Mertens, P.: ICF-System – Ein Werkzeug zur Anforderungsanalyse. http://www.wi1.uni-erlangen.de/projekte/kebba/icf-system.pdf, Abruf: 2001-07-23.
[KeTe98]	Keller, G.; Teufel, T.: SAP R/3 prozeßorientiert anwenden – Iteratives Prozeß-Prototyping zur Bildung von Wertschöpfungsketten. Bonn et al. 1998.
[Knac01]	Knackstedt, R.: Konfigurative Referenzmodelle als Instrumente des Wissensmanagements bei der Data-Warehouse-Entwicklung. In: H.-P. Schnurr; S. Staab; R. Studer; G. Stumme; Y. Sure (Hrsg.): Professionelles Wissensmanagement – Erfahrungen und Visionen – Beiträge der 1. Konferenz Professionelles Wissensmanagement – Erfahrungen und Visionen – Baden-Baden, 14.-16. März 2001. Aachen 2001, S. 113-128.
[Köbe99]	Köbernik, G.: Moderne Methoden für die Fertigungssteuerung bei Werkstattfertigung. Köln 1999.
[Kosi62]	Kosiol, E.: Organisation der Unternehmung. Wiesbaden 1962.
[Krüg92]	Krüger, W.: Aufgabenanalyse und -synthese. In: E. Frese (Hrsg.): Handwörterbuch der Organisation. 3. Aufl., Stuttgart 1992, S. 221-236.
[Krus96]	Kruse, C.: Referenzmodellgestütztes Geschäftsprozeßmanagement – Ein Ansatz zur prozeßorientierten Gestaltung vertriebslogistischer Systeme. Wiesbaden 1996.
[Kurb99]	Kurbel, K.: Produktionsplanung und -steuerung – Methodische Grundlagen von PPS-Systemen und Erweiterungen. 4. Aufl., München, Wien 1999.
[Lang97]	Lang, K.: Gestaltung von Geschäftsprozessen mit Referenzprozeßbausteinen. Wiesbaden 1997.
[Lind92]	Lindtner, P.: Domänenwissen in Methoden zur Analyse betrieblicher Informationssysteme. Diss., St. Gallen 1992.
[Loos92]	Loos, P.: Datenstrukturierung in der Fertigung. München, Wien 1992.
[Loos97]	Loos, P.: Produktionslogistik in der chemischen Industrie – Betriebstypologische Merkmale und Informationsstrukturen. Wiesbaden 1997.
[Luxe00]	Luxem, R.: Digital Commerce: Electronic Commerce mit digitalen Produkten. Lohmar, Köln 2000.
[Maie96]	Maier, R.: Qualität von Datenmodellen. Wiesbaden 1996.

[Malo99] Malone, T. W.; Crowston, K.; Lee, J.; Pentland, B.; Dellarocas, C.; Wyner, G.; Quimby, J.; Osborn, C. S.; Bernstein, A.; Herman, G.; Klein, M.; O-Donnell, E.: Tools for inventing organizations. Toward a handbook of organizational processes. In: Management Science 45 (1999) 3, S. 425-443.

[Mare95] Marent, C.: Branchenspezifische Referenzmodelle für betriebswirtschaftliche IV-Anwendungsbereiche. Wirtschaftsinformatik 37 (1995) 3, S. 303-313.

[Mare95] Marent, C.: Werkzeuggestützte Referenzmodellierung für den Handel. Diss., Wien 1995.

[Meff91] Meffert, H.: Marketing – Grundlagen der Absatzpolitik – Mit Fallstudien Einführung und Relaunch des VW-Golf. 7. Aufl., Wiesbaden 1991.

[MeGr00] Mertens, P.; Griese, J.: Integrierte Informationsverarbeitung 2 – Planungs- und Kontrollsysteme in der Industrie. 8. Aufl., Wiesbaden 2000.

[MeHL96] Mertens, P.; Holzner, J.; Ludwig, P.: Individual- und Standardsoftware: tertium datur? Betriebswirtschaftliche Anwendungsarchitekturen mit branchen- und betriebstypischen Zuschnitt. FORWISS-Report FR-1996-004. Erlangen, München, Passau 1996.

[MeHo92] Mertens, P.; Holzner, J.: Eine Gegenüberstellung von Integrationsansätzen der Wirtschaftsinformatik. Wirtschaftsinformatik, 34 (1992) 1, S. 5-25.

[MeLo00] Mertens, P.; Lohmann, M.: Branche oder Betriebstyp als Klassifikationskriterien für die Standardsoftware der Zukunft? – Erste Überlegungen, wie künftig betriebswirtschaftliche Standardsoftware entstehen könnte. In: F. Bodendorf; M. Grauer (Hrsg.): Verbundtagung Wirtschaftsinformatik 2000. Aachen 2000, S. 110-136.

[Mert00] Mertens, P.: Integrierte Informationsverarbeitung 1 – Administrations- und Dispositionssysteme in der Industrie. 12. Aufl., Wiesbaden 2000.

[Mert96] Mertens, P.; Bissantz, N.; Geyer, H.; Hagedorn, J.; Holzner, J.; Ludwig, P.: IV-Anwendungsarchitekturen für Branchen und Betriebstypen – erörtert am Beispiel der Ergebnisrechnung. Wirtschaftsinformatik 38 (1996) 5, S. 485-495.

[Mert97] Mertens, P.; Braun, M.; Engelhardt, A.; Holzner, J.; Kaufmann, T.; Ließmann, H.; Ludwig, P.; Möhle, S.: Formen integrierter betrieblicher Anwendungssysteme zwischen Individual- und Standardsoftware – Erfahrungen und Zwischenergebnisse bei Experimenten mit branchen- und betriebstyporientierten Anwendungsarchitekturen. FORWISS-Report FR-1997-005. Erlangen, München, Passau 1997.

[Meye00] Meyer zu Selhausen, H.: Bank-Informationssysteme – Eine Bankbetriebswirtschaftslehre mit IT-Schwerpunkt. Stuttgart 2000.

[Mors98] Morschheuser, P.: Individualisierte Standardsoftware in der Industrie – Merkmalsbasierte Anforderungsanalyse für die Informationsverarbeitung. Wiesbaden 1998.

[o.V.97]	o. V.: Handlungsleitfaden – IT-gestützte Vorgangsbearbeitung. http://www.kbst.bund.de/koopa/neues/vorgang/vorgang.html, Abruf: 2001-07-24.
[Pawl98]	Pawlowsky, P.: Integratives Wissensmanagement. In: P. Pawlowsky (Hrsg.): Wissensmanagement – Erfahrungen und Perspektiven. Wiesbaden 1998, S. 9-45.
[Raut97]	Rautenstrauch, C.: Fachkonzept für ein integriertes Produktions-, Recyclingplanungs- und Steuerungssystem (PRPS-System). Berlin, New York 1997.
[Remm97]	Remme, M.: Konstruktion von Geschäftsprozesse – Ein modellgestützter Ansatz durch Montage generischer Prozeßpartikel. Wiesbaden 1997.
[Rins95]	Rinschede, M.: Koordination dezentraler Leitstände auf Basis objektorientierter Softwaretechnologie. Sinzheim 1995.
[Risi00]	Rising, L.: The Pattern Almanac 2000. Boston et al. 2000.
[Rohl95]	Rohloff, M.: Produktionsmanagement in modularen Organisationsstrukturen – Reorganisation der Produktion und Objektorientierte Informationssysteme für verteilte Planungssegmente. München, Wien 1995.
[Roth94]	Roth, K.: Konstruieren mit Konstruktionskatalogen. Bd. 2: Kataloge, 2. Aufl., Berlin et al. 1994.
[Sche97]	Scheer, A.-W.: Wirtschaftsinformatik – Referenzmodelle für industrielle Geschäftsprozesse. 7. Aufl., Berlin et al. 1997.
[Schi01]	Schindler, M.: Wissensmanagement in der Projektabwicklung – Grundlagen, Determinanten und Gestaltungskonzepte eines ganzheitlichen Projektwissensmanagements. 2. Aufl., Lohmar, Köln 2001.
[Schi98]	Schildheuer, G.: Konzeption eines objektorientierten Referenzmodells zur Planung und Gestaltung eines umfassenden Qualitätsinformationssystems. Bochum 1998.
[Schi99]	Schipp, O.: Betriebswirtschaftliche Vorkonfiguration von Softwarebibliotheken – Spezifische Ableitung von Referenzsystemen und Templates für Anwendersegmente. Diss., Würzburg 1999.
[Schl00]	Schlagheck, B.: Objektorientierte Referenzmodelle für das Prozess- und Projektcontrolling – Grundlagen – Konstruktion – Anwendungsmöglichkeiten. Wiesbaden 2000.
[Scho90]	Scholz-Reiter, B.: CIM – Informations- und Kommunikationssysteme. München, Wien 1990.
[Schr98]	Schreyögg, G.: Organisation – Grundlagen moderner Organisationsgestaltung. 2. Aufl., Wiesbaden 1998.
[Schü98]	Schütte, R.: Grundsätze ordnungsmäßiger Referenzmodellierung – Konstruktion konfigurations- und anpassungsorientierter Modelle. Wiesbaden 1998.

[Schw99]   Schwegmann, A.: Objektorientierte Referenzmodellierung – Theoretische Grundlagen und praktische Anwendung. Wiesbaden 1999.

[SSRB00]   Schmidt, D.; Stal, M.; Rohnert, H.; Buschmann, F.: Pattern-Oriented Software Architecture – Patterns for Concurrent and Networked Objects. Chichester et al. 2000.

[Stat93]   Statistisches Bundesamt (Hrsg.): Klassifikation der Wirtschaftszweige mit Erläuterungen. Wiesbaden 1993.

[Wede93]   Wedekind, H.: Kaufmännische Datenbanken. Mannheim et al. 1993.

Konfigurative Referenzmodellierung

Jörg Becker, Patrick Delfmann, Ralf Knackstedt, Dominik Kuropka

Um den gezielten Zugang zu dem in Referenzmodellen enthaltenen Wissen zu verbessern, eignen sich Mechanismen, mit deren Hilfe Referenzmodelle an spezifische Anwendungskontexte angepasst werden können. Die Anwendungskontexte werden im Folgenden durch Unternehmensmerkmale und Eigenschaften von Benutzergruppen repräsentiert. Auf diese Parameter wird bei der Separierung und Selektion der inhaltlichen und perspektivenorientierten Varianten der Modelle zurückgegriffen. Ausgehend von einer eingehenden Diskussion der Potenziale der konfigurativen Referenzmodellierung (Abschnitt 1) wird eine auf einem Vorgehensmodell und einer Dokumentenstruktur basierende Methodik zur Erstellung konfigurativer Referenzmodelle entwickelt (Abschnitt 2). Um die Varianten des Referenzmodells geeignet ableiten zu können, werden Konfigurationsmechanismen identifiziert und fachkonzeptionell definiert (Abschnitt 3). Die Spezifikation der Methodik und der Konfigurationsmechanismen bildet eine Grundlage für die Entwicklung einer neuen Generation von Modellierungswerkzeugen, die das Variantenmanagement von Referenzmodellen unterstützen (Abschnitt 4).[1]

1 Bedeutung konfigurativer Referenzmodellierung

Bei der Gestaltung von Unternehmen liegt eine Hauptschwierigkeit in der Unübersichtlichkeit und Komplexität des Problembereiches. Es gilt, diesen so zu beschreiben und damit so zu strukturieren, dass die Konzeption sowohl von Informationssystemen als auch von Organisationsabläufen unterstützt wird. *Informationsmodelle* haben sich hierfür als probates Mittel erwiesen. Ein Informationsmodell ist eine immaterielle Repräsentation eines Objektsystems für Zwecke der Organisations- und Anwendungssystemgestaltung. Es wird unterstellt, dass das Informationsmodell das Ergebnis einer Konstruktion eines Modellierers oder Modellierungsteams darstellt, mit dem Informationen über zu modellierende Elemente eines Systems zu einer Zeit als relevant deklariert werden [BHKS00, S. 88].

Eine besondere Klasse von Informationsmodellen stellen *Referenz-Informationsmodelle* dar. Sie werden nicht für einen einzigen konkreten Anwendungskontext

---

[1] Dieser Beitrag ist im Rahmen des von der Deutschen Forschungsgemeinschaft (DFG) geförderten Projektes „Konstruktion konfigurierbarer Referenzmodelle für die integrierte Anwendungssystem- und Organisationsgestaltung (KOREAN)" (Geschäftszeichen Be 1422/5-1) entstanden.

entwickelt, sondern erheben einen Anspruch auf Allgemeingültigkeit und formulieren Sollempfehlungen für eine Klasse abstrakter Anwendungsgebiete. Sie sollen die Wirtschaftlichkeit der Informationsmodellierung erhöhen, indem sie Ausgangslösungen zur Verfügung stellen, die im Zuge ihrer Anwendung bedarfsgerecht modifiziert werden können, und so dem Transfer von betriebswirtschaftlichem Know-how dienen.

Die Entwicklung von Referenz-Informationsmodellen (im Folgenden kurz Referenzmodelle) ist in der Regel eine aufwändige, kostenintensive und risikoreiche Tätigkeit. Die Ersteller von Referenzmodellen müssen – wie andere Produzenten auch – ihren Markt identifizieren und sind abhängig von der Akzeptanz durch ihre Kunden. Referenzmodellersteller stehen bei der Abgrenzung ihres Marktes vor dem folgenden *Dilemma*: Als Kriterium für die Auswahl eines Referenzmodells dient den Anwendern neben der inhaltlichen Qualität insb. der Anpassungsbedarf. Einen geringen Anpassungsbedarf erzielen Referenzmodelle, wenn sie möglichst genau den Unternehmensspezifika gerecht werden, was allerdings das Absatzrisiko ob des eingeschränkten Marktes solcher Spezialmodelle verstärkt. Die Vergrößerung des Anwenderkreises ist demgegenüber mit einer Erhöhung der Allgemeingültigkeit verbunden, die den Anpassungsaufwand für das einzelne Unternehmen in der Regel erhöht und damit die Attraktivität des Modells reduziert.

Einen Ausweg aus diesem Dilemma können *konfigurierbare Referenzmodelle* bieten. Konfigurierbare Referenzmodelle enthalten Regeln, die besagen, wie das Referenzmodell in Abhängigkeit projektspezifisch gewählter Ausprägungen von Konfigurationsparametern zu verändern ist. Mit der Unterstützung automatisierter Konfigurationsmechanismen wird die Zunahme des Anpassungsaufwands für den Modellbenutzer bei einer Ausweitung des Adressatenkreises des Modells gering gehalten. Die *Anwendung* konfigurierbarer Referenzmodelle kann in zwei Phasen gegliedert werden [Schü98, S. 316]:

- *Konfiguration*: In der ersten Phase wählt der Modellanwender die relevanten Konfigurationsparameterausprägungen. Auf der Basis dieser Entscheidung wird unter Auswertung der Regelbasis des konfigurierbaren Referenzmodells eine konfigurationsspezifische Modellvariante abgeleitet. Das Modell muss explizite Anpassungspunkte und Konstrukte zur Variantenbildung enthalten, um die Konfiguration unterstützen zu können.

- *Anpassung*: Auch konfigurierbare Referenzmodelle können nicht sämtliche Besonderheiten konkreter Anwendungskontexte vorwegnehmen. In der zweiten Phase nimmt daher der Modellanwender manuell individuelle Veränderungen an der Ausgangslösung vor, die aus der Konfiguration hervorgegangen ist.

Konfigurationsparameter dienen dazu, den Anwendungskontext des Referenzmodells zu beschreiben. Die Konfigurationsparameter und die ihnen zugeordneten zulässigen Ausprägungen können daher als Modell des relevanten Marktes des Referenzmodells auf hohem Abstraktionsniveau aufgefasst werden. Um die möglichen Konfigurationsparameter zu gliedern, bietet sich ihre Zweiteilung in Unternehmensmerkmale und Perspektiven an.

Unternehmensmerkmale und ihre Ausprägungen beschreiben als Konfigurationsparameter die Klasse der Unternehmen, die durch das Referenzmodell repräsentiert wird. Im Rahmen der Konfiguration ordnet der Anwender seinen Untersuchungsgegenstand in das durch die Parameter aufgespannte Typisierungssystem ein. Auf der Basis dieser Einordnung entscheiden die Konfigurationsregeln, welche der betriebswirtschaftlich-inhaltlichen Gestaltungsempfehlungen des Referenzmodells (Verwendung spezieller Funktionen, Abläufe, Planungsverfahren etc.) für den speziellen Fall zum Tragen kommen. Die Auswirkungen der Konfiguration unterscheiden sich in Umfang und Art. Die Wahl der verfolgten Geschäftsarten kann in Referenzmodellen von Handelsunternehmen bspw. den Wegfall ganzer Funktionsbereiche bewirken, was sich mit Hilfe von Ordnungsrahmen, die als oberste Navigationseinstiege in Modelle dienen, gut verdeutlichen lässt (vgl. Abbildung 1).

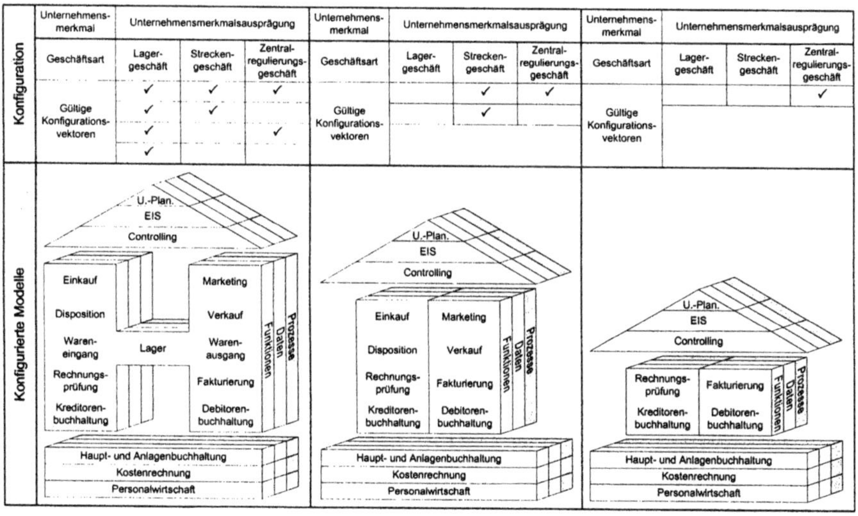

Abbildung 1: Unternehmensmerkmalskonfiguration grobgranular [Beck98, S. 92-93]

Auf geringerem Abstraktionsniveau entfallen z. B. in Prozessmodellen einzelne Funktionen und Ereignisse bzw. kommen neu hinzu. In Abhängigkeit von der Geschäftsart stehen bspw. unterschiedliche Informationen zur Verfügung, anhand derer Rechnungen geprüft werden können (vgl. Abbildung 2).

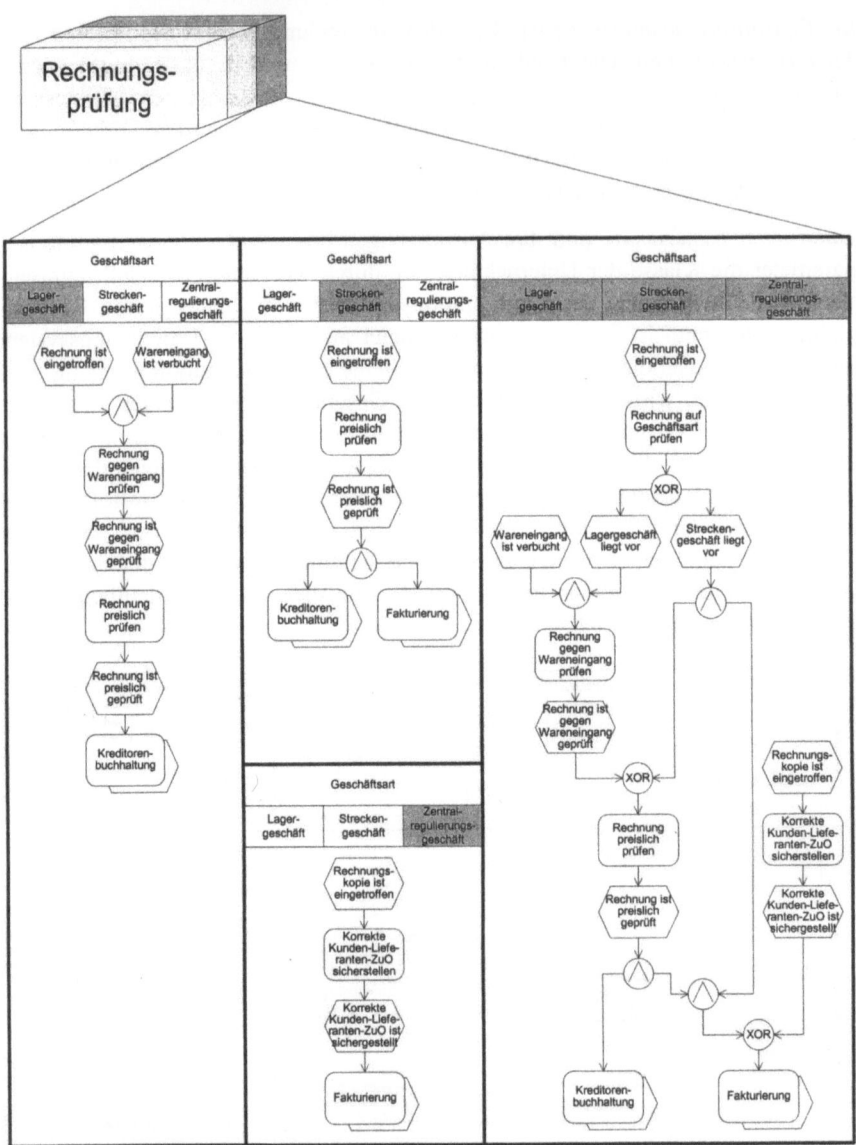

Abbildung 2: Unternehmensmerkmalskonfiguration feingranular

Perspektiven als Konfigurationsparameter repräsentieren die verschiedenen Sichtweisen auf das Gesamtmodell, die sich aus den unterschiedlichen Verwendungskontexten des Referenzmodells ergeben. Die betriebswirtschaftlich-inhaltlichen Gestaltungsempfehlungen für den Unternehmenstyp bleiben in Abhängigkeit von den Verwendungskontexten substanziell die gleichen, sie hängen von den Unternehmensmerkmalsausprägungen ab.

Konfigurative Referenzmodellierung 29

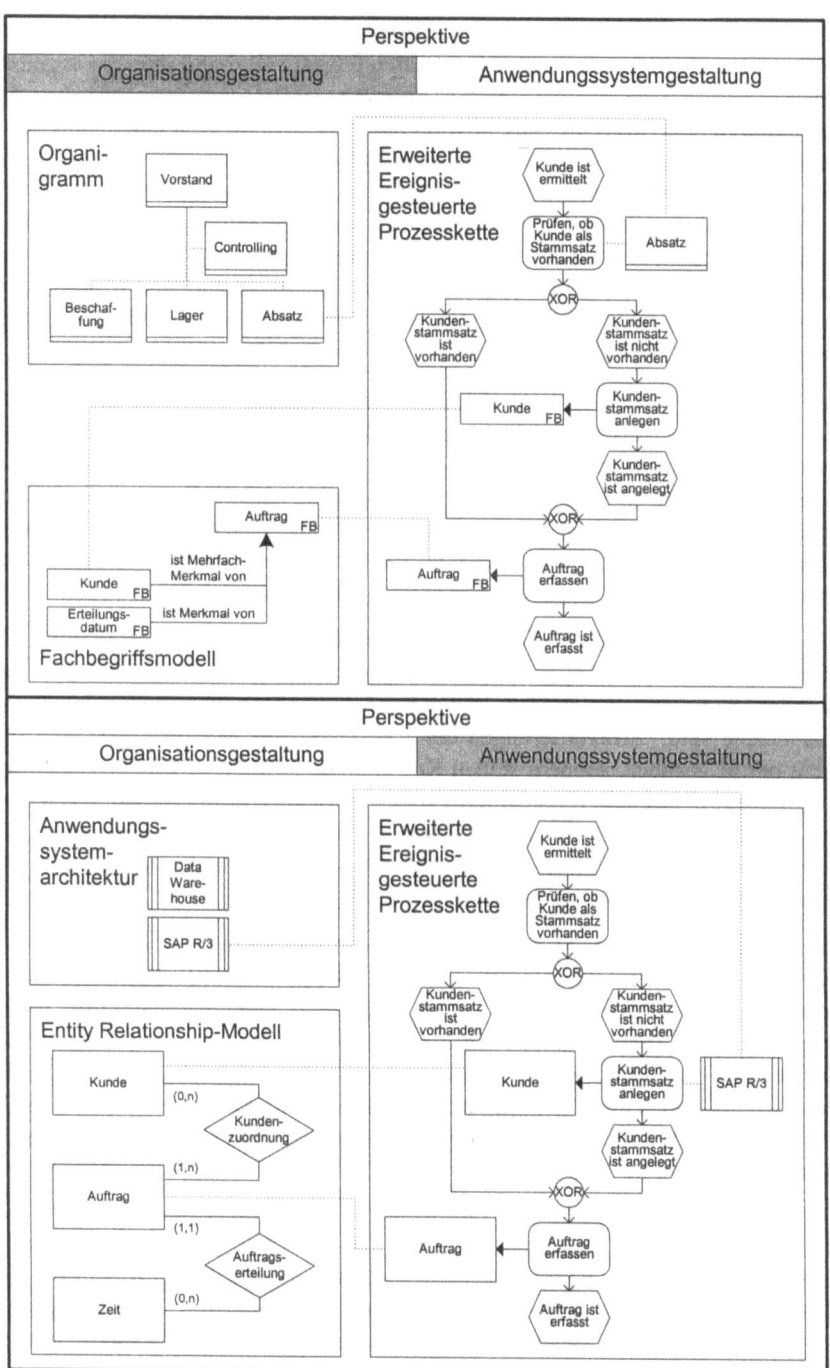

Abbildung 3: Perspektivenkonfiguration grobgranular

Die Perspektiven berücksichtigen, dass die Gestaltungsempfehlungen in verschiedenen Anwendungskontexten unterschiedlich relevant sind und dass die angemessenen Konzeptionalisierungen, mittels derer sie expliziert werden, mit dem Anwendungskontext wechseln. Die Konfiguration des Referenzmodells kann bspw. vorsehen, dass sich perspektivenspezifische Modellversionen über die verwendeten Modelltypen differenzieren. Bei grober Unterscheidung der Perspektiven Anwendungssystem- und Organisationsgestaltung können Organisationsgestaltern Ereignisgesteuerte Prozessketten (EPKs), Organigramme und Fachbegriffsmodelle zugeordnet werden,[2] während Anwendungssystemgestaltern EPKs, Anwendungssystemarchitekturen und Entity-Relationship-Modelle zur Verfügung gestellt werden (vgl. Abbildung 3).

Auf geringerem Abstraktionsniveau kann die Differenz zwischen den Perspektiven darin zum Ausdruck kommen, dass Informationsmodellelemente nur für einzelne Perspektiven relevant sind (vgl. auch [RoSc99, S. 33-38]). Beispielsweise liegen vollständig manuell ausgeführte Tätigkeiten außerhalb des Interessenbereichs der Perspektive Anwendungssystemgestaltung, während für die Perspektive Organisationsgestaltung eine detaillierte Darstellung von automatisierten Hintergrundprozessen unangemessen erscheint (vgl. Abbildung 4).

Die Unterschiede in den Anforderungen der Benutzergruppen der Modelle, die durch die Perspektiven als Konfigurationsparameter repräsentiert werden sollen, sind darauf zurückzuführen, dass Wahrnehmung und Erkenntnis subjektabhängige Phänomene sind.[3] Strukturierungen der vom Menschen unabhängigen Welt sind nicht per se gegeben, sondern stellen Konstruktionsleistungen von Subjekten dar. Das Subjekt richtet sein Handeln nach seiner individuell konstruierten Vorstellung von Wirklichkeit aus, was nach LUHMANN als *Subjektivierung* bezeichnet wird und eine wesentliche Strategie zur Absorption von Komplexität darstellt, die folglich pragmatisch bedingt ist [Luhm99, S. 181-183].

Die Subjektivierung erhöht die Lösungschancen von Problemen, indem sie ihnen eine spezielle, lösbar erscheinende Fassung verleiht. Modelle dienen der Repräsentation des Problems in seinem jeweils aktuellen Bearbeitungsstand bzw. positiv formuliert der Repräsentation von Lösungsbeiträgen (Zwischenlösungen oder endgültigen Lösungen) eines Entwicklungsproblems [Zele99, S. 44]. Die Qualität eines Modells wird von Seiten des Modellnutzers desto höher bewertet werden, je stärker es seiner problembedingten individuellen Subjektivierung entspricht [Rose00, S. 45-46].

---

[2] Zu dieser Empfehlung vgl. ausführlich [Kuge00].
[3] Die Autoren nehmen eine erkenntnistheoretische Position des Konstruktivismus ein und fassen Wahrnehmung und Erkenntnis als konstruktive und nicht abbildende Tätigkeiten auf [Glas00, S. 29-30]. Kognition ist demnach subjektabhängig und beruht nicht auf ikonischer Widerspiegelung. Zur Bedeutung der erkenntnistheoretischen Positionierung im Rahmen von Forschungsarbeiten der Wirtschaftsinformatik vgl. z. B. [Schü98, S. 13-68; Schü99; KrSø96].

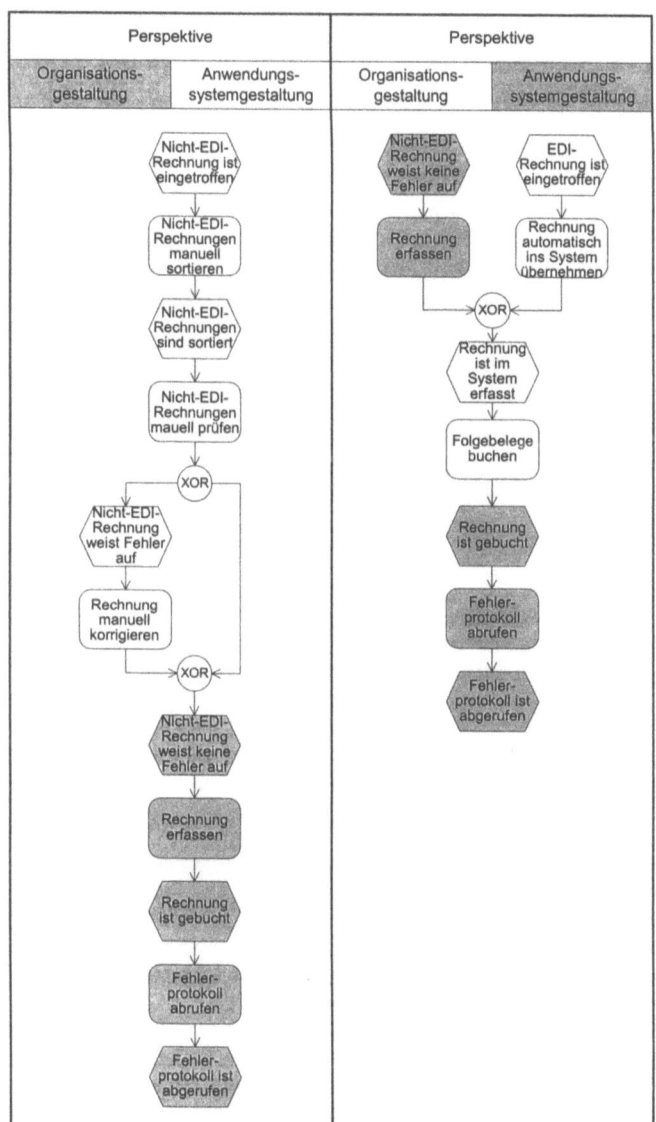

Abbildung 4: Perspektivenkonfiguration feingranular [BHKS00, S.102]

Neben dem Problemlösungspotenzial als positiver Aspekt wohnt den unterschiedlichen Subjektivierungen der Modellnutzer als negativer Aspekt eine potenzielle Gefährdung der sozialen Handlungsfähigkeit inne. Die ungenügende Koordination des Handelns von Subjekten, die gemeinsame Gestaltungsziele verfolgen, sich aber in ihren Relevanzstrukturen und Konzeptionalisierungen unterscheiden, zeigt sich regelmäßig in inkonsistenten Gesamtlösungen. Speziell die unzulängliche organisatorische Einbindung von Informationssystemen hat den Blick auf die

Unterschiede zwischen Organisations- und Anwendungssystemgestaltern geschärft und die Notwendigkeit einer *Vermittlung zwischen den Subjektivierungen* aufgezeigt [Fran94, S. 12].[4]

Unterstellt man die Existenz genau einer realen, unseren Vorstellungen zugrunde liegenden Welt (ontologische Position),[5] so kann davon ausgegangen werden, dass eine grundlegende Vermittlung zwischen Subjektivierungen durch eine nach Brauchbarkeit (Viabilität) selektierende Auslese erfolgt [Glas00, S. 23-31]. Da auf die Subjekte gleiche physikalische Restriktionen einwirken, werden sich ihre Vorstellungswelten entsprechend annähern. Darüber hinaus kann eine Annäherung von Vorstellungswelten verschiedener Subjekte durch Maßnahmen sozialer Kontrolle gefördert werden [Schm00, S. 152-154]. Informationsmodelle, die mehrere Perspektiven berücksichtigen, stellen ein geeignetes Hilfsmittel für den Vergleich und die Integration der Vorstellungswelten der an der Unternehmensgestaltung Beteiligten dar,[6] weil sie zwischen den korrespondierenden Konzepten der unterschiedlichen Subjektivierungen explizit vermitteln [Fran94, S. 36-37].

---

[4] Die Begriffe „Subjektivierung" und „Perspektive" werden hier nicht synonym verwendet. Perspektiven werden als Bestandteile multiperspektivischer Modelle aufgefasst. Perspektiven sind Produkte der Modellbildung und stellen Explikationen von Konstruktionen der Modellersteller dar. Bei den zu explizierenden Konstruktionen handelt es sich um die Annahmen des Modellerstellers über die Differenzen der Vorstellungswelten der Modellnutzer. Unter Subjektivierung wird das Erklärungsprinzip verstanden, das besagt, dass sich Abweichungen zwischen den Problemlösungsansätzen von Menschen insb. aus den Unterschieden ihrer subjektabhängigen Vorstellungswelten ergeben.

Anders verwendet den Begriff „Perspektive" zum Beispiel WOLLNIK, der den Begriff „Perspektivendifferenzen" prägt und darunter die Auffassungsunterschiede der Subjekte versteht [Woll86, S. 13]. Ebenso definiert FRANK eine Perspektive als ein „Konglomerat von Auffassungen, Prädispositionen und Präferenzen, die die Wahrnehmung einzelner Personen oder Personengruppen in bestimmten Kontexten wesentlich bestimmen" [Fran94, S. 164, ohne Hervorhebungen].

Mit der hier gewählten Begriffsverwendung wird betont, dass zwischen den Vorstellungswelten der Modellnutzer und den Perspektiven Differenzen oder Unschärfen bestehen, die der Modellersteller bewusst aber notgedrungen in Kauf nimmt. Die Differenzen ergeben sich daraus, dass dem Modellersteller einerseits bei der Unterscheidung von Perspektiven komplexitätsmäßige Grenzen gesetzt sind (vgl. Abschnitt 2) und er andererseits in aller Regel kein vollständiges Wissen über die Subjektivierungen erhalten kann. Gemäß der hier eingenommenen erkenntnistheoretischen Position kann lediglich über die Zweckdienlichkeit der eingeführten Perspektiven, nicht aber über deren Richtigkeit geurteilt werden [Schü98, S. 13-68].

[5] Der Konstruktivismus ist durchaus mit der Vorstellung einer das Handeln beschränkenden, außerhalb der Vorstellungswelt existierenden Welt vereinbar, wodurch er sich vom Solipsismus unterscheidet. In Abrede wird lediglich die Möglichkeit eines zweifelsfreien Erkennens dieser Welt gestellt [Glas00, S. 29-31].

[6] Es wird nicht gesagt, dass die Integration der Vorstellungswelten vollständig gelingen kann.

Neben der Möglichkeit, durch die Ausweitung der Nutzergruppen das wirtschaftliche Risiko der Referenzmodellerstellung zu reduzieren, kommt der Berücksichtigung von Perspektiven als Konfigurationsparameter somit durch die Förderung des Aufbaus konsensueller Interaktionsbereiche eine weitere wichtige Bedeutung zu.

Die Verwendung von Perspektiven als Konfigurationsparameter ist nicht auf Referenzmodelle beschränkt. Auch unternehmens- und projektspezifische Modelle können Perspektiven beinhalten, die die Ableitung benutzer(gruppen)spezifischer Modellvarianten unterstützen. Gemeinsam ist den multiperspektivischen Modellen, dass sie mit der Unterscheidung verschiedener Perspektiven versuchen, die Differenzen zwischen den Subjektivierungen von Modellnutzern bzw. von Gruppen von Modellnutzern zu repräsentieren und damit die Grundlage für eine Vermittlung zwischen ihnen legen. Multiperspektivität von Modellen kommt entsprechend auf mehreren Stufen der Modellanwendung zum Tragen (vgl. Abbildung 5).

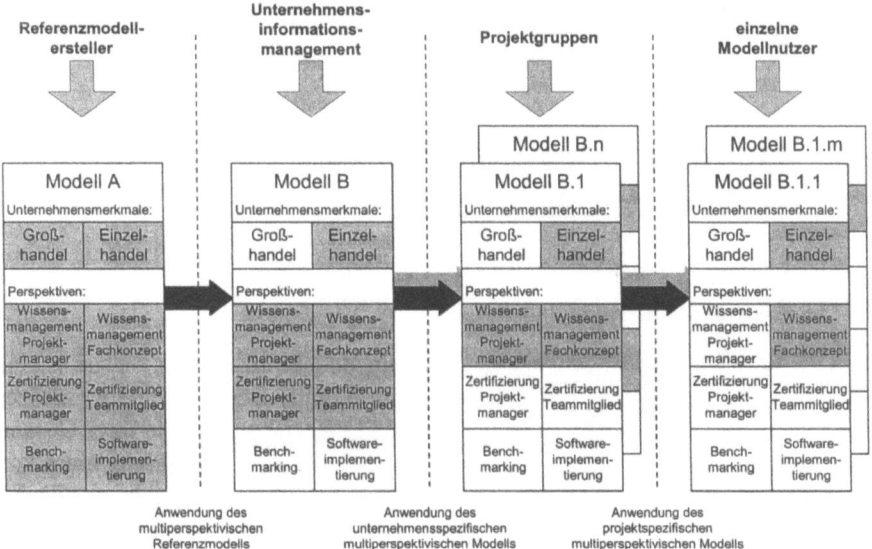

Abbildung 5: Mehrstufige Anwendung multiperspektivischer Modelle

Ein Referenzmodell kann z. B. Perspektiven vorsehen, die von den Modellanwendern eines bestimmten Unternehmens nicht benötigt werden und daher im Rahmen der Konfiguration des Referenzmodells eliminiert werden. Fehlen dem Referenzmodell wichtige Perspektiven, so müssen diese im Zuge der Anpassung ergänzt werden. Das abgeleitete unternehmensspezifische Modell ist in der Regel wiederum ein multiperspektivisches Modell: Das Informationsmanagement eines Unternehmens hat die Aufgabe, einer hinsichtlich ihrer Subjektivierungen heterogenen Gruppe von Modellnutzern Unternehmensmodelle zur Verfügung zu stellen, die einerseits den Einzelnen in seiner Problemlösung unterstützen und andererseits die soziale Handlungsfähigkeit der Gruppenmitglieder fördern. Wird berücksichtigt, dass sich die Subjektivierungen von Projektgruppen signifikant von den Subjektivierungen der gesamten Unternehmensangehörigen unterscheiden können, so bietet es sich an, auch den Ableitungsprozess innerhalb des Unternehmens mehrstufig zu gestalten. Auch aus multiperspektivischen, unternehmensspezifischen Modellen sollten daher nicht ausschließlich monoperspektivische Modelle ableitbar sein.

Dass mit der Anwendung des multiperspektivischen Referenzmodells Anpassungspunkte zur perspektivengerechten Konfiguration erhalten bleiben, stellt eine Besonderheit der multiperspektivischen Referenzmodellierung dar. Die Anpassungspunkte zur Berücksichtigung der unterschiedlichen Unternehmensklassen werden bei der Anwendung des Referenzmodells in der Regel eliminiert.

Während konfigurierbare Modelle in diesem Abschnitt vorrangig aus der Sicht der Modellanwender betrachtet wurden, wird im Folgenden die Position des Erstellers eines konfigurierbaren Referenzmodells eingenommen. Im Blickfeld stehen seine Vorgehensweise und das Konzept eines Werkzeuges, das ihn bei seiner Arbeit unterstützt.

2 Methodik zur konfigurativen Referenzmodellierung

2.1 Überblick

Um die Entwicklung konfigurierbarer Referenzmodelle zu fördern, bedarf es einer *Methodik*, die ein systematisches Vorgehen im Rahmen des Modellierungsprozesses sicherstellt. Eine Methodik setzt *Aufgaben* in Beziehung, die in ihrer Gesamtheit geeignet sind, ein übergeordnetes Problem – hier die Entwicklung eines konfigurierbaren Referenzmodells – zu lösen (vgl. zur Methodik ausführlich [BKHH01, S. 5-15; Teub99, S. 100-104]). Die sachlogische Abfolge der Aufgaben beschreibt das *Vorgehensmodell* der Methodik (vgl. Abbildung 6). Einzelne Aufgaben können zu Phasen zusammengefasst werden, deren Zusammenhänge im *Phasenmodell* dokumentiert werden. Das Phasenmodell stellt eine Abstraktion des Vorgehensmodells dar. Den einzelnen Aufgaben können *Methoden* zugeordnet werden. Methoden bestehen aus Mengen von Regeln, die zur Lösung bestimmter Aufgaben beitragen und die in Problemlösungs- und Modellierungstechniken unterschieden werden können. Die Anwendung von Methoden resultiert in der Erstellung von *Dokumenten*, die als Input nachfolgender Aufgaben dienen können. Die Dokumente und ihre Beziehungen werden in der *Dokumentenstruktur* spezifiziert.

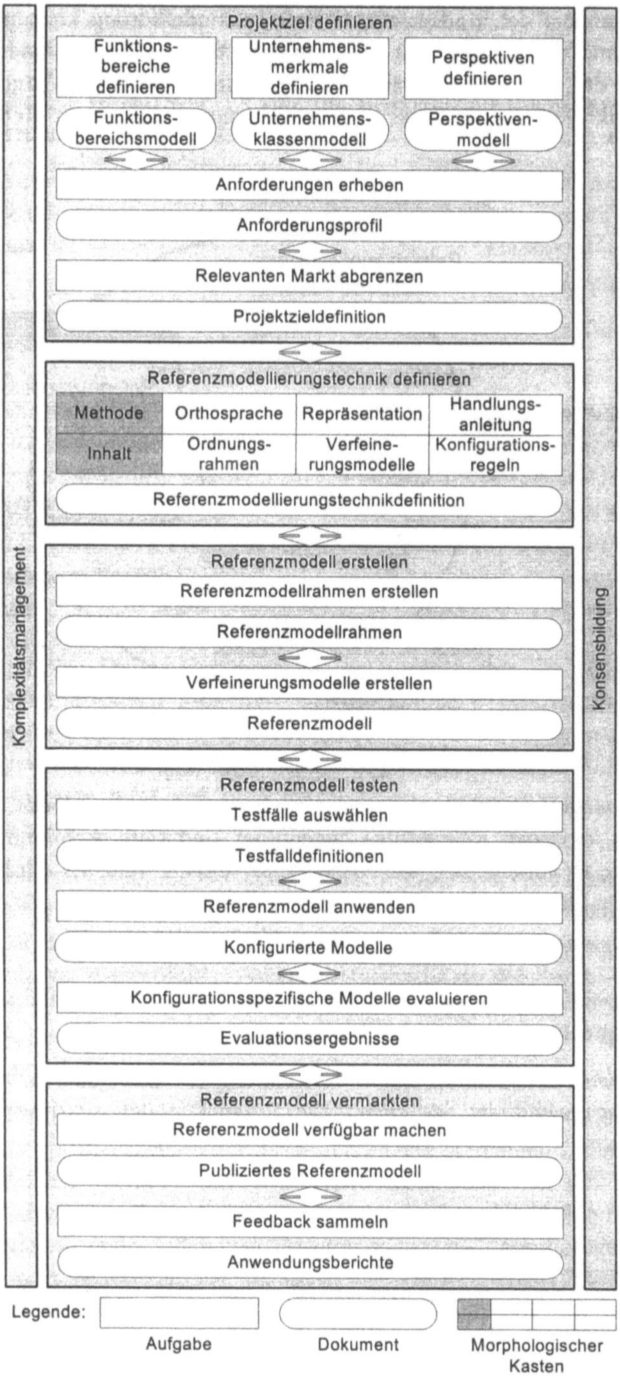

Konfigurative Referenzmodellierung 35

Projektziel definieren
- Funktionsbereiche definieren
- Unternehmensmerkmale definieren
- Perspektiven definieren
- Funktionsbereichsmodell
- Unternehmensklassenmodell
- Perspektivenmodell

Anforderungen erheben

Anforderungsprofil

Relevanten Markt abgrenzen

Projektzieldefinition

Referenzmodellierungstechnik definieren

			Handlungs-anleitung
Methode	Orthosprache	Repräsentation	Handlungsanleitung
Inhalt	Ordnungsrahmen	Verfeinerungsmodelle	Konfigurationsregeln

Referenzmodellierungstechnikdefinition

Referenzmodell erstellen

Referenzmodellrahmen erstellen

Referenzmodellrahmen

Verfeinerungsmodelle erstellen

Referenzmodell

Referenzmodell testen

Testfälle auswählen

Testfalldefinitionen

Referenzmodell anwenden

Konfigurierte Modelle

Konfigurationsspezifische Modelle evaluieren

Evaluationsergebnisse

Referenzmodell vermarkten

Referenzmodell verfügbar machen

Publiziertes Referenzmodell

Feedback sammeln

Anwendungsberichte

(links: Komplexitätsmanagement; rechts: Konsensbildung)

Legende: Aufgabe | Dokument | Morphologischer Kasten

Abbildung 6: Vorgehensmodell

Das Vorgehen bei der konfigurativen Referenzmodellierung kann projektspezifisch variieren. Insofern stellt die vorgestellte Methodik lediglich eine Handlungsempfehlung dar, die projektspezifisch zu adaptieren ist.[7] Das Vorgehensmodell der Methodik stellt somit selbst ein Referenzmodell dar – ein Referenzvorgehensmodell.[8]

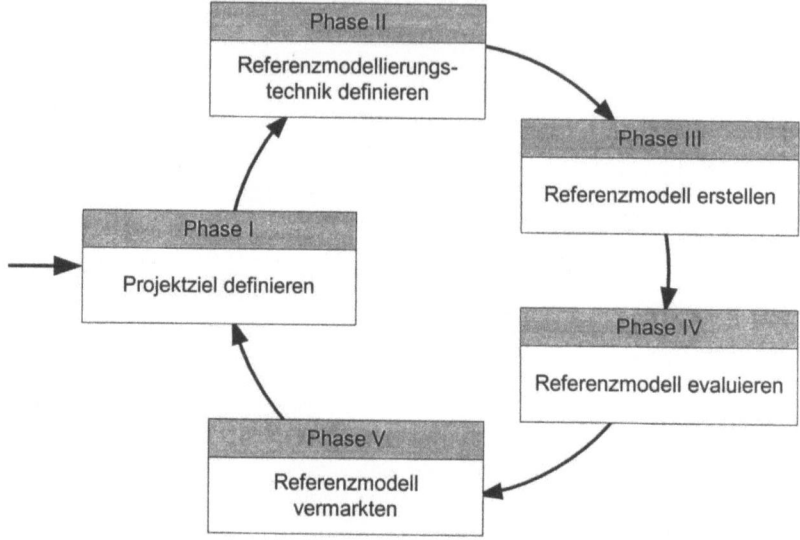

Abbildung 7: Phasenmodell

Das *Phasenmodell* der Methodik unterscheidet fünf Aufgabenblöcke, die entsprechend ihrer logischen Reihenfolge angeordnet sind (vgl. Abbildung 7), wobei Rücksprünge in vorangegangene Phasen aber zulässig sind. Es wird empfohlen, die folgenden Phasen zu durchlaufen:

1. *Projektziel definieren*: Eingangs ist der Konstruktionsauftrag einzugrenzen.

2. *Referenzmodellierungstechnik definieren*: Die Modelltypen sind dem Projektziel entsprechend auszuwählen bzw. zu entwickeln.

3. *Referenzmodell erstellen*: Unter Verwendung der individuellen Referenzmodellierungstechnik ist das eigentliche Referenzmodell schrittweise zu konstruieren.

---

[7] Z. B. reduziert sich die Aufgabe, den relevanten Markt zu identifizieren, bei einer Auftragsproduktion des Referenzmodells erheblich.

[8] Synonym wird auch der Begriff „Vorgehensreferenzmodell" verwendet [ScSW02, S. 10]. Entsprechend besitzen auch die Methodik selbst und ihre sonstigen Bestandteile Referenzcharakter.

4. *Referenzmodell evaluieren*: Vor seiner Publikation ist das Referenzmodell als Ganzes abschließenden Tests zu unterziehen.

5. *Referenzmodell vermarkten*: Es sind die Bedingungen festzulegen, zu denen das Referenzmodell zugänglich gemacht wird.

Im Vorgehensmodell werden die Phasen detailliert, indem ihnen Aufgaben und aus deren Bearbeitung resultierende Dokumente zugeordnet werden (vgl. nochmals Abbildung 6).

2.2 Projektziel definieren

Die Phase I dient dazu, ein erstes grobes Modell des Problembereichs zu erstellen, für den ein Referenzmodell entwickelt werden soll. Mit Festlegung des Projektziels geht eine Abgrenzung des relevanten Marktes einher. In Anlehnung an die Unterscheidung von Marktpotenzial und Absatzpotenzial, die im Marketing üblich ist [Meff91, S. 216], wird vorgeschlagen, dass zunächst – auch im Sinne einer Ideensammlung – ein weit gefasstes Modell des möglichen Problembereichs zusammengestellt wird. Unter Berücksichtigung der Ergebnisse einer Anforderungsanalyse erfolgt im Anschluss eine weitere Eingrenzung des tatsächlich verfolgten Entwicklungszieles. Dieses Verfahren hat die Vorteile, dass die nicht gewählten Aspekte des umfassenden Modells die vorgenommene Abgrenzung zusätzlich verdeutlichen und dass eine später erfolgende konsistente Erweiterung des Projektzieles erleichtert wird. Für die Beschreibung des umfassenden und des eingeschränkten Marktes wird auf Funktionsbereiche, Unternehmensmerkmale und Perspektiven zurückgegriffen.[9]

Die Definition von *Funktionsbereichen* berücksichtigt, dass viele Referenzmodelle darauf abzielen, eine Ausgangslösung für vollständige Unternehmensmodelle zur Verfügung zu stellen, und dass daneben aber auch Lösungen existieren, die sich ausschließlich auf ausgewählte Funktionsbereiche (z. B. die Produktionsplanung und -steuerung) konzentrieren. Um die Entscheidung zwischen diesen Alternativen zu dokumentieren, sind eingangs die *Funktionsbereiche* zu definieren, die Gegenstand des Referenzmodellierungsprojektes sein können.

Die Auswahl der Funktionsbereiche ist zu ergänzen durch die dependente Abgrenzung der Unternehmensklasse. Für die Beschreibung derjenigen Unternehmen, die sich potenziell als Markt für das Referenzmodell anbieten, hat sich die Verwendung morphologischer Kästen bewährt. Diese ordnen in den Zeilen einem Unternehmensmerkmal seine möglichen Ausprägungen zu. Morphologische Kästen lassen sich auch verwenden, um die später erfolgte Eingrenzung des Problembereichs zu visualisieren, indem die zugehörigen Merkmalsausprägungen grau hin-

---

[9] Vgl. auch den Beitrag von FETTKE und LOOS im vorliegenden Band.

terlegt werden (vgl. Abbildung 8, in der eine solche Abgrenzung für ein spezielles Referenzmodell für Handelsinformationssysteme vorgenommen worden ist).

Unternehmens-merkmal	Unternehmensmerkmalsausprägung			
Wirtschaftsstufe	Einzelhandel		Großhandel	
Umfang der Handelstätigkeit	Binnenhandel		Außenhandel	
Horizontale Kooperationen	Einzelhandelsbetriebe	Großhandelsbetriebe		Sonstige Kooperationen
Vertikale Kooperationen	Einzel- und Großhandelsbetrieb	Großhandelsbetrieb und Industrieunternehmen	Einzelhandelsbetrieb und Industrieunternehmen	Einzel-, Großhandelsbetrieb und Industrieunternehmen
Kontaktorientierung	stationär	ambulant		Versandhandel
Absatzkontaktgestaltung	Verkäuferbedienung	Selbstbedienung	Katalogbedienung	Automatenabsatz
Träger der Nutzung	Investitionsgüterhandel		Konsumgüterhandel	
Sortimentsdimension	breites und tiefes Sortiment	breites und flaches Sortiment	schmales und tiefes Sortiment	schmales und flaches Sortiment
Preispolitik	aktiv		passiv	

Abbildung 8: Merkmale zur Charakterisierung von Handelsbetrieben [BeSc96, S. 2]

Neben den zu unterstützenden Unternehmensklassen müssen die innerhalb der Unternehmen potenziell adressierten Modellnutzer identifiziert werden. Die Modellnutzer und ihre unterschiedlichen Subjektivierungen werden über Perspektiven repräsentiert. Genauso wie die Abgrenzung von Unternehmensklassen auf der Basis von Merkmalen von einigen Unterschieden zwischen einzelnen Unternehmen abstrahiert, bilden auch Perspektiven Cluster von Modellnutzern, deren Subjektivierungen bei detaillierter Betrachtung differieren. Eine einheitliche Meinung, mittels welcher Abgrenzungskriterien Perspektiven zu definieren sind, existiert nicht.[10] Als geeignetes Raster zur Perspektivenfindung erscheint die Unterscheidung der folgenden drei Dimensionen:

---

[10] Vorschläge zur Gestaltung multiperspektivisch ausgerichteter Modellsysteme liegen insb. in Form von Informationssystemarchitekturen vor. Sie unterscheiden sich in den berücksichtigten Perspektiven und verwenden den Perspektivenbegriff selbst ebenfalls uneinheitlich. Prominente Beispiele sind ARIS [Sche01], CIM-OSA [Espr89], der Zachman-Framework [Zach87] sowie MEMO [Fran99]. Den Architekturen ist folgendes Prinzip gemeinsam: Sie spannen einen Raum von sog. „building blocks" auf, die den verschiedenen Perspektiven zugeordnet sind. (Mit dem Begriff der „building blocks" wird hier nicht notwendigerweise der Aufbau der Architektur in Matrixform verbunden (vgl. [Fran94, S. 164]).) Innerhalb der „building blocks" werden die für die Perspektive relevanten Konzeptionalisierungen festgelegt, die „building block"-übergreifend miteinander in Beziehung gesetzt und damit integriert werden.

- *Zwecke*: Die Diskussion der multiperspektivischen Modellierung ist besonders durch die Dichotomie der beiden Modellanwendungszwecke Anwendungssystem- und Organisationsgestaltung geprägt [Schü98; Teub99; Spec01, S. 66-68]. Die Anwendungssystemarchitektur MEMO [Fran94; Fran99] unterscheidet ergänzend zu den Perspektiven Organisation und Informationssystem die strategische Perspektive. Der Zweck der Anwendungssystemgestaltung lässt sich bspw. in die Auswahl von Standard-Software, Workflowmanagement und Softwareentwicklung verfeinern, während die Organisationsgestaltung u. a. die Zwecke Benchmarking, Zertifizierung, Geschäftsprozessmanagement und Wissensmanagement umfasst. Mit der Dimension der Zwecke werden die Ziele der Referenzmodellanwendung spezifiziert.

- *Rollen*: Orthogonal zu den Zielen der Referenzmodellanwendung stehen die Rollen, die einzelne Referenzmodellnutzer innerhalb der jeweiligen Projekte einnehmen. Innerhalb des Zachman-Framework [Zach87] werden die Rollen Planner, Owner, Designer, Builder und Subcontractor unterschieden. Als Rollen können auch die Beschreibungsebenen von ARIS [Sche01] interpretiert werden. Sie berücksichtigen, ob der Modellnutzer schwerpunktmäßig mit der Erstellung des Fachkonzepts, des DV-Konzepts oder der Implementierung beauftragt ist. Innerhalb eines Projektes, das dem Zweck der Softwareentwicklung zuzuordnen ist, lassen sich z. B. die Rollen Projektmanager, Fachanwender, Datenbankspezialist usw. unterscheiden. Die Rolle des Projektmanagers kann aber auch in Wissensmanagementprojekten eingenommen werden. Die Orthogonalität bedeutet, dass sich Zwecke und Rollen prinzipiell verbinden lassen, besagt aber nicht, dass sämtliche Kombinationen sinnvoll sein müssen.[11]

- *Sonstige Einflüsse*: Um im Idealfall eine 1:1-Zuordnung zwischen Perspektiven und Subjektivierungen herstellen zu können, wären noch zahlreiche weitere Aspekte relevant, in denen sich Modellnutzer unterscheiden können, wie z. B. Methodenkompetenz aber auch farbliche oder layouttechnische Präferenzen. Auch das aus der Arbeitsteilung resultierende vorrangige Interesse an speziellen Aufgabenbereichen ist hier zu nennen. Insbesondere in die Referenzmodellanwendung eingebundene Fachanwender werden sich auf die Modellausschnitte fokussieren wollen, die die Fachaufgaben repräsentieren, die ihnen organisatorisch zugeordnet sind (z. B. Controlling, Einkauf, Verkauf, Lager oder auch Großhandel, Einzelhandel). Aufgrund der Abhängigkeit vom unternehmensspezifischen Organisationskonzept (funktionsorientiert, objektorientiert etc.) und dessen Variantenreichtum wird die Berücksichtigung dieses Aspekts durch den Referenzmodellersteller bei der Perspektivendefinition erschwert. Im Rahmen der Anpassung des Modells im Unternehmen wird er

---

[11] Vgl. die Kritik von FRANK an einer Unterteilung der Sicht „Organisation" in die Ebenen „Fachkonzept", „DV-Konzept" und „Implementierung", wie sie in ARIS vorgenommen wird [Fran94, S. 164].

dagegen stärker in den Vordergrund treten. Ob der Vielzahl der möglichen Aspekte kann die Dimension der sonstigen Einflüsse lediglich auf diese Residualgrößen verweisen, die allerdings in der praktischen Anwendung von den anderen beiden Dimensionen dominiert werden dürften.

Bei der Definition der Perspektiven müssen somit zunächst die berücksichtigten Dimensionen ausgewählt werden, anschließend sind die Ausprägungen zuzuordnen. Die Dimensionen lassen sich als diskrete Achsen eines Koordinatensystems auffassen. Dem Nullpunkt kommt dabei die Bedeutung zu, dass die jeweilige Dimension unberücksichtigt bleibt; ihm werden keine Ausprägungen der Dimensionen zugeordnet. Der Punktraum, den die Achsen aufspannen, stellt die prinzipiell bildbaren Perspektiven dar. Aus diesem sind zunächst die sachlich ungeeignet erscheinenden Kombinationen zu eliminieren. Aus den verbleibenden Punkten sind diejenigen zu wählen, welche die Perspektiven repräsentieren, die von dem zu erstellenden Referenzmodell unterstützt werden sollen. Werden die Dimensionen Zwecke, Rollen und Fachbereiche gewählt, so stellen bspw. die folgenden Perspektiven zulässige Kandidaten dar: (Organisationsgestaltung), (Projektmanager), (Implementierer, Anwendungssystemgestaltung) sowie (Fachanwender, Anwendungssystemgestaltung, Einzelhandel) (vgl. Abbildung 9).

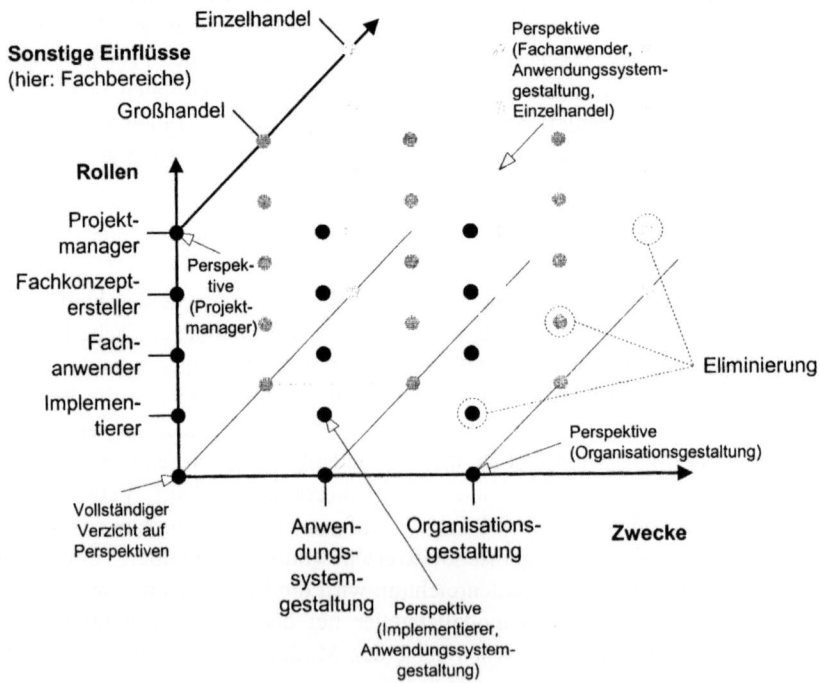

Abbildung 9: Framework für die Perspektivendefinition

Die Entscheidung über die letztlich zu berücksichtigenden Funktionsbereiche, Perspektiven und Unternehmensmerkmalsausprägungen sollte insb. durch *eine Anforderungsanalyse* fundiert werden (zu weiteren Aspekten vgl. auch Abschnitt 2.7). Aus Sicht der Anforderungsanalyse stellen die genannten Elemente *Determinanten* dar. Sie beeinflussen maßgeblich den Entwicklungsaufwand für das Referenzmodell. Aus den Determinanten sind konkrete inhaltliche und methodische *Anforderungen* abzuleiten, die als Grundlage der Aufwandsschätzung dienen. Folgende exemplarische Aussagen ohne Anspruch auf Vollständigkeit können im Rahmen der Anforderungsanalyse getroffen werden [BHKS00, S. 94-95]:

- *Anforderung A*: Für den Zweck der Gestaltung einer prozessorientierten Aufbauorganisation ist die Abbildung zeitlich-logischer Abfolgen von Funktionen notwendig. Darüber hinaus muss eine Zuordnung von Input- und Outputdaten zu den Funktionen in leicht verständlicher Darstellung erfolgen.

- *Anforderung B*: Ein Referenzmodell für die Unterstützung des Geschäftsprozessmanagements muss die zeitlich-logische Abfolge von Funktionen darstellen und die Zuordnung von Kosten und Zeiten zu Teilprozessen unterstützen.

- *Anforderung C*: Dem Zweck der objektorientierten Softwareentwicklung können die Forderungen nach einer Darstellung der zeitlich-logischen Abfolge von Funktionen, nach Kapselung von Struktur und Verhalten und nach Zuordnung von Input- und Outputdaten zu Funktionen mit detaillierter Spezifikation zugeordnet werden.

Auch für die Anforderungsanalyse gibt es keinen einheitlichen Rahmen. Dominant für die Einteilung der relevanten *Betrachtungsgegenstände* erscheint allerdings eine Orientierung an der Systemtheorie, die eine Untergliederung der Anforderungsaspekte nach Struktur und Verhalten nahe legt. In ARIS werden die Informationsobjekttypen nach den Sichten „Daten", „Funktionen", „Prozesse", „Organisation" und „Leistungen" differenziert, wobei Verhaltensaspekte hauptsächlich der Sicht „Prozesse" zugeordnet werden. Ein geeignetes Analyseraster stellt insb. die Orientierung an Interrogativen dar [Fran94, S. 152-153]. In der ersten Version des Zachman-Frameworks verweisen z. B. die Interrogative „was", „wie" und „wo" auf die Sichten „material", „function" und „location". Neben Sprachanforderungen muss die Anforderungsanalyse weitere Aspekte berücksichtigen, die insb. in den folgenden Fragen zum Ausdruck kommen:

- In welchem Umfang ist Wissen über die abgegrenzten Unternehmensklassen und Funktionsbereiche vorhanden?
- In welcher Form liegt das Wissen vor?

- Welcher Variantenreichtum ergibt sich in den abgegrenzten Bereichen?
- Sind geeignete Modellierungstechniken vorhanden?
- Welche Detaillierungsgrade sind angemessen?
- Sind Präferenzen hinsichtlich der Visualisierung zu berücksichtigen?
- Welche Bezeichnungskonventionen sind zu beachten?

Die ersten beiden Fragen verweisen darauf, dass die Anforderungsanalyse mit einer Marktanalyse zu verbinden ist, die untersucht, welche Referenzmodelle bereits vorhanden sind. Bestehende Referenzmodelle können das eigene Modellierungsvorhaben obsolet machen oder als Wissensinput dienen. Erst mit der Anforderungsanalyse ist die Grundlage geschaffen, den Entwicklungsaufwand einzuschätzen und ihn mit den eigenen Ressourcen in Übereinstimmung zu bringen. Bei der Eingrenzung des Projektzieles ist neben den genannten Faktoren Aufwand und Konkurrenz zudem die Attraktivität des adressierten Absatzmarktes zu berücksichtigen, wobei u. a. die Anzahl und der Umfang der Projekte, die das Referenzmodell in Zukunft nutzen könnten, von Bedeutung sind. Die Aufgaben der Phase I sind mit schwerwiegenden Prognoseproblemen verbunden. Mit Fortschreiten des Projektes werden die Erwartungen hinsichtlich der Wirtschaftlichkeit des Projektes entweder bestätigt oder widerlegt. Aus diesem Umstand ergibt sich die Notwendigkeit, Rücksprünge in vorangegangene Projektphasen zuzulassen, um z. B. ggf. die Projektzieldefinition zu revidieren. Bei der Eingrenzung des Projektziels besitzt der Referenzmodellersteller die Option, einzelne Determinanten auszuschließen, zusammenzufassen oder auch neue einzuführen.

Der Teil der Dokumentenstruktur, der für die Aufgaben der Phase I relevant ist, setzt die Determinanten in Beziehung zu einem umfassenden Marktmodell. Dieses dient als Grundlage zur Eingrenzung des Projektzieles. Den Determinanten werden Anforderungen zugeordnet, die Gegenstand der Aufwandsschätzung sind. Bei der Ableitung von Anforderungen aus Determinanten kann auf publizierte Hypothesen zurückgegriffen werden, deren Quellen dokumentiert werden sollten (vgl. Abbildung 10).[12] Für sämtliche Bestandteile der Dokumentenstruktur wird unterstellt, dass eine Erläuterung der getroffenen Entscheidungen anhand von Argumenten vorgenommen werden kann.[13]

---

[12] Die Dokumentenstruktur wird in Form von Entity-Relationship-Modellen (ERM) beschrieben (vgl. zum Ursprung der ERM [Chen76] und zu den hier verwendeten Modellierungskonventionen [BeSc96, S. 31-37]).

[13] Zur argumentationsbasierten Dokumentation vgl. [Schü98, S. 202-204].

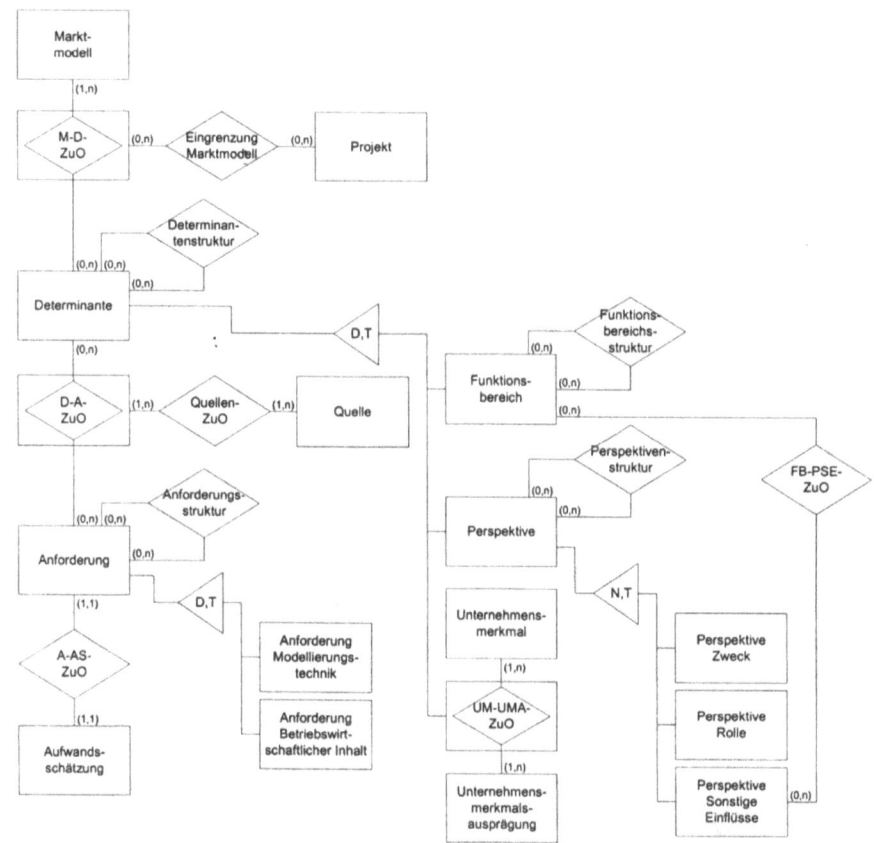

Abbildung 10: Dokumentenstruktur der Phase I

2.3 Referenzmodellierungstechnik definieren

Basierend auf den Ergebnissen der Projektzieldefinition ist in der Phase II die Referenzmodellierungstechnik zu entwickeln. Da sich die Referenzmodellierungsprojekte in ihren Zielsetzungen unterscheiden, kann es keine allgemein gültige Modellierungstechnik geben. Statt dessen stellt die Entwicklung der Modellierungstechnik selbst einen fundamentalen Aufgabenblock der Referenzmodellierung dar [BHKS00]. Dieser Umstand schließt nicht aus, dass auf bestehende Modellierungstechniken zurückgegriffen wird, die ggf. modifiziert und neu miteinander kombiniert werden.[14] Es ist sicherzustellen, dass die verwendete Modellie-

---

[14] Eine Modellierungstechnik kann sich – in dem hier verwendeten Sprachgebrauch – wiederum aus Modellierungstechniken zusammensetzen. Die Referenzmodellierungstechnik kann somit die Modellierungstechniken ERM und EPK kombinieren. Indem die methodischen Elemente der einzelnen Modellierungstechniken aufeinander abgestimmt

rungstechnik die in der Phase I identifizierten methodischen Anforderungen erfüllt. Zunächst ist zu untersuchen, welche Modellierungstechniken grundsätzlich den Anforderungen gerecht werden. Entsprechende Empfehlungen können bspw. besagen, dass für die oben skizzierte Anforderung A die kombinierte Verwendung von Ereignisgesteuerten Prozessketten und Fachbegriffsmodellen geeignet ist [Kuge00, S. 117-182]. Für die Anforderung B stellt die Verwendung von um Benchmarking-Attribute erweiterte Ereignisgesteuerte Prozessketten eine geeignete Empfehlung dar [Schü98, S. 300-308]. Der Anforderung C wird eine Integration von Ereignisgesteuerten Prozessketten und Klassendiagrammen gerecht [Schw99, S. 112-165].

Die zu erstellende Referenzmodellierungstechnik muss aus methodischer Sicht die folgenden drei Komponenten berücksichtigen [Holt00, S. 4-7]:

- *Der konzeptionelle Aspekt* liefert die Begriffe, die der Sprache der Modellierungstechnik zugrunde liegen. Bspw. wird festgelegt, dass zwischen „Funktionen", „Ereignissen" und „Prozessen" zu unterscheiden ist, welche semantischen Bedeutungen diesen Begriffen zukommen und welche Beziehungen zwischen ihnen bestehen. Der konzeptionelle Aspekt sollte die Eigenschaften einer Orthosprache aufweisen [Schw95, S. 1099; LoSc75]. Bei der Entwicklung einer Orthosprache werden sämtliche Bestandteile ausdrücklich und zirkelfrei in ihrer Verwendung angegeben.[15]

- *Der repräsentationelle Aspekt* ordnet den Begriffen des konzeptionellen Aspekts graphische Symbole zu. Neben dem Symbolvorrat und den zulässigen Verknüpfungen der Symbole beinhaltet der repräsentationelle Aspekt auch Regeln zur Layoutgestaltung der Modelle. Bei der Entwicklung des repräsentationellen Aspekts können Darstellungsvarianten berücksichtigt werden. Beispielsweise bietet es sich an, für sehr anwenderorientierte Benutzergruppen die klassischen Symbole der EPK durch anschaulichere Bildzeichen auszutau-

---

und miteinander verbunden werden, ergibt sich eine neue, umfassende Referenzmodellierungstechnik. Diese Kombination setzt ggf. eine Modifikation der Basistechniken voraus.

[15] Eine Orthosprache kann beispielsweise unter Rückgriff auf die Objekttypen-Methode konstruiert werden, indem zunächst Grundbegriffe über die Operation der Subsumption eingeführt werden. Zusätzliche Begriffe werden ebenfalls über die Operation der Subsumption eingeführt und über die Operatoren der Subordination und Kombination zu bestehenden Begriffen in Beziehung gesetzt [Wede81, S. 112-124].

Die Konstruktionsoperatoren der Objekttypenmethode stehen in engem Zusammenhang zu den Konstrukten von Entity-Relationship-Modellen. Die Einführung von Entitytypen ist mit der Subsumption verbunden. Relationshiptypen werden unter Anwendung der Operatoren Subsumption und Kombination eingeführt. Die Spezialisierung findet ihren Widerpart in der Subordination. Daher lässt sich zeigen, dass die Sprache, die der vorgestellten Methodik zugrunde liegt, den Anforderungen einer Orthosprache gerecht wird.

schen (z. B. Schreibtische anstelle von abgerundeten Rechtecken für Funktionen (vgl. Abschnitt 3.4.5)).

- Unter Verwendung der in der Systemtheorie üblichen Einteilung der Betrachtungsgegenstände lassen sich der konzeptionelle und der repräsentationelle Aspekt einer strukturorientierten Sicht zuordnen. Die verhaltensorientierte Sicht wird durch die Handlungsanleitung berücksichtigt. Sie beschreibt, wie bei der Anwendung der Strukturregeln vorzugehen ist. Insbesondere wird festgelegt, in welcher Reihenfolge der Modellierer die konkreten Ausprägungen der durch die Orthosprache definierten Begriffe in seiner Modellierungsdomäne identifizieren soll. Den Objekttypen der Orthosprache werden dabei die gewünschten Modellelemente, die durch Bezeichnungswörter identifiziert werden, zugeordnet [Ortn97, S. 80, S. 98ff.]. Die Handlungsanleitung ist damit im Wesentlichen aus den Existenzabhängigkeiten der verwendeten Begriffe ableitbar.

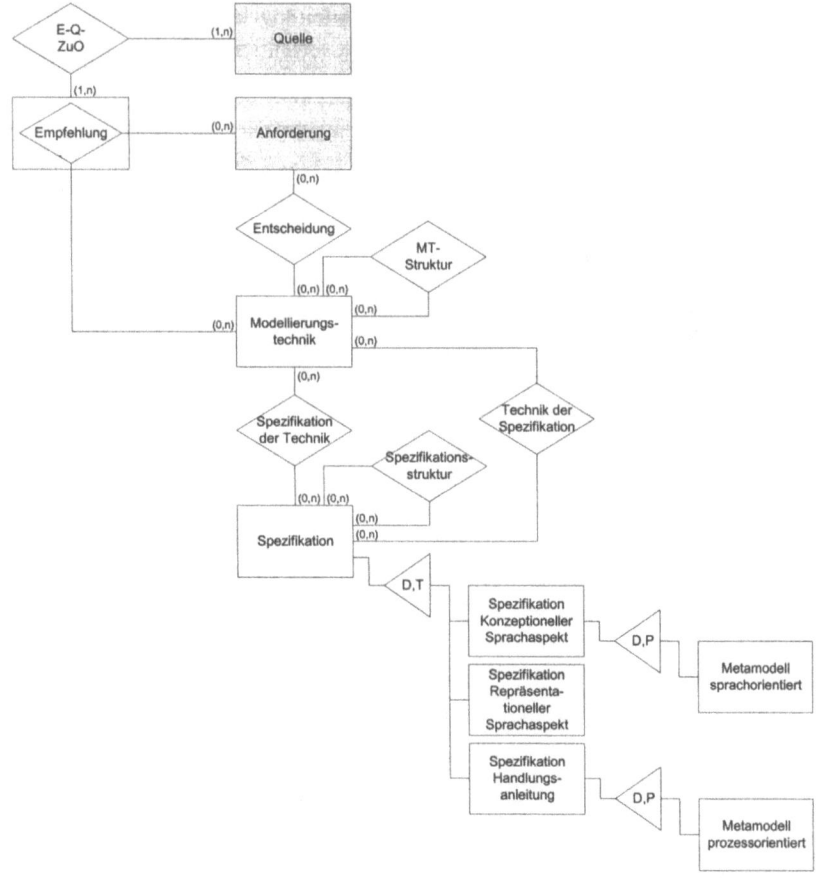

Abbildung 11: Dokumentenstruktur der Phase II

Die Dokumentenstruktur beschreibt, wie die entwickelte Referenzmodellierungstechnik zu spezifizieren ist (vgl. Abbildung 11; bereits eingeführte Elemente werden hier und im Folgenden jeweils grau hinterlegt). Die Modellierungstechnik und ihre Elemente sind zweifach mit den Anforderungen verknüpft. Einerseits soll die Möglichkeit unterstützt werden, grundlegende Empfehlungen für die Auswahl von Modellierungstechniken – im Sinne einer Empfehlungsdatenbank – zu sammeln. Um die Qualität dieser Empfehlungen einschätzen zu können, werden ihre Quellen nachgehalten. Andererseits ist die Entscheidung über den tatsächlichen Einsatz der Modellierungstechniken festzuhalten, da prinzipiell alternative Modellierungstechniken für die Anforderungserfüllung in Frage kommen.

Referenzmodelle werden unter Verwendung einer Modellierungstechnik erstellt. Die Sprache, die der Modellierungstechnik zugrunde liegt, kann wiederum in Modellen beschrieben werden. Bei diesen Modellen handelt es sich um sprachorientierte Metamodelle (vgl. Abbildung 12 (a)).[16] Sprachorientierte Metamodelle werden entsprechend eingesetzt, um den konzeptionellen Aspekt der Modellierungstechnik zu spezifizieren. Die Handlungsanleitung legt den Prozess der Modellierung fest. Entsprechend eignen sich prozessorientierte Metamodelle zu ihrer Spezifikation (vgl. Abbildung 12 (b)).

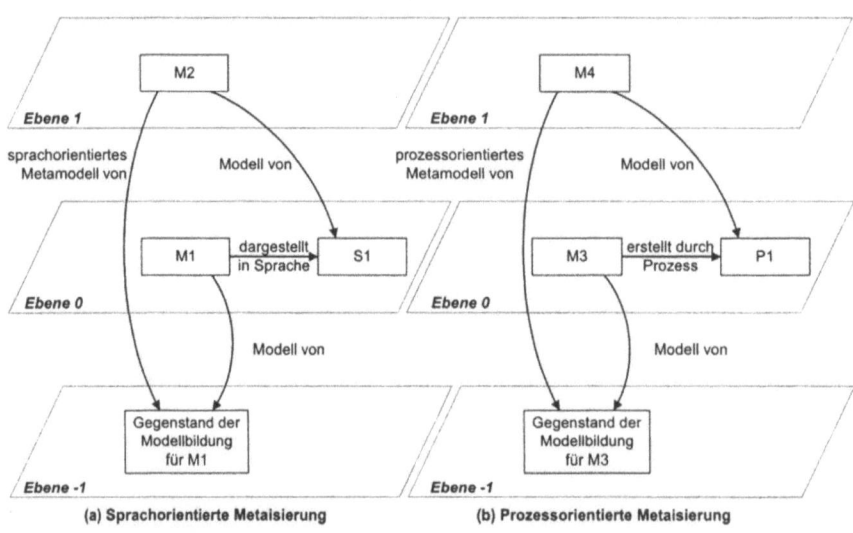

Abbildung 12: Metaisierungsprinzipien [Holt01, S. 300]

---

[16] Zur Unterscheidung der Metaisierungsprinzipien (Sprach- vs. Prozessorientierung) vgl. [Stra96, S. 24-28].

Für die Erstellung der modellbasierten Teile der Spezifikation sind selbst wiederum Modellierungstechniken notwendig. Für sprachorientierte Metamodelle können häufig Entity-Relationship-Modelle eingesetzt werden. Zum Teil müssen diese allerdings um zusätzliche Sprachkonzepte erweitert werden, um diesem Aufgabenfeld voll gerecht zu werden (vgl. Abschnitt 3.2). Im Rahmen der Spezifikation der Handlungsanleitungen können Funktionsdekompositionsdiagramme und EPKs verwendet werden. Der repräsentationelle Aspekt wird häufig ausschließlich durch Modellierungsbeispiele dokumentiert. Die Dokumentenstruktur zur Spezifikation der Modellierungstechnik wird in Abschnitt 3 noch wesentlich verfeinert.

Aus inhaltlicher Sicht muss die Definition der konfigurativen Referenzmodellierungstechnik die drei Komponenten Modellrahmen, Verfeinerungsmodelle und Konfigurationsregeln berücksichtigen. Bei der inhaltlichen und methodischen Sicht handelt es sich um orthogonale Dimensionen (vgl. nochmals den morphologischen Kasten in Abbildung 7): Bei der Definition der inhaltlichen Komponenten müssen jeweils sämtliche methodischen Komponenten spezifiziert werden.

- Für umfangreiche (Referenz-)Informationsmodelle hat es sich bewährt, einen funktional-inhaltlichen Ordnungsrahmen zu entwickeln, der als Einstieg in das Modellsystem fungiert und die Navigation durch das Gesamtsystem unterstützt. Ein Referenzdesign für solche *Ordnungsrahmen* schlägt vor, das Modell in Gestaltungsfelder für Kern-, Support- und Führungsprozesse sowie für das Umfeld des Unternehmens bzw. der Unternehmensklasse zu gliedern (vgl. Abbildung 13). Die Prozesse selbst werden über Wertschöpfungskettenelemente dargestellt. Eine alternative Modellierungstechnik für Ordnungsrahmen stellen Prozessauswahlmatrizen dar, die Prozessobjekte in einer Tabellenstruktur anordnen [Schü98, S. 226-231]. Die Prozessobjekte verweisen auf detaillierte Verhaltens- und Strukturmodelle.[17] Während sich Ordnungsrahmen nach dem Referenzdesign durch eine höhere Anschaulichkeit auszeichnen, besitzen Prozessauswahlmatrizen den Vorteil, dass sie Modellvarianten explizit über die Spalten ausweisen, denen bestimmte Ausprägungen der Konfigurationsparameter zugeordnet sind. Die Konfiguration kann im Konzept des Referenzdesigns – in Anlehnung an die Variantenbildung des Handels-H-Modells (vgl. nochmals Abbildung 1) – berücksichtigt werden, indem einzelne Wertschöpfungsketten- und Umfeldelemente aus- bzw. eingeblendet werden. Hierzu ist das Konzept um Sprachkonstrukte zur Definition der Konfigurationsregeln zu erweitern (zur Parametrisierung von Modellelementen mittels Konfigurationsparametertermen vgl. Abschnitt 3.4.3).

---

[17] Vgl. auch den Beitrag TZOUVARAS und HESS im vorliegenden Band.

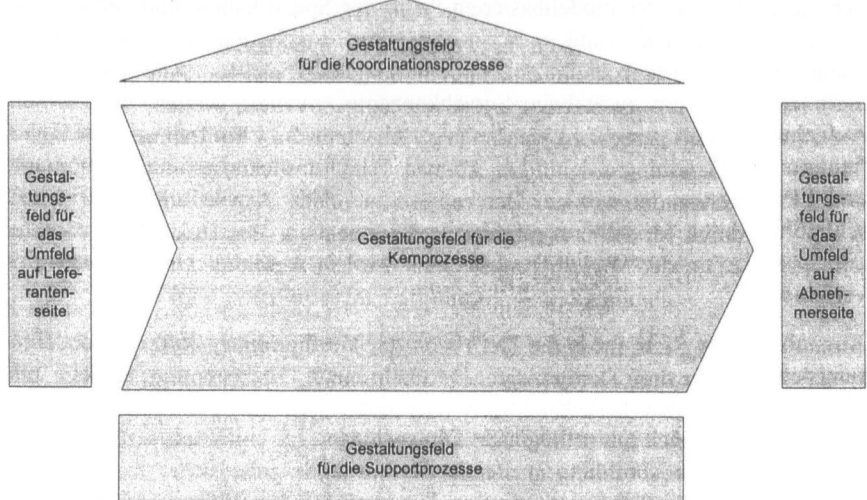

Abbildung 13: Referenzdesign für Ordnungsrahmen [Meis01, S. 217]

- Den Elementen des Ordnungsrahmens sind *Verfeinerungsmodelle* zuzuordnen. Diese Verfeinerung kann wiederum über mehrere Stufen erfolgen, wobei die verwendeten Modellierungstechniken wechseln können. Geläufig ist die Verwendung von Wertschöpfungskettendiagrammen auf hohen Abstraktionsebenen, denen Ereignisgesteuerte Prozessketten zur Verfeinerung untergeordnet werden [BHKS00, S. 99-100]. Die verwendeten Modellierungstechniken sind im Sinne einer methodischen Informationssystemarchitektur miteinander zu verbinden. In ARIS dienen bspw. erweiterte Ereignisgesteuerte Prozessketten als Bindeglied zwischen Funktionsdekompositionsdiagrammen, Entity-Relationship-Modellen und Organigrammen.

- Eine originäre inhaltliche Komponente der konfigurativen Referenzmodellierung stellen die Konfigurationsregeln dar. Über explizite Anpassungspunkte wird in konfigurierbaren Referenzmodellen festgelegt, wie das Referenzmodell in Abhängigkeit der gewählten Unternehmensmerkmalsausprägungen und Perspektiven modifiziert werden muss. Die methodischen Komponenten der Modellierungstechnik müssen diese Anforderung berücksichtigen. Für den repräsentationellen Aspekt liegen alternative Vorschläge in Form von Buildtime-Operatoren [Schü98, S. 240 ff.] und annotierten Parametrisierungsregeln [Schw99, S. 144] vor. Der konzeptionelle Aspekt dieser Notationsvorschläge ist bisher nur unzureichend repräsentiert. In Abschnitt 3 werden daher ausführlich Metamodelle für die Konfiguration von Referenzmodellen entwickelt.

2.4 Referenzmodell erstellen

Unter Anwendung der Referenzmodellierungstechnik wird das konfigurierbare Referenzmodell erstellt. Der Referenzmodellersteller steht vor der Aufgabe, den Ordnungsrahmen, die Verfeinerungsmodelle und die Konfigurationsregeln zu entwickeln. Bei der Konstruktion des Ordnungsrahmens kann er auf die Funktionsbereiche zurückgreifen, die in Phase I definiert wurden. Als Konfigurationsparameter dienen ihm insb. die ebenfalls in der Phase I identifizierten Perspektiven und Unternehmensmerkmalsausprägungen (Modellbeispiele enthält Abschnitt 3).

Die vorangegangene explizite Spezifikation der Referenzmodellierungstechnik ermöglicht die begleitende formale Prüfung der Modellierungsergebnisse gegen die Metamodelle. Sollten sich die Modellierungsregeln als ungeeignet erweisen, muss in die Phase der Technikdefinition zurückgekehrt werden.

Die Möglichkeiten einer formalen Prüfung beschränken sich auf den Abgleich zwischen Modell und Metamodell. Gemäß der hier vertretenen erkenntnistheoretischen Position ist eine objektive Beurteilung des fachlichen Inhalts der Modelle nicht möglich. Es lässt sich lediglich der Konsens über die Zweckeignung der formulierten Gestaltungsempfehlungen überprüfen [Schü98, S. 49ff.]. Um den Konsens sicherzustellen und den Referenzcharakter der Modellierungsergebnisse zu wahren, bedarf es einer sorgfältigen Auswahl der Quellen, die als betriebswirtschaftliche Wissensbasen in das Modell einfließen sollen. Zwei grundsätzliche Alternativen, die miteinander kombiniert werden können, stehen zur Auswahl:

- Bestehende unternehmensspezifische Informationsmodelle können verallgemeinert und miteinander kombiniert werden. Ggf. sind die Informationsmodelle zu den unternehmensspezifischen Lösungen erst noch auf der Grundlage von Beobachtungen und Interviews mit Fachanwendern zu erstellen.

- Es werden allgemeine Gestaltungsempfehlungen der Literatur gesichtet und zu Referenzlösungen konkretisiert und kombiniert.

Bei der Wissensakquisition ist zu berücksichtigen, ob das Referenzmodell die „Common Practice" oder die „Best Practice" widerspiegeln soll. Da Unternehmen darauf bedacht sind, ihr Wettbewerbsvorteile begründendes Know-how zu schützen, sind die Voraussetzungen zur Entwicklung eines unternehmensübergreifenden Referenzmodells mit „Best Practice"-Charakter häufig nicht gegeben [Sche99, S. 7]

Die multiperspektivische Referenzmodellierung ist mit der Besonderheit verbunden, dass neben dem Wissen um betriebswirtschaftliche Lösungen für unterschiedliche Unternehmensklassen zusätzlich Hypothesen über die Anforderungen und Präferenzen verschiedener Benutzergruppen große Bedeutung erlangen. Die einzelnen Modellelemente sind jeweils auf ihre Relevanz und Angemessenheit für die unterstützten Perspektiven zu beurteilen. Die Quellen, die zur Entwicklung und Untermauerung dieser Hypothesen dienen, lassen sich nach der gleichen grundlegenden Unterscheidung gliedern wie die betriebswirtschaftlich-inhaltlichen Wissensbasen.

Wenn bisher von dem Referenzmodellersteller gesprochen wurde, so war jeweils die gesamte Institution adressiert, die sich die Entwicklung eines Referenzmodells zum Ziel gesetzt hat. Innerhalb dieser Institution wird das Referenzmodell in aller Regel arbeitsteilig erstellt. Eine Abgrenzung spezialisierter Arbeitsbereiche kann nach einer Kombination der folgenden Kriterien vorgenommen werden:

- *Phase der Methodik*: Für die Vermarktung des Referenzmodells sind bspw. andere Qualifikationen gefragt, als für die Konstruktion des Modells selbst.

- *Funktionsbereiche*: Die Arbeitsbereiche lassen sich funktional-inhaltlich bilden. Zur Identifikation inhaltlich zusammenhängender Bereiche kann auf den Ordnungsrahmen und die definierten Funktionsbereiche zurückgegriffen werden.

- *Modellierungstechnik*: Auch anhand der methodischen Informationssystemarchitektur, die der Referenzmodellierungstechnik zugrunde liegt, kann eine Abgrenzung der Arbeitsgebiete erfolgen. Diese Vorgehensweise erlaubt es, die speziellen methodischen Kenntnisse und Erfahrungen der Modellierer zu berücksichtigen.

Nicht nur die Nutzer von Referenzmodellen unterscheiden sich in ihren Subjektivierungen, sondern auch die Modellierer. Für das Referenzmodell als Endprodukt wird hier gefordert, dass die Differenzen der Subjektivierungen der Modellierer für die Referenzmodellnutzer im Laufe des Modellierungsprozesses verborgen werden. Das Endprodukt soll für die unterschiedlichen Ausprägungen der Konfigurationsparameter jeweils nur eine konsistente Modellvariante zur Verfügung stellen. Von den Modellierern ist zu fordern, dass sie sich zwischen alternativen Lösungskonzepten entscheiden und diesen nicht indifferent gegenüberstehen. Nur so kann der normative Charakter des Referenzmodells als Gestaltungsempfehlung sichergestellt werden.[18] Aufgrund dieser Zielvorgabe in Verbindung mit der Arbeitsteilung ist es erforderlich, die Modellierung zu koordinieren.

Die Koordination macht es notwendig, die Freiheitsgrade der Entscheidungen der einzelnen Modellierer einzuschränken. Das wichtigste Instrument zur Förderung der Einheitlichkeit und Konsistenz der Modellierungsergebnisse stellt die Definition der projektübergreifenden Referenzmodellierungstechnik dar. Weitere Aspekte, die der Koordination dienlich sind, seien exemplarisch genannt:

---

[18] Konfigurationsparameter, die ausschließlich eingeführt werden, um auf eine Konsolidierung von erstellerspezifischen Modellvarianten verzichten zu können, so dass dem Referenzmodellanwender die eigenständige Entscheidung zwischen Modellvarianten überlassen wird, und die damit einen Pseudocharakter aufweisen, sollten vermieden werden.

- Ein bereits vorgestelltes, wichtiges Hilfsmittel, um den Modellierungsprozess auf ein gemeinsames Ziel hin abzustimmen, stellt der Ordnungsrahmen dar. Dies gilt auch, wenn die Modellierung nicht idealtypisch nach der „Top down"-Strategie vorgenommen werden kann. Zu einem Abweichen vom „Top down"-Vorgehen kommt es dann, wenn Erkenntnisse, die im Verlauf der Erstellung der Verfeinerungsmodelle gewonnen werden, es notwendig erscheinen lassen, den Ordnungsrahmen zu ändern, was zu einem Übergang zur „Out of the middle"- oder „Bottom up"-Strategie führen kann. Durch den hierarchischen Aufbau des Gesamtmodellsystems werden Schnittstellen definiert, an denen eine Abstimmung zwischen den jeweils verantwortlichen Modellierern stattfinden muss.

- Die um eine Anforderungsanalyse ergänzte, ausführliche Definition der Perspektiven fördert ein gemeinsames Verständnis der Modellierer hinsichtlich dieser Modellkonstrukte.

- Basiswortkataloge schränken die Freiräume der Modellierer bei der Bezeichnung von Modelelementen ein. Sie fördern die Vermeidung von Sprachdefekten. Die in der Phase I festgelegten Bezeichnungen für Funktionsbereiche und Konfigurationsparameter sollten eine Untermenge dieser Basiswortkataloge darstellen.[19]

Einen allgemeinen Rahmen für die Entwicklung von Modellierungskonventionen, die Modellierungstechniken mit dem Ziel einer Vereinheitlichung der Modellierungsergebnisse ergänzen, formulieren die Grundsätze ordnungsmäßiger (Referenz-)Modellierung [BeRS95; Rose98; Schü98].

Die genannten Koordinationsmaßnahmen sind mit einem Dilemma verbunden: Bei der Referenzmodellierung handelt es sich um einen kreativen Problemlösungsprozess. Die Einschränkung von Entscheidungsspielräumen ist mit der Gefahr der Unterdrückung von Problemlösungsideen verbunden. Die Forderung nach einem konsistenten Endprodukt ist daher dahingehend zu relativieren, dass für die Zwischenergebnisse der Referenzmodellierung die Forderung nach Konsolidierung der Subjektivierungen der Modellierer zunächst nicht gilt. Um den kreativen Prozess der Modellierung zu fördern, kann es zu Beginn vorteilhaft sein, die unterschiedlichen Subjektivierungen zu explizieren und zur Diskussion zu stellen. Ein detailliertes Konzept und Werkzeug zur Verwaltung von Modellvarianten im Rahmen des Modellierungsprozesses wurde z. B. von NISSEN entwickelt [Niss97]. Die Dokumentenstruktur berücksichtigt diese Überlegungen in Form von Entwicklungsversionen, die einzelnen Modellierern und Modellierergruppen zugeordnet werden können. Im Zuge der voranschreitenden Konsensbildung aller

---

[19] Die Konstruktion des Basiswortkatalogs beginnt entsprechend bereits in Phase I. Es ist zu empfehlen, dass – über die Bezeichnung hinaus – auch die zur Definition der Funktionsbereiche und Konfigurationsparameter verwendeten Begriffe normiert werden [BHKS00, S. 98].

Beteiligten ergibt sich eine Konsolidierung dieser Entwicklungsversionen in Richtung eines einzelnen Gesamtmodells (vgl. Abbildung 14).[20] Die Entwicklungsversionen und das endgültige Referenzmodell werden dokumentiert, indem Modelle und Basismodellelemente miteinander in Beziehung gesetzt werden. Modelle können wieder aus Modellen bestehen. Die konkreten Ausprägungen sind von den in Phase II konzipierten bzw. ausgewählten Modellierungstechniken abhängig. In Abschnitt 3 werden ausführliche Beispiele für diese projektabhängige Konkretisierung gezeigt.

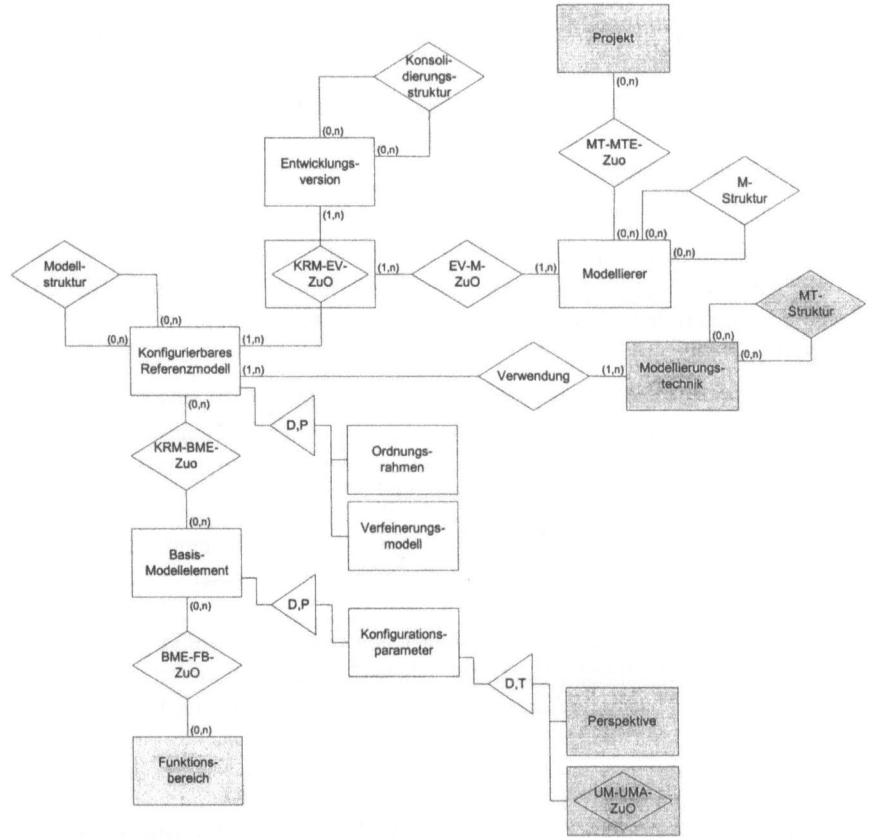

Abbildung 14: Dokumentenstruktur der Phase III

---

[20] Die Entwicklungsvarianten stehen nicht im Fokus dieses Beitrags. Stattdessen wird in Abschnitt 3 ausführlich behandelt, wie die Referenzmodellvarianten zum Zwecke der Konfiguration verwaltet werden können.

2.5 Referenzmodell evaluieren

Zum Teil erfolgt das Testen des Referenzmodells begleitend zur Modellierung. Speziell die Verifikation der Modellteile gegen die Metamodelle kann durch Modellierungswerkzeuge unterstützt werden. Werden Referenzmodellteile auf der Basis von Interviews entwickelt, wird man die inhaltliche Prüfung durch die beteiligten Fachanwender in den Modellierungsprozess integrieren. In Anlehnung an den Systemtest der Softwareentwicklung sollte aber auch bei der Referenzmodellierung eine abschließende Prüfung des Gesamtmodellsystems vorgenommen werden. Bei der Evaluation sind die folgenden Modelldependenzen zu untersuchen:

- *Konfigurationsdependenz*: Für einzelne Modellteile ist zu evaluieren, ob die Konfigurationsregeln in Abhängigkeit der Konfigurationsparameterausprägungen geeignete Modellvarianten zur Verfügung stellen.

- *Funktionsbereichsdependenz*: Innerhalb der Modellvarianten muss die inhaltliche, funktionsbereichsübergreifende Konsistenz überprüft werden.

- *Domänenwissensdependenz*: Die betriebswirtschaftlichen Gestaltungsempfehlungen und die Hypothesen bzgl. der Benutzeranforderungen, die den Perspektiven zugrunde liegen, sind nochmals durch Dritte zu begutachten.

Das folgende schrittweise Vorgehen (vgl. nochmals Abbildung 7) und die darauf basierende Dokumentenstruktur (vgl. Abbildung 15) kann auch bereits bei der konstruktionsbegleitenden Evaluation genutzt werden. Es ist vom Entwicklungsstadium des Modells unabhängig:

- Maßgeblich für die Planung der Tests ist die Auswahl der Testfälle. Ein Testfall stellt eine Kombination aus selektierten Unternehmensmerkmalsausprägungen und Perspektiven dar. Theoretisch wäre die Berücksichtigung sämtlicher Kombinationen wünschenswert, was aber ob der hohen Anzahl in der Regel nicht realisierbar ist. Beim Testen von Programmen reduziert man die Anzahl der Testfälle u. a. durch die Bildung von Äquivalenzklassen. Beispielsweise können die Kleinbuchstaben a bis z eine solche Äquivalenzklasse darstellen. Für die Definition der Testfälle werden dann nur ausgewählte Repräsentanten der Äquivalenzklasse (vorzugsweise die Ränder und ein zufällig gewähltes Element der Mitte) verwendet. Ein solches Vorgehen zur Reduktion der Testfälle bietet sich für die Evaluation von Referenzmodellen nicht an, da die einzelnen Ausprägungen der Konfigurationsparameter selbst Äquivalenzklassen darstellen. Geeignet erscheinen daher die kombinierbaren Vorgehensweisen, einzelne Konfigurationsparameter unter ceteris paribus-Bedingungen zu variieren oder für den Anwendungskontext repräsentative Szenarien zu bilden und diese ausführlich zu untersuchen. Soll die Überprüfung unter Praxisbezug vorgenommen werden, wird die Zahl der relevanten Testfälle durch die faktische Verfügbarkeit entsprechender Kooperationspartner beschränkt. Die

Bereitschaft von Unternehmen, für eine nur testweise Anwendung des Referenzmodells umfangreiche Ressourcen zur Verfügung zu stellen, wird nicht sonderlich ausgeprägt sein. Und auch der Referenzmodellersteller wird abgeneigt sein, bereits im Vorfeld der Vermarktung des Modells seine Lösungsansätze zu offenbaren. Andererseits kann ein völliger Verzicht auf eine Evaluation ggf. die eigene Reputation gefährden – zumindest wenn eklatante Fehler übersehen werden. Als vorteilhaft erscheint es daher, wenn das Referenzmodell aus einer Auftragsarbeit hervorgeht, die für ein spezielles Unternehmen angefertigt und eingesetzt wurde und die im Anschluss verallgemeinert wird. Auf diesem Wege wird sichergestellt, dass das Modell zumindest für ein Szenario ausgiebig in der Praxis evaluiert wurde.

- Die Testfälle sind als Ausprägungen der Konfigurationsparameter auf das Referenzmodell anzuwenden, woraus konfigurierte Referenzmodelle resultieren. Die Unterscheidung der Testverfahren in Black Box- und White Box-Tests, die in der Softwareentwicklung bekannt ist [Balz98, S. 391ff.], lässt sich auf das Evaluieren von konfigurierbaren Referenzmodellen übertragen. In Black Box-Verfahren werden den Gutachtern ausschließlich die konfigurierten Modelle zur Verfügung gestellt. Dieses Vorgehen empfiehlt sich insb. für externe Gutachter, denen die Sprachkonstrukte der Regeldefinition nicht vertraut sind und denen gegenüber man die Anpassungspunkte verbergen möchte. In White Box-Verfahren wird auf eine automatisierte Durchführung der Konfiguration verzichtet. Die Gutachter nehmen die Auswertung der Konfigurationsregeln stattdessen selbst manuell vor. Dies setzt voraus, dass die Gutachter mit den entsprechenden Modellierungstechniken vertraut sind, weshalb es nahe liegt, ihnen Methodenexperten zur Seite zu stellen. Da neben den Ergebnissen auch die Konfigurationsregeln im einzelnen hinterfragt werden, kommt den White Box-Verfahren ein höheres Fehlerentdeckungspotenzial zu; sie sind allerdings auch aufwändiger. Eine besondere Variante der Testverfahren ergibt sich, wenn die Konfigurationsregeln des Referenzmodells durch ein Expertensystem verwaltet werden. Konfigurationsregeln der Form „Wenn die Ausprägung x des Konfigurationsparameters y gegeben ist, dann ist das Modellelement z Bestandteil der abgeleiteten Modellvariante" lassen sich bspw. in Prolog implementieren [Knac01]. Man kann die Erklärungskomponenten von Expertensystemen nutzen, um das Zustandekommen der Modellvarianten nachzuvollziehen. Die Ausgaben der Erklärungskomponenten können durch ihre Anlehnung an die natürlichsprachliche Formulierung von Konfigurationsregeln auch externen Gutachtern zur Verfügung gestellt werden, die nicht mit der Referenzmodellierungstechnik vertraut sind. Das Testen unter Einsatz der Erklärungskomponente von Expertensystemen stellt kein echtes White Box-Verfahren dar, weil die generierten Protokolle in der Regel nur die zutreffenden („schießenden") Regelbestandteile berücksichtigen.

- Je nach Testverfahren werden dem Gutachter unterschiedliche Modellbestandteile zur Prüfung vorgelegt. Einem Gutachter können mehrere Testfälle anvertraut werden. Die Evaluation hat die Prüfung der eingangs genannten Dependenzen zum Gegenstand. Die Ergebnisse der Evaluation sind mit Bezug auf die relevanten Modellteile zu dokumentieren und dienen der Verbesserung des Modells vor dessen Vermarktung. Die Umsetzung der Verbesserungen erfordert den Rücksprung zu Aufgaben vorangegangener Phasen.

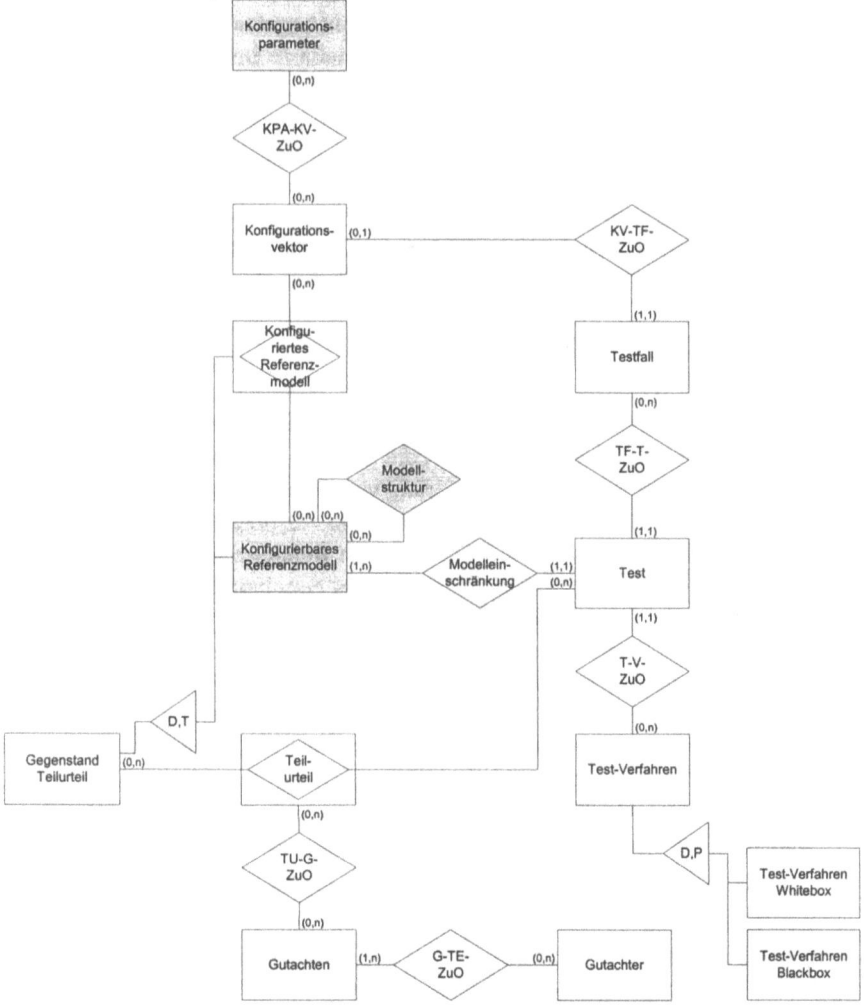

Abbildung 15: Dokumentenstruktur der Phase IV

2.6 Referenzmodell vermarkten

Die Vermarktung des Referenzmodells muss sämtliche Dimensionen eines Marketingmix berücksichtigen [Meff91]:

- *Distributionspolitik*: Von grundlegender Bedeutung ist die Wahl des Absatzkanals. Es ist insb. zu entscheiden, ob das Referenzmodell lediglich intern verwendet werden soll, um eigene Beratungsprojekte zu unterstützen, oder ob das Referenzmodell allgemein zugänglich gemacht werden soll. Hinsichtlich der Alternativen zur Weitergabe des Referenzmodells an Dritte erscheint es gerade bei konfigurierbaren Referenzmodellen vorteilhaft, das Modell als Dateninput eines Modellierungswerkzeuges anzubieten. Im Gegensatz zu einer Publikation in Buchform kann über eine zusätzliche Software die automatisierte Konfiguration und die editorgestützte Referenzmodellanpassung ermöglicht werden. Als Kandidaten kommen insb. solche Modellierungswerkzeuge in Frage, die eine metamodellbasierte Definition von Modellierungstechniken erlauben (vgl. z. B. [JKSK00]). Besonders die Unterstützung der Konfigurationsmechanismen stellt an die Anpassbarkeit der Modellierungswerkzeuge hohe Flexibilitätsanforderungen, die heutige Werkzeuge überwiegend noch nicht aufweisen.

- *Produktpolitik*: Im Rahmen der Produktpolitik ist zu entscheiden, ob ausschließlich das gesamte konfigurierbare Referenzmodell angeboten werden soll, oder ob eine Produktdifferenzierung vorgenommen werden soll. Produktvarianten lassen sich bilden, indem bestimmte Ausprägungen von Konfigurationsparametern fest vorgegeben werden. Ein Referenzmodell für den Handel lässt sich so z. B. auf die Domäne Großhandel einschränken oder von der Produktvariante werden ausschließlich Perspektiven der Organisationsgestaltung unterstützt. Die Aufhebung der Voreinstellungen und der Beschränkungen der Auswahlmöglichkeiten kann mit der Notwendigkeit zum Erwerb eines Upgrades verbunden werden. Vorstellbar ist auch eine Produktdifferenzierung über die verfügbaren Abstraktionsstufen. Um das Modell bekannt zu machen, bietet es sich an, Modelle mit hohem Abstraktionsgrad kostenlos bzw. kostengünstig im Internet oder als Buch zu publizieren. Für den Einsatz in der Praxis wäre dann der Erwerb des vollständigen Modells notwendig.

- *Kommunikationspolitik*: Mit der Bildung von Produktvarianten, die zu Werbezwecken verkaufspreisreduziert am Markt angeboten werden, ist bereits ein wichtiger Aspekt der Kommunikationspolitik angesprochen. In ihrem Rahmen sind die üblichen Werbemaßnahmen (Messeauftritte, Tagungsvorträge, Verkaufspräsentationen in Unternehmen, Versand von Werbematerial etc.) zu planen.

- *Kontrahierungspolitik*: Produktvarianten bilden auch die Grundlage einer differenzierten Preispolitik. Ohne die Bildung von Produktvarianten lässt sich eine Preisdifferenzierung nur durchsetzen, wenn die Preisunterschiede für die

Referenzmodellnutzer intransparent bleiben. Intransparenz kann gegeben sein, wenn die Abnehmer nur unzureichend miteinander kommunizieren oder das Produkt unternehmensindividuell um zusätzliche Leistungen (wie z. B. Beratung, Modellierungswerkzeuge, Softwareentwicklung) ergänzt wird. Die Preispolitik kann ggf. auch auf das Problem einer praxisorientierten Evaluation reagieren und Erstanwendern Rabatte einräumen.

Die Dokumentenstruktur berücksichtigt entsprechend die Definition von Produktvarianten und deren Zuordnung zu Kundengruppen. Für die jeweiligen Kombinationen sind die Ausprägungen der Marketingpolitiken festzulegen (vgl. Abbildung 16).

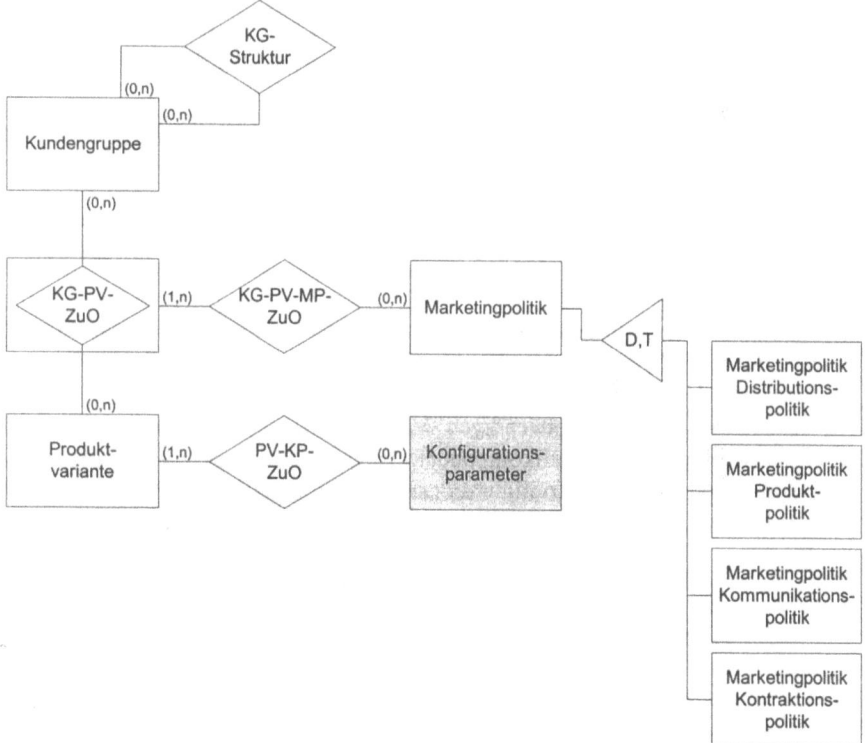

Abbildung 16: Dokumentenstruktur der Phase V

Für den Referenzmodellersteller ist es von Bedeutung, eine möglichst enge Beziehung zu den Referenzmodellnutzern aufzubauen, um von deren Erfahrungen beim Einsatz des Modells zu profitieren. Dieses Feedback stellt eine Grundlage dafür dar, das Referenzmodell weiter verbessern und an geänderte betriebswirtschaftliche Konzepte, neue Technologien und gewandelte Anforderungen anpassen zu können. Der Referenzmodellanwender kann insb. auf überflüssige, fehlende und fehlerhafte Modellteile hinweisen. Für die Dokumentation dieses Feedbacks kann auf die Strukturen der Phase IV zurückgegriffen werden. Der Praxisanwender kann als eine Spezialisierung eines Gutachters aufgefasst werden.

2.7 Komplexitätsmanagement

Eine Querschnittsaufgabe der Referenzmodellierungsmethodik stellt das *Komplexitätsmanagement* dar, das sowohl die Komplexitätsreduktion als auch die Komplexitätsbeherrschung umfasst. Die Handhabbarkeit des Modells und damit auch seine Wirtschaftlichkeit ist wesentlich von seiner Komplexität abhängig, daher muss ihr besondere Aufmerksamkeit zukommen. Die Modellkomplexität ergibt sich aus drei grundlegenden Komponenten:

- Die *Elementekomplexität* wird über die verschiedenen Modellelemente beeinflusst.

- Die *Relationenkomplexität* ist auf die unterschiedlichen Beziehungen zwischen den Modellelementen zurückzuführen.

- Die *dynamische Komplexität* ergibt sich aus dem Verhalten des Systems. Dieses wird bei konfigurierbaren Referenzmodellen durch die Konfigurationsregeln bestimmt.

Bereits mit den Entscheidungen der Phase I werden die Komplexitätstreiber des Modells wesentlich beeinflusst. Mit der Eliminierung von Funktionsbereichen, Perspektiven, Unternehmensmerkmalen und Unternehmensmerkmalsausprägungen reduzieren sich die notwendigen Modellvarianten (Elementekomplexität). Damit müssen weniger Modellkomponenten konsistent gehalten werden (Relationenkomplexität) und die Konfigurationsregeln vereinfachen sich (dynamische Komplexität).

Aktuelle Managementkonzepte zur *Komplexitätsreduktion* zeigen eine Priorisierung einer zunächst auf den Markt gerichteten Komplexitätsreduktion, die sich insb. darin äußert, dass man sich durch eine Elimination von C-Produkten, C-Varianten und C-Kunden des drängensten Marktballastes entledigt [Blis98, S. 151]. Allerdings stellt sich die Frage, wie sich die Rentabilität von Produkten und Kunden abschließend beurteilen lässt, ohne zunächst die Potenziale der Verbesserung der Produktionsbedingungen ausgeschöpft zu haben. Übertragen auf die Referenzmodellierung bedeutet dies, dass auch hier nicht voreilig Modellvarianten und damit Marktbestandteile ausgeschlossen werden sollten, sondern dass vor einer *Reduktion der wahrgenommenen Marktkomplexität* in Form der Funktionsbereiche und Konfigurationsparameter alle sonstigen Potenziale zur Komplexitätsreduktion ausgeschöpft werden sollten. Der Referenzmodellersteller steht daher vor einem inhärenten Prognoseproblem: Bei der Abgrenzung des relevanten Marktes muss er die komplexitätsreduzierenden bzw. induzierenden Wirkungen seiner in den weiteren Phasen folgenden Maßnahmen antizipieren, um eine angemessene Entscheidung treffen zu können. Aufgrund der Unsicherheit dieser Erwartungen lässt sich der spätere Rücksprung in die Phase der Projektzieldefinition nicht unterbinden.

Bevor unrentable Marktbestandteile ausgeschlossen werden, hat – in Anlehnung an den Komplexitätsmanagementansatz von BLISS [Blis00] – zunächst eine *Reduktion der autonomen Modellkomplexität* zu erfolgen, die darauf abzielt, interne Varianten zu eliminieren, denen keine Entsprechung bzw. Weitschätzung am potenziellen Markt zukommt. Solchen internen Varianten kann insb. durch Modellierungskonventionen entgegengewirkt werden. Die Formulierung von Modellierungskonventionen soll bewirken, dass Sachverhalte, die von unterschiedlichen Referenzmodellerstellern modelliert werden, möglichst einheitlich repräsentiert werden (vgl. nochmals Abschnitt 2.4). Darüber hinaus leistet die Ausschöpfung von Integrationspotenzialen einen Beitrag zur Reduktion der autonomen Modellkomplexität. Nach den Gegenständen dieser Integrationsmaßnahmen lassen sich die Daten-, die Datenstruktur, die Funktions- und Prozessstrukturintegration unterscheiden [BeRo98, S. 118-120]. Durch die Mehrfachverwendung gleicher Modellteile wird die Anzahl und Verschiedenartigkeit der Modellelemente reduziert. Die Potenziale dieser Maßnahmen sollten bei der Aufwandsschätzung berücksichtigt werden.

Darüber hinaus ist zu untersuchen, ob eine *Reduktion der korrelierten Modellkomplexität* möglich ist. Die Betrachtung der Korrelation zwischen Marktaufgabe und Modellkomplexität trägt dem Umstand Rechnung, dass ein Modellsystem, dessen sämtliche Elemente zur Erfüllung der Marktaufgabe einen Beitrag leisten, nicht notwendigerweise die minimale hierfür notwendige Komplexität aufweist. Dieser Mangel tritt insb. dann auf, wenn die Unternehmensmerkmale und Perspektiven von den tatsächlichen Beschreibungs- und Erklärungsvariablen der unterschiedlichen Marktanforderungen abweichen. In solchen Fällen ist es häufig möglich, einzelne Konfigurationsparameter zusammenzufassen, ohne die Attraktivität des Referenzmodells für den Markt einzuschränken. Bspw. ist es möglich, dass die Marktstruktur es zulässt, die Modellkomplexität zu reduzieren, indem ein Grundmodell mit einer unüberschaubaren Vielzahl von Anpassungspunkten durch wenige vollständige Modellalternativen mit geringem Konfigurationsbedarf substituiert wird. Voraussetzung ist hierfür, dass die relevanten Unternehmensmerkmale und Perspektiven identifiziert werden. Steht eine geeignete Datenbasis zur Verfügung, können Methoden der multivariaten explorativen Datenanalyse zum Einsatz kommen (vgl. z. B. [MLEM99, S. 92-102]).

Theoretisch kann erst nach einer Ausschöpfung der internen Reduktionspotenziale eine finale Beurteilung der Rentabilität der unterstützten Varianten des konfigurierbaren Referenzmodells erfolgen. Das Modellierungsziel ist von denjenigen Varianten zu bereinigen, deren Komplexitätsbeitrag vom Markt nicht honoriert wird, für die also eine verursachungsgerechte Vergütung nicht erwartet werden kann.

Die *Komplexitätsbeherrschung* geht im Gegensatz zur Komplexitätsreduktion von einer Konstanz der Komplexität aus. Entsprechend führt sie nicht zu einer Elimination von Modellelementen, Modellelementbeziehungen oder Konfigurationsregeln.[21] Maßnahmen der Komplexitätsbeherrschung zielen insb. darauf ab, den Modellerstellern und -anwendern den Umgang mit den Modellen zu erleichtern. Hierzu tragen Modellierungswerkzeuge ganz erheblich bei. Zusammenfassend sollte ein Werkzeug für die konfigurative Referenzmodellierung die folgenden Funktionen unterstützen:

- Das Anlegen eines projektspezifischen Vorgehensmodells sollte unterstützt werden. Die vorgestellte Methodik dient dabei als Referenz.

- Das Werkzeug muss die Arbeitsergebnisse der verschiedenen Modellierungsphasen verwalten. Die vorgestellte Dokumentenstruktur dient dabei als Referenz.

- Speziell muss es möglich sein, eine metamodellbasierte Definition eigener Referenzmodellierungstechniken vorzunehmen.

- Dabei muss insb. die Definition der Konfigurationsregeln unterstützt werden. In Abschnitt 3.4 wird die Grundlage für die Entwicklung entsprechender Werkzeuge gelegt, indem Kategorien von Konfigurationsmechanismen identifiziert und fachkonzeptionell spezifiziert werden.

- Das Referenzmodellierungswerkzeug sollte die mehrstufige Modellanwendung unterstützen. Aus konfigurierbaren Referenzmodellen sollten sowohl vollständig konfigurierte als auch weiterhin konfigurierbare Referenzmodelle ableitbar sein (vgl. nochmals Abbildung 5).

- Zudem sollte die Bildung von Produktvarianten als Grundlage einer differenzierten Produktpolitik ermöglicht werden.

- Das Werkzeug sollte Editoren integrieren, die der manuellen Anpassung des konfigurierten Referenzmodells dienen.

- Es sind Schnittstellen zu den wichtigsten Distributionsmedien bereitzustellen. Bei der Unterstützung der Publikation des Modells in unterschiedlichen Medien (Internet, Buch, CD) überschneidet sich die Funktionalität des Werkzeugs mit der von Content Management-Systemen.

- Für die einzelnen Arbeitsschritte sollte das Werkzeug Dokumente verwalten und zugreifbar machen, die als semantische Referenz für die Problemlösung

---

[21] Eine abweichende Begriffsauffassung wird z. B. in [Bliss98, S. 152] vertreten, wo mit der Komplexitätsbeherrschung das Ziel verfolgt wird, eine konstante Menge von Systemelementen so zu entflechten, dass sie minimale Beziehungen aufweist, was die Relationskomplexität beeinflusst.

dienen. Solche semantischen Referenzen wirken als Katalysatoren im Rahmen der Konsensbildung. Beispiele werden im folgenden Abschnitt genannt.

2.8 Konsensbildung

Der Referenzmodellierungsprozess wird im Folgenden nochmals von einem etwas abstrakteren Standpunkt aus betrachtet. Die Erstellung eines Referenzmodells stellt eine teamorientierte Problemlösung dar. Das zu lösende Problem besteht darin, einen subjektiv empfundenen Mangel an Gestaltungsempfehlungen für bestimmte Adressaten zu beseitigen. Bei der Lösung dieses Problems wird schrittweise vorgegangen: Von einer problembehafteten Ausgangssituation gelangt man zu problemadäquaten (Zwischen-)Lösungen, die wiederum die problembehafteten Ausgangssituationen nachfolgender Aufgaben darstellen.

Im Rahmen einer Methodik sind den verknüpften Aufgaben Mengen von Regeln zuzuordnen, die der Problemlösung dienen. Die Problemlösung erfolgt im Rahmen der vorgestellten Methodik modellbasiert. Modelle repräsentieren sowohl problembehaftete Ausgangssituationen als auch problemadäquate (Zwischen-)Lösungen. Die Regeln lassen sich daher in Modellierungs- und sonstige Problemlösungstechniken gliedern (vgl. Abbildung 17 (a)).

Da sich der Problemlösungsprozess teamorientiert vollzieht, ist die fortschreitende Problemlösung mit einer fortschreitenden Konsensbildung zu verbinden. Modelle, die im Rahmen eines Aufgabenschrittes erzeugt werden, repräsentieren daher implizit auch einen Konsensfortschritt, der im Rahmen der Aufgabenbearbeitung hergestellt wird. Der Konsens im Rahmen der Referenzmodellierung bezieht sich dabei nicht ausschließlich auf die inhaltliche Problemlösung. Die Beteiligten müssen sich auch auf die Regeln einigen, die sie bei der Problemlösung beachten wollen. Beispielsweise vereinbart man die Verwendung einer bestimmten Modellierungstechnik.

Das vorgestellte Vorgehensmodell zeigt, dass die Konsensbildung über die anzuwendenden Regeln eine anspruchsvolle Aufgabenstellung darstellen kann. Zum Teil müssen die verwendeten Regeln (insb. die der Modellierungstechnik) erst noch entwickelt werden. Einzelne Regelmengen werden somit selbst wieder zu einem Gegenstand der Problemlösung (vgl. Abbildung 17 (b)).[22]

---

[22] Auf dieser Ebene kommen insb. Metamodelle für die Repräsentation von problembehafteten Ausgangssituationen und problemadäquaten (Zwischen-)Lösungen zum Einsatz.

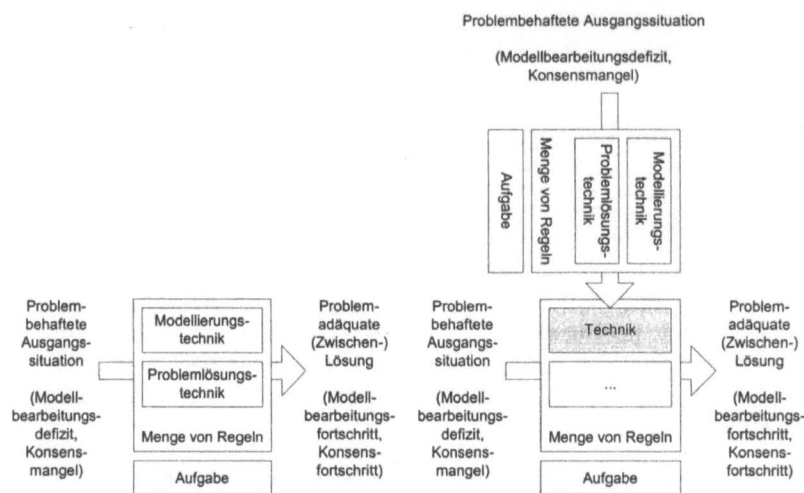

Abbildung 17: Konsensbildung im Rahmen der Modellierung

Sind entsprechende Regeln bereits vorhanden, die unverändert oder modifiziert angewendet werden können, lassen sich diese als *Konsenskatalysatoren* auffassen. Mit dem Einsatz dieser Katalysatoren wird der Aufwand reduziert, der für die Konsensbildung notwendig ist.[23]

Der Förderung der konfigurativen Referenzmodellierung dient daher die Entwicklung bzw. Identifikation solcher Konsenskatalysatoren. Wichtige Konsenskatalysatoren auf die im Rahmen der konfigurativen Referenzmodellierung zurückgegriffen werden kann, sind insb. folgende (vgl. Abbildung 18):

- Für die Definition der Unternehmensmerkmale und ihrer Ausprägungen stellen bestehende betriebswirtschaftliche Typologien einen wichtigen Orientierungsrahmen dar. Beispielsweise wurde für PPS-Systeme im Maschinenbau von SCHOMBURG eine Fertigungstypologie [Scho80] und für Computer Aided Selling (CAS)-Programme von KIELISZEK eine Vertriebstypologie entwickelt [Kiel94] (zu weiteren Beispielen vgl. [MeLo00]).

- Wenn die Referenzmodellierer sich darauf einigen, sich an den identifizierten Dimensionen zur Abgrenzung von Perspektiven zu orientieren, erfüllt dieser Framework ebenfalls die Funktion eines Konsenskatalysators.

- Genauso können bestehende Modellierungstechniken und methodische Informationssystemarchitekturen als Konsenskatalysatoren fungieren.

---

[23] Analog reduzieren Katalysatoren in der Chemie den Energiebedarf, der für das Auslösen einer chemischen Reaktion benötigt wird.

- Empfehlungsdatenbanken stellen ebenfalls wichtige Instrumente zur Konsensförderung dar. Diese sollten einerseits Hinweise auf Anforderungen an Modellierungstechniken, die sich aus speziellen Modellierungsaufgaben ergeben, und andererseits normative Zuordnungen dieser Anforderungen zu ihnen gerecht werdenden Modellierungstechniken bzw. Modellierungstechnikelementen enthalten.

- Letztlich lässt sich auch die vorgestellte Methodik, mit dem Vorgehensmodell und der Dokumentenstruktur als ihren wichtigsten Bestandteilen, selbst als Konsenskatalysator interpretieren.

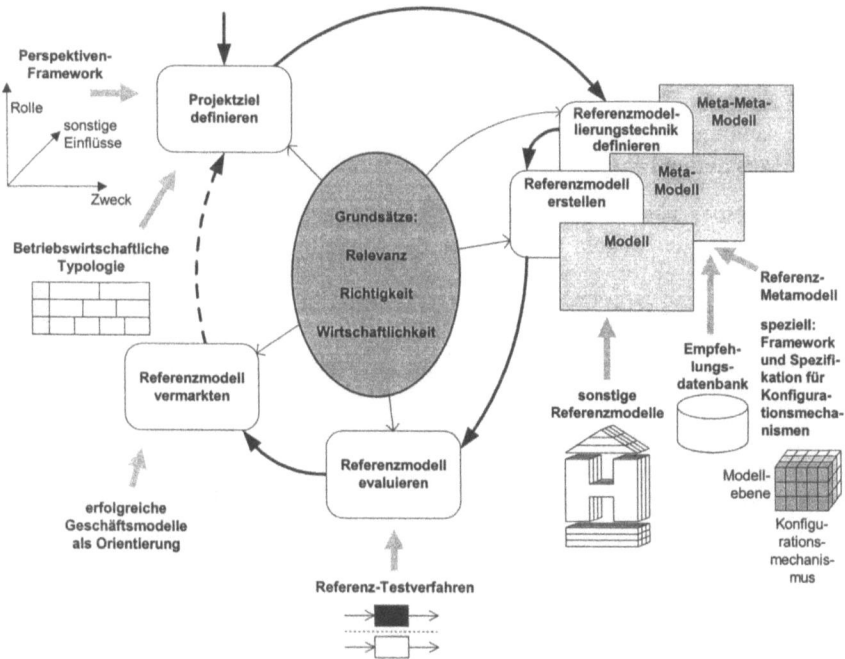

Abbildung 18: Grundsätze und Konsenskatalysatoren der konfigurativen Referenzmodellierung

Auf der Basis der vorangegangenen Analyse lassen sich folgende Grundsätze für eine ordnungsmäßige konfigurative Referenzmodellierung formulieren:[24]

---

[24] Die Grundsätze werden in enger Anlehnung an die in [BeRS95] getroffene Unterscheidung zwischen Relevanz, Richtigkeit und Wirtschaftlichkeit aufgestellt. Die weiteren dort unterschiedenen Grundsätze beziehen sich speziell auf die Modellierungstechnik, die hier nicht gesondert fokussiert wird.

- Die *Relevanz* berücksichtigt, dass die Modellierungsergebnisse den Resultaten der Konsensbildungsprozesse entsprechen müssen. Dieser Grundsatz lässt sich nach den Gegenständen der Konsensbildung gliedern:
  - *Konsens über die Aufgabe*: Es muss ein Konsens über die Aufgabenstellung hergestellt werden. Der Explikation der zu bearbeitenden Aufgaben dient das Vorgehensmodell.
  - *Konsens über die Problemrepräsentation*: Im Rahmen der schrittweisen Problemlösung ist zu Beginn der Bearbeitung einer Aufgabe ein Konsens über die Interpretation und Verwendung von Dokumenten herzustellen, die als Problem repräsentierende Inputs in die Bearbeitung Eingang finden. In der Regel handelt es sich bei den Dokumenten um Modelle.[25] Diese können entsprechend der Dokumentenstruktur verwaltet werden.
  - *Konsens über die inhaltliche Lösung*: Das Referenzmodell muss den Gestaltungsempfehlungen entsprechen, auf die sich die Referenzmodellierer verständigt haben.
  - *Konsens über die Regeln*: Die Referenzmodellierer müssen sich auf eine Menge von Regeln einigen, die der Modellerstellung und Problemlösung dienen.
  - *Konsens über Konsenskatalysatoren*: Bei der Definition von Regeln und bei der Erarbeitung der inhaltlichen Lösungen kann auf Konsenskatalysatoren Bezug genommen werden. Die Referenzmodellierer müssen sich über die Verwendung und Interpretation dieser Referenzlösungen einigen. Zum Teil verlieren die Konsenskatalysatoren im Rahmen ihrer Anwendung ihre Eigenständigkeit und werden Bestandteil der übrigen Gegenstände der Konsensbildung.
- Der Grundsatz der *Richtigkeit* berücksichtigt, dass die vereinbarten Regeln einzuhalten sind. Entsprechend der eingeführten Gliederung der Regelmenge lässt sich dieser Grundsatz gliedern in:
  - *Modellierungstechnikrichtigkeit*: Die erstellten Modelle haben den Regeln der Modellierungstechnik zu entsprechen, was u. a. durch einen Vergleich zwischen Metamodell und Modell geprüft werden kann.
  - *Problemlösungstechnikrichtigkeit*: Werden über die Modellierungstechnik hinaus weitere Regeln (Heuristiken, Algorithmen etc.) zur Problemlösung vereinbart, sind diese anzuwenden und die Ergebnisse mit Bezug auf diese Regeln zu dokumentieren. Gegenstand der Problemlösungstechnik kann

---

[25] Eine Ausnahme können die Problemrepräsentationen darstellen, die von den zuerst zu bearbeitenden Aufgaben verwendet werden.

z. B. die Identifikation von Objekten und deren Bestandteilen sein (vgl. [Balz95]).

- Der Grundsatz der *Wirtschaftlichkeit* beschränkt die Bemühungen um die Problemlösung und Konsensbildung auf das wirtschaftlich vertretbare. Der Grundsatz gilt sowohl für die Entwicklung der inhaltlichen Gestaltungsempfehlungen als auch für die explizite Regeldefinition und weitere Maßnahmen, die sicherstellen, dass die Beteiligten keinem Scheinkonsens unterliegen. Es ist keine vollständige Konsensbildung anzustreben, sondern lediglich eine zweckmäßige.

Die Grundsätze sind in sämtlichen Phasen der konfigurativen Referenzmodellierung zu berücksichtigen (vgl. nochmals Abbildung 18). Aufgrund der bestehenden Entwicklungsdefizite wird im Folgenden der Ansatz verfolgt, die konfigurative Referenzmodellierung durch die Entwicklung von Konsenskatalysatoren für die Modellierungstechnik zu unterstützen.

3 Fachkonzeptionelle Spezifikation eines konfigurativen Referenzmodellierungswerkzeugs

Als Konsenskatalysatoren bieten sich Softwarewerkzeuge an, die die konfigurative Referenzmodellierung unterstützen. Im Folgenden wird für ein derartiges Softwarewerkzeug eine Architektur vorgestellt, die in einem Fachkonzept detailliert spezifiziert und zur Komplexitätsreduktion in einem Ordnungsrahmen zusammengefasst wird. Zum Einstieg wird anhand eines Beispiels das grundlegende Konzept vermittelt, und im Weiteren werden die einzelnen Lösungsvorschläge im Detail erläutert.

3.1 Grundlegendes Konzept

Der hier vorgestellte Architekturentwurf basiert auf der Idee der *Metamodellprojektion*. Diese wird als Mechanismus zur syntaktischen und semantischen Anpassung eines Modells an ein Metamodell definiert. Die Metamodellprojektion wird zur konfigurationsparameterinduzierten Informations- und Komplexitätsreduktion angewandt. Dabei wird ein mehreren Modellen als Sprachdefinition dienendes Metamodell den konfigurationsparameterspezifischen Anforderungen angepasst, und die am Metamodell durchgeführten Änderungen werden über die Metamodellprojektion auf die Modelle übertragen.

Die Abbildungen 19 bis 22 erklären den Anpassungsvorgang der Metamodellprojektion an einem Beispielprozess: Abbildung 19 dokumentiert den *Prozess zur Erstellung einer öffentlichen Stellungnahme* in einer an die Notation der erweiterten Ereignisgesteuerten Prozesskette (eEPK) [Sche95, S. 49-54; KeNS92] angelehnten Schreibweise. Diese Schreibweise ist über das *Metamodell* in Abbildung 20 formal spezifiziert. Das Metamodell ist seinerseits in der an CHEN angelehnten[26] ERM-Notation [Chen76, S. 9-36] geschrieben und definiert die gültigen Zusammenhänge im Prozessmodell. *Prozesselemente* sind über eine *Vorgänger/Nachfolgerbeziehung* strukturiert. Dabei werden drei Spezialfälle von Prozesselementen unterschieden: *Prozessereignisse* (durch Sechsecke im Prozessmodell dargestellt), *Operatoren* (durch Kreise mit der Bezeichnung *XOR* dargestellt) und *Prozessfunktionen* (durch Rechtecke mit abgerundeten Ecken dargestellt).

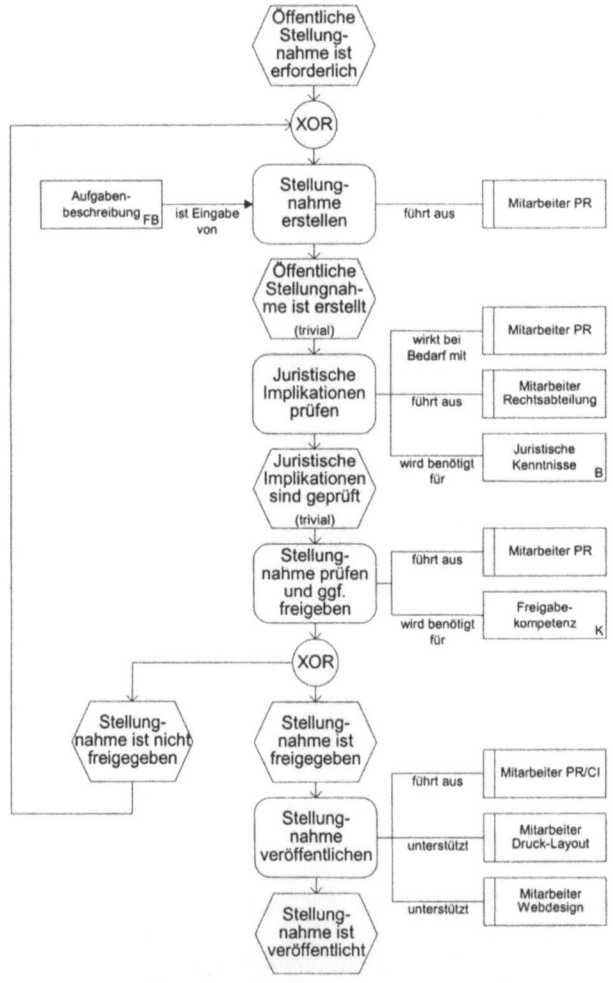

Abbildung 19: Prozessmodell Öffentliche Stellungnahme

---

[26] Eine ausführliche Beschreibung der hier verwendeten Notation ist in Abschnitt 3.3.1 zu finden.

Prozesselemente können mit *Ressourcen* in Beziehung stehen, wobei unterschiedliche *Beziehungstypen* unterschieden werden können, die im Prozessmodell an die Beziehungskanten annotiert werden (wie z. B. „ist Eingabe von", „führt aus" oder „unterstützt"). Ressourcen spezialisieren sich in *Befähigungen* (dargestellt durch Rechtecke mit einem annotierten *B*), *Organisationsobjekte* (dargestellt durch Rechtecke mit senkrechter Trennlinie an der linken Seite), *Kompetenzen* (dargestellt durch Rechtecke mit einem annotierten *K*) und *Fachbegriffe* (dargestellt durch Rechtecke mit einem annotierten *FB*).[27] Da das Modell in Abbildung 19 mit den durch das Metamodell in Abbildung 20 definierten Zusammenhängen nicht in Widerspruch steht, ist das Modell eine gültige Instanz zu dem in Abbildung 20 definierten Metamodell.

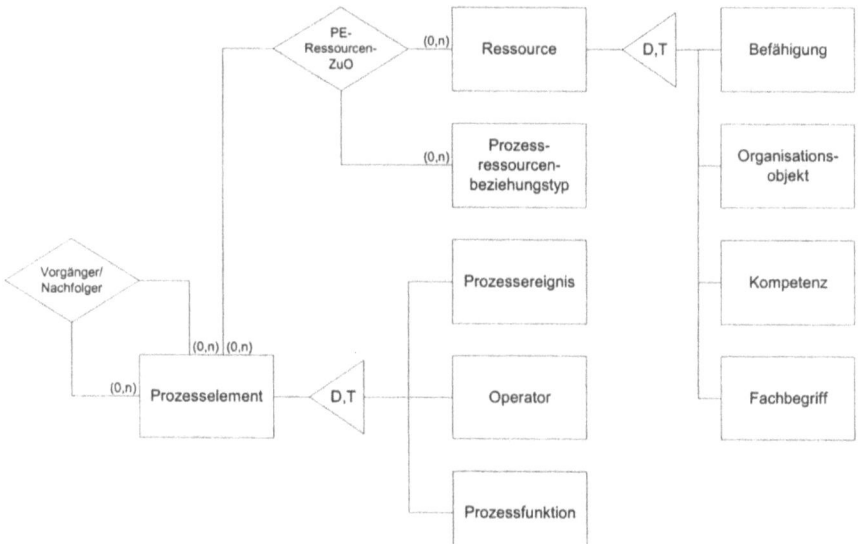

Abbildung 20: Prozessmetamodell

Im Folgenden sei es das Ziel, den in Abbildung 19 ausführlich beschriebenen Prozess für die *Managementperspektive* durch Auslassung von Details unter Anwendung der Metamodellprojektion zu vereinfachen. Dazu wird ein modifiziertes Metamodell erstellt, in dem bestimmte Sprachelemente bzw. -konstrukte aus der Modellierungssprache ausgeblendet werden.

Abbildung 21 zeigt ein auf Abbildung 20 basierendes modifiziertes Metamodell. Die Modifikationen umfassen im einzelnen folgende Punkte:

- Ausblenden aller Ressourcen vom Typ *Befähigung* und *Kompetenz* und der damit verbundenen Beziehungen zu Prozesselementen.

---

[27] An dieser Stelle wird lediglich ein Ausschnitt aus dem der konfigurativen Informationssystemarchitektur angehörenden Prozessmetamodell gezeigt. Zur ausführlichen Spezifikation des Prozessmetamodells vgl. Abschnitt 3.3.6.

- Ausblenden aller trivialen Prozessereignisse, indem nur Prozessereignisse zugelassen werden, bei denen ein Attribut *Trivialereignis*[28] einen Wert ungleich „TRUE" (wahr) hat.

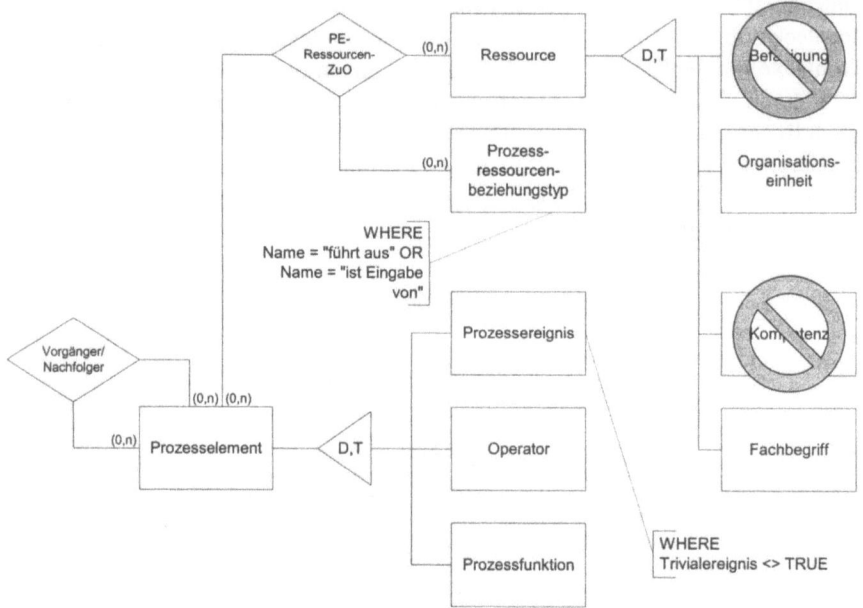

Abbildung 21: Konfiguriertes Prozessmetamodell

Die Metamodellprojektion als eine in Software realisierte Funktion führt die an Modellen notwendigen Anpassungen automatisiert und unter Beachtung von Syntax und Semantik durch, um diese Modelle zu einem perspektivenspezifisch veränderten Metamodell in Konsistenz zu bringen.[29]

Abbildung 22 zeigt das Ergebnis der Metamodellprojektion, angewandt auf das Prozessmodell aus Abbildung 19, unter Verwendung des modifizierten Metamodells aus Abbildung 21. Es ist zu erkennen, dass die im modifizierten Metamodell vorgenommenen Änderungen an der Modellierungssprache auf die Ebene des Prozessmodells projiziert worden sind und das neue Prozessmodell der Syntax des modifizierten Metamodells entspricht. Auf semantischer Ebene wurde die Reihenfolge der Prozessschritte trotz der Auslassung der Trivialereignisse beibehalten, indem bestimmte Prozessschritte direkt miteinander in eine Reihenfolgebeziehung gesetzt wurden.

---

[28] Trivialereignisse sind rein transitorische Ereignisse in EPKs die für das Verständnis des Prozesses nicht notwendig sind. Vgl. auch die Ausführungen zur Elementselektion in den Abschnitten 3.2 und 3.4.3.

[29] An dieser Stelle sei auf die ausführliche Diskussion zur Realisierung der Metamodellprojektion unter Berücksichtigung von Syntax und Semantik in Abschnitt 3.6 verwiesen.

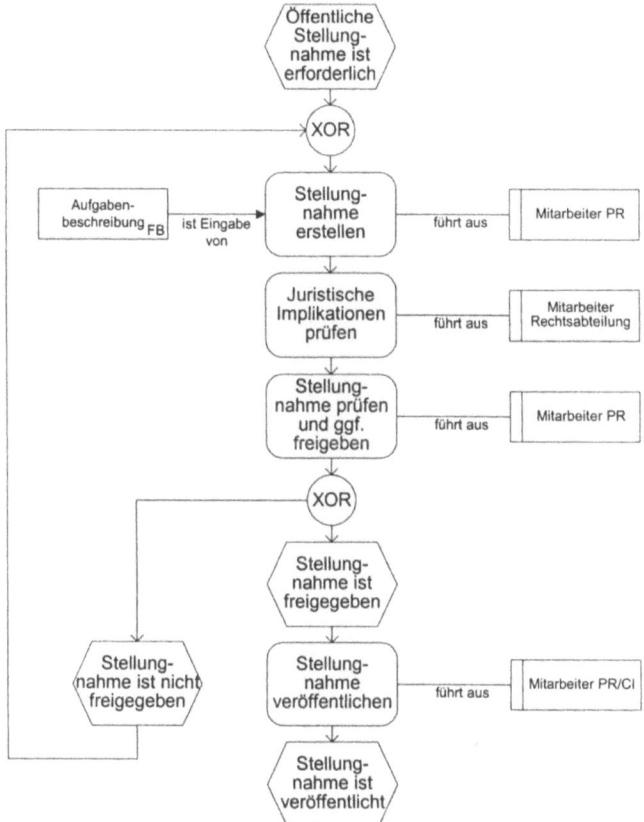

Abbildung 22: Konfiguriertes Prozessmodell Öffentliche Stellungnahme

Um das Konzept der Metamodellprojektion softwaretechnisch zu realisieren, sind Strukturen und Mechanismen erforderlich, die Modelle, die dazugehörigen Metamodelle und die auf den Metamodellen konfigurationsparameterinduziert vorgenommenen Änderungen formal abbilden können, damit die Metamodellprojektion automatisiert durchgeführt werden kann. Der folgende Abschnitt gibt einen Überblick über einen Architekturentwurf, der die geforderten Strukturen und Mechanismen bereitstellt.

3.2 Ordnungsrahmen

Konfigurationsmechanismen sind für den Modellersteller und -nutzer notwendiger Bestandteil beim Umgang mit komplexen, konfigurierbaren Referenzmodellen (vgl. Abschnitt 2.7). Zur Beherrschung von Komplexität in umfangreichen Informationsmodellen hat sich die Konstruktion von Ordnungsrahmen bewährt, die eine Unterteilung des Gesamtmodells in verschiedene Dimensionen vornehmen, innerhalb derer unterschiedliche Teilaspekte des Gesamtmodells in Teilmodellen verfeinert spezifiziert werden [Meis01, S. 61ff.]. Da es sich bei dem hier vorgestellten Architekturentwurf mit seinen Verfeinerungen um ein komplexes Informationsmodell handelt, ist die Konstruktion eines Übersicht vermittelnden Ordnungsrahmens auch an dieser Stelle von Vorteil.

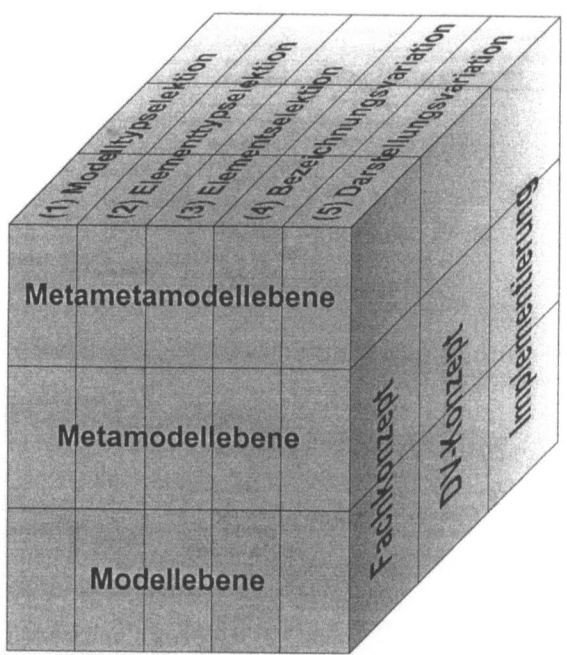

Abbildung 23: Ordnungsrahmen der werkzeugbasierten Modellkonfiguration

Der Ordnungsrahmen wird durch die drei Dimensionen *Beschreibungsebenen*, *sprachliche Abstraktionsebenen* und *Konfigurationsmechanismen* aufgespannt (vgl. Abbildung 23), deren Ausprägungen im Folgenden erläutert werden:

Dimension I – Beschreibungsebenen: In Anlehnung an die Architektur Integrierter Informationssysteme (ARIS) werden im Entwicklungsprozess von der betriebswirtschaftlichen Anforderung bis hin zur Implementierung drei Beschreibungsebenen unterschieden [Sche98, S. 38ff.]:

- Fachkonzept,
- DV-Konzept und
- Implementierung[30].

---

[30] Als Implementierung wird an dieser Stelle die Kodierung eines computergestützten Werkzeuges, das die Erstellung und Anwendung von konfigurierbaren Referenzmodellen unterstützt, aufgefasst.

Das hier entworfene Werkzeugkonzept beschränkt sich auf die Beschreibung der fachkonzeptionellen Beschreibungsebene. Teilweise ist zur vollständigen Modellierung der Konfigurationsmechanismen eine Betrachtung der DV-konzeptionellen Ebene notwendig (z. B. bei der Formulierung von Selektionsmechanismen).

Dimension II – sprachliche Abstraktionsebenen: Im Rahmen des Entwurfes eines konfigurativen Referenzmodellierungswerkzeuges sind drei sprachliche Abstraktionsebenen zu unterscheiden:

1. *Modellebene*: Auf dieser Ebene befindet sich das integrierte (Referenz-)Gesamtmodell, welches die Ausgangsbasis für die Anwendung der Konfigurationsmechanismen ist. Mit Hilfe der Konfigurationsmechanismen werden konfigurationsparameterspezifische Teilmodelle aus dem Gesamtmodell durch die Metamodellprojektion generiert.

2. *Metamodellebene*: Metamodelle spezifizieren die Sprache von Modellen (vgl. Abschnitt 2.3 und Abbildung 12) und definieren somit formal überprüfbare Eigenschaften eines Modells, die es z. B. ermöglichen, ein Modell automatisiert auf formale Korrektheit zu prüfen. Zusätzlich bilden die Metamodelle für die unterschiedlichen Modellnutzer eine gemeinsame Interpretationsbasis. Aus diesen Gründen ist ein Gesamtmetamodell, welches die Modellierungssprache des Unternehmensgesamtmodells formalisiert, Bestandteil der hier vorgestellten Werkzeugarchitektur. Als Modellierungssprache wird eine Sprache verwendet, die mehrere gängige Modellierungssprachen (ERM, EPK, etc.) umfasst. Diese Sprache wird in Abschnitt 3.3 ausführlich vorgestellt.

3. *Meta-Metamodellebene*: Das auf der Sprache des Gesamtmetamodells basierende, integrierte Gesamtmodell weist naturgemäß eine hohe Komplexität auf. Der Nutzen des Gesamtmodells lässt sich daher erhöhen, indem das Modell vereinfacht wird. Im Sinne der Konfigurativität kann dies durch Auslassung für den Nutzer bzw. für eine bestimmte Konfigurationsparameterausprägung nicht relevanter Teile geschehen. Zur Konzeption eines Modellierungswerkzeuges, welches Teile eines Modells abhängig von Konfigurationsparameterausprägungen ausblendet, ist eine hinreichend formale Definition einer Konfiguration und der auszublendenden Teile notwendig. Ein grundsätzliches Problem ist dabei das Aufwand-Nutzen-Verhältnis dieser Definitionen. So wäre es zum Beispiel möglich, für jede Kombination aus Konfigurationsparameterausprägung und Modellelement festzulegen, ob das betroffene Modellelement für die Konfigurationsparameterausprägung relevant ist. Dieses Vorgehen sichert zwar eine maximale Flexibilität in der Konfiguration, ist aber aufgrund des hohen Aufwandes (bei m Modellen, durchschnittlich e Modellelementen pro Modell und k Konfigurationsparameterausprägungen sind $m \cdot e \cdot k$ Kombinationen zu pflegen) kaum realisierbar. Daher muss dieses Problem auf einem höheren Abstraktionsgrad – der Meta-Metamodellebene – angegangen werden.

Ein großer Teil der von Konfigurationsparameterausprägungen abhängigen Auslassungen von Modellelementen lässt sich an der Zugehörigkeit der Modellelemente zu einer Modellierungssprache oder zu einem Modellelementtyp festmachen. Das heißt, dass die Modellelemente im Gegensatz zu dem vorangegangenen Ansatz nicht direkt von der Konfigurationsparameterausprägung abhängen, sondern dass Modellelementtypen mit Konfigurationsparameterausprägungen in Beziehung stehen und somit indirekt auch die Modellelemente, die diesem Typ angehören. Daher sind von Konfigurationsparameterausprägungen abhängige Modellmanipulationen bei diesem Ansatz zunächst nur Manipulationen am Metamodell, die durch die implizite Zugehörigkeit von Modellelementen zu Modelltypen auf die Modellebene übertragen werden.

Um diese Manipulationen am Metamodell formalisieren zu können, ist es notwendig, in dem Werkzeug ein Meta-Metamodell zu integrieren, welches eine Sprache spezifiziert, mit der Metamodelle derart definiert werden können, dass ihre Bestandteile in Abhängigkeit von Konfigurationsparameterausprägungen ein- bzw. ausgeblendet werden können. Die *Metamodellprojektion*, also die Summe der Basisoperationen, die ein Modell an Veränderungen dieser speziellen Metamodelle anpasst (vgl. auch Abschnitt 3.1), wird durch die auf Meta-Metamodellebene definierten Sprachmodifikationen für die Metamodelle ermöglicht. Der Vorteil dieses Ansatzes ist ein weitaus geringerer Pflegeaufwand (bei e_2 Metamodellelementen (= Modellelementtypen) und k Konfigurationsparameterausprägungen sind $e_2 \cdot k$ Kombinationen zu pflegen).

Auf der Meta-Metamodellebene ist keine Sprachflexibilität wie auf Metamodellebene notwendig, daher wird auf einen Dialekt der von CHEN [Chen76, S. 9-36] entworfenen Entity-Relationship-Modellsprache zurückgegriffen.[31]

Dimension III – Konfigurationsmechanismen: Die Konfiguration der konfigurierbaren (Referenz-)Modelle wird durch die Konfigurationsmechanismen unterstützt. Dabei ist die Konfiguration von den jeweils gewählten Konfigurationsparameterausprägungen[32] abhängig. Es werden fünf Kategorien von Konfigurationsmechanismen unterschieden, denen insgesamt zehn Konfigurationsmechanismen zugeordnet sind:[33]

1. Modelltypselektion: Innerhalb des Referenzmodellierungswerkzeugs stehen dem Modellierer mehrere Modelltypen zur Verfügung. Perspektivenspezifisch sind von diesen nicht immer alle relevant [RoSc02, S. 75ff.]. Der Konfigurationsmechanismus der Modelltypselektion ordnet Perspektiven den für sie re-

---

[31] Der hier verwendete Dialekt entspricht der in Abschnitt 3.3.1 vorgestellten ERM-Notation.
[32] Konfigurationsmechanismen orientieren sich teils an Konfigurationsparameterausprägungen im allgemeinen Sinne, teils ausschließlich an Perspektiven.
[33] Eine detaillierte, textuelle und formale Beschreibung der konzipierten Konfigurationsmechanismen wird in Abschnitt 3.4 vorgenommen.

levanten Modelltypen zu. Technisch werden aus Sicht des Modellanwenders die nicht für seine Perspektive relevanten Modelltypen ausgeblendet.

2. *Elementtypselektion*: Modelltypen werden durch die ihnen zugeordneten Elementtypen und deren Beziehungen untereinander charakterisiert. (Im ERM sind dies z. B. die Entitytypen, Relationshiptypen und annotierten Attribute.) Zu Modelltypen lassen sich mit dem Konfigurationsmechanismus der Elementtypselektion Varianten bilden. Perspektivenspezifisch werden Elementtypen Modelltypen zugeordnet (zwei Varianten des ERM können sich z. B. dadurch unterscheiden, dass Annotationen von Attributen an Entity- und Relationshiptypen in einer Variante zugelassen werden, in der anderen hingegen nicht). Aus Sicht des Modellanwenders werden die nicht für seine Perspektive relevanten Elementtypen pro Modelltyp ausgeblendet.

3. *Elementselektion*: Die Konfigurationsmechanismen der Modelltyp- und Elementtypselektion zielen darauf ab, eine perspektivenspezifische Auswahl von *Typen* zu ermöglichen. Im Gegensatz dazu wird mit der Elementselektion die Auswahl von *Instanzen* der Typen verfolgt. Innerhalb der Elementselektion existieren vier verschiedene Selektionskriterien:

   a) *Elementselektion über Typen*: Sowohl Modellelemente als auch deren Beziehungen können während der Modellierung typisiert werden (z. B. kann eine Beziehung zwischen einer Funktion und einer Organisationseinheit dem Typ *führt aus* oder *wirkt mit bei* angehören [RoSc02, S. 68]). Der Konfigurationsmechanismus der Elementselektion über Typen ermöglicht eine Zuordnung von auf Modellebene definierten Typen zu Perspektiven.[34] Anhand dieser Zuordnung werden Beziehungen oder Elemente, die einem solchen Typ zugeordnet sind, ein- bzw. ausgeblendet.

   b) *Elementselektion mittels Hierarchiestufenaggregation*: Modelle können hierarchische Strukturen von Modellelementen und Beziehungstypen enthalten (z. B. die disziplinarische Hierarchie einer Organisation oder hierarchisch gegliederte Kommunikationsbeziehungen; bspw. wird der Beziehungstyp *kommuniziert mit* spezialisiert in *kommuniziert unilateral* und *kommuniziert bilateral*). Der Konfigurationsmechanismus der Elementselektion mittels Hierarchiestufenaggregation ermöglicht die perspektivenspezifische Festlegung von maximalen Hierarchiestufen und die Aggregation von tiefer in der Hierarchie liegenden Elementen auf die als maximal konfigurierte Hierarchiestufe (z. B. wird ein *Mitarbeiter X1* der *Abteilung*

---

[34] Der Terminus *Typ* lässt vermuten, dass es sich hierbei nicht um Instanzen handelt. Das wirft die Frage auf, ob eine Subordination der Selektion nach Typen unter dem Begriff *Elementselektion* geeignet ist. Die hier betrachtete Typisierung erfolgt durch eine Zuordnung von Instanzen zueinander. Instanzen eines „echten" Typs werden demnach durch Instanzen eines anderen, „echten" Typs typisiert. Zur detaillierten Beschreibung dieses Sachverhaltes vgl. Abschnitt 3.4.3.

X bei definierter, maximaler Hierarchiestufe der Abteilung fortan in der entsprechenden Perspektive nicht als *Mitarbeiter X1*, sondern als *Abteilung X* angezeigt).

c) *Elementselektion über Attribute*: Modellelemente können bestimmte Eigenschaften besitzen, die sie für verschiedene Konfigurationsparameterausprägungen als relevant oder nicht relevant kennzeichnen (z. B. gibt es rein transitorische Prozessereignisse, die keinerlei semantischen Mehrwert für den entsprechenden Prozess bieten [RoSc02, S. 67] – im Folgenden als *Trivialereignisse* bzw. allgemein als *Trivialelemente* bezeichnet. Ereignisse können im Zuge der Elementselektion über Attribute mit dem booleschen Attribut *Trivialelement* versehen werden, dessen Wert auf *TRUE* gesetzt wird, falls es sich um Trivialereignisse handelt). Der Konfigurationsmechanismus der Elementselektion über Attribute ermöglicht ein Ausblenden von Modellelementen, das abhängig von den Attributausprägungen der Elemente und der Konfigurationsparameterausprägung vorgenommen wird.

d) *Elementselektion nach Termen*: Teilweise ist die Spezifikation von Attributen für beliebige Eigenschaften von Modellelementen nicht sinnvoll, da die Gefahr einer „Attributüberflutung" besteht. Es wird deshalb zusätzlich der Konfigurationsmechanismus der Elementselektion nach Termen eingeführt, der die direkte Zuweisung von Modellelementen zu Konfigurationsparameterausprägungen über einen booleschen Term ermöglicht. (Bsp.: Ein Teilprozessstrang ist nur in der Perspektive *Anwendungssystemgestaltung* relevant, da nur anwendungssysteminterne Abläufe beschrieben werden [RoSc99, S. 33ff.].) Den jeweiligen Modellelementen werden boolesche Terme zugewiesen, in denen die Zuordnung mit Hilfe einer formalen Grammatik vorgenommen wird.

4. *Bezeichnungsvariantion*: Je nach Perspektive können in Referenzmodellen verschiedene Begriffskonventionen gelten (z. B. soll abhängig von der Konfigurationsparameterausprägung der Begriff *Rechnung* durch den Begriff *Faktura* ersetzt werden). Der Konfigurationsmechanismus der Bezeichnungsvariation ermöglicht einen von der Konfigurationsparameterausprägung abhängigen Austausch der Begriffe. Für eine solche Begriffsmenge gleicher Bedeutung (Synonyme) wird bei der Nutzung im konfigurierbaren Referenzmodell ein entsprechender Platzhalter verwendet, an dessen Stelle nach der Konfiguration der der Konfigurationsparameterausprägung zugeordnete Begriff tritt.

5. *Darstellungsvariation*: Während mit den bisher vorgestellten Konfigurationsmechanismen die konzeptionellen Sprachaspekte der Referenzmodelle modifiziert werden können, wird mit dem Konfigurationsmechanismus der Darstellungsvariation eine Variation der repräsentationellen Sprachaspekte ermöglicht.

Es werden verschiedene Typen der Darstellungsvariation unterschieden:

a) *Darstellungsvariation der Symbole*: Je nach Perspektive kann eine differierende Visualisierung von Modellelementtypen gewünscht sein (z. B. werden Ereignisse in EPKs gelegentlich nicht durch die üblichen Sechseck-symbole, sondern durch Sterne dargestellt). Eine perspektivenspezifische Zuordnung solcher Symbole zu Elementtypen wird durch den Konfigurationsmechanismus der Darstellungsvariation der Symbole ermöglicht.

b) *Darstellungsvariation der Topologie*: Zusätzlich zu Symbolvariationen sind häufig Variationen in der topologischen Anordnung der Modelle zu beobachten (bspw. existiert bei der eEPK zusätzlich zu der Standardnotation die sog. *Spaltendarstellung*, bei der die Annotation von Ressourcen an Prozessfunktionen in eigens dafür vorgesehenen Spalten erfolgt [RoSc02, S. 69ff.]). Für Modelltypen wird durch diesen Konfigurationsmechanismus eine Zuordnung von Topologien zu Perspektiven vorgenommen.

c) *Darstellungsvariation der Konfigurationsansatzpunkte*: Unter Konfigurationsansatzpunkten werden Stellen in Modellen verstanden, die Bereiche markieren, in denen sich durch die Konfiguration Änderungen ergeben. (In einem Prozessmodell sind dies z. B. der Anfang und das Ende eines Prozessstranges, der nur für bestimmte Konfigurationsparameterausprägungen relevant ist. Zwei Konfigurationsansatzpunkte markieren in diesem Fall den Bereich, der bei gewählter Konfigurationsparameterausprägung, für die er nicht relevant ist, ausgeblendet wird.) Der Konfigurationsmechanismus stellt die durch die Elementselektion nach Termen entstandenen Modellvarianten übersichtlich in einem Modell dar. Bei der Darstellung des konfigurierbaren – noch nicht konfigurierten – Modells werden Konfigurationsansatzpunkte bspw. alternativ als sog. *Build Time-Operatoren* [Schü98, S. 235-291], durch Annotation von Termen oder alternativ in Spaltendarstellung visualisiert.

In den folgenden Abschnitten werden zunächst die verwendeten Modellierungssprachen in Form von Metamodellen vorgestellt und formalisiert. Anhand von auf diesen Modellierungssprachen basierenden Beispielen wird die Funktionsweise der Konfigurationsmechanismen illustriert, wobei auf alle drei sprachlichen Abstraktionsebenen eingegangen wird. Weiterhin erfolgt eine integrierte Darstellung der von den Konfigurationsmechanismen verwendeten Meta-Metamodellteile in einem Gesamt-Meta-Metamodell.

3.3 Metamodelle

Dem Werkzeug liegt ein integriertes Gesamtmetamodell zugrunde, welches gängige Modellierungssprachen für die Unternehmensmodellierung in Anlehnung an ARIS [Sche95, S. 14ff.] umfasst. Bedingt durch den Umfang und die Komplexität des Gesamtmetamodells werden im Folgenden ausschnittsweise einzelne Modellierungssprachen für Modelltypen in Form von Teilmetamodellen spezifiziert. Dabei ist zu beachten, dass einzelne, identische Metamodellelemente in verschiedenen Teilmetamodellen Verwendung finden. Jedes Metamodellelement ist genau einem Ursprungsteilmetamodell[35] zugeordnet und kann optional zusätzlich in anderen Teilmetamodellen verwendet werden. Metamodellelemente, die in einem Teilmetamodell verwendet werden, welches nicht das Ursprungsteilmetamodell ist, werden in Abbildungen durch graue Schraffierung und Annotation der Herkunft kenntlich gemacht. Sämtliche „grauen" Metamodellelemente mit gleicher Elementbezeichnung und Herkunftsbeschriftung repräsentieren das entsprechende Metamodellelement aus dem Ursprungsteilmetamodell. Abbildung 24 zeigt diesen Sachverhalt am Beispiel des Anwendungssystemarchitektur- und Prozessmetamodells.[36]

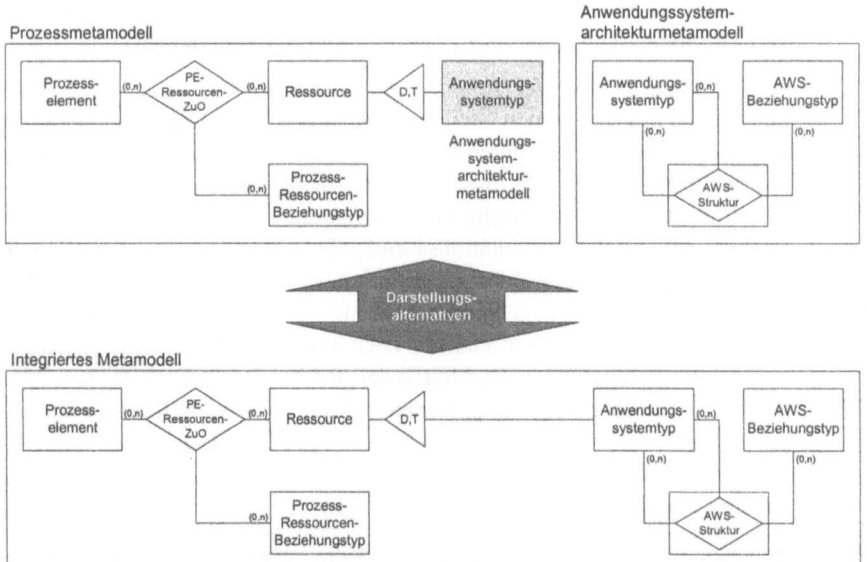

Abbildung 24: Integration von Teilmetamodellen am Beispiel Anwendungssystemarchitektur- und Prozessmetamodell

---

[35] Das Ursprungsteilmetamodell eines Metamodellelementes ist das Teilmetamodell, für das das betrachtete Metamodellelement eine zentrale Bedeutung hat. Für das Metamodellelement *Entitytyp* ist zum Beispiel das Entity-Relationship-Metamodell das Ursprungsteilmetamodell.

[36] In diesem Beispiel ist zusätzlich zu beachten, dass die trinäre Beziehung zwischen *Anwendungssystemtyp* und *Anwendungssystembeziehungstyp* (die *AWS-Struktur*) im gezeigten Modell eigentlich als Relationshiptyp modelliert werden müsste. Die Repräsentation des genannten Typs als uminterpretierter Relationshiptyp zeigt, dass er an einer anderen Stelle innerhalb des Gesamtmetamodells wiederverwendet wird und dort mit Entitytypen in Beziehung steht.

3.3.1 Entity-Relationship-Metamodell

Datenmodelle spielen sowohl auf fachkonzeptioneller als auch auf DV-konzeptioneller Ebene eine besondere Rolle: Auf dem Weg zu den heutigen, integrierten Informationssystemen war die *Datensicht* auf das Unternehmen eine Sicht, bei der man die Notwendigkeit zu einer konsistenten und unternehmensübergreifenden Modellierung schon relativ früh erkannt hatte. In ihrer – an EDV-Maßstäben gemessen – langen Tradition sind eine Reihe von unterschiedlichen Datenmodellierungssprachen wie zum Beispiel Netzwerk-Modelle [Bach69, S. 4-10], relationale Datenmodelle [Codd71, S. 1-18], Entity-Relationship-Modelle [Chen76, S. 9-36] oder Klassendiagramme[37] zur Modellierung von Datenstrukturen entwickelt worden. Die unterschiedlichen Datenmodellierungssprachen unterscheiden sich durch ihre Ausdrucksmächtigkeit sowie durch ihre unterschiedlich starke Abstraktion von der Technik. So handelt es sich bei den Netzwerk-Modellen und den relationalen Datenmodellen um sehr techniknahe Modellierungssprachen, wodurch ihre Verbreitung auf fachkonzeptioneller Ebene eher gering ist. Im Gegensatz dazu erlauben die Entity-Relationship-Modelle und die Klassendiagramme eine Datenmodellierung auf einem höheren Abstraktionsniveau, wodurch die technische Implementierung zugunsten der fachlichen Konzeption in den Hintergrund gerückt wird. Während sich Entity-Relationship-Modelle (und ihre Dialekte wie zum Beispiel SAP-SERM [Seub91, S. 87-109]) einer großen Beliebtheit in den Bereichen der Unternehmensmodellierung erfreuen, sind die Klassendiagramme trotz ihrer Standardisierung als Bestandteil der Unified Modelling Language (UML) kaum in der Lage, im Bereich der Unternehmensmodellierung Fuß zu fassen. Ein Grund dafür dürfte die höhere Komplexität des objektorientierten Paradigmas sein, welches Datenstrukturen und Methoden in Form von Klassen zusammenfasst und welches erst bei der Modellierung von hochdynamischen Systemen (wie z. B. Workflowmanagementsystemen oder CAD-Systemen) seine Vorzüge ausspielen kann. Da das hier vorgestellte Referenzmodellierungwerkzeug insbesondere auf fachkonzeptioneller Ebene verwendet wird, werden zur Datenmodellierung Entity-Relationship-Modelle in Anlehnung an CHEN verwendet.

Abbildung 25 stellt das Metamodell zu der Entity-Relationship-Sprachdefinition dar. Der hier verwendete Dialekt ist gegenüber CHENs ursprünglicher Definition [Chen76, S. 9-36] der Entity-Relationship-Modelle um *Datencluster, Restriktionen* und das Konstrukt der *Generalisierung/Spezialisierung* erweitert worden. In dem vorgestellten Metamodell sind der *Entitytyp* und der *Relationshiptyp* über eine nicht disjunkte, totale Spezialisierung des Entitytyps *Typ* modelliert. Dadurch

---

[37] Klassendiagramme nehmen in diesem Zusammenhang eine besondere Stellung ein, weil diese Klassen beschreiben, die sowohl aus Datenstrukturen als auch aus Methoden bestehen [BoJR98].

wird die Problematik von uminterpretierten Relationshiptypen[38] einfach und intuitiv gelöst.[39]

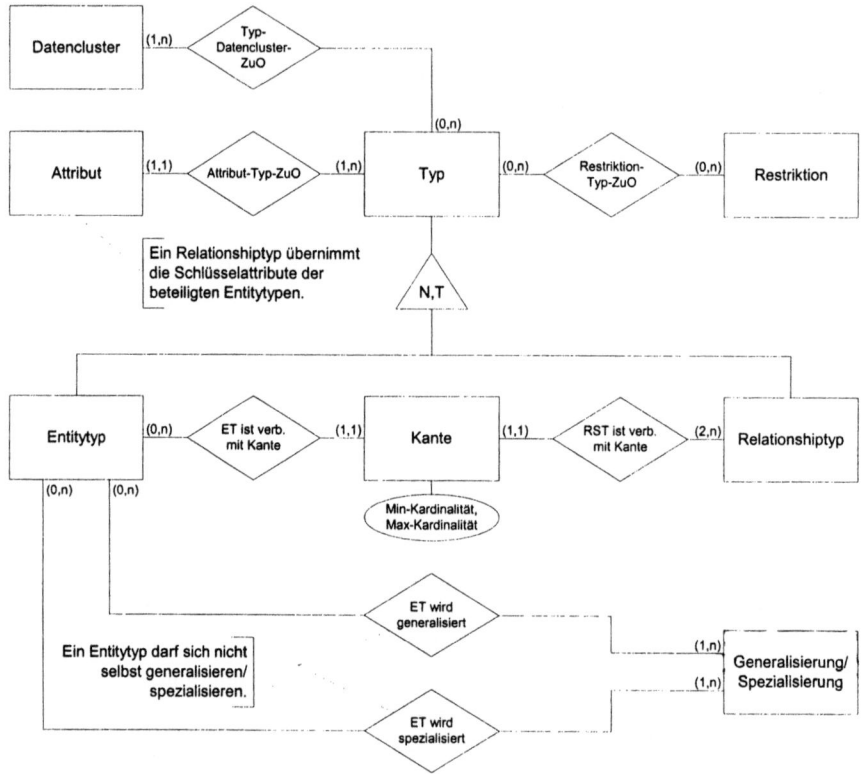

Abbildung 25: Entity-Relationship-Metamodell

Entities des Typs *Typ* stehen in Beziehung zu Attributen, die sie näher beschreiben und zu Restriktionen, die in unstrukturierter Textform spezielle Beschränkungen für Entities (wie z. B.: „Attribut *x* muss größer 1000 sein") definieren können. Zu der hier beschriebenen Modellierung ist zu bemerken, dass sowohl Entitytypen als auch Relationshiptypen Primärschlüsselattribute haben. Die Primärschlüsselattribute der Relationshiptypen lassen sich aus den Primärschlüsselattributen der

---

[38] Ein uminterpretierter Relationshiptyp ist ein Typ, der sowohl die Eigenschaft eines Entitytypen hat, mit anderen Entitytypen in Beziehung zu stehen, als auch die Eigenschaft eines Relationshiptypen, andere Entitytypen miteinander in Beziehung setzen zu können. Die Spezialisierung von *Typ* ist nicht disjunkt modelliert, damit uminterpretierte Typen beide genannten Eigenschaften zugleich haben können.

[39] Alternative Ansätze finden sich u. a. bei SPECK [Spec01, S. 83] und HARS [Hars94, S. 108].

mit ihnen in Beziehung stehenden Entities ableiten.[40] Daher wurde auf eine explizite Modellierung der Primärschlüssel für Relationshiptypen verzichtet (vgl. die Restriktion zum Entitytyp *Attribut* in Abbildung 25). Zusätzlich können Entities in Dataclustern enthalten sein, die das Komplexitätsmanagement durch die Definition von logisch zusammenhängenden Bereichen vereinfachen.

Entities des Typs *Entitytyp* können über eine *Kante* mit Entities des Typs *Relationshiptyp* verbunden werden. In dem in Abbildung 25 modellierten Metamodell zum Entity-Relationship-Modell ist die Kante als eigener Entitytyp und nicht als Relationshiptyp modelliert, um die Modellierung von Hierarchien[41] und Strukturen[42] zu ermöglichen.[43] In CHENs [Chen76, S. 16] Definition von Entity-Relationship-Modellen wird ein Relationship durch die an der Relation beteiligten Entitäten identifiziert. Eine (eindeutige) Identifikation der Relationships ist aber nicht möglich, wenn zu einer Kombination aus beteiligten Entities zwei (oder mehr) Relationships existieren. Dieses wäre jedoch für die Modellierung von Hierarchien oder Strukturen erforderlich. Es sei noch darauf hingewiesen, dass in dem Werkzeug die Kardinalitäten der einzelnen Kanten in Minimal-Maximal Notation modelliert werden [ScSt83, S. 50f.].

Um eine Modellierung der *Generalisierung* bzw. der *Spezialisierung* zu ermöglichen, steht der *Entitytyp* mit dem Typ *Generalisierung/Spezialisierung* zwei Mal in Beziehung, wobei eine Generalisierung/Spezialisierung auf sich selbst über eine Restriktion explizit ausgeschlossen ist. Die Kardinalitäten der Relationshiptypen *Entitytyp wird generalisiert* bzw. *Entitytyp wird spezialisiert* sind geeignet gewählt, so dass eine *multiple Vererbung im Sinne des objektorientierten Paradigmas*[44] modelliert werden kann. Es werden vier unterschiedliche Typen von Spezialisierungen unterschieden:

---

[40] Der Vollständigkeit halber sei erwähnt, dass unter Umständen Namenskonflikte bei der Übernahme der Primärschlüsselattributnamen der Entities auftreten können. Diese lassen sich zum Beispiel durch Konkatenation des Entitytypnamen mit dem Primärschlüsselattributnamen zu dem neuen Relationship-Primärschlüssel-Attributnamen automatisiert auflösen.

[41] Eine Hierarchie wird als Entitytyp modelliert, der über einen Relationshiptypen mit sich selbst in Beziehung steht. Die Kardinalität der Kanten zwischen Entitytyp und Relationshiptyp ist (0,1) für die „ist untergeordnet"-Kante und (0,n) für die „ist übergeordnet"-Kante.

[42] Eine Struktur wird als Entitytyp modelliert, der über einen Relationshiptypen mit sich selbst in Beziehung steht. Die Kardinalität der Kanten zwischen Entitytyp und Relationshiptyp ist (0,n), sowohl für die „ist untergeordnet"- als auch für die „ist übergeordnet"-Kante.

[43] Eine Modellierung der Kante wie z. B. bei SPECK [Spec01, S. 83] als (0,n):(0,n)-Relationshiptyp zwischen *Entitytyp* und *Relationshiptyp* ermöglicht keine Modellierung von *Hierarchien* und *Strukturen*, weil dieses Konstrukt zwei Kanten zwischen derselben Kombination aus Entity und Relationship nicht erlaubt.

[44] Eine *multiple Vererbung im Sinne des objektorientierten Paradigmas* liegt vor, wenn eine Klasse die Eigenschaften von mindestens zwei anderen Klassen erbt. Auf das En-

- *Disjunkte und totale Spezialisierung (D, T)*: Jedes Entity eines generellen Entitytyps muss gleichzeitig ein Entity genau eines spezialisierten Entitytyps sein.

- *Disjunkte und partielle Spezialisierung (D, P)*: Ein Entity eines generellen Entitytyps kann gleichzeitig auch ein Entity genau eines spezialisierten Entitytyps sein.

- *Nicht disjunkte und totale Spezialisierung (N, T)*: Jedes Entity eines generellen Entitytyps muss gleichzeitig ein Entity von einem oder mehreren spezialisierten Entitytypen sein.

- *Nicht disjunkte und partielle Spezialisierung (N, P)*: Ein Entity eines generellen Entitytyps kann gleichzeitig ein Entity von einem oder mehreren spezialisierten Entitytypen sein.

3.3.2 Fachbegriffsmetamodell

Fachbegriffsmodelle sind aufgrund ihres geringen Formalisierungsgrades gut für die Definition unternehmensweiter Begriffs- und Datenstrukturen auf einem hohen Abstraktionsniveau geeignet [Spec01, S. 98-100]. Daher werden von dem Werkzeug neben den Entity-Relationship-Modellen auch Fachbegriffsmodelle zur Verfügung gestellt, wobei beide Modelltypen miteinander in Beziehung gesetzt werden können, um für den Anwender jederzeit einen Wechsel der Perspektive zwischen den formalen Entity-Relationship-Modellen und den abstrakten Fachbegriffsmodellen zu ermöglichen, sofern beide Modelle für einen Sachverhalt spezifiziert sind.

Die Sprache zur Fachbegriffsmodellierung wird über das in Abbildung 26 vorgestellte *Fachbegriffsmetamodell* definiert. Entitäten des Typs *Fachbegriff* stehen über den Relationshiptyp *Fachbegriffsstruktur* mit anderen Entitäten des Typs *Fachbegriff* in Beziehung. Durch dieses Konstrukt können Fachbegriffe beliebig strukturiert werden. Die Strukturierungsbeziehung zwischen zwei Fachbegriffen ist typisiert, was durch die Beteiligung des Entitytyps *Fachbegriffsbeziehungstyp* an der Strukturierungsbeziehung ausgedrückt wird. Da zwischen zwei Fachbegriffen mehrere Beziehungen mit unterschiedlichem Beziehungstyp existieren können, geht der Entitytyp *Fachbegriffsbeziehungstyp* in die trinäre Beziehung *Fachbegriffsstruktur* ein.[45]

---

tity-Relationship-Modell übertragen bedeutet dies: Eine multiple Vererbung liegt vor, wenn ein Entitytyp ein Spezialfall zu mindestens zwei anderen Entitytypen ist. Beispielsweise ist ein Amphibienfahrzeug mit den Attributen PS-Zahl und Tonnage sowohl ein Spezialfall von PKW mit dem Attribut PS-Zahl als auch zugleich ein Spezialfall eines Schiffes mit dem Attribut Tonnage.

[45] Alternativ wäre es denkbar, den Relationshiptypen *Fachbegriffsstruktur* in einen uminterpretierten Entitytypen umzuwandeln und den *Fachbegriffsbeziehungstyp* über eine

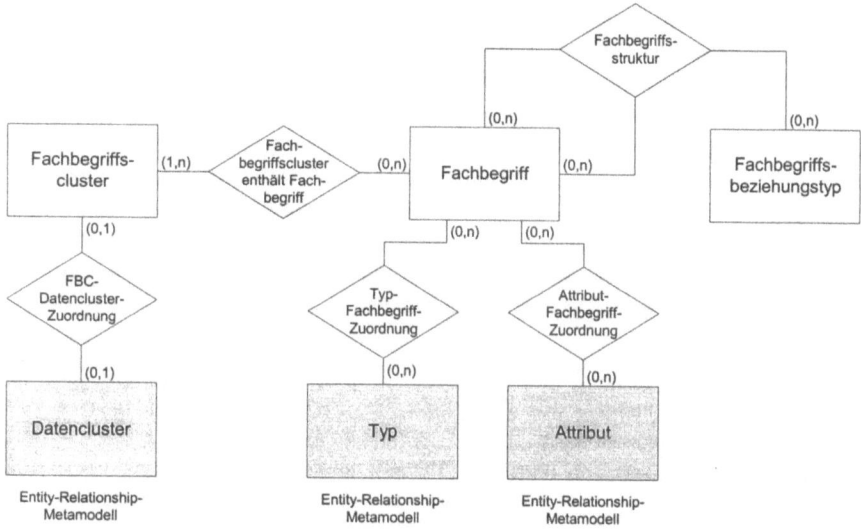

Abbildung 26: Fachbegriffsmetamodell

Um eine Verbindung zwischen den Fachbegriffen und den formaler spezifizierten Entitäten eines Entity-Relationship-Modells zu schaffen, können Fachbegriffe in Beziehung zu *Typen* bzw. *Attributen* des Entity-Relationship-Modells gesetzt werden. Fachbegriffe können zu *Fachbegriffsclustern* zusammengefasst werden, um das Komplexitätsmanagement zu erleichtern. Diese Fachbegriffscluster können ihrerseits mit den *Datenclustern* des Entity-Relationship-Modells in Bezug gesetzt werden.

3.3.3 Organisationsmetamodell

Zur Repräsentation von Beziehungen zwischen Organisationsobjekten, der Zuordnung von Stellentypen zu Organisationseinheiten und zur übersichtlichen Darstellung von Anforderungsprofilen der unterschiedlichen Stellentypen werden *Organigramme* verwendet. Das in Abbildung 27 dargestellte Metamodell lehnt sich an die von KUGELER [Kuge00, S. 131-146] beschriebenen Modellierungskonventionen der Organisationssicht an. Im Unterschied hierzu werden Stellen jedoch nicht modelliert, da diese in Referenzmodellen nicht sinnvoll eingesetzt werden können.[46] Zentrale Elemente der Organigramme sind die *Organisations-*

---

eigene Beziehung an den umgewandelten Entitytypen heranzuführen. Dieses würde jedoch zur Folge haben, dass zwischen zwei Fachbegriffen maximal eine Strukturierungsbeziehung möglich ist.

[46] Referenzmodelle beziehen sich nicht auf ein konkretes Unternehmen sondern auf eine domänenspezifische Menge von Unternehmen, daher können Stellentypen in den Referenzmodellen nicht von Stellen(-inhabern) besetzt sein.

objekte, die sich in *Organisationseinheiten*, *Gremien* oder *Stellentypen* spezialisieren. Organisationsobjekte können über die *Organisationsstruktur*[47] miteinander in Beziehung stehen, wobei unterschiedliche Beziehungstypen existieren können. Bspw. können die Beziehungstypen „ist übergeordnet", „ist ständiges Mitglied von" oder „enthält" gültige Entities des Typs *Organisationsobjektbeziehungstyp* sein. Um eine automatisierte, perspektivenabhängige Vereinfachung der Organisationsmodelle durchführen zu können, besteht die Möglichkeit, die Generalisierung/Spezialisierung von Beziehungstypen über eine Hierarchie auszudrücken. So sind zum Beispiel die Beziehungstypen „ist disziplinarisch weisungsbefugt" und „ist fachlich weisungsbefugt" ein Spezialfall des Beziehungstyps „ist weisungsbefugt".

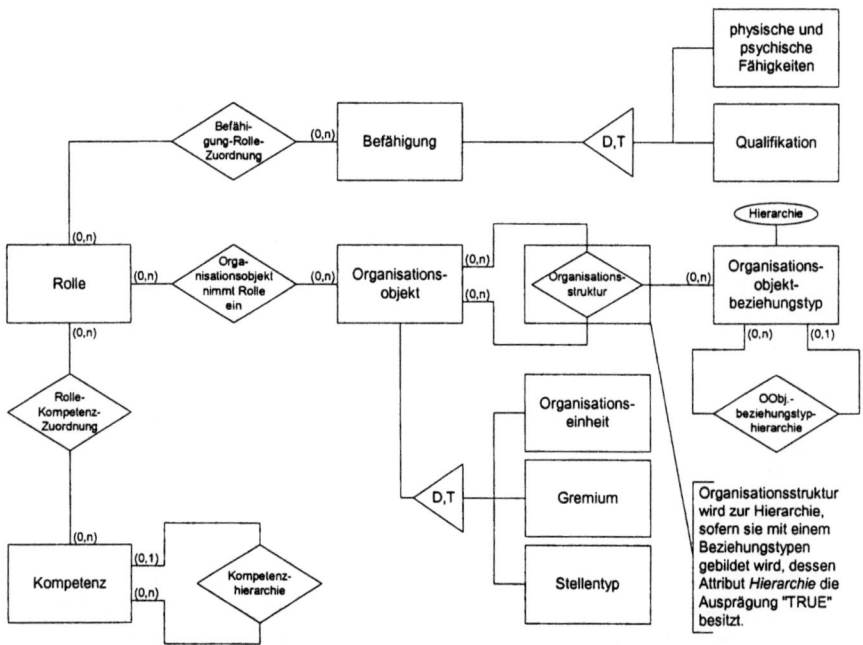

Abbildung 27: Organisationsmetamodell

Organisationsobjekte wie zum Beispiel Stellentypen können für ihre Besetzung durch Mitarbeiter bestimmte *Rollen* erfordern. Eine Rolle ist eine Menge von *Kompetenzen* und *Befähigungen*, die ein Mitarbeiter in Form von erworbenen *Qualifikationen* wie zum Beispiel Englischkenntnisse hat oder die er aufgrund seiner *psychischen oder physischen Fähigkeiten* wie z. B. Schwindelfreiheit mit-

---

[47] Für bestimmte Beziehungstypen ist bei Beziehungen zwischen Organisationsobjekten eine hierarchische Anordnung erforderlich. Eine Beschränkung der Organisationsstruktur auf eine Organisationshierarchie wird beziehungstypspezifisch durch Setzen des Attributes *Hierarchie* gewährleistet. In diesem Falle greift die textuell annotierte Restriktion an der Organisationsstruktur.

bringt. *Kompetenzen* sind Rechte (zum Beispiel Datenzugriffs- oder Entscheidungsrechte), die dem Mitarbeiter vom Unternehmen zur Lösung seiner Aufgaben gewährt werden, vom Unternehmen aber bei Bedarf wieder entzogen werden können. Üblicherweise werden Kompetenzen aus Gründen der Übersichtlichkeit hierarchisiert.

3.3.4 Anwendungssystemarchitekturmetamodell

Anwendungssystemarchitekturmodelle dienen der Dokumentation der im Unternehmen verwendeten Softwaresysteme und derer Abhängigkeiten untereinander. Zentrales Element des Anwendungssystemarchitekturmodells ist, wie in Abbildung 28 gezeigt, der *Anwendungssystemtyp*, dessen Instanzen Generalisierungen von ähnlichen Anwendungssystemen sind (z. B. *ERP-System* als Generalisierung für SAP R/3®, Navision® etc.). Auch für eine ggf. erforderliche Modellierung von konkreten Anwendungssystemen können Instanzen des Anwendungssystemtyps verwendet werden. Über die Verwendung von Attributen der Anwendungssystemtypinstanzen, die bestimmte Eigenschaften spezifizieren, kann definiert werden, dass es sich um konkrete Anwendungssysteme und nicht um Anwendungssystemtypen handelt.

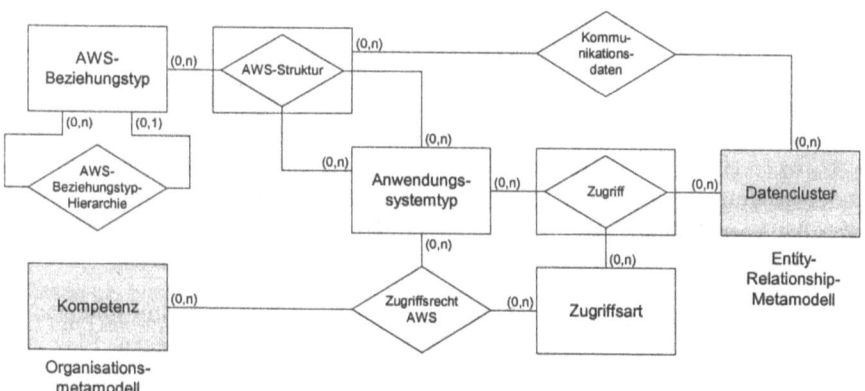

Abbildung 28: Anwendungssystemarchitekturmetamodell

Anwendungssysteme und Anwendungssystemtypen stehen untereinander in Beziehung, z. B. in Form von Datenaustausch oder hierarchischen Modulstrukturen. Beziehungen zwischen Anwendungssystemtypen werden im Relationshiptyp *AWS-Struktur* ausgedrückt, der durch eine trinäre Beziehung zwischen *Anwendungssystemtyp*, *Anwendungssystemtyp* und *AWS-Beziehungstyp* dargestellt wird. Die Einführung von Beziehungstypen ist notwendig, um verschiedenartige Beziehungen zwischen Anwendungssystemtypen ausdrücken zu können. Zur perspektivenabhängigen Vereinfachung eines Anwendungssystemmodells durch Generalisierung sind AWS-Beziehungstypen hierarchisiert. So ist z. B. der Beziehungstyp „ruft auf" ein Spezialfall des Beziehungstyps „steht in Beziehung mit".

Anwendungssystemtypen greifen generell auf Daten zu, die im Anwendungssystemarchitekturmetamodell als *Datencluster*[48] zur Verfügung stehen. Der Zugriff auf Datencluster erfolgt auf unterschiedliche Art und Weise (z. B. lesend, schreibend etc.), weshalb die *Zugriffsart* zusätzlich in den Relationshiptyp *Zugriff* mit einfließt.

Die Kommunikation, welche im AWS-Metamodell eine Beziehung zwischen Anwendungssystemtypen darstellt, kann über den Austausch von Daten erfolgen. Der Datenaustausch ist durch den Relationshiptyp *Kommunikationsdaten* als Beziehung zwischen der AWS-Struktur und dem Datencluster repräsentiert.

Zugriffe auf Anwendungssysteme erfolgen nicht nur durch andere Anwendungssysteme, sondern auch durch Individuen. Hierfür sind Zugriffsrechte zu vergeben, die im Relationshiptyp *Zugriffsrecht AWS* erfasst werden. In ein Zugriffsrecht fließt zum einen der Anwendungssystemtyp ein, zum anderen die *Kompetenz*, die ein Individuum für den Zugriff besitzen muss.[49] Es wird davon ausgegangen, dass ein Zugriff eines Individuums auf Daten immer auf dem Umweg über ein Anwendungssystem erfolgt, so dass von einer Spezifikation eines direkten Zugriffsrechtes für Individuen auf Daten abstrahiert wird (ein Datenbankzugriffswerkzeug wird hier auch den Anwendungssystemen zugerechnet).

3.3.5 Wissensstrukturmetamodell

Zur Darstellung des für die Lösung von Aufgaben erforderlichen Wissens und zur Identifizierung von in Unternehmen verfügbaren bzw. notwendigen Wissensbeständen ist eine Modellierung der unterschiedlichen benötigten bzw. vorhandenen Wissensbausteine und derer Zusammenhänge erforderlich. Die Modellierung wird von der vorgestellten Informationssystemarchitektur durch die in Abbildung 29 definierte Sprache unterstützt.

Entitäten des Typs *Wissen* können über die Beziehung *Wissenstruktur* miteinander vernetzt werden. Wissen kann in unterschiedlichen Formen vorliegen: Eine zum Besetzen einer Stelle notwendige *Qualifikation*, die zum Beispiel in einem Organisationsmodell modelliert ist, ist ein Spezialfall des Wissens, das als implizites Wissen bezeichnet wird. Ebenso handelt es sich bei *expliziertem Wissen* um einen Spezialfall des Wissens. Im Unterschied zur Qualifikation ist expliziertes Wissen unabhängig vom Menschen verfügbar. Dieser Zusammenhang wird im Folgenden kurz an einem Beispiel erläutert.

---

[48] Der Entitytyp *Datencluster* stammt aus dem Entity-Relationship-Metamodell und repräsentiert eine Menge von Datenobjekten, also Entitytypen, Relationshiptypen und deren Beziehungen untereinander. Vgl. Abschnitt 3.3.1.

[49] Der Entitytyp *Kompetenz* stammt aus dem Organisationsmetamodell und repräsentiert die einer Rolle zugewiesenen Rechte und Privilegien.

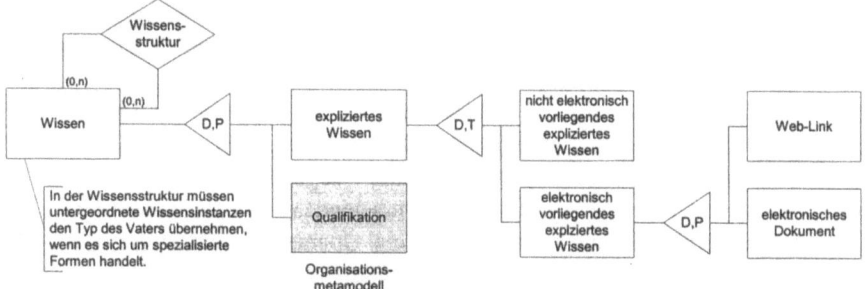

Abbildung 29: Wissensstrukturmetamodell

Ein Mitarbeiter mit der Qualifikation zur Herstellung eines bestimmten Werkstücks hat eine Vorstellung darüber, wie und in welcher Reihenfolge er die Ausgangsrohstoffe zu bearbeiten hat, um das gewünschte Werkstück herzustellen. Das Wissen zur Herstellung des Werkstücks ist somit an den Mitarbeiter gebunden und ist beim Ausscheiden des Mitarbeiters nicht mehr verfügbar, wenn dieser sein Wissen vorher nicht weitergegeben hat. Eine Möglichkeit sein Wissen weiterzugeben ist es, den Bearbeitungsprozess in einer natürlichen oder einer formalen Sprache (z. B. EPK) zu beschreiben (i. S. v. explizieren) und das Wissen somit in explizierter Form in einem Dokument abzulegen. Dieses Dokument kann unabhängig vom Mitarbeiter beliebig verwendet werden und als Basis zur Qualifikation anderer Mitarbeiter dienen.

Expliziertes Wissen kann sowohl in herkömmlicher Papierform vorliegen (vgl. Spezialisierung *nicht elektronisch vorliegendes expliziertes Wissen* des Entitytyps *expliziertes Wissen* in Abbildung 29) als auch in elektronischer Form gespeichert sein (vgl. Spezialisierung *elektronisch vorliegendes expliziertes Wissen* des Entitytyps *expliziertes Wissen* in Abbildung 29). In elektronischer Form kann dieses Wissen als *elektronisches Dokument* im Modellierungswerkzeug oder als Verweis auf ein Dokument im Internet (*Web-Link*) vorliegen.

3.3.6 Prozessmetamodell

Das Prozessmetamodell beschreibt die Sprache des Prozessmodells, das den integrierenden Teil der Gesamtinformationssystemarchitektur darstellt. Als Grundlage für das Prozessmodell dient die erweiterte Ereignisgesteuerte Prozesskette (eEPK) [Sche95, S. 49-54; BeSc96, S. 55ff.]. Zentrales Element des Prozessmodells ist das *Prozesselement* (vgl. Abbildung 30), welches eine Generalisierung aller an der Prozesslogik beteiligten Knoten des Prozessgraphen darstellt. Diese Knoten können entweder *Prozessfunktionen*, *Prozessereignisse* oder *Operatoren* sein (vgl. Spezialisierungen des Entitytyps *Prozesselement*). Dabei beschreiben Prozessfunktionen Aktivitäten innerhalb eines Prozesses. Ereignisse zeigen einen Wechsel von Zuständen an. Operatoren dienen zur Verzweigung und evtl. späteren Wiederzusammenführung von Prozesssträngen (z. B. logisches UND, ODER, exklusives ODER (XOR)). Prozesselemente können miteinander in Beziehung stehen (z. B. Ereignis als Nachfolger einer Funktion), was durch den Relationshiptyp *Vorgänger/Nachfolger* beschrieben wird. An dieser Stelle sind geeignete Konsistenzregeln festzulegen, die die möglichen Vorgänger/Nachfolger-Beziehungen zwischen Prozesselementen einschränken. Die EPK ist als bipartiter Graph definiert [BeSc96, S. 55; KeNS92, S. 10ff.], so dass – abgesehen von Operatoren – auf ein Prozesselement immer nur ein davon verschiedenes folgen kann (d. h., dass z. B. auf ein Ereignis eine Funktion oder ein Operator folgen muss, aber kein Ereignis folgen darf). Zusätzlich dazu existieren weitere Einschränkungen (z. B. muss ein Prozess mit einem oder mehreren Ereignissen beginnen und enden). Die Regeln zur Einschränkung der Beziehungen zwischen Prozesselementen sind in einer semiformalen Algebra in Form von Tabellen expliziert (vgl. Tabellen 1-3).

Prozessfunktionen sind stets eindeutig einer *Funktion* zugeordnet. Dabei sind Funktionen als solche nicht im Prozessmodell sichtbar. Das Konstrukt der Funktion wurde eingeführt, um semantisch identische Aktivitäten in mehreren Prozessen wiederverwenden zu können, ohne prozessspezifische Abhängigkeiten übernehmen zu müssen. Die Zuordnung von Prozessfunktionen (PF) zu Funktionen wird durch den Relationshiptyp *PF referenziert Funktion* zwischen den Entitytypen *Funktion* und *Prozessfunktion* hergestellt. Funktionen können hierarchisiert sein, d. h. sie können durch einen ganzen Prozess detailliert werden. Prozessen sind wiederum die oben beschriebenen Prozesselemente zugeordnet (vgl. Entitytyp *Prozess* und die Relationshiptypen *Prozess detailliert Funktion* und *Prozess enthält Prozesselement*). Prozesselementen werden bei Bedarf *Ressourcen* zugewiesen, die den Prozessablauf unterstützen, wobei die Beziehungen, die dadurch zwischen Prozesselementen und Ressourcen entstehen, verschiedenartig ausfallen können. Zusätzlich wird daher der Entitytyp *Prozess-Ressourcen-Beziehungstyp* eingeführt, der seinerseits mit sich selbst in Beziehung steht, um eine Hierarchie von Beziehungstypen darstellen zu können. Zur Beschreibung von spezifischen Beziehungen zwischen Ressourcen und Prozesselementen (PE) dient der Relationshiptyp *PE-Ressourcen-ZuO*, der durch eine trinäre Beziehung zwischen den Entitytypen *Prozesselement, Ressource* und *Prozess-Ressourcen-Beziehungstyp* gebildet wird. Als Einschränkung der Beziehung muss eine Restriktion definiert sein, die sicherstellt, welche Kombinationen aus Prozesselementen, Ressourcen und Beziehungstypen erlaubt sind (z. B. ist eine Beziehung des Typs „ist Input für" zwischen einer Funktion und einem Organisationsobjekt auszuschließen, da dieser Beziehungstyp eine Datenverwendung durch Aktivitäten ausdrückt). Unter dem Begriff *Ressource* werden alle Elemente subsummiert, die den Prozessablauf unterstützen. Dazu werden *Befähigungen, Rollen, Kompetenzen, Organisationsobjekte, Anwendungssystemtypen, Fachbegriffe (FB), Typen, Wissen, Datencluster* und *Fachbegriffscluster* gezählt.[50]

---

[50] Die genannten Ressourcentypen stammen aus anderen Ursprungsteilmetamodellen und werden dort ausführlich beschrieben.

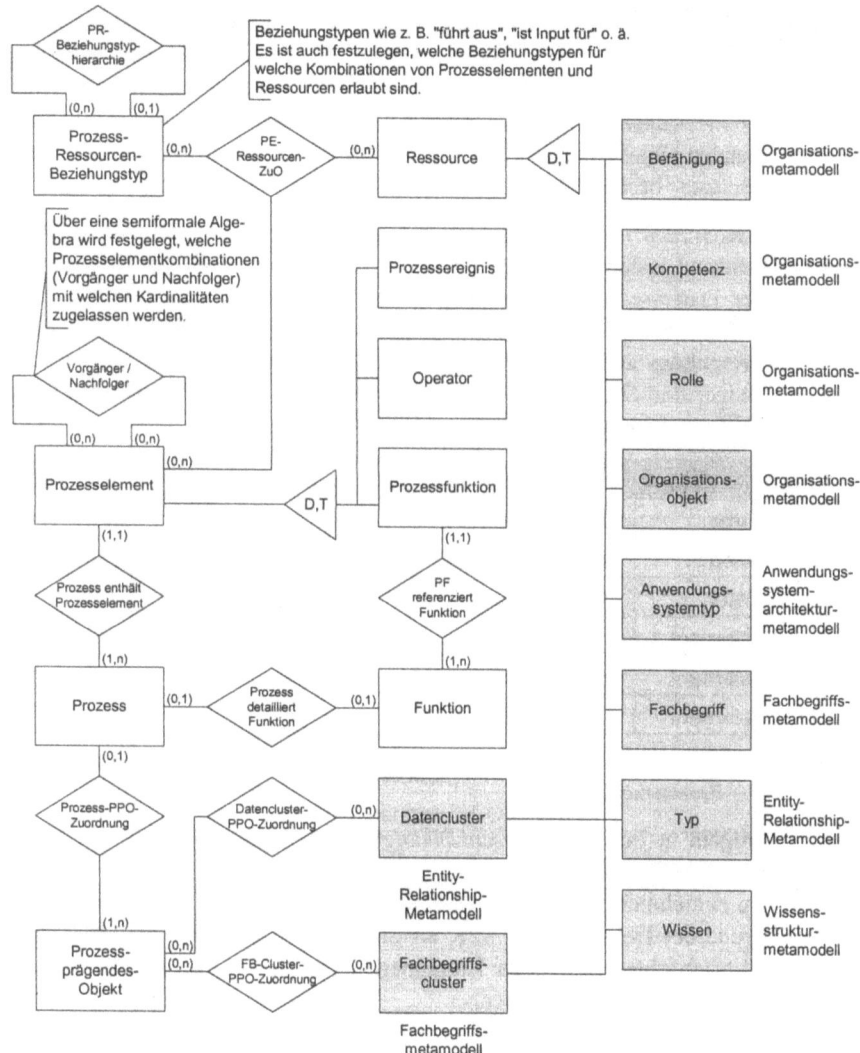

Abbildung 30: Prozessmetamodell

Ein Teil der genannten Ressourcentypen beschreibt verschiedene Typen von Daten, die innerhalb des Prozesses verarbeitet werden (das sind bspw. strukturierte, elektronisch vorliegende oder auch papiergebundene, unstrukturierte Daten). Ressourcen dieser Typen werden üblicherweise zu Clustern gebündelt, die dann ganzen Prozessen zugeordnet werden (z. B. alle Datenobjekte, die für eine elektronische Bearbeitung einer EDI-Rechnung notwendig sind). Die Menge der einem Prozess zugeordneten Cluster wird als *prozessprägendes Objekt (PPO)* bezeichnet, da der Prozess seine Existenz darin begründet, dass genannte Daten verarbeitet werden müssen (das prozessprägende Objekt für einen Prozess *Artikel-*

stammdatenpflege kann z. B. der Artikel mit allen zugehörigen Daten sein) [BeSc96, S. 52f., S. 87, S. 165f.]. Das Konstrukt des prozessprägenden Objekts wird durch die Entitytypen *Prozessprägendes Objekt* und die Relationshiptypen *Datencluster-PPO-Zuordnung* bzw. *FB-Cluster-PPO-Zuordnung* zwischen dem prozessprägenden Objekt und den ihm zugeordneten Entitytypen *Datencluster* und *Fachbegriffscluster* beschrieben.

Allgemeine Konsistenzregeln legen fest, mit welchen Prozesselementen ein Prozess beginnen und enden kann (vgl. Tabelle 1). So braucht z. B. ein Ereignis innerhalb eines Prozesses nicht notwendigerweise einen Nachfolger, wenn es sich um ein den Prozess abschließendes Ereignis handelt, was durch die Kardinalität (0,1) des Ereignisses ausgedrückt wird. Funktionen hingegen haben stets genau einen Vorgänger und Nachfolger im Prozess, weswegen ihnen jeweils die Kardinalität (1,1) zugewiesen ist.[51]

Vorgänger (VG)	Nachfolger (NF)	Kardinalität VG	Kardinalität NF
Ereignis	Prozesselement	(0,1)	(0,n)
Funktion	Prozesselement	(1,1)	(0,n)
Operator	Prozesselement	(1,n)	(0,n)
Prozesselement	Ereignis	(0,n)	(0,1)
Prozesselement	Funktion	(0,n)	(1,1)
Prozesselement	Operator	(0,n)	(1,n)

Tabelle 1: Allgemeine Beschränkungen der Vorgänger-Nachfolger-Beziehungen im Prozessmodell

Konsistenzregeln in Form von *Beschränkungen direkter Vorgänger/Nachfolger-Beziehungen* mit definiertem Typ des Vorgängers und des Nachfolgers sind aus Tabelle 2 zu entnehmen.[52] Die direkte Folge einer Funktion auf eine Funktion ist bspw. aufgrund der Definition der EPK als bipartiter Graph verboten. Dem Vorgänger- und Nachfolgerelement der Kombination *Funktion - Funktion* ist deshalb jeweils die Kardinalität (0,0) zugeordnet.[53]

---

[51] Die Kardinalitäten in den Tabellen sind zu lesen wie die der Kanten im ERM. *(a,b)* bedeutet dabei, dass das betrachtete Element Beziehungen mit mindestens a und höchstens b anderen Elementen eingeht. Falls ein Element beliebig viele Beziehungen eingehen kann, so wird statt der Bezeichnung *unendlich* ein *n* verwendet.

[52] Die Kardinalität (0,0) | (2,n) bedeutet, dass das betrachtete Element entweder keine Beziehungen zu anderen Elementen eingeht oder zwei bis unendlich viele.

[53] Teilweise wird in EPKs die direkte Folge von Funktionen auf Funktionen zugelassen, wenn die dazwischen liegenden Ereignisse rein transitorischen Typs sind. Eine solche Modifikation der EPK kann im Bedarfsfall durch Anwendung eines Konfigurationsmechanismus erfolgen, weswegen dieser Fall in der Tabelle nicht aufgeführt ist.

Vorgänger (VG)	Nachfolger (NF)	Kardinalität VG	Kardinalität NF
Ereignis	Funktion	(0,1)	(0,1)
Ereignis	Ereignis	(0,0)	(0,0)
Funktion	Ereignis	(0,1)	(0,1)
Funktion	Funktion	(0,0)	(0,0)
Funktion	UND-Operator	(0,1)	(0,n)
Funktion	ODER-Operator	(0,1)	(0,n)
Funktion	XOR-Operator	(0,1)	(0,n)
Ereignis	UND-Operator	(0,1)	(0,n)
Ereignis	ODER-Operator	(0,1)	(0,0) | (2,n)
Ereignis	XOR-Operator	(0,1)	(0,0) | (2,n)
UND-Operator	Ereignis	(0,n)	(0,1)
UND-Operator	Funktion	(0,n)	(0,1)
UND-Operator	UND-Operator	(0,n)	(0,n)
UND-Operator	ODER-Operator	(0,n)	(0,n)
UND-Operator	XOR-Operator	(0,n)	(0,n)
ODER-Operator	Ereignis	(0,n)	(0,1)
ODER-Operator	Funktion	(0,n)	(0,1)
ODER-Operator	UND-Operator	(0,n)	(0,n)
ODER-Operator	ODER-Operator	(0,n)	(0,n)
ODER-Operator	XOR-Operator	(0,n)	(0,n)
XOR-Operator	Ereignis	(0,n)	(0,1)
XOR-Operator	Funktion	(0,n)	(0,1)
XOR-Operator	UND-Operator	(0,n)	(0,n)
XOR-Operator	ODER-Operator	(0,n)	(0,n)
XOR-Operator	XOR-Operator	(0,n)	(0,n)

Tabelle 2: Beschränkungen der direkten Vorgänger-Nachfolger-Beziehungen im Prozessmodell

Beschränkungen einfacher transitorischer Vorgänger-Nachfolger-Beziehungen mit definiertem Typ und möglicher Anzahl der Vorgänger, des zwischenplatzierten Operators und der Nachfolger sind aus Tabelle 3 zu entnehmen. Auf ein Ereignis kann bspw. kein ODER- bzw. XOR-Operator folgen, von dem mit Funktionen beginnende Prozessstränge ausgehen, da ein Ereignis ein passives Prozesselement ist und damit keine Entscheidungskompetenz besitzt. Die Unterscheidung, ob ein Operator verzweigenden oder zusammenführenden Typs ist, ist zusätzlich für das Aufeinanderfolgen mehrerer Operatoren zu definieren (vgl. letzte Zeile in Tabelle 3).

Kombination der Prozesselemente			Anzahl VG	Operator	Anzahl NF
Funktion	ODER-Operator	Ereignis	(1,1), (2,n)	(1,1)	(2,n), (1,1)
Ereignis	ODER-Operator	Funktion	(2,n)	(1,1)	(1,1)
Funktion	XOR-Operator	Ereignis	(1,1), (2,n)	(1,1)	(2,n), (1,1)
Ereignis	XOR-Operator	Funktion	(2,n)	(1,1)	(1,1)
Funktion	UND-Operator	Ereignis	(1,1), (2,n)	(1,1)	(2,n), (1,1)
Ereignis	UND-Operator	Funktion	(1,1), (2,n)	(1,1)	(2,n), (1,1)
Prozesselement	Operator	Prozesselement	(1,1), (2,n)	(1,1)	(2,n), (1,1)

Tabelle 3: Beschränkungen einfacher transitorischer Vorgänger-Nachfolger-Beziehungen im Prozessmodell

Für die *Beschränkung von beliebig mehrfach-transitorischen Vorgänger/Nachfolger-Beziehungen*[54] reicht die alleinige Angabe von Kardinalitäten nicht mehr aus. Vielmehr ist ein Turing-mächtiger Mechanismus zu entwickeln, der durch Suchen im Prozessmodell mehrfach-transitorische Beziehungen durch logische Kombination der Operatoren auf einfache transitorische Beziehungen zurückführt, für die die konsistenzsichernden Beschränkungen bereits definiert sind (vgl. Tabelle 3).

3.3.7 Metamodell für die Repräsentation von Analysetermen

Instanzen bestimmter Elementtypen der bisher vorgestellten Modelltypen lassen sich aufgrund ihrer Verwendung Komponenten von fachgebietsbezogenen Analysemodellen zuordnen. Als Beispiel für ein solches Modell sei hier das Analysemodell zum *Wissensmanagement* nach PROBST, RAUB und ROMHARDT genannt [PrRR99, S. 58], das das Wissensmanagement in die durch die Analyseterme *Wissensziele, Wissensidentifikation, Wissenserwerb, Wissensentwicklung, Wissensverteilung, Wissensnutzung, Wissensbewahrung* und *Wissensbewertung* bezeichneten Bausteine gliedert (vgl. Abbildung 31).

Um die Zugehörigkeit der genannten Instanzen zu Analysemodellen in (Referenz-)Modellen zu visualisieren, kann an den entsprechenden Modellelementen annotiert werden, welcher Komponente des Analysemodells die Elemente angehören, d. h., welchem Analyseterm sie zuzuordnen sind [Heis01, S. 5-10]. Eine Prozessfunktion, die zur Ausführung die Verfügbarkeit eines bestimmten Wissens voraussetzt (z. B. in Form einer Qualifikation eines Spezialisten), kann bspw. dem Wissensmanagement-Analyseterm *Wissensnutzung* zugeordnet werden. Analog ist eine Zuordnung von Elementen, die einem anderen Typ angehören, zu Analysetermen denkbar.

---

[54] Unter *mehrfach-transitorischen Vorgänger/Nachfolger-Beziehungen* werden hier Beziehungen zwischen Prozesselementen (Funktionen oder Ereignissen) über mehrere Operatoren hinweg verstanden.

Konfigurative Referenzmodellierung 91

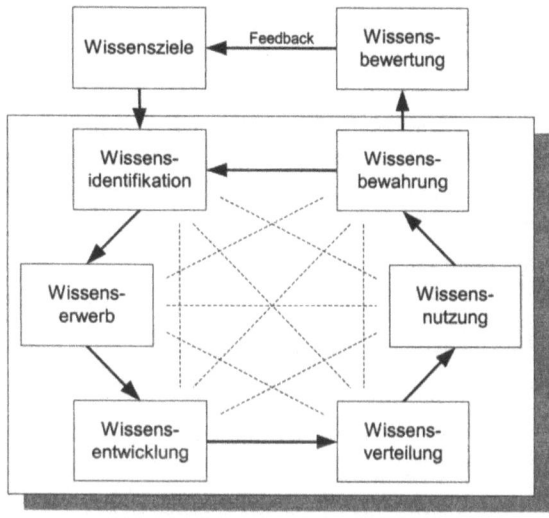

Abbildung 31: Bausteine des Wissensmanagements [PrRR99, S. 58]

Um Analyseterme verschiedenen Elementtypen zuweisen zu können, ist ein zusätzliches Konstrukt auf *Metamodellebene* teilmetamodellübergreifend einzuführen (vgl. Abbildung 32).

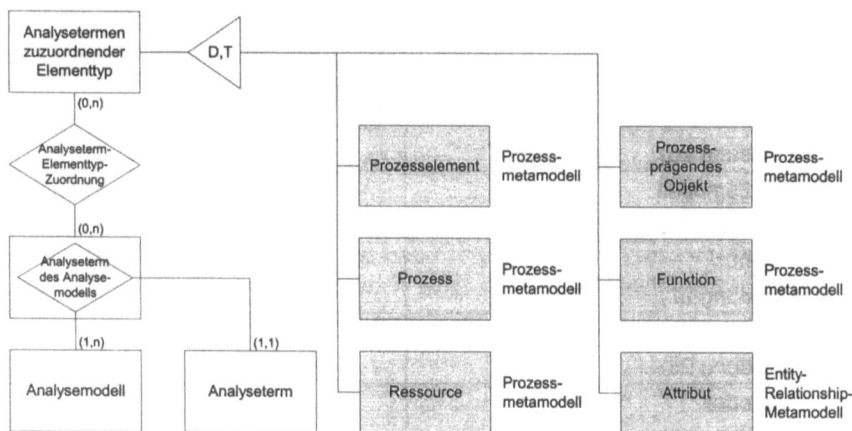

Abbildung 32: Metamodell für die Repräsentation von Analysetermen

Alle Elementtypen, deren Instanzen für eine Zuweisung von Analysetermen geeignet sind, werden zu einem Elementtyp, dem *Analysetermen zuzuordnenden Elementtyp*, generalisiert. *Analyseterme* gehören grundsätzlich genau einem *Analysemodell* an. Damit im Modell erkennbar ist, welchem Analysemodell ein Analyseterm angehört, ist dem für eine Analysetermzuweisung geeigneten Elementtyp die Kombination aus beiden, nämlich der *Analyseterm des Analysemodells*, zugeordnet.

3.4 Konfigurationsmechanismen

Auf Grundlage der in den Abschnitten 3.1 bis 3.3 beschriebenen Konzepte werden im Folgenden die Konfigurationsmechanismen der konfigurativen Informationssystemarchitektur detailliert vorgestellt. Dabei werden anhand von Beispielen die notwendigen Konstrukte zur Realisierung der Konfigurationsmechanismen auf sämtlichen Modellebenen eingeführt.

3.4.1 Modelltypselektion

Bestimmte Modelltypen besitzen für bestimmte Perspektiven keine Relevanz. Die Auswahl von Modelltypen ist demnach perspektivenspezifisch zu beschränken.

Als *Beispiel* für die Beschränkung von Modelltypen dient folgendes Szenario: Für eine Perspektive *Organisationsgestaltung* sollen den beteiligten Modellanwendern die Modelltypen *Fachbegriffsmodell*, *Organigramm* und *Prozessmodell* zur Verfügung gestellt werden, während für die Perspektive der *Anwendungssystemgestaltung* die *Entity-Relationship-Modelle*, die *Anwendungssystemarchitekturmodelle* und die *Prozessmodelle* erforderlich sind.[55] Tabelle 4 zeigt die beispielhafte perspektivenspezifische Selektion von Modelltypen. Die Auswahl eines Modelltyps für eine Perspektive wird dabei durch einen Haken gekennzeichnet.

Modelltyp	Perspektive Organisationsgestaltung	Perspektive Anwendungssystemgestaltung
Entity-Relationship-Modell (vgl. Abbildung 25)		✓
Fachbegriffsmodell (vgl. Abbildung 26)	✓	
Organigramm (vgl. Abbildung 27)	✓	
Anwendungssystemarchitekturmodell (vgl. Abbildung 28)		✓
Prozessmodell (vgl. Abbildung 30)	✓	✓

Tabelle 4: Modelltypselektion: Anwendungssystem- vs. Organisationsgestaltung

Für die Realisierung der Modelltypselektion wird auf *Meta-Metamodellebene* ein geeignetes Konstrukt eingeführt (vgl. Abbildung 33). Der Entitytyp *Teilmetamodell* beschreibt die auf Metamodellebene abgegrenzten Bereiche, in denen jeweils

---

[55] Zu dieser Empfehlung der perspektivenspezifischen Bereitstellung von Modelltypen vgl. Abschnitt 1 und [RoSc02, S. 75f.].

die Sprache für einen Modelltyp spezifiziert wird (vgl. Abschnitt 3.3). Um diese Modelltypen in ihren Eigenschaften modifizieren zu können, wird zusätzlich der Entitytyp *Modelltypvariante* eingeführt,[56] wobei jede Modelltypvariante eindeutig einem Modelltyp zugeordnet ist.[57] Die Instanzen des Relationshiptyps *Perspektiven-Varianten-Zuordnung* legen fest, welche Modelltypvarianten je *Perspektive* zur Verfügung stehen (vgl. Tabelle in Abbildung 33).[58]

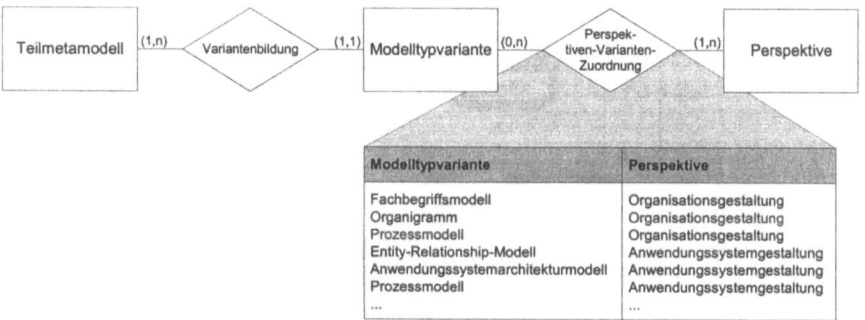

Abbildung 33: Meta-Metamodellkonstrukte zur Modelltypselektion

Als Konsequenz der Sprachdefinitionen auf Meta-Metamodellebene entfallen in Abhängigkeit von der Konfiguration Spezifikationen für ganze Modelltypen auf *Metamodellebene* (nämlich genau die Modelltypen, die in der Tabelle in Abbildung 33 für die betrachtete Perspektive nicht auftauchen). Folglich stehen diese Modelltypen auf Modellebene – da sie laut Metamodell nicht existieren – nicht zur Verfügung (vgl. Abbildung 33).

3.4.2 Elementtypselektion

Die *Elementtypselektion* berücksichtigt, dass je nach Perspektive pro angebotenem Modelltyp nicht immer alle verfügbaren Elementtypen relevant sind. Das folgende *Beispiel für eine Elementtypselektion* zeigt ein vereinfachtes Prozessmodell der Stammdatenerfassung und Auftragsbearbeitung in eEPK-Notation.

---

[56] Modifikationen der Eigenschaften eines Modelltyps werden durch den Konfigurationsmechanismus der Elementtypselektion beschrieben (vgl. Abschnitt 3.4.2).

[57] Ein Modelltyp enthält das Maximum aller möglichen erlaubten Modellelementtypen, welche in einer Modelltypvariante beschränkt werden können. Pro Modelltyp existiert grundsätzlich eine Standardvariante, die in ihren Zuordnungen zu Elementtypen dem Modelltyp entspricht.

[58] Ist eine Ausblendung eines kompletten Modelltyps erforderlich, so müssen im Relationshiptyp *Perspektiven-Varianten-Zuordnung* alle Instanzen gestrichen werden, die auf Instanzen von Modelltypvariationen verweisen, welche wiederum zu dem gleichen Modelltyp gehören.

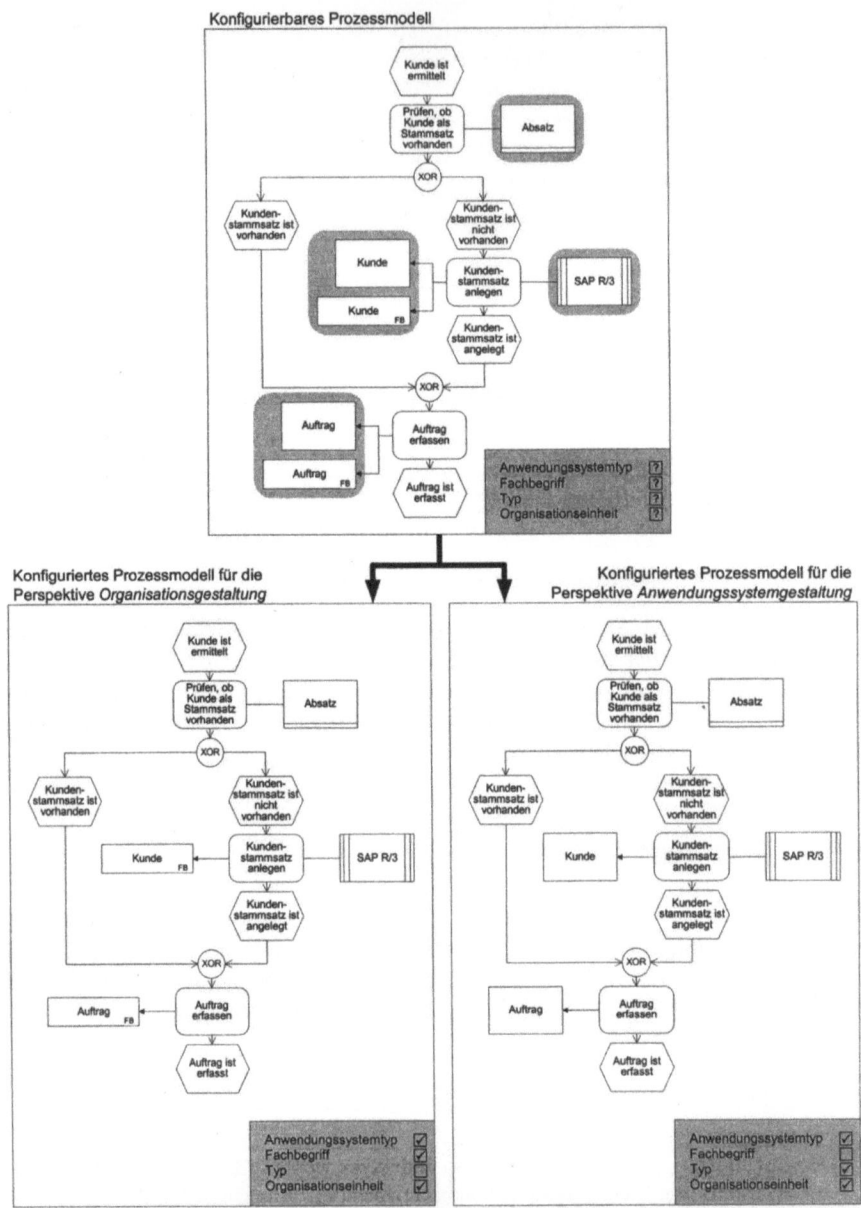

Abbildung 34: Elementtypselektion im Prozessmodell: Anwendungssystem- vs. Organisationsgestaltung

Zusätzlich zum reinen Prozessablauf sind verantwortliche Organisationseinheiten, unterstützende Anwendungssysteme und Outputdaten in Form von Datenobjekten mit geringem Formalisierungsgrad (Fachbegriffen) und hohem Formalisierungsgrad (Typen) an die entsprechenden Funktionen annotiert (vgl. Abbildung 34).

Nicht für jede Perspektive sind alle annotierten Ressourcentypen von Bedeutung. Über zur Ausführung benötigte Daten sind für den *Anwendungssystemgestalter* detaillierte Kenntnisse bis auf Feldebene notwendig, da die Daten ggf. automatisiert verarbeitet werden sollen. Deshalb sind die wenig formalen *Fachbegriffe* für diese Perspektive nicht relevant; es sind die formaleren, zur detaillierteren Datenmodellierung geeigneteren *Typen* (Entitytypen bzw. Relationshiptypen) zu verwenden. Analog dazu ist eine Modellierung von Typen aus der Perspektive eines *Organisationsgestalters* nicht notwendig, da dieser lediglich Kenntnis über die *Verwendung* von Daten und nicht deren detaillierte *Struktur* benötigt, weswegen die weniger formalen Fachbegriffe zur Datenmodellierung verwendet werden (vgl. Abbildung 34).[59]

Anhand der hier und im vorherigen Abschnitt vorgestellten Beispiele lässt sich das Zusammenwirken der Modelltyp- und Elementtypselektion veranschaulichen. Im Beispiel für die Modelltypselektion wurden bereits für die Perspektive des Organisationsgestalters Entity-Relationship-Modelle und für die des Anwendungssystemgestalters Fachbegriffsmodelle ausgeblendet.

Es stellt sich die Frage, ob eine Elementtypselektion für den Zweck des Ausblendens von Elementtypen, deren Ursprungsteilmetamodell bereits durch eine Modelltypselektion ausgeblendet wurde, noch notwendig ist. (Bsp.: Ausblenden von Typen, die in Prozessen an Funktionen annotiert sind, obwohl Entity-Relationship-Modelle bereits ausgeblendet sind.) Im Rahmen der Multiperspektivität ist es sinnvoll, eine Verwendung von Elementtypen in Modelltypen zuzulassen, auch wenn sie durch Ausblenden ihres Ursprungsteilmetamodells darin bereits ausgeblendet sind (vgl. Abschnitt 3.3). Bei der Anpassung von Referenzprozessmodellen, die noch keine Gestaltungsempfehlungen für die Aufbauorganisation enthalten, ist es bspw. im Rahmen von Reorganisationsprojekten üblich, zunächst abstrakte Organisationsobjekte in Form von Gruppen oder Rollen zu modellieren und die Transformation in Organisationseinheiten inkl. derer detaillierten Modellierung in Organigrammen erst zu einem späteren Zeitpunkt durchzuführen [Kuge00, S. 204-228]. In den o. g. frühen Phasen der Reorganisation werden Organigramme ausgeblendet und erst, wenn Konsens über die Adäquanz der modellierten abstrakten Organisationsobjekte herrscht, werden Organigramme wieder zugelassen und eine Modellierung der Organisation in einem konkreten Organigramm kann erfolgen.

Zur *Realisierung der Elementtypselektion* wird ein geeignetes Konstrukt auf *Meta-Metamodellebene* eingeführt. Dabei werden durch Variation des Metamodells nach Bedarf Elementtypen perspektivenspezifisch ausgeblendet. Im Metamodell werden mehrere Standard-Modelltypen (z. B. Prozessmodell, Organigramm) angeboten, die auf Meta-Metamodellebene durch den Entitytyp *Teilmetamodell* reprä-

---

[59] Zu dieser Empfehlung der perspektivenspezifischen Bereitstellung von Elementtypen vgl. Abschnitt 1 und [RoSc02, S. 75f.].

sentiert sind (vgl. Abbildung 35). Diesen sind standardmäßig Elementtypen, die durch den Entitytyp *Metamodellelement* repräsentiert sind, zugeordnet. Ein Elementtyp kann mehreren Modelltypen zugeordnet sein und umgekehrt. Elementtypen, die tatsächlich mehreren Modelltypen zugeordnet sind, stehen nach Ausblendung eines Modelltyps bei einer Modelltypselektion in anderen Modelltypen immer noch zur Verfügung (vgl. oben und Abschnitt 3.3). Ein Teilmetamodell enthält immer die für seinen Modelltyp maximal verfügbare Anzahl an Elementtypen. Variationen der Elementtypvielfalt in Modelltypen werden durch die sogenannte *Modelltypvariante* repräsentiert. Die jeweils pro Modelltypvariante auszublendenden Elementtypen werden im Relationshiptyp *MTV-MME-Beschränkung* vermerkt (vgl. Tabelle in Abbildung 35). Jede Modelltypvariante wird einer oder mehreren Perspektiven zugeordnet. Zu jedem Teilmetamodell existiert mindestens eine (Standard-)Modelltypvariante.

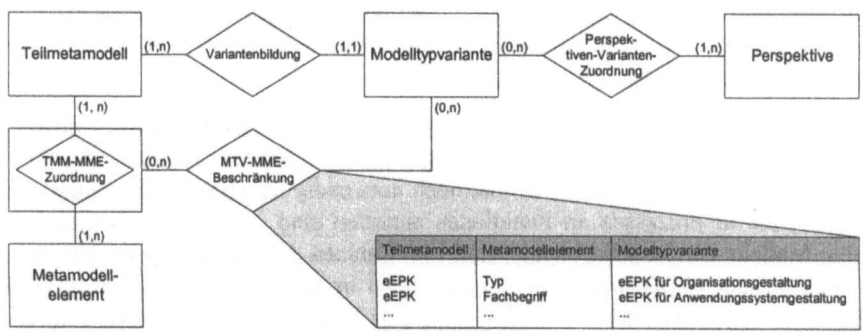

Abbildung 35: Meta-Metamodellkonstrukte zur Elementtypselektion

Da das Meta-Metamodell die Sprache des Metamodells spezifiziert, stellen Instanzen des Entitytyps *Metamodellelement* benannte Typen als Sprachelemente auf Metamodellebene dar. Werden genannte Instanzen durch Anlegen entsprechender Instanzen des Relationshiptyps *MTV-MME-Beschränkung* entfernt, sind die korrespondierenden Metamodellelemente nicht mehr Bestandteil des Metamodells. In der Beispielperspektive *Organisationsgestaltung* erhält der Relationshiptyp *MTV-MME-Beschränkung* u. a. den Eintrag „eEPK | Typ | eEPK für Organisationsgestaltung" (vgl. Tabelle in Abbildung 35), weshalb der *Typ* aus dem Prozessmetamodell verschwindet (vgl. Abbildung 36). Als Konsequenz steht der Elementtyp *Typ* bei der Modellierung bzw. Sichtung auf Modellebene nicht mehr zur Verfügung. Analog gestaltet sich der Sachverhalt für die Perspektive *Anwendungssystemgestaltung*, in der dem *Fachbegriff* keine Relevanz zugemessen wird.

Konfigurative Referenzmodellierung 97

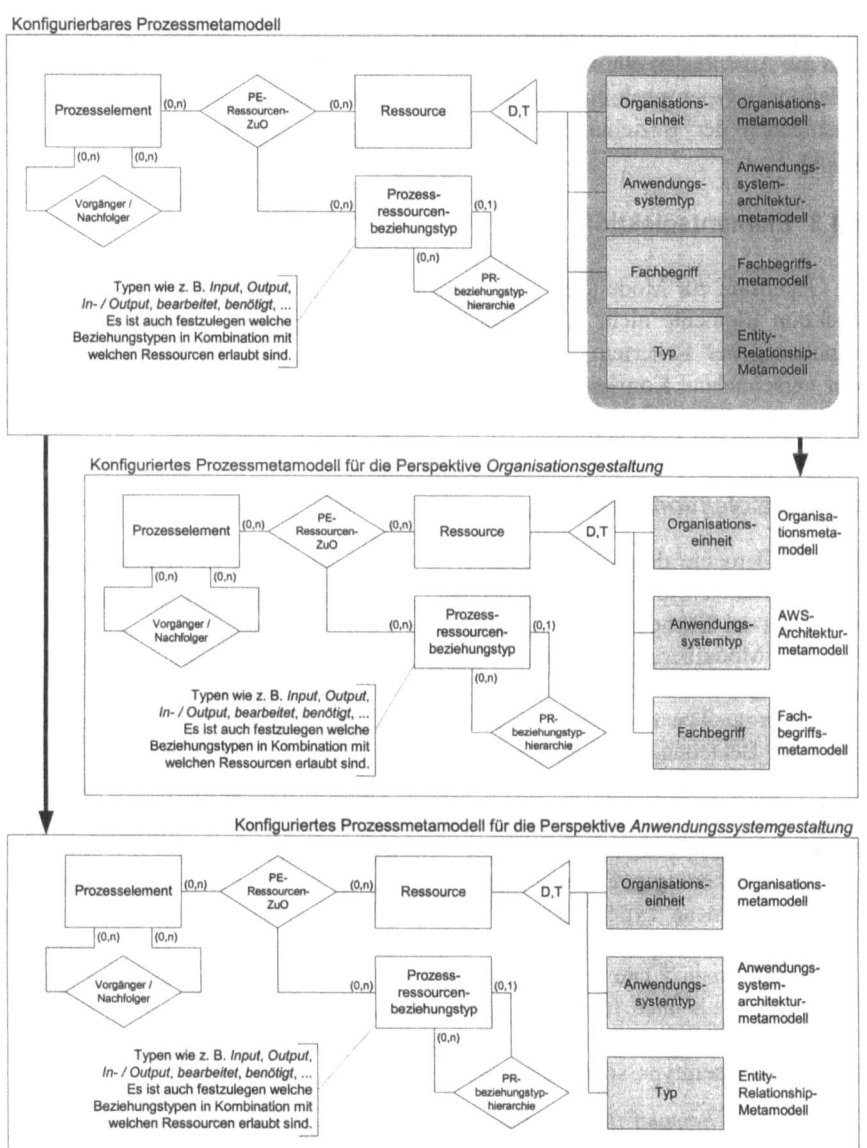

Abbildung 36: Beispielhafte Auswirkungen der Elementtypselektion auf das Prozessmetamodell

Als Folge der Modifikation der Modelltypen durch Elementtypausblendung ergibt sich – insbesondere bei der reinen *Betrachtung* von Modellen – die Notwendigkeit, beteiligte Beziehungen zwischen Elementtypen ebenfalls zu entfernen. Beziehungen zwischen Elementtypen werden im Metamodell durch Relationshiptypen dargestellt. Im Entity-Relationship-Modell können Relationshiptypen nur existieren, wenn die an der Beziehung beteiligten Entitytypen existieren. Das bedeutet, dass ein Ausblenden eines Entitytyps immer das Ausblenden der referenzierenden Relationshiptypen nach sich zieht, was sich auf Modellebene im automatischen Ausblenden der Beziehungen zwischen den jeweiligen Modellelementen ausdrückt.

3.4.3 Elementselektion

Im Gegensatz zur Modelltyp- und Elementtypselektion werden bei der Elementselektion Elemente nicht in Abhängigkeit von Ihrem Typ, sondern anhand instanzbezogener Kriterien selektiert. Dabei sind innerhalb der Elementselektion vier verschiedene Konfigurationsmechanismen zu unterscheiden: Die *Elementselektion über Typen, mittels Hierarchiestufenaggregation, über Attribute* und *nach Termen.*

Elementselektion über Typen

Sowohl Elemente als auch Beziehungen innerhalb von (Referenz-)Modellen gehören bestimmten Typen an. Die Typisierung von Modellelementen kann grundsätzlich auf zwei Ebenen erfolgen: Zum einen kann die Typisierung durch die verwendete Modellierungssprache vorgegeben sein (z. B. gehören die Instanzen „Rechnung prüfen" und „Rechnung versenden" zu dem auf Metamodellebene spezifizierten Typ *Prozessfunktion*). Zum anderen kann die Typisierung durch spezielle Beziehungen zwischen Modellelementen auf Modellebene erfolgen (Bsp.: Auf Metamodellebene stehen *Analyseterme* mit *Analysemodellen* in Beziehung. Auf Modellebene kann folglich der Analyseterm *Wissensverwendung* durch Zuordnung zum Analysemodell *Wissensmanagement* typisiert werden). Der Vorteil der Typisierung auf Modellebene liegt darin, dass bei der Modellierung auf Modellebene neue Typen definiert und verwendet werden können. Der Nachteil liegt in der fehlenden Möglichkeit, Modellierungsfehler auf Syntaxfehler zurückführen zu können.[60] Die Option der Typisierung auf Modellebene existiert sowohl für Elemente als auch für Beziehungen und wird in der konfigurativen Informationssystemarchitektur für diese verwendet. Daher wird die Selektion über Typen nicht der Elementtyp-, sondern der Elementselektion zugerechnet.

Das folgende *Beispiel für eine Elementselektion über Typen* zeigt ein bereits ein konkretes Unternehmen repräsentierendes Organigramm,[61] das nicht nur einen

---

[60] Dieser Sachverhalt ist analog zu der Problematik der Laufzeitfehler in Computerprogrammen zu betrachten.
[61] Die hier gezeigte beispielhafte Modellkonfiguration bezieht sich folglich auf die Anwendung eines unternehmensspezifischen, multiperspektivischen Modells innerhalb der mehrstufigen Anwendung multiperspektivischer Modelle. Ziel ist an dieser Stelle die Anpassung des Modells an die spezifischen Bedürfnisse von Benutzergruppen (vgl. Abbildung 5, Abschnitt 1).

Ausschnitt aus der disziplinarischen Aufbauorganisation des Unternehmens repräsentiert, sondern auch die fachlichen Kommunikationsbeziehungen zwischen Organisationseinheiten sowie allgemeine Berichtspflichten aufzeigt.

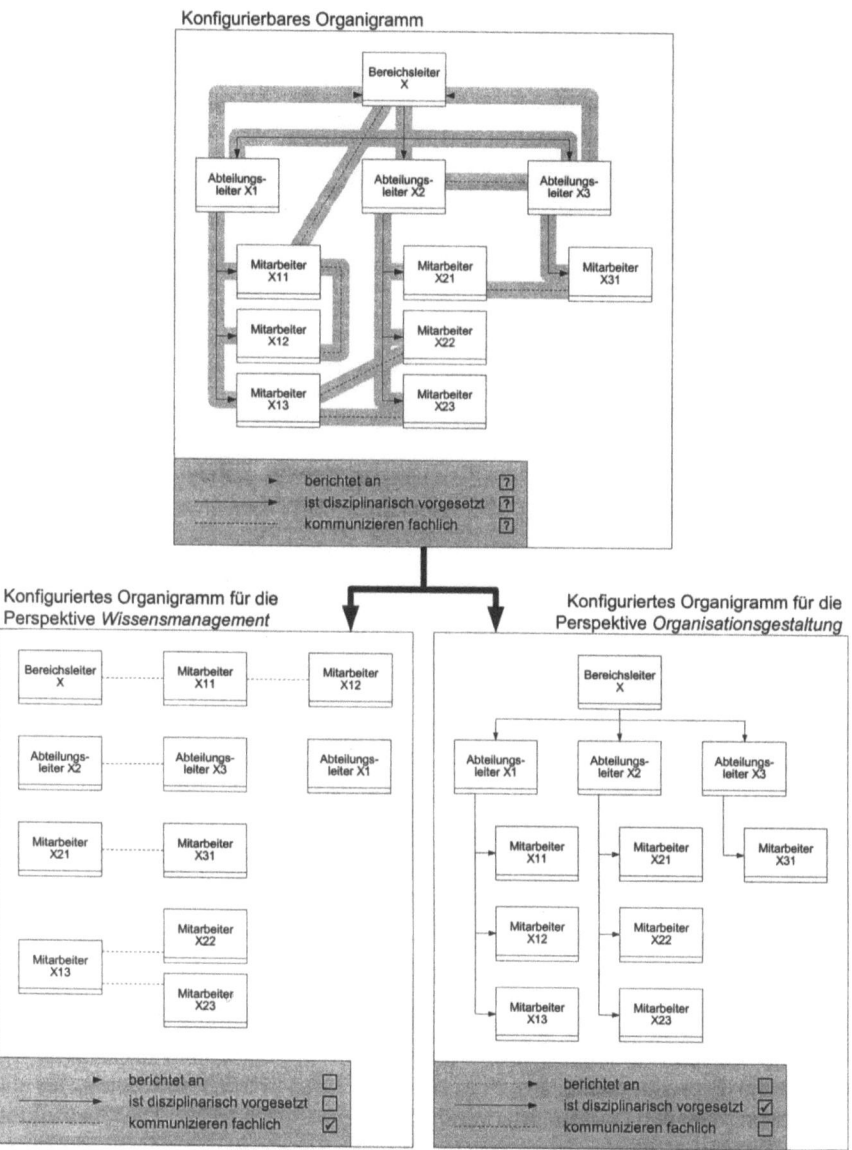

Abbildung 37: Elementselektion über Typen im Organigramm (Beziehungstypen): Wissensmanagement vs. Organisationsgestaltung

Im Rahmen der Perspektive *Organisationsgestaltung* kann bei der Entwicklung eines klassischen Organigramms zu internen Publikationszwecken die Berücksichtigung von Kommunikationsbeziehungen zwischen Organisationseinheiten unerwünscht sein; eine Beschränkung auf disziplinarische Abhängigkeiten ist evtl. vorgegeben. Analog dazu kann in Projekten des *Wissensmanagements* die Notwendigkeit des Erstellens eines speziellen Organigramms bestehen, das aus Übersichtlichkeitsgründen nur die Kommunikationsbeziehungstypen aus dem Gesamtorganigramm übernimmt (vgl. Abbildung 37). Ein solches Organigramm kann bei der Allokation von Unternehmenswissen dazu genutzt werden, Kommunikationsflüsse im Unternehmen zu gestalten und zu analysieren.

Beziehungstypen in Prozessmodellen, die das folgende *Beispiel* zeigt, sind solche zwischen Prozessfunktionen und Stellentypen (vgl. Abbildung 38).

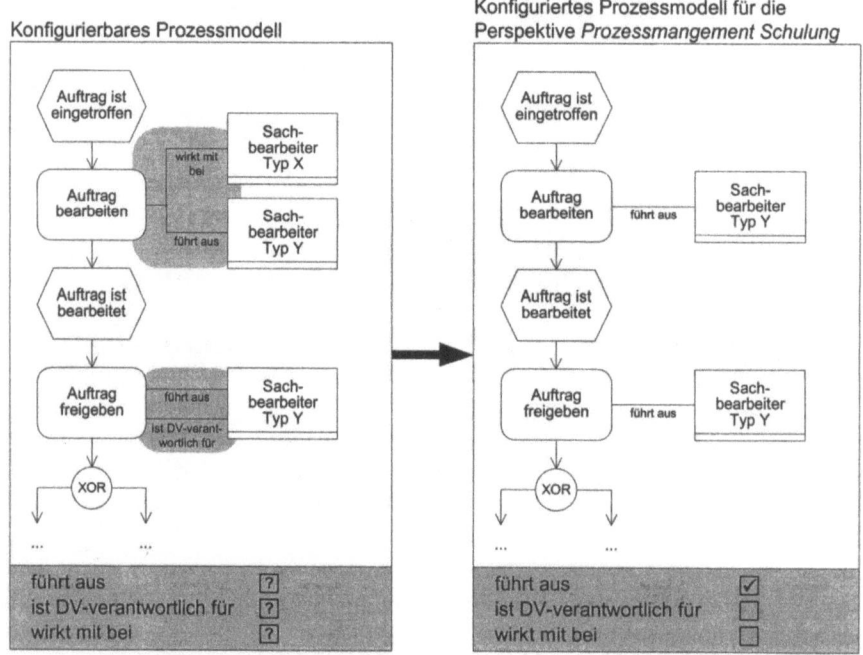

Abbildung 38: Elementselektion über Typen im Prozessmodell (Beziehungstypen): Prozessmanagement

In *Prozessmanagementprojekten* ist teilweise die Beschränkung auf einen Beziehungstyp zwischen den genannten Elementtypen von Vorteil. Dies ist z. B. der Fall, wenn Prozessmodelle den Personen präsentiert werden sollen, die für die Ausführung der evtl. restrukturierten Prozesse geschult werden. Die Darstellung der Stellentypen, denen die genannten Personen zu einem späteren Zeitpunkt zugeordnet werden können, ist also an dieser Stelle von Interesse, während die zusätzliche Darstellung anderer Beteiligter eher verwirrend sein kann. Die direkte Ausblendung von Stellentypen ist an dieser Stelle nicht zielführend, da nur über die *Beziehung* zur Prozessfunktion die Beteiligungsart an dem Prozess ermittelt werden kann. Es sind daher alle Beziehungen zwischen Prozessfunktionen und Stellentypen auszublenden, die nicht dem Typ „führt aus" angehören. Dadurch verliert bspw. der *Sachbearbeiter Typ X* durch Ausblenden des Beziehungstyps „wirkt mit bei" jegliche Beziehung zu anderen Elementen im gezeigten Prozessmodell. Das genannte Element wird demnach für den Prozess semantisch obsolet, ist also automatisch durch einen Konsistenzsicherungsmechanismus mit auszublenden.[62]

Nicht nur Beziehungstypen können durch den Konfigurationsmechanismus der Elementselektion über Typen ausgewählt werden, sondern auch auf Modellebene typisierte Elemente. Das folgende *Beispiel für eine Elementselektion über Typen* zeigt einen exemplarischen Prozess aus dem IT-Servicemanagement, in dem auszuführende Funktionen jeweils Analysetermen aus verschiedenen Analysemodellen der Disziplinen *Wissensmanagement* und *Problem Management*[63] zugeordnet werden (vgl. Abbildung 39). Die Ausführung der Funktion *Problemdiagnose durchführen* durch einen *Mitarbeiter des IT-Servicemanagements (ITSM)* bedarf der Verfügbarkeit einer *Problembeschreibung* – repräsentiert durch den entsprechend benannten, annotierten Fachbegriff – sowie Domänenwissens innerhalb des IT-Servicemanagements, das im Beispielprozess durch Annotation des Qualifikationselementes *Know-how ITSM* visualisiert ist. Die Funktion kann demnach dem Wissensmanagement-Analyseterm *Wissensnutzung* zugeordnet werden (vgl. achteckiges Symbol in Abbildung 39). Gleichzeitig gehört die Problemdiagnose zu der (Standard-)Phase *Diagnose* innerhalb des Problem Managements, weshalb der Analyseterm *Diagnose* an die Funktion annotiert ist. Die Typisierung der Analyseterme wird durch die Bezeichnungen *PrM* und *WM* am unteren Rand des Symbols verdeutlicht. Für eine Perspektive des *Wissensmanagements*, innerhalb derer (Teil-)Prozesse auf Zugehörigkeit zu Wissensmanagement-Bausteinen analysiert werden, ist die Verfügbarkeit von Analysetermen des Wissensmanagements für die Prozessmodellierung sinnvoll, während Analyseterme für das Problem Management eine untergeordnete Rolle spielen. Für die Perspektive *Problem Management* gestaltet sich der Sachverhalt in umgekehrter Weise. Durch Anwendung des Konfigurationsmechanismus der Elementselektion über Typen können perspekti-

---

[62] Es ist zu beachten, dass bei anderen Modelltypen die Darstellung beziehungsloser Modellelemente durchaus gewollt sein kann. Vgl. hierzu das in diesem Abschnitt vorgestellte Organigramm für das Wissensmanagement, in dem gerade die fehlenden Kommunikationsbeziehungen von Interesse sein können, da sie evtl. Schwachstellen aufzeigen können. Ein Konsistenzsicherungsmechanismus, der die automatische Ausblendung von beziehungslosen Modellelementen automatisiert vornimmt, ist also entsprechend variabel zu gestalten. Vgl. auch Abschnitt 3.6 zur Metamodellprojektion.

[63] Das *Problem Management* ist ein Teilbereich der Disziplin *IT-Infrastrukturmanagement*, in dessen Rahmen die in Zusammenhang mit der IT-Infrastruktur auftauchenden Störungen den korrekten (Standard-)Prozessen der Störungsbehebung zugeordnet werden. Das vom IT INFRASTRUCTURE LIBRARY veröffentlichte Analysemodell zum Problem Management umfasst u. a. die Phasen *Ereigniskontrolle* – das Beobachten des Auftretens von Störungen – und *Diagnose* der Störung [ITIL99, S. B2].

venabhängig Analyseterme, die zum Typ *Wissensmanagement* bzw. zum Typ *Problem Management* gehören, ausgeblendet werden (vgl. Abbildung 39).

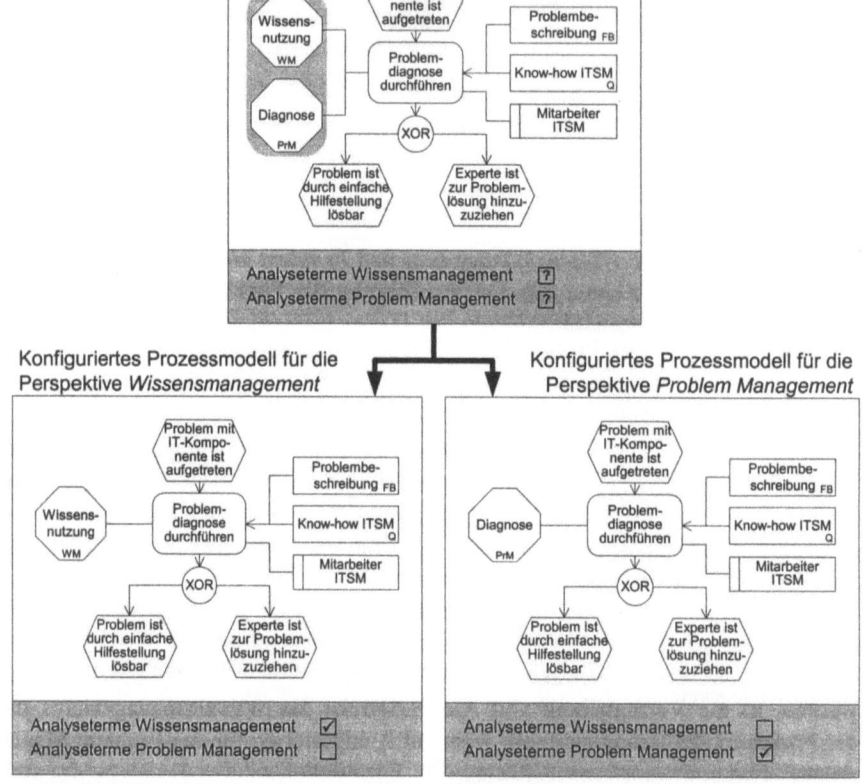

Abbildung 39: Elementselektion über Typen im Prozessmodell (Modellelemente): Wissensmanagement vs. Problem Management

Zur Repräsentation der Elementselektion über Typen wird auf *Meta-Metamodellebene* die Existenz von Instanzenbeschränkungen für Typen auf Metamodellebene definiert (vgl. Entitytyp *Restriktion SQL* in Abbildung 40). Eine solche Restriktion ist perspektivenabhängig, d. h., sie findet perspektivenspezifisch Anwendung, weswegen sie im Meta-Metamodell über den Relationshiptyp *Elementselektion über Typen* dem Entitytyp *Perspektive* zugeordnet ist. Die Sprache der Restriktion wird als SQL-ähnlich definiert, da die Ausführung der Restriktion eine Sicht auf die für den betroffenen Typ definierten Instanzen erzeugt.[64]

---

[64] SQL ist eine Abkürzung für *Standard Query Language* und ist eine Sprache zur Administration, Manipulation und Abfrage von relationalen Datenbanken [DaDa97].

Konfigurative Referenzmodellierung 103

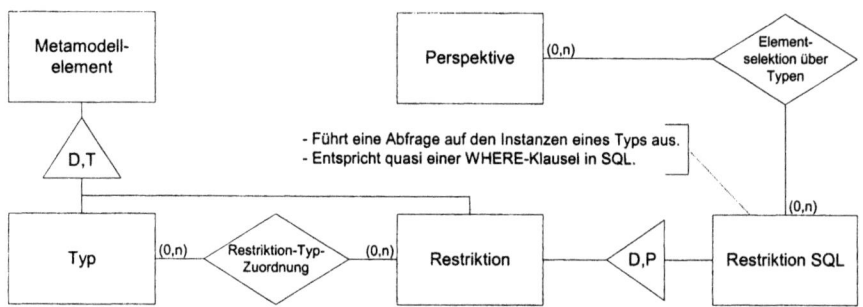

Abbildung 40: Meta-Metamodellkonstrukte zur Elementselektion über Typen

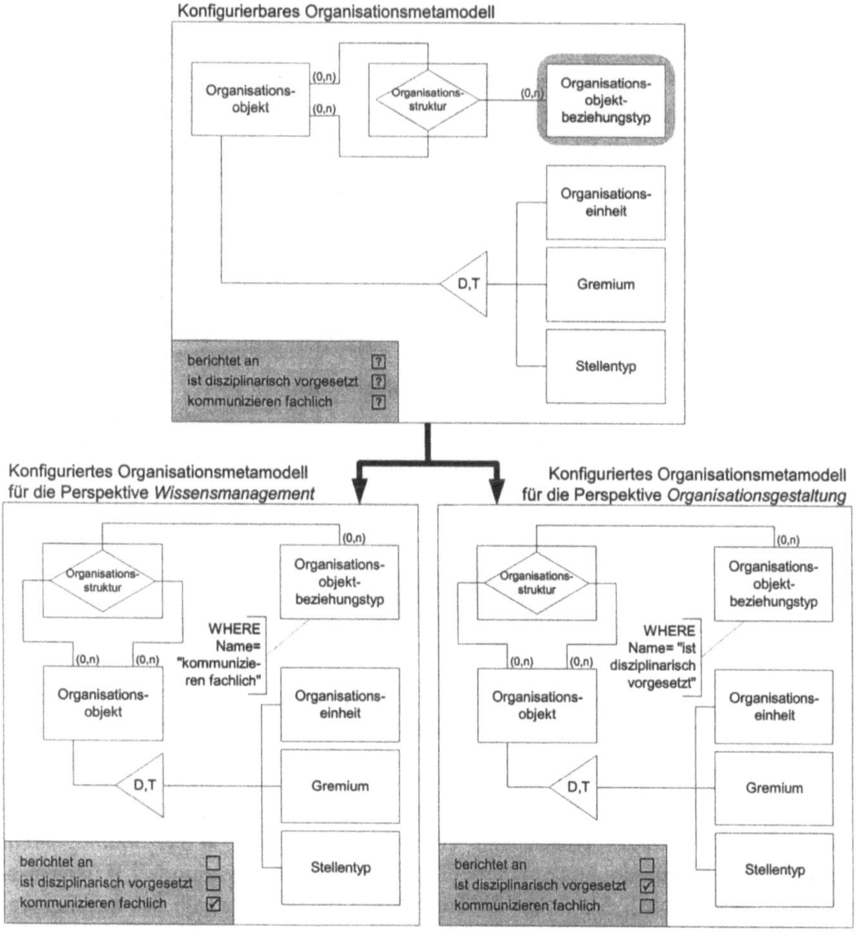

Abbildung 41: Exemplarische Auswirkungen der Elementselektion über Typen (Beziehungstypen) auf das Organisationsmetamodell

Die auf Meta-Metamodellebene definierte Existenz von deklarativ zu explizierenden Restriktionen macht sich in Bezug auf typisierte Beziehungen wie folgt auf *Metamodellebene* bemerkbar: An einen Typ, der zweckmäßigerweise Beziehungstypen als Instanzen besitzt, wird eine textuell explizierte Restriktion annotiert, die in SQL-ähnlicher Notation eine Auswahlabfrage auf den Typ ausführt. In dieser Weise wird eine Sicht über den betrachteten Typ gelegt, der die Auswahlmöglichkeiten seiner Instanzen beschränkt (vgl. Abbildung 41, die die konfigurierten Metamodelle zum ersten Beispiel dieses Abschnittes wiedergibt).

Als Konsequenz der Beschränkung der Beziehungstypen auf Metamodellebene werden auf *Modellebene* alle Beziehungen, die einem nicht selektierten Typ angehören, ausgeblendet (vgl. Beispiele).

Die Auswirkungen der auf Meta-Metamodellebene definierten Konstrukte auf die *Metamodellebene* in Bezug auf *typisierte Elemente* werden beispielhaft für das Metamodell für die Repräsentation von Analysetermen in Abbildung 42 erläutert.

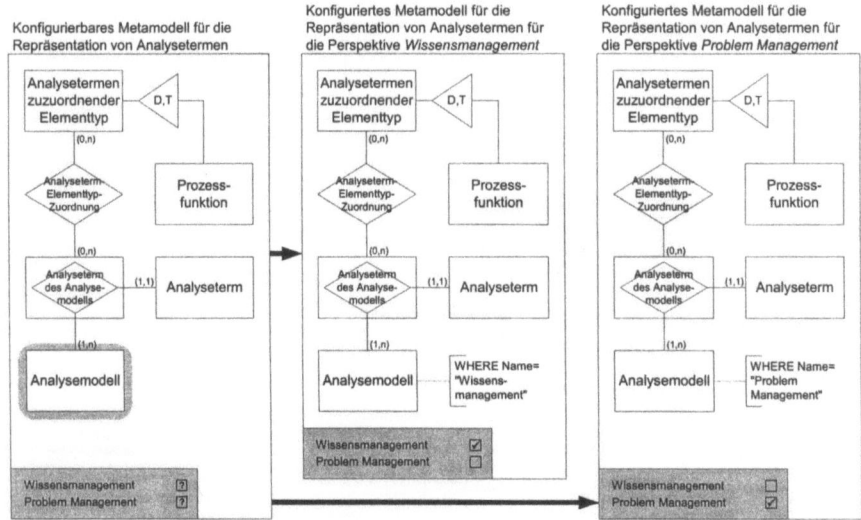

Abbildung 42: Exemplarische Auswirkungen der Elementselektion über Typen (Modellelemente) auf das Metamodell für die Repräsentation von Analysetermen

Je nach Perspektive wird dem Entitytyp *Analysemodell* eine Restriktion als Instanz der auf Meta-Metamodellebene definierten *Restriktion SQL* annotiert, die dessen verwendbare Instanzen einschränkt (für die Perspektive *Wissensmanagement* werden die verfügbaren Analysemodelle z. B. auf das Analysemodell *Wissensmanagement* beschränkt). Als Folge der Restriktion stehen innerhalb des uminterpretierten Relationshiptyps *Analyseterm des Analysemodells* nunmehr diejenigen Instanzen zur Verfügung, die dem selektierten Analysemodell zugeordnet sind. Da konsequenterweise auch nur noch diese Instanzen an Instanzen des Typs *Analysetermen zuzuordnender Elementtyp* und damit auch die des Typs *Prozessfunktion* annotiert werden können, werden alle Analyseterme, die nicht zu dem selektierten Analysemodell gehören, aus Prozessmodellen (und anderen Modellen, in denen sie Verwendung finden) ausgeblendet.

Elementselektion mittels Hierarchiestufenaggregation

Im folgenden, einführenden *Beispiel für eine Elementselektion mittels Hierarchiestufenaggregation* (vgl. Abbildung 43) ist ein bereits an ein konkretes Unternehmen angepasstes Prozessmodell[65] aufgeführt, in dem Ausführungskompetenzen für Funktionen auf organisatorischer Stellentypebene modelliert sind.

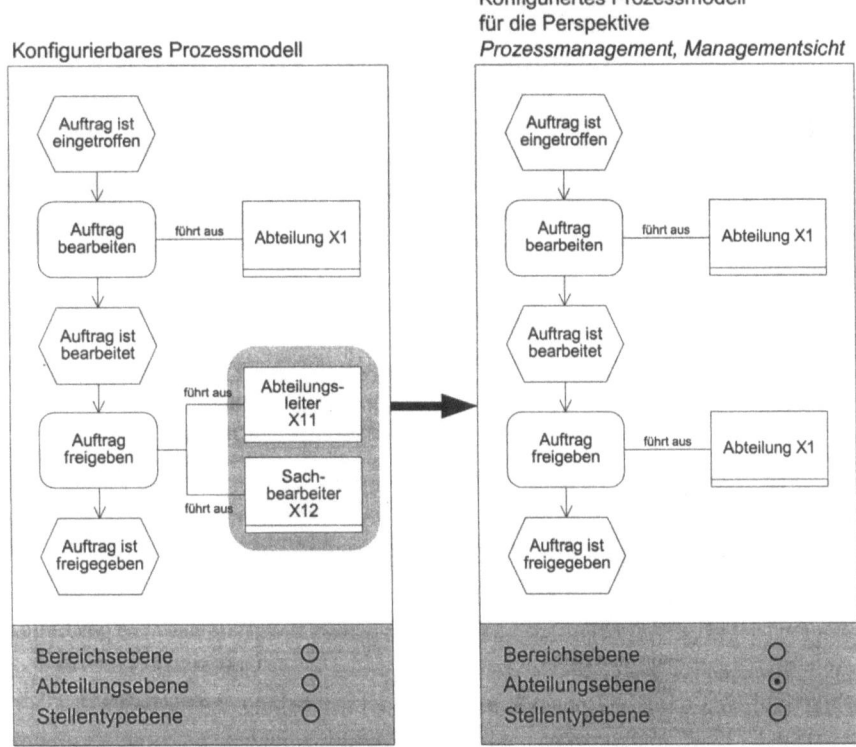

Abbildung 43: Elementselektion mittels Hierarchiestufenaggregation im Prozessmodell: Prozessmanagement, Managementsicht

---

[65] Die hier gezeigte beispielhafte Modellkonfiguration bezieht sich folglich auf die Anwendung eines unternehmensspezifischen, multiperspektivischen Modells innerhalb der mehrstufigen Anwendung multiperspektivischer Modelle. Ziel ist an dieser Stelle die Anpassung des Modells an die spezifischen Bedürfnisse von Benutzergruppen (vgl. Abbildung 5, Abschnitt 1).

Teilweise ist in Projekten des Prozessmanagements eine Aggregation der Ausführungsverantwortlichkeit auf Organisationseinheitsebene (bspw. Abteilungsebene) erwünscht. Dies hat hauptsächlich graphisch bedingte Übersichtlichkeitsgründe, insbesondere, wenn zahlreiche Stellentypen an der Ausführung beteiligt sind. Aggregationen dieser Art sind häufig erwünscht, wenn Prozessmodelle dem *Management* präsentiert werden sollen.

Als *zweites Beispiel* für die Elementselektion mittels Hierarchiestufenaggregation für die nutzergruppenspezifische Anpassung im Unternehmen können Organigramme für das *Wissensmanagement* dienen (vgl. Elementselektion über Typen, Abbildung 37). Hier besteht die Möglichkeit, Kommunikationsbeziehungen zwischen Organisationsobjekten sehr detailliert zu formulieren (vgl. Abbildung 44). Kommunikationsformen können vielfältige Ausprägungen annehmen (Bspw. „fachlich" vs. „informell" vs. „disziplinarisch", „unilateral" vs. „bilateral", „papiergebunden" vs. „elektronisch" vs. „persönlich" usw.; weitere Verfeinerungen sind denkbar). Bei der Berücksichtigung aller Kommunikationsbeziehungen in einem Organisationsmodell entsteht rasch ein enges Geflecht von Beziehungskanten, was die Lesbarkeit des Modells schnell einschränkt. Eine Aggregation solcher Beziehungskanten auf höhere Hierarchieebenen schafft eine höhere Übersichtlichkeit.

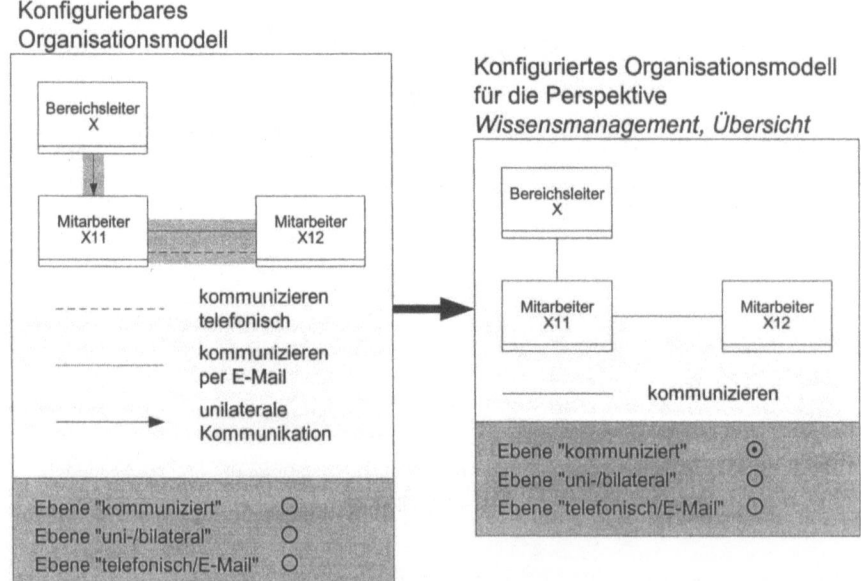

Abbildung 44: Elementselektion mittels Hierarchiestufenaggregation im Organigramm: Wissensmanagement

Auf *Meta-Metamodellebene* wird die Aggregation von Modellelementen und Beziehungstypen auf höhere Hierarchieebenen dadurch erreicht, dass perspektivenabhängig *Entitytypen* auf Metamodellebene markiert werden, für die eine Hierarchiestufenaggregation in Frage kommt (vgl. Relationshiptyp *Markierung Hierarchiestufenaggregation*, Abbildung 45). Der einschränkende Kommentar am Relationshiptyp *Markierung Hierarchiestufenaggregation* stellt sicher, dass nur Aggregationsregeln für Entitytypen definiert werden, die auch hierarchisiert sind.[66] Die Auffindung und Auswahl der konkreten Instanzen des betrachteten Entitytyps, welche die jeweils untersten Hierarchiestufen markieren, wird durch eine einschränkende Sicht auf alle Instanzen des Entitytyps ermöglicht. Die Einschränkung wird dadurch erreicht, dass dem betrachteten Entitytyp über seine Generalisierung *Typ* eine entsprechende *Restriktion* zugeordnet wird, die eine Auswahl der Instanzen durch einen SQL-ähnlichen Mechanismus perspektivenspezifisch vornimmt (vgl. Entitytyp *Restriktion* und dessen Spezialisierung *Restriktion SQL* in Abbildung 45). Anhand der ermittelten unteren Grenzen innerhalb der Hierarchie wird die Aggregation von Instanzen des betrachteten Entitytyps auf die Grenzhierarchiestufen durch einen Turing-mächtigen Mechanismus durchgeführt.[67]

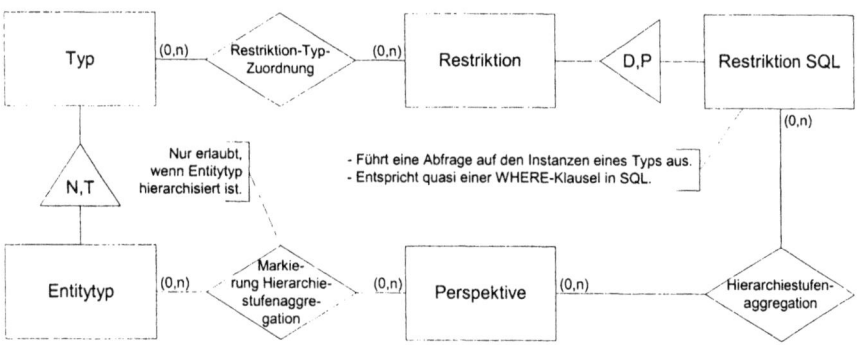

Abbildung 45: Meta-Metamodellkonstrukte zur Elementselektion mittels Hierarchiestufenaggregation

Die auf Meta-Metamodellebene spezifizierten Konstrukte der Elementselektion mittels Hierarchiestufenaggregation wirken sich – wie in Abbildung 46 beispielhaft gezeigt – auf die Metamodellebene aus.

---

[66] Entitytypen sind nur dann hierarchisiert, wenn sie mit sich selbst in Beziehung gesetzt sind, und zwar mit den Kardinalitäten (0,1), (0,n).

[67] An dieser Stelle ist zu beachten, dass die einschränkende Auswahl, die auf die Instanzen des betrachteten Entitytypen angewendet wird, *nicht* zu einer Ausblendung der nicht ausgewählten Instanzen führt. Die ausgewählten Instanzen dienen lediglich dem Turing-mächtigen Mechanismus als Ausgangspunkt für die Aggregation aller unterhalb dieser Hierarchiestufe liegenden Instanzen.

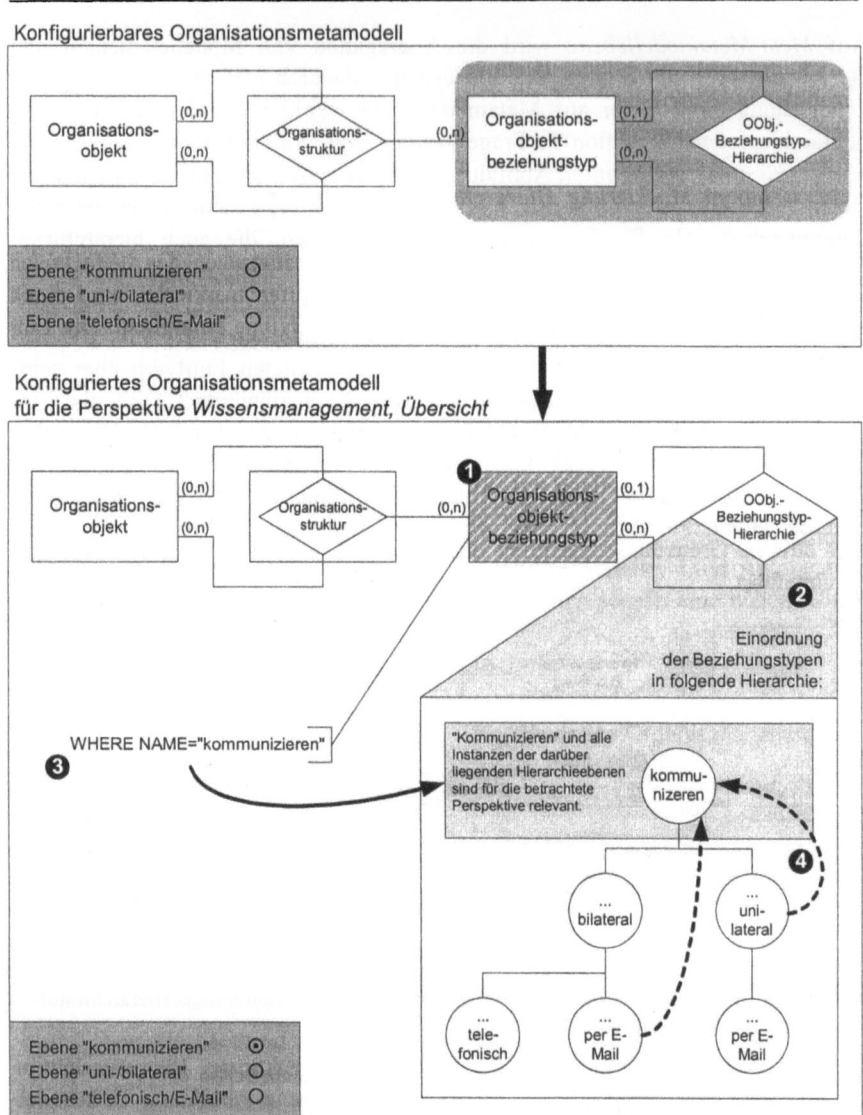

Abbildung 46: Exemplarische Auswirkungen der Elementselektion mittels Hierarchiestufenaggregation auf das Organisationsmetamodell

Wie im Meta-Metamodell definiert wurde, muss ein Entitytyp auf Metamodellebene für eine Elementselektion mittels Hierarchiestufenaggregation markiert sein (vgl. schraffierte Markierung des Entitytyps *Organisationsobjektbeziehungstyp* in Abbildung 46, ❶). Die Instanzen des Relationshiptyps *OObj.-Beziehungstyphierarchie* ordnen die Instanzen des Organisationsobjektbeziehungstyps in eine Hierarchie ein (vgl. Baumstruktur in Abbildung 46, ❷). Die Instanz *WHERE NAME="kommunizieren"* der auf Meta-Metamodellebene spezifizierten Restriktion wählt aus allen Instanzen des Organisationsobjektbeziehungstyps diejenige aus, die auf der untersten erlaubten Hierarchiestufe steht (vgl. Abbildung 46, ❸).[68] Die ausgewählte Instanz „kommunizieren" des betrachteten Entitytyps dient dem o. g. Turing-mächtigen Mechanismus als Anhaltspunkt i. d. S., dass alle gefundenen Instanzen, die sich unterhalb der ausgewählten Hierarchiestufe befinden, durch die ausgewählte Instanz (vgl. „kommunizieren" in der Baumstruktur in Abbildung 46, ❹) ersetzt werden.

Elementselektion über Attribute

Durch Anwendung des Konfigurationsmechanismus der *Elementselektion über Attribute* werden konfigurationsparameterspezifisch Modellvarianten aufgrund von Modellelementen zugeordneten Attributausprägungen generiert. Modellelemente, die für eine bestimmte Konfigurationsparameterausprägung nicht relevant sind, werden ausgeblendet (vgl. Abschnitt 3.2).

Das folgende *Beispiel* zeigt einen *Anwendungsfall der Elementselektion über Attribute* für ein Referenzprozessmodell in EPK-Notation, das in einem Prozessmanagementprojekt einerseits fachlich qualifizierten *Modellierern* zur Anpassung und andererseits *Prozessanwendern* zur Sichtung zur Verfügung gestellt werden soll. Aus Perspektive der Modellierer ist ein Prozess sowohl semantisch als auch syntaktisch korrekt darzustellen. Da die EPK formal als bipartiter Graph definiert ist, sind aus Perspektive der Modellierer alle Ereignisse darzustellen, auch wenn sie – im Falle von Trivialereignissen (vgl. Abschnitt 3.2) – keinen semantischen Mehrwert bieten. Im Gegensatz dazu erscheinen aus Perspektive der Anwender solche Trivialereignisse als überflüssig, da für Anwender rein semantische Aspekte des Modells von Interesse sind, und eine darüber hinausgehende syntaktische Korrektheit des Modells von zweitrangiger Bedeutung sein kann [RoSc02, S. 67].

Der Referenzmodellersteller kann in einem konfigurierbaren Modell ein boolesches Attribut *Trivialelement* für den Elementtyp *Ereignis* definieren. Denjenigen *Trivialelement*-Attributen, die zu Trivialereignissen gehören, kann er den Wert „TRUE" zuweisen. Bei der Darstellung in der Perspektive des Anwenders werden diese Ereignisse ausgeblendet, in der Perspektive des Modellierers jedoch beibehalten (vgl. Abbildung 47).

---

[68] Bei einer Mehrfachauswahl sind folglich mehrere unterste Hierarchieebenen in Teilbäumen der Hierarchie möglich. So kann z. B. im „linken" Teil des Hierarchiebaumes eine Nutzung der auf den Blättern des Baumes liegenden Elemente erlaubt sein, während im „rechten" Teil die Elementauswahl auf die Wurzel des Teilbaumes beschränkt ist.

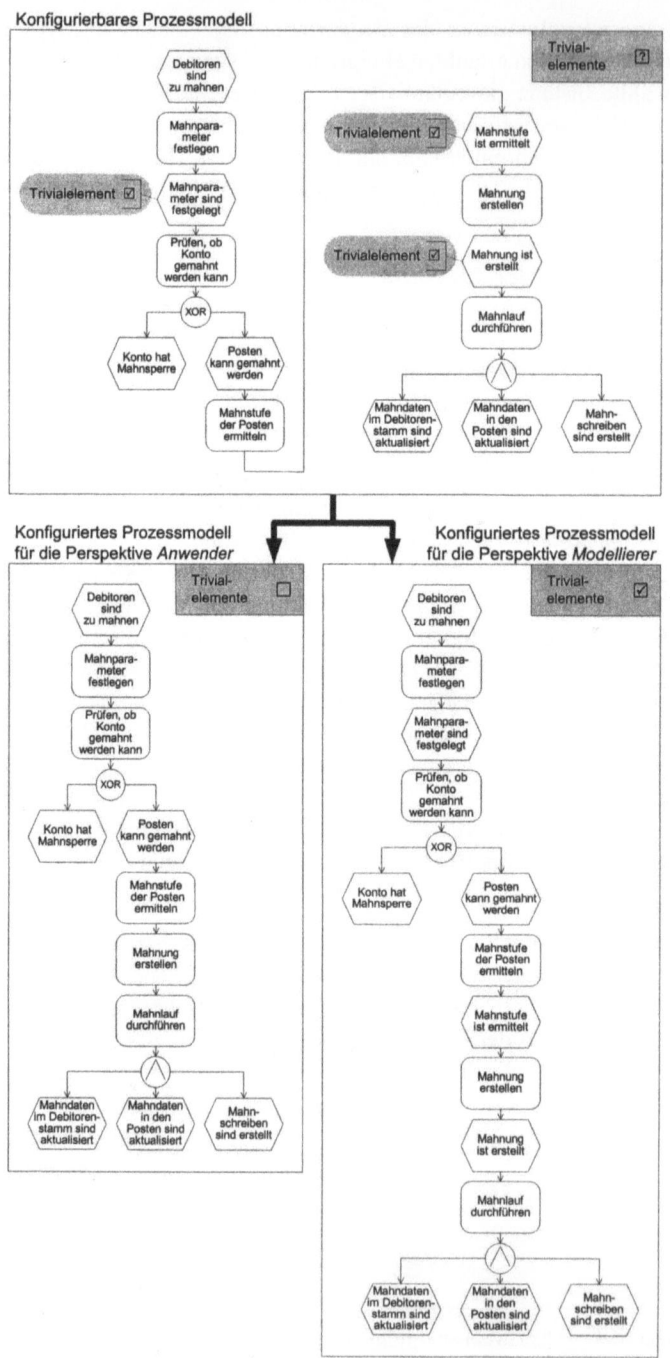

Abbildung 47: Elementselektion über Attribute im Prozessmodell: Anwender vs. Modellierer [BeSc96, S. 342]

Die Einordnung von Prozessfunktionen in die Kategorien *Manuell* und *Vollautomatisch* kann weiterer Gegenstand der Elementselektion über Attribute sein. Das folgende *Beispiel* zeigt einen vereinfachten Prozess der Bearbeitung von Rechnungen, wobei Teile des Prozesses rein manuell durchgeführt werden, andere dagegen vollautomatisiert (vgl. Abbildung 48 und nochmals Abbildung 4).

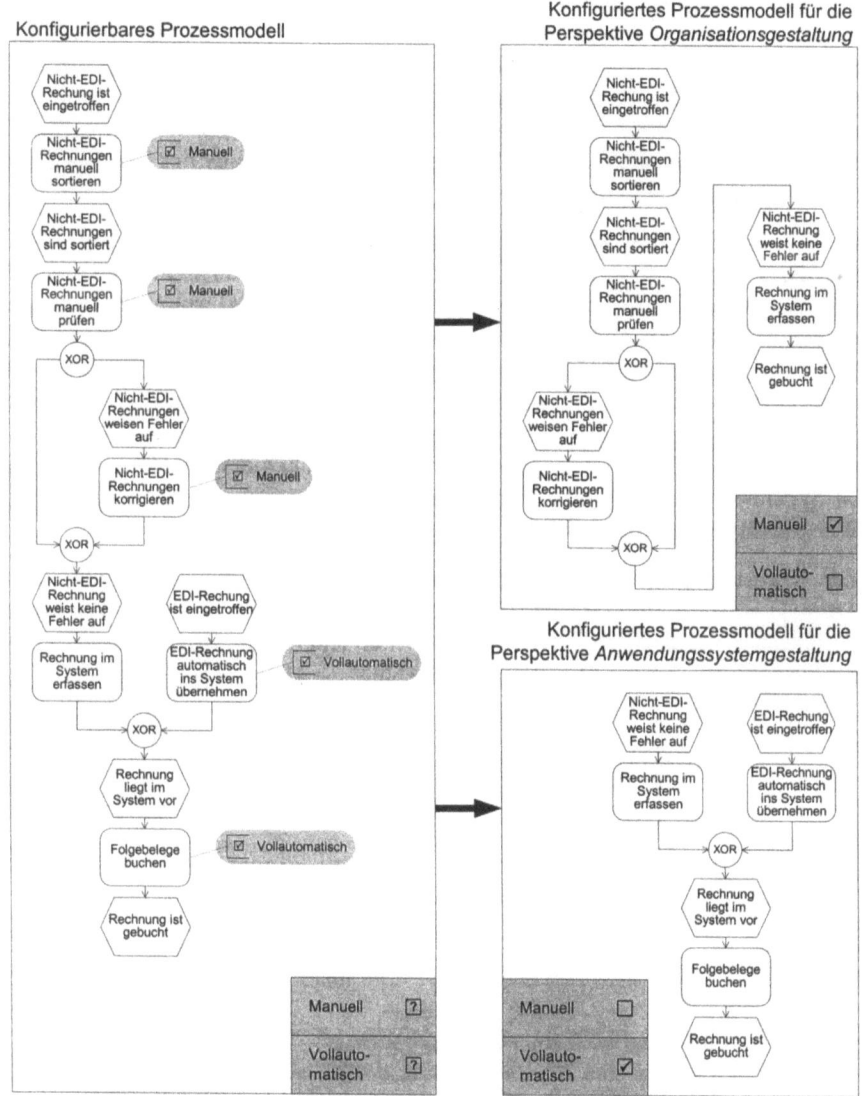

Abbildung 48: Elementselektion über Attribute im Prozessmodell: Anwendungssystem- vs. Organisationsgestaltung [BHKS00, S. 102]

Des Weiteren existieren Schnittstellenaktivitäten an den Grenzen zwischen vollautomatisierten und rein manuellen Tätigkeiten. Für eine Perspektive der *Anwendungssystemgestaltung* sind rein manuelle Tätigkeiten nicht von Interesse. Analog dazu besitzen vollautomatisch durchzuführende Aktivitäten für die Perspektive der *Organisationsgestaltung* keine Relevanz. Im Rahmen der Elementselektion über Attribute kann z. B. Prozessfunktionen, die jeweils eine der Eigenschaften „vollautomatisch" oder „manuell" besitzen, ein entsprechendes *boolesches Attribut* zugewiesen werden, dessen Ausprägung jeweils auf „TRUE" gesetzt wird. Im Beispielprozess werden für die Perspektive der Anwendungssystemgestaltung alle rein manuellen, und für die Perspektive der Organisationsgestaltung alle vollautomatischen Tätigkeiten durch den Konfigurationsmechanismus der Elementselektion über Attribute ausgeblendet.

In der Beispielgrafik wird die Notwendigkeit einer Konsistenzsicherung deutlich: Für die Perspektive *Anwendungssystemgestaltung* sind keinerlei konsistenzsichernde Anpassungen im konfigurierten Modell notwendig, wenn davon ausgegangen wird, dass nach der Ausblendung der Funktionen die Syntaxregeln für Reihenfolgebeziehungen in Prozessmodellen angewendet werden, um bspw. verbliebene, beziehungslose Ereignisse und Operatoren auszublenden (vgl. Abschnitt 3.3.6). Die Perspektive *Organisationsgestaltung* erfordert jedoch im konfigurierten Modell eine direkte Reihenfolgebeziehung zwischen der Funktion *Rechnung im System erfassen* und dem Ereignis *Rechnung ist gebucht*, die in geeigneter Weise im konfigurierbaren Modell anzugeben ist.[69]

Zur Realisierung des Konfigurationsmechanismus der Elementselektion über Attribute wird im *Meta-Metamodell* ein geeignetes Attribut für Typen auf Metamodellebene spezialisiert (vgl. Entitytyp *Attribut* und dessen Spezialisierung *Attribut für Elementselektion über Attribute* in Abbildung 49).

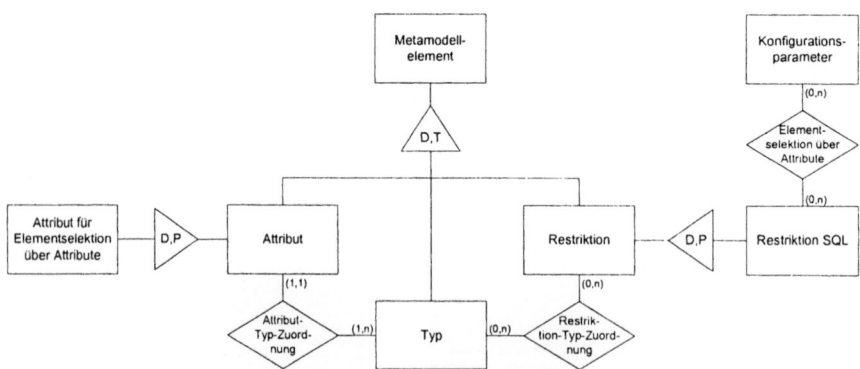

Abbildung 49: Meta-Metamodellkonstrukte zur Elementselektion über Attribute

---

[69] Vgl. hierzu die detaillierten Ausführungen zur Metamodellprojektion in Abschnitt 3.6.

Um derartige Attribute abfragen zu können, muss weiterhin die Existenz von *Restriktionen* auf Metamodellebene definiert werden, die an den betrachteten Typ annotiert werden können (vgl. Entitytyp *Restriktion* und dessen Spezialisierung *Restriktion SQL*). Der Inhalt einer solchen Restriktion wird in einer deklarativen Sprache verfasst, um abhängig von o. g. Attributen eine Auswahl aus den Instanzen des Typs auf Metamodellebene treffen zu können. Die Auswahl wird abhängig von der geltenden Konfigurationsparameterausprägung vorgenommen, weshalb die *Restriktion SQL* dem *Konfigurationsparameter* über den Relationshiptyp *Elementselektion über Attribute* zugeordnet ist. Basierend auf der Auswahl können dann entsprechende Instanzen des Typs ausgeblendet oder angezeigt werden.

In Abbildung 50 ist eine Instanz der auf Meta-Metamodellebene definierten Restriktion auf *Metamodellebene* aufgeführt, die eine Auswahl auf den Instanzen des Typs *Prozessereignis* ausführt (vgl. hierzu das die Trivialelemente behandelnde Beispiel in diesem Abschnitt). Alle Prozessereignisse als Instanzen des Entitytyps *Prozessereignis* im Prozessmetamodell werden durch Anwenden der *Restriktion SQL* „WHERE Trivialelement=FALSE" selektiert, die auf Modellebene angezeigt werden, nämlich alle Prozessereignisse, deren Attribut *Trivialelement* den Wert „FALSE" enthält.

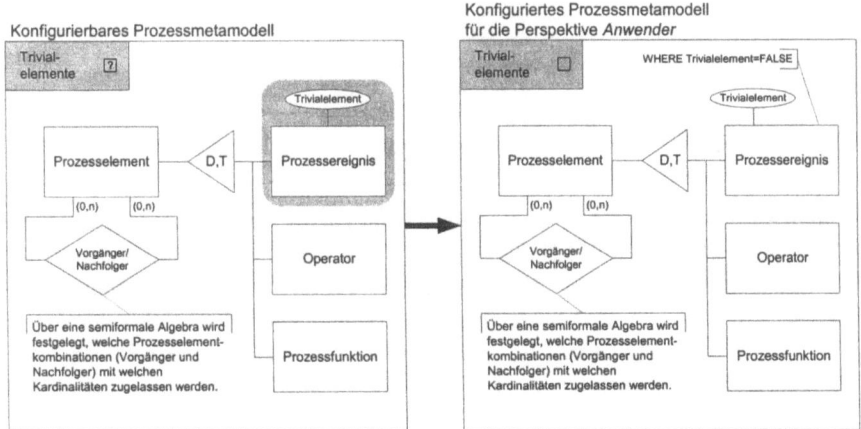

Abbildung 50: Exemplarische Auswirkungen der Elementselektion über Attribute auf das Prozessmetamodell

Elementselektion nach Termen

Neben der Elementselektion über Attribute ist für die Konfigurationsfähigkeit von Referenzmodellen ein Mechanismus erforderlich, der eine konfigurationsspezifische Selektion von Modellelementen ermöglicht, die nicht von für das Modellelement vordefinierten Eigenschaften abhängig ist. Vielmehr hängt die Relevanz des betroffenen Elements für eine bestimmte Konfiguration von Eigenschaften der

Konfiguration selbst ab.[70] Dem Modellelement wäre damit ein boolesches Attribut der Form *Konfiguration XY* zuzuweisen, dessen Ausprägungen („TRUE" oder „FALSE") den Konfigurationsbezug herstellen. Aufgrund einer möglichen Konfigurationsvielfalt wird aus Übersichtlichkeitsgründen hiervon abgesehen, weshalb der Konfigurationsmechanismus der *Elementselektion nach Termen* eingeführt wird. Terme sind hierbei Attribute in Textform, deren Ausprägungen beschreiben, in welchen Konfigurationen das jeweilige Modellelement zur Verfügung steht. Terme haben zu Auswertungszwecken einer vordefinierten Grammatik zu gehorchen. Hier findet ein an die von SCHWEGMANN formulierte, kontextfreie Grammatik angelehnter Formalismus zur Formulierung von Parametern Anwendung [Schw99, S. 144ff.]:

```
<Term>                  ::= <Ausdruck>
                            {<Operator> <Ausdruck>}
<Ausdruck>              ::= <Präfix> <Konfigurationsparameter>
                            <KP-Ausprägungsliste>
<KP-Ausprägungsliste>   ::= ,(' <Präfix> <KP-Ausprägungsliste>
                            {<Operator> <Präfix>
                            <KP-Ausprägungsliste>} ,)'
<KP-Ausprägungsliste>   ::= <KP-Ausprägung>
<Operator>              ::= ,|'  |  ,+'
<Präfix>                ::= ,NOT'  |  <leer>
```

Abbildung 51: Kontextfreie Grammatik zur Formulierung von Konfigurationsparametertermen [Schw99, S. 144ff.]

Abbildung 51 zeigt die hier verwendete, kontextfreie Grammatik in erweiterter Backus-Naur-Form (EBNF) [Loud94, S. 83-102], der die Konfigurationsparameterterme zu gehorchen haben. Als Beispiele für die nicht in der Abbildung aufgeführten Ausprägungen sind für Konfigurationsparameter *Unternehmensmerkmale* (wie z. B. *Branche, Geschäftsart* oder *Handelsstufe*) und *Perspektive* zu nennen. Als Konfigurationsparameterausprägungen (KP-Ausprägungen) sind Instanzen der Konfigurationsparameter aufzuführen (z. B. für die *Branche* „Handel" oder „Industrie", für die *Geschäftsart* „Lagergeschäft" oder „Streckengeschäft" und für die *Perspektive* „Wissensmanagement" oder „Workflowmanagement").

```
Perspektive   (Wissensmanagement | Organisationsgestaltung) +
Branche       (NOT Industrie)
```

Abbildung 52: Exemplarischer Konfigurationsparameterterm

---

[70] Hierbei handelt es sich z. B. um Prozessfunktionen, die nur dann durchgeführt werden, wenn das betrachtete Unternehmen oder die betrachtete Unternehmensklasse eine bestimmte Geschäftsart praktiziert.

Ein exemplarischer Konfigurationsparameterterm, der ein Element für die Perspektive *Wissensmanagement* oder *Organisationsgestaltung* bei beliebig gewählter Branche außer der *Industrie* auswählt, ist in Abbildung 52 aufgeführt.

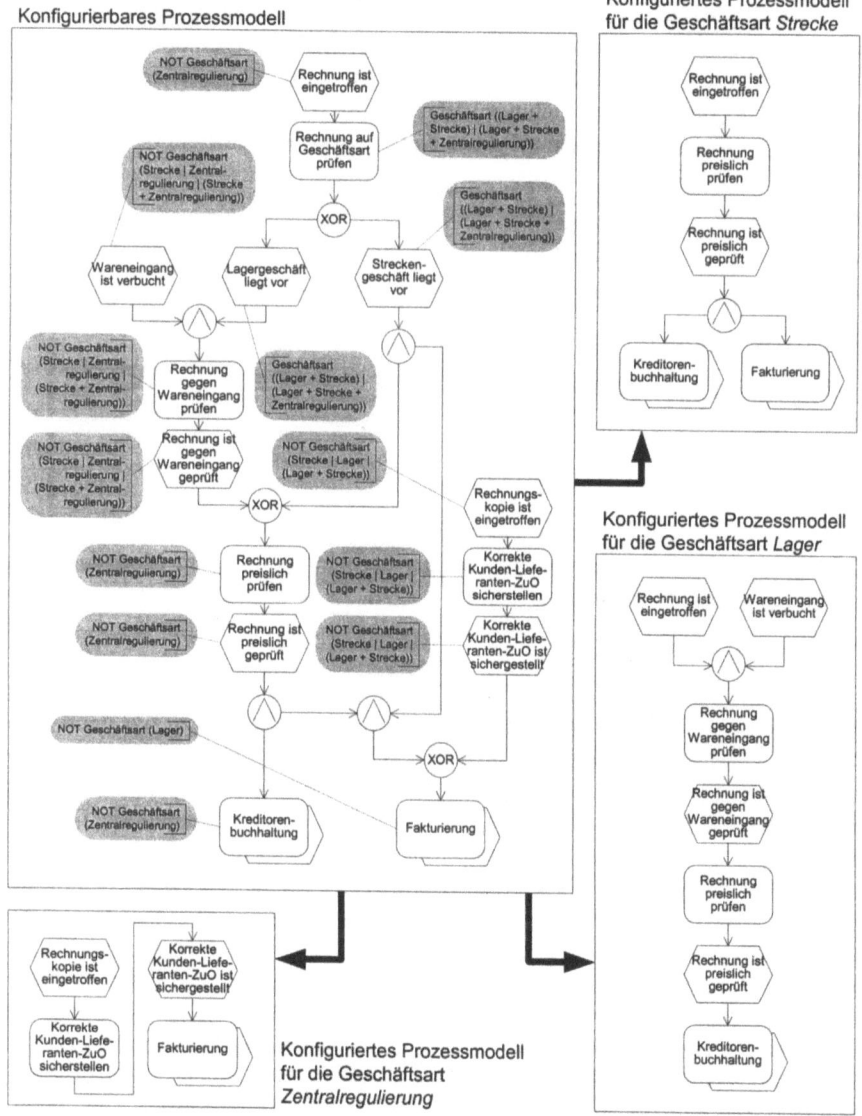

Abbildung 53: Elementselektion nach Termen im Prozessmodell, abhängig von Geschäftsarten

Das *Beispiel* in Abbildung 53 zeigt einen Anwendungsfall der *Elementselektion nach Termen für ein Prozessmodell* in EPK-Notation, das einen Prozess der Rechnungsprüfung in Handelsunternehmen repräsentiert (vgl. auch nochmals Abbildung 2). Teile des gezeigten Prozesses sind nur für Handelsunternehmen relevant, die bestimmte Geschäftsarten praktizieren. Im Beispiel werden die Geschäftsarten *Lager*, *Strecke* und *Zentralregulierung* unterschieden. Unternehmen können sich auf die Durchführung einer Geschäftsart beschränken, Kombinationen sind zudem denkbar (d. h., dass ein Unternehmen mehrere Geschäftarten gleichzeitig betreibt). Es ergeben sich somit folgende mögliche Konfigurationsparameterausprägungen:

- Lager,
- Strecke,
- Zentralregulierung,
- Lager *und* Strecke,
- Lager *und* Zentralregulierung,
- Strecke *und* Zentralregulierung,
- Lager *und* Strecke *und* Zentralregulierung,

die entsprechend der Relevanz des betrachteten Modellelements in booleschen Konfigurationsparametertermen miteinander kombiniert und dem Modellelement zugewiesen werden können. Der Term

```
NOT Geschäftsart
(Strecke | Zentralregulierung | (Strecke + Zentralregulierung))
```

drückt z. B. aus, dass ein dem Term zugewiesenes Modellelement nur dann relevant ist, wenn das Unternehmen *nicht* das *Streckengeschäft*, *nicht* das *Zentralregulierungsgeschäft* und *nicht beide Geschäftsarten gleichzeitig* betreibt.[71] Der Beispielprozess ist in seiner Gesamtheit (abgesehen von den annotierten Termen, die dann ausgewertet sind) relevant, wenn ein Handelsunternehmen *alle* Geschäftsarten (*Lager, Strecke, Zentralregulierung*) betreibt, während der Prozess bspw. für Unternehmen, die ausschließlich das *Streckengeschäft* betreiben, auf die reine preisliche Prüfung der Rechnung zusammenschrumpft, da beim Streckengeschäft aufgrund nicht verfügbarer Ware im Handelsunternehmen keine Mengenmäßige Prüfung nach Wareneingang durchgeführt werden kann. Die Funktion *Rechnung auf Geschäftsart prüfen* ist bspw. für Handelsunternehmen relevant, die *Lager- und Streckengeschäft gleichzeitig* oder *alle drei Geschäftsarten gleichzeitig* betreiben. Bei Anwendung der Elementselektion nach Termen werden die dekla-

---

[71] Der Term ist allein aus Platzgründen negativ formuliert. Das Unternehmen, für das das Modellelement relevant ist, betreibt also entweder das *Lagergeschäft*, das *Lager- und Streckengeschäft gleichzeitig*, das *Lager- und Zentralregulierungsgeschäft gleichzeitig* oder *alle drei Geschäftsarten gleichzeitig*.

rierten Terme ausgewertet und je nach gültiger Konfigurationsparameterausprägung wird ein Wert „TRUE" oder „FALSE" zurückgeliefert. Bei „TRUE" werden die jeweiligen Elemente angezeigt, bei „FALSE" ausgeblendet.

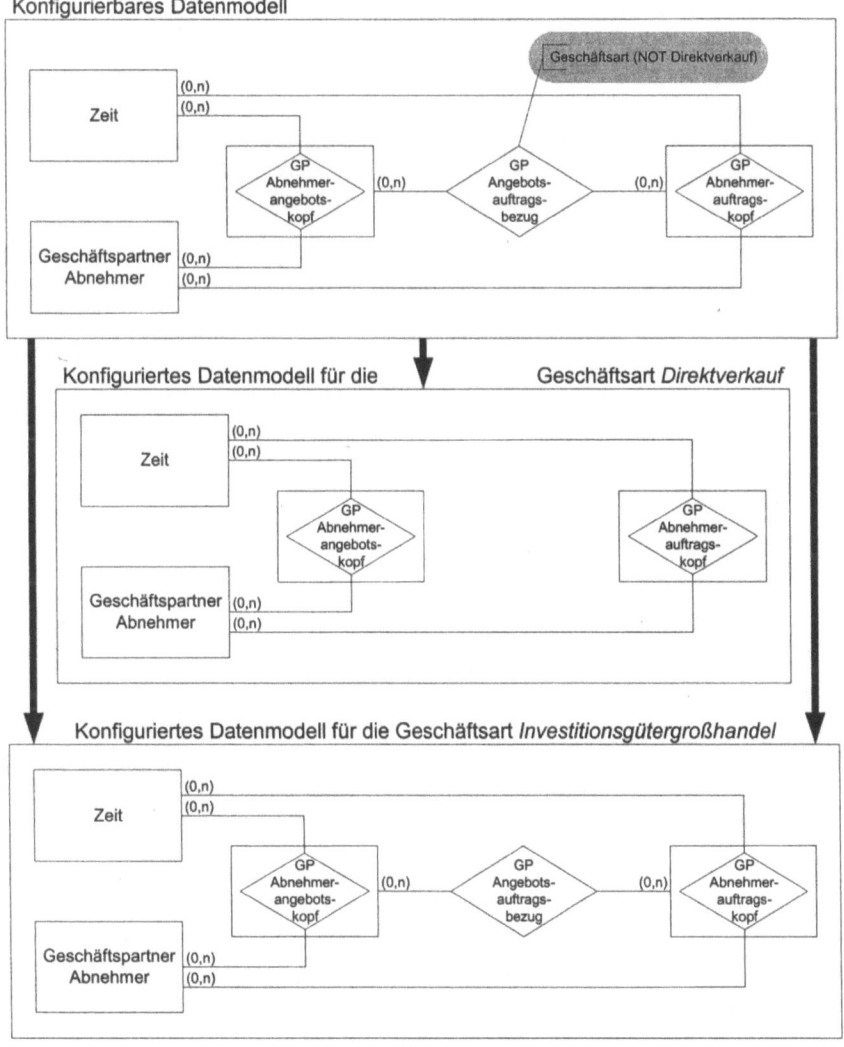

Abbildung 54: Elementselektion nach Termen im Datenmodell: Investitionsgütergroßhandel vs. Großhandel mit Direktverkauf [Schü98, S. 279]

Als *Beispiel für eine Elementselektion nach Termen in Datenmodellen* kann folgender Sachverhalt dienen: Bei der Auftragserfassung in Großhandelsunternehmen ist teilweise eine Referenz auf das Angebot, welches dem Auftrag voraus ging, zwingend erforderlich. Diese Verfahrensweise ist bspw. bei Großhändlern im Investitionsgüterbereich üblich. Im Gegensatz dazu werden Kunden eines

Großhändlers mit Direktverkauf nach Sichtung der evtl. allgemein geltenden Angebote die Waren direkt kaufen [Schü98, S. 279f.]. Im Datenmodell ist dieser Unterschied durch die Existenz bzw. das Fehlen des Relationshiptyps *GP Angebotsauftragsbezug*) ausgedrückt (vgl. Abbildung 54). Nach Auswertung des Terms

Geschäftsart (NOT Direktverkauf),

der im konfigurierbaren Datenmodell an den genannten Relationshiptyp annotiert ist, wird der Relationshiptyp je nach Ausprägung des Konfigurationsparameters *Geschäftsart* ausgeblendet oder nicht. Im Beispiel wird dieser Relationshiptyp für die Ausprägung der Geschäftsart *Direktverkauf* ausgeblendet, für diejenige des *Investitionsgütergroßhandels* steht er weiterhin zur Verfügung.

Das *dritte Beispiel* (vgl. Abbildung 55) geht von einem Ausschnitt aus einem bereits unternehmensspezifischen *Anwendungssystemarchitekturmodell* aus.[72] Es zeigt die Datenabhängigkeiten eines Legacy- und eines Workflowmanagementsystems und den Datenzugriff der beiden Systeme auf eigene Produktionsdaten.

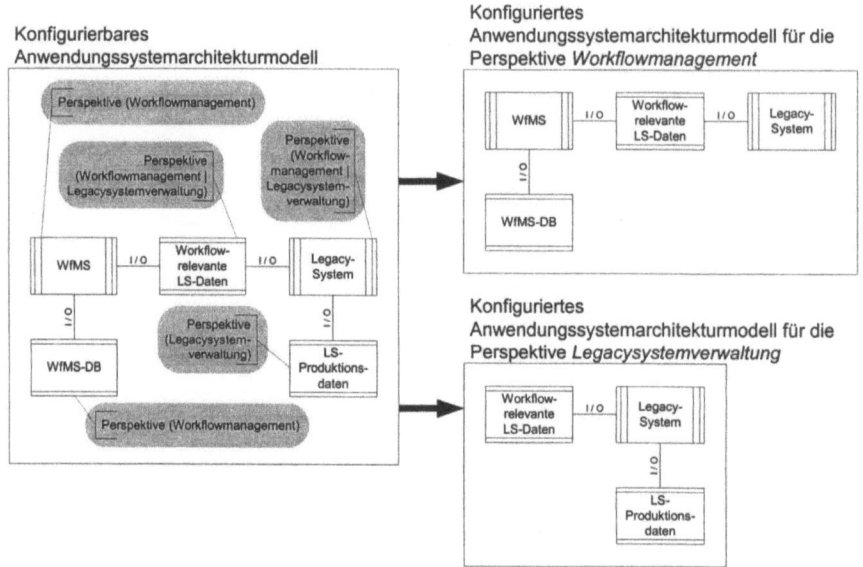

Abbildung 55: Elementselektion nach Termen im Anwendungssystemarchitekturmodell: Workflowmanagement vs. Legacysystemverwaltung

---

[72] Die hier gezeigte beispielhafte Modellkonfiguration bezieht sich folglich auf die Anwendung eines unternehmensspezifischen, multiperspektivischen Modells innerhalb der mehrstufigen Anwendung multiperspektivischer Modelle. Ziel ist an dieser Stelle die Anpassung des Modells an die spezifischen Bedürfnisse von Benutzergruppen (vgl. Abbildung 5 in Abschnitt 1).

Ein Anwendungssystemgestalter, dessen Aufgabe die *Gestaltung und Implementierung von Workflows* ist, benötigt keine Informationen über die interne Datenverarbeitung eines Legacysystems; analog ist für einen Anwendungssystemgestalter, der die *Verwaltung und Optimierung* des Produktionsbetriebes eines *Legacysystems* zur Aufgabe hat, nicht von Interesse, wie die Workflows innerhalb des Workflowmanagementsystems definiert sind und auf welche eigenen Produktionsdaten es zugreift. Durch Anwendung der Elementselektion nach Termen und anschließende Modellprojektion kann das Modell an beide Konfigurationen mit den Perspektiven *Workflowmanagementsystemgestaltung* und *Legacysystemverwaltung* angepasst werden.

Für die Realisierung der Elementselektion nach Termen wird zunächst im Meta-Metamodell ein spezieller Attributtyp (vgl. Entitytyp *Attribut* und dessen Spezialisierung *Attribut für Elementselektion nach Termen* in Abbildung 56) für Typen auf Metamodellebene eingeführt. Zusätzlich muss die Existenz einer *Restriktion* definiert werden, die die Formulierung von Termen innerhalb von Attributen dieses Typs in der vorgestellten Grammatik sichert (vgl. Entitytyp *Restriktion* und dessen Spezialisierung *Restriktion Grammatik*).

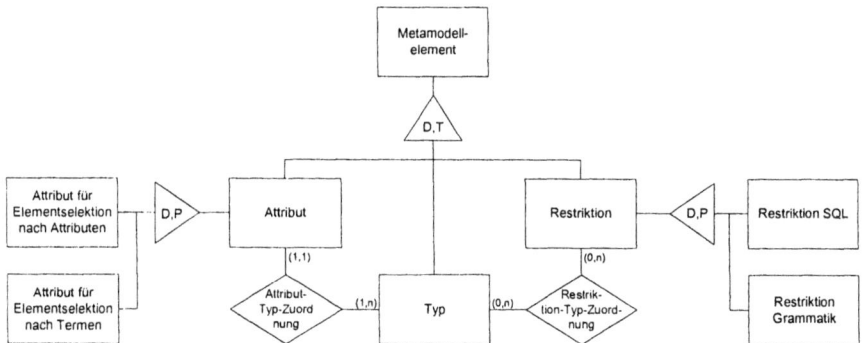

Abbildung 56: Meta-Metamodellkonstrukte zur Elementselektion nach Termen

Die Auswirkungen der im Meta-Metamodell definierten Sprachkomponenten machen sich auf *Metamodellebene* im speziell für die Elementselektion nach Termen angelegten Teilmetamodell bemerkbar (vgl. Abbildung 57). Hier werden alle Metamodellelemente, für die eine Termzuweisung möglich ist, zu einem Metamodellelement generalisiert.[73] Ein *für eine Termzuweisung geeigneter Elementtyp* steht mit dem *booleschen Konfigurationsparameterterm* in Beziehung. Dieser hat wiederum ein Attribut, welches den *Termtext* enthält und das eben dem auf Meta-Metamodellebene definierten Typ (*Attribut für Elementselektion nach Termen*) angehört. Die Restriktion, die an den Term annotiert ist, ist vom Typ

---

[73] In der Abbildung 57 ist aus Gründen der Übersichtlichkeit nur ein Teil aller für eine Termzuweisung geeigneten Modellelemente aufgeführt.

Restriktion Grammatik und sichert die Formulierung des Termtextes in der bereits vorgestellten Grammatik.[74]

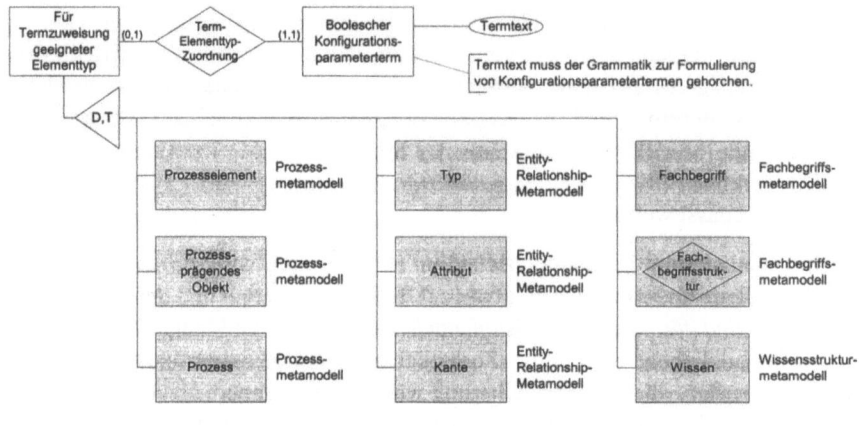

Abbildung 57: Metamodellkonstrukte zur Elementselektion nach Termen

Konsequenz für die Modellebene ist, dass jedem Modellelement, das dem Typ *für Termzuweisung geeigneter Elementtyp* angehört, textuell Terme hinterlegt werden können, die von einem entsprechenden Parser auf Korrektheit bzgl. der oben vorgestellten Grammatik geprüft und ausgewertet werden. Anschließend kann eine Ausblendung gemäß der im Term definierten Konfigurationsparameterausprägungen durchgeführt werden.

Bei der wahlfreien Ausblendung von Modellelementen können *Konsistenzverletzungen* auftreten, die zu vermeiden sind. Eine vollautomatisierte Konsistenzsicherung erscheint aufgrund der Vielfalt der Möglichkeiten der Konsistenzverletzung nicht sinnvoll. Vielmehr ist ein Mechanismus erforderlich, der die Umgebung des ausgeblendeten Modellelements abprüft und bei einer wahrscheinlichen Konsistenzverletzung den Anwender warnt. Sich ergebende Anpassungen sind dann manuell vorzunehmen.

Vergleich der Konfigurationsmechanismen der Elementselektion über Attribute und nach Termen

Sowohl die Elementselektion über Attribute als auch die nach Termen dienen dazu, einzelne Modellelemente spezifisch nach Konfigurationsparameterausprägungen zu selektieren. Es verwundert deshalb nicht, dass diese Konfigurationsme-

---

[74] Die auf Meta-Metamodellebene definierte *Restriktion Grammatik* besitzt also *genau eine* Instanz auf Metamodellebene, nämlich diejenige, die die Formulierung von Termen in der vorgestellten Grammatik fordert.

chanismen äquivalent sind. Sie unterscheiden sich lediglich durch ihre Anwendungsbereiche.

Bei der Reihenfolge der Selektion der Elemente für Konfigurationsparameterausprägungen besteht zwischen den Konfigurationsmechanismen folgender Unterschied: Bei der Elementselektion über Atrribute wird zunächst festgestellt, welche Attributausprägungen bei der betrachteten Konfigurationsparameterausprägung zur Ausblendung führen. Danach erfolgt eine Auswahlabfrage unter allen Modellelementen, abhängig von deren Attributausprägungen. Bei der Elementselektion nach Termen wird direkt geprüft, ob der Text des Konfigurationsparameterterms die momentan geltende Konfiguration erfüllt.

Die beiden Konfigurationsmechanismen lassen sich ineinander überführen, da einer durch den anderen substituierbar ist. Dies wird im Folgenden anhand eines Beispiels gezeigt:

- *Substitution der Elementselektion nach Termen durch die Elementselektion über Attribute*: Gegeben seien die Konfigurationsparameterausprägungen a, b, c und d. Ein Term mit der Ausprägung *KP (a | b | c)* bedeutet demnach, dass das Element in den Konfigurationen a, b und c sichtbar ist, in der Konfiguration d jedoch nicht. Der Term kann dadurch substituiert werden, dass pro Modellelement 4 vordefinierte, boolesche Attribute für die Elementselektion über Attribute eingeführt werden. Sie entsprechen den Konfigurationsparameterausprägungen a, b, c und d. Die Ausprägungen der Attribute a, b und c sind auf „TRUE", die Ausprägung des Attributes d auf „FALSE" zu setzen.

- *Substitution der Elementselektion über Attribute durch die Elementselektion nach Termen*: Gegeben seien die Konfigurationsparameterausprägungen a, b, c und d. In den Konfigurationen a, b und c sollen Trivialereignisse ausgeblendet werden. Dies kann unter Zuhilfenahme der Elementselektion über Attribute über die Kennzeichung der Trivialereignisse mit dem Modellelementattribut *Trivialelement=TRUE* geschehen. Alternativ kann für jedes Trivialereignis ein Term eingeführt werden, der wie folgt definiert ist: *KP (d)*. Der Inhalt des Terms lässt sich bspw. durch eine geeignete Auswahlabfrage über die Konfigurationsparameter ermitteln.

Aufgrund der Äquivalenz der beiden Konfigurationsmechanismen stellt sich die Frage, warum diese getrennt voneinander in die Werkzeugarchitektur übernommen wurden und nicht zu einem Konfigurationsmechanismus konsolidiert wurden. Die Benutzerführung bei der Anwendung der Konfigurationsmechanismen würde durch die Verschmelzung beider Konfigurationsmechanismen unnötig erschwert. Bei der exklusiven Unterstützung der Elementselektion über Attribute wäre zur Substitution der Elementselektion nach Termen eine sehr umfassende Liste von konfigurationsbezogenen Attributen pro Modellelement bereitzustellen. Umgekehrt wäre bei exklusiv vorhandener Elementselektion nach Termen bei jedem Modellelement explizit in Grammatikform anzugeben, in welchen Konfigurationen es zur Verfügung steht. Beim Anlegen neuer Konfigurationsparameter wäre jedes Mal eine Überarbeitung dieser Terme notwendig. Ferner wäre der Bezug zu der Eigenschaft, die die konfigurationsabhängige Selektion auslöst, nicht mehr erkennbar, weswegen vom Modellersteller und -anwender zusätzliche Transferleistungen zu erbringen wären. Beide Alternativen verursachen dem Modellentwickler erheblichen Mehraufwand, wodurch eine Konsolidierung der Konfigurationsmechanismen der Elementselektion nach Termen und über Attribute nicht gerechtfertigt erscheint.

3.4.4 Bezeichnungsvariation

Werden Referenzmodelle an Anforderungen unterschiedlicher Perspektiven oder Unternehmen angepasst, ist die Berücksichtigung unterschiedlicher Namenskonventionen notwendig. Wie in Abbildung 58 beispielhaft gezeigt ist, sollten Referenzmodellierungswerkzeuge für unterschiedliche Konfigurationsparameterausprägungen (hier Perspektiven) einzelne Modellelemente unterschiedlich benennen können.

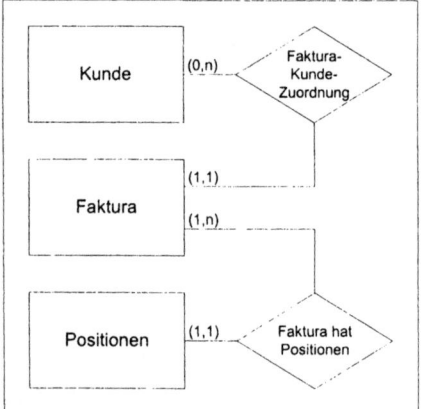

Abbildung 58: Bezeichnungsvariation im Datenmodell: Kundensicht vs. Herstellersicht

Demnach ist ein Mechanismus notwendig, der einen von Konfigurationsparameterausprägungen abhängigen Austausch von Bezeichnungen ermöglicht. Für diesen Mechanismus bieten sich zwei Alternativen an: Die erste Alternative ist die direkte Zuordnung von Modellelementbenennungen zu Konfigurationsparameterausprägungen. Dieses bedeutet, dass für jedes Modellelement bei der Modellierung zu jeder Konfiguration, in der das Modell verwendet werden soll, eine Zuordnung zwischen Modellelementbenennung und Konfigurationsparameterausprägung definiert werden muss. Werden nachträglich neue Konfigurationsparameter bzw. Konfigurationsparameterausprägungen eingefügt, dann müssen umgehend alle Modellelemente aller in der entsprechenden Konfiguration sichtbaren Modelle manuell angepasst werden.

Die zweite Alternative sieht eine Anpassung der Modellelementbenennungen durch die Verwendung einer modellübergreifenden Umbenennungstabelle vor. Konkret heißt das, dass zunächst die Modelle unabhängig von der Konfigurationsparameterausprägung mit Standardbenennungen zu modellieren sind und anschließend diejenigen Benennungen über die Umbenennungstabelle an die jeweilige Konfigurationsparameterausprägung angepasst werden, für die die Begriffe nicht der Standardbenennung entsprechen. Beim nachträglichen Einfügen neuer Modelle stehen alle Modelle, bei denen keine vom Standard verschiedenen Benennungen erforderlich sind, automatisch zur Verfügung.

Aufgrund der Vorteile bei der nachträglichen Manipulation der Modelle ist die von Konfigurationsparameterausprägungen abhängige Modellelementbenennung über eine modellübergreifende Umbenennungstabelle auf Begriffsbasis konzipiert worden. Im *Meta-Metamodell* stehen Konfigurationsparameter in Beziehung zu *Synonymgruppenbezeichnungen* und repräsentieren somit über diese Beziehung die Umbenennungstabelle für die Modellelemente (vgl. Abbildung 59). Synonymgruppenbezeichnungen definieren den führenden Standardbegriff (z. B. „Faktura"), der in Abhängigkeit von der Konfigurationsparameterausprägung durch den im Attribut *Text* gespeicherten Term (z. B. „Rechnung") der Beziehung *Bezeichnungsvariation* ersetzt wird.

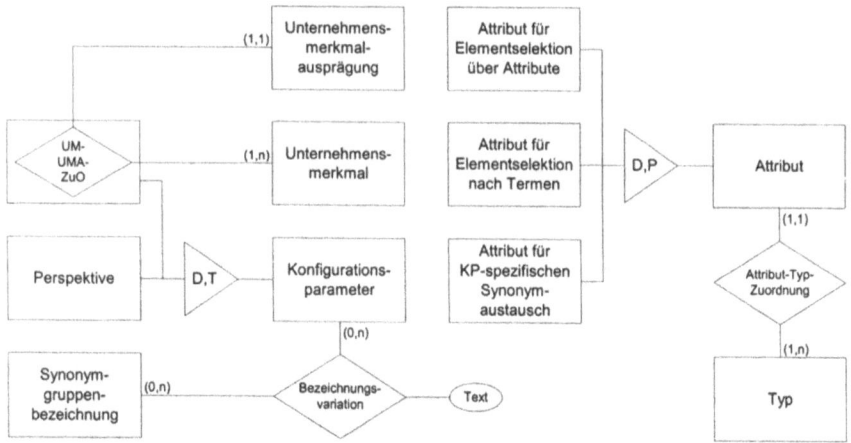

Abbildung 59: Meta-Metamodellkonstrukte zur Bezeichnungsvariation

Damit Modellelemente über die Umbenennungstabelle perspektivenspezifisch benannt werden können, ist es notwendig, die Sprache der Metamodellebene zu erweitern. Modellelementbenennungen sind auf der Metamodellebene Attribute von Modellelementen. Da die Umbenennungstabelle nicht pauschal für alle Attribute der Modellelemente gelten soll, müssen diejenigen Attribute gekennzeichnet werden, auf die die Umbenennungstabelle anzuwenden ist. Bspw. kann dies durch ein dem Attributnamen vorangesetztes Sternchen (*) geschehen. Diese Spracherweiterung der Metamodellebene muss konsequenterweise auf der Meta-Metamodellebene durch eine Spezialisierung des Entitytyps *Attribut* in *Attribut für KP-spezifischen Synonymaustausch* modelliert werden.

Durch die stringente Modellierung des oben beschriebenen Sachverhaltes auf der Meta-Metamodellebene müssen auf der *Metamodellebene* alle Attribute, auf die die Umbenennungstabelle angewandt werden soll, mit einem Sternchen gekennzeichnet werden, wie es in Abbildung 60 beispielhaft für die Sprachdefinition der Entity-Relationship-Modelle gezeigt ist. In diesem Beispiel kann lediglich die Benennung der Entitytypen eines ERM über die Umbenennungstabelle konfigurationsspezifisch angepasst werden.

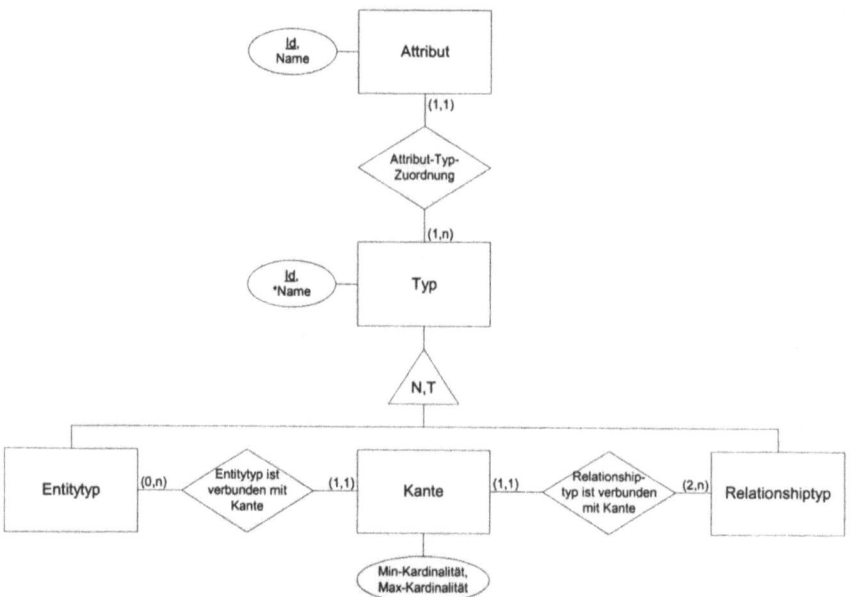

Abbildung 60: Exemplarische Auswirkungen der Bezeichnungsvariation auf das Entity-Relationship-Metamodell

Die Abbildung 61 zeigt, wie das zuvor angegebene Fallbeispiel mit den hier vorgestellten Konstrukten korrekt in einem konfigurierbaren Referenzmodell unter der Verwendung des vorher angegebenen Metamodells modelliert werden kann. Dabei ist „Faktura" als der führende Standardbegriff und somit als Synonymgruppenbezeichnung gewählt worden. Durch Anwendung der Bezeichnungsvariation entstehen mit Rückgriff auf die Ersetzungstabelle zwei konfigurierte Datenmodelle, in denen der Begriff „Faktura" einerseits durch „Rechnung" ersetzt, andererseits beibehalten wurde.

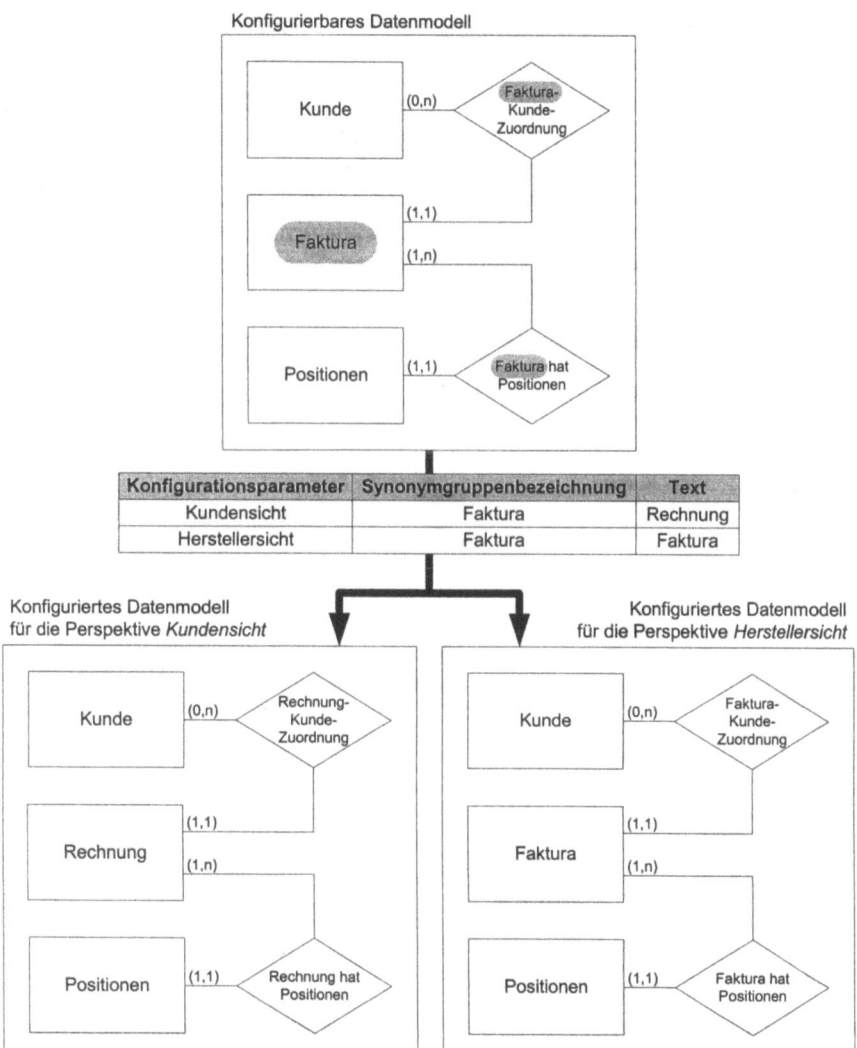

Abbildung 61: Exemplarische Auswirkungen der Bezeichnungsvariation auf die Modellebene

3.4.5 Darstellungsvariation

Die Konfigurationsmechanismen der *Darstellungsvariation* ermöglichen Modifikationen des repräsentationellen Sprachaspektes der verwendeten Modellierungssprachen für die Erstellung von Referenzmodellen. Sowohl bei der Erstellung als auch bei der Verwendung von Referenzmodellen finden die Konfigurationsmechanismen dieser Kategorie Anwendung. Insbesondere die Persepktivenkomponenten *Zweckbezug* und *weitere Einflüsse* wie individuelle Präferenzen beeinflussen nachhaltig die Art und Weise, wie die visuelle Darstellung der Modelle erfolgen soll.

Unter *Darstellungsvariation der Symbole* ist die unterschiedliche Repräsentation von Modellelementen mit Symbolen, Piktogrammen oder Farben (z. B. eine besondere farbliche Aufbereitung der Modelle für Rot-Grün-Blinde) zu verstehen. Abbildung 62 zeigt beispielhaft die Modellierung eines Prozesses unter der Verwendung von zwei unterschiedlichen Symbolvarianten, einer intuitiven Symbolvariante für das *Management* und einer formaleren Symbolvariante für die *IT-Services*.

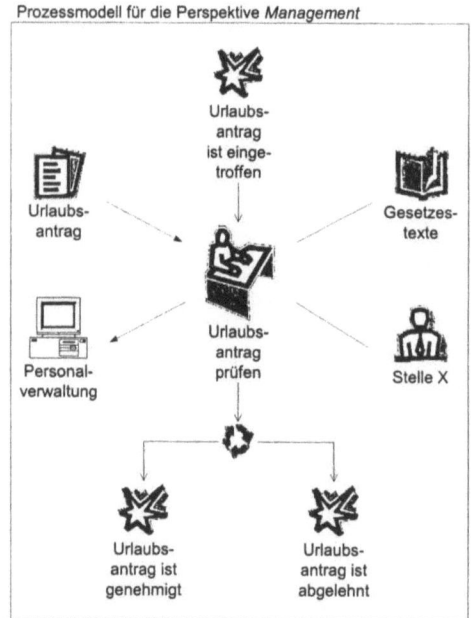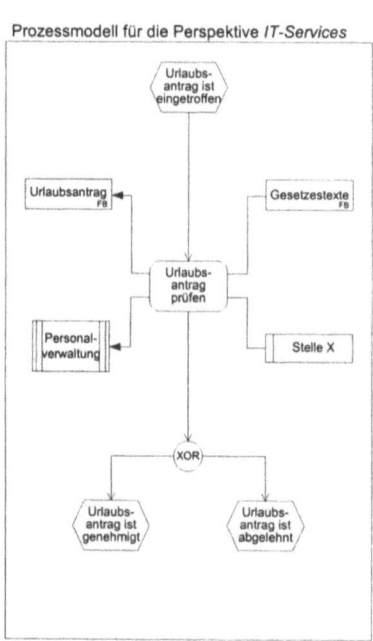

Abbildung 62: Beispiele für Symbolvarianten

Für unterschiedliche Perspektiven existieren weiterhin verschiedene Anforderungen an die *Topologie* der dargestellten Modelle. Im Kontext der Modellierung ist unter Topologie die Anordnung der einzelnen Modellelemente zueinander, unter Berücksichtigung von Syntax- und Semantikrestriktionen, zu verstehen. Abbildung 63 zeigt zwei unterschiedliche *Topologievariationen* eines Datenmodells.

Die erste Topologievariante erfüllt die Anforderung einer möglichst überschneidungsfreien Darstellung des Sachverhaltes. Die zweite Variante ist gemäß einer Konvention modelliert, bei der Modellelemente nach dem Grad ihrer Existenzabhängigkeit angeordnet werden [Schü98, S. 148; Sinz93, S. 83].

Überschneidungsfreie Topologie

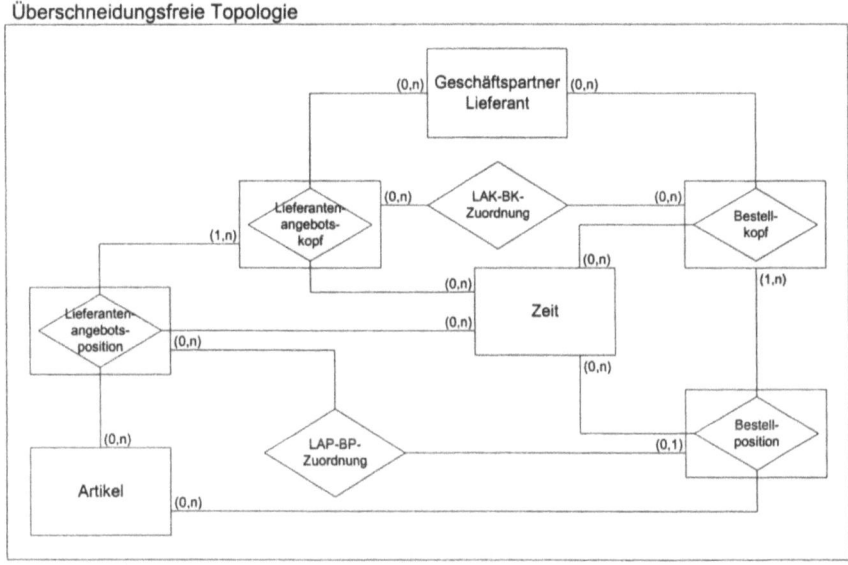

Topologie nach Existenzabhängigkeit der Elemente

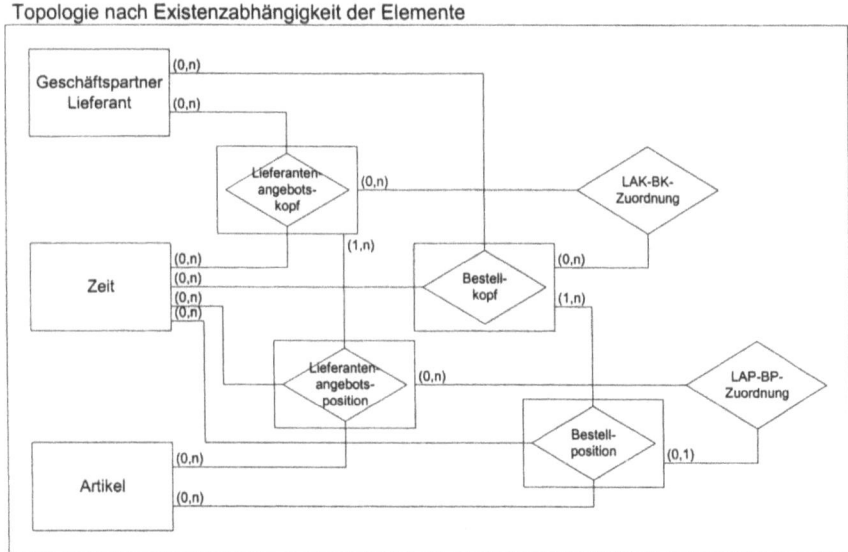

Abbildung 63: Beispiele für Topologievarianten

Die perspektivenabhängige Generierung von Modelltopologievarianten wird durch den Konfigurationsmechanismus der *Darstellungsvariation der Topologie* ermöglicht.

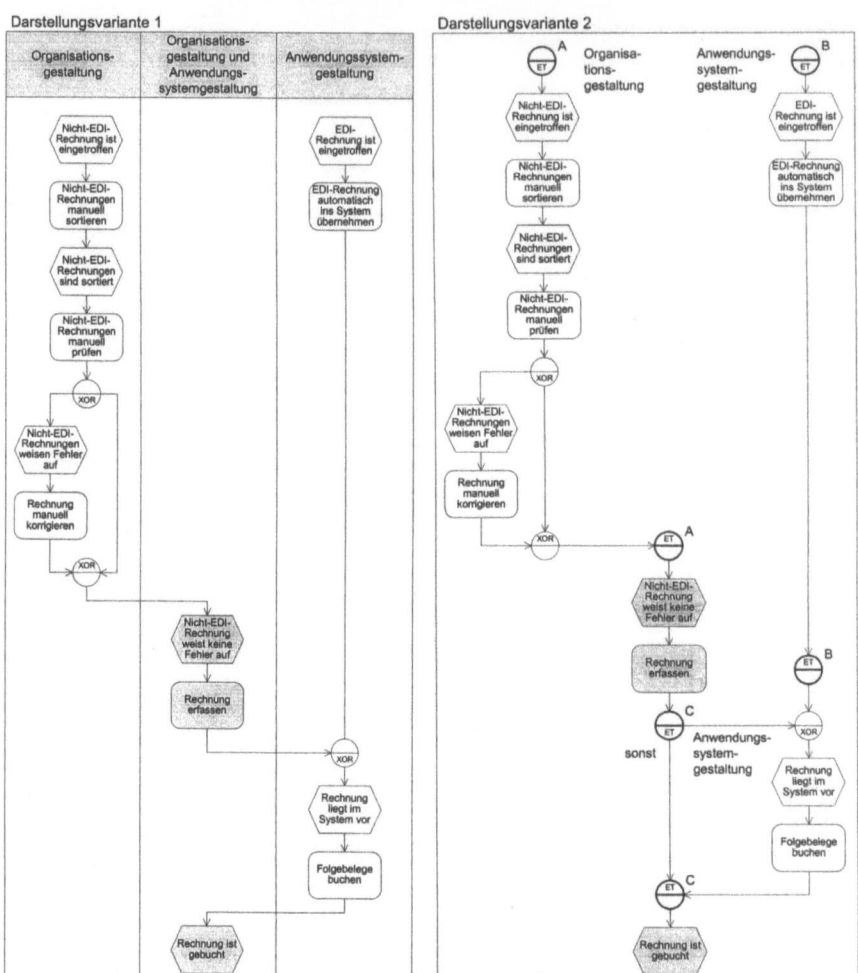

Abbildung 64: Beispiele für Darstellungsvarianten der Konfigurationsansatzpunkte [BHKS00, S. 102]

Ein grundlegender Bestandteil moderner Referenzmodellierungswerkzeuge ist die Konfigurierbarkeit von Modellen. Eine Anforderung an das Modellierungstool ist es, konfigurierbare Modelle zur Übersicht und zum besseren Verständnis der Zusammenhänge nicht nur in einer Ausprägung der Konfigurationsparameter darstellen zu können, sondern mehrere Ausprägungen verschiedener Konfigurationsparameter in einem Modell zum Vergleich der Konfigurationen zusammenzufassen. Bei der simultanen Darstellung verschiedener Konfigurationsparameterausprägungen in einem Modell stehen dabei in Abhängigkeit vom Modelltyp unterschiedliche Darstellungsvarianten zur Verfügung. Diese sind z. B. für ein konfigurierbares Prozessmodell die *Spaltendarstellung* und die Verwendung von *Build-Time-Operatoren* [Schü98, S. 247] (vgl. Abbildung 64). Bei der ersten Darstellungsvariante werden Elemente mit gleicher Konfigurationsparameterausprägung in derselben Spalte angeordnet, bei der zweiten Darstellungsvariante werden Elemente mit gleicher Konfigurationsparameterausprägung zu Blöcken zusammengefasst, die über Build-Time-Operatoren voneinander abgegrenzt werden. Der Konfigurationsmechanismus der *Darstellungsvariation der Konfigurationsansatzpunkte* realisiert die perspektivenspezifische Variation der genannten Darstellungen der konfigurierbaren Modelle.

Die zur Umsetzung der Darstellungsvariationen notwendigen *Meta-Metamodellkonstrukte* sind in Abbildung 65 dargestellt. Dieses Modell zeigt die Abhängigkeiten der unterschiedlichen Darstellungsvarianten zu den Modellelementen und den Perspektiven.

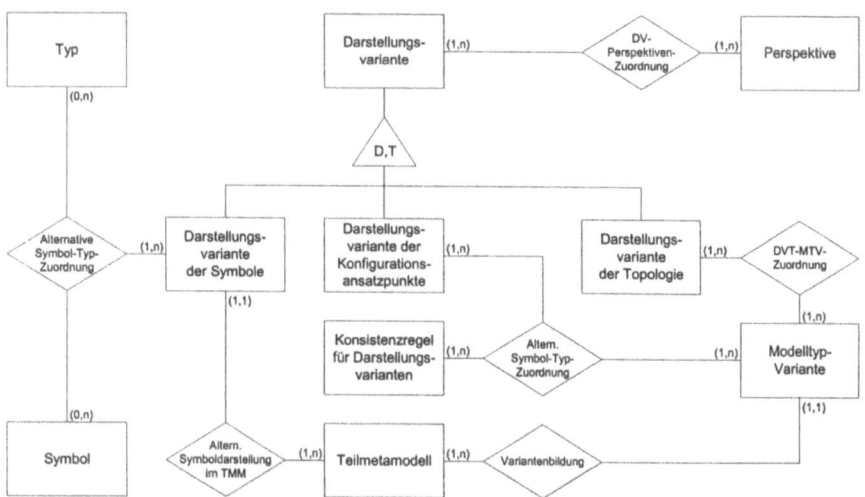

Abbildung 65: Meta-Metamodellkonstrukte für die Darstellungsvariation

Es werden jedoch nicht die den Darstellungsvarianten zugrunde liegenden technischen Details (Bilder oder Zeichnungen) bzw. Algorithmen (zum Beispiel zur Anordnung der Modellelemente) abgebildet. Dieses begründet sich erstens damit, dass es technisch aus Performanzgründen nicht sinnvoll ist, diese Details in einer Datenbank zu hinterlegen. Die als Datenbankfelder vorliegenden Details müssten dann zur Laufzeit des Editors ausgelesen und interpretiert werden. Zweitens ist die Eignung von relationalen Modellen zur Beschreibung von Zeichenbefehlen, wie sie zur Darstellung der Symbole benötigt werden, und Algorithmen, wie sie zur Anordnung der Modellelemente zu formulieren sind, im Vergleich zu herkömmlichen Programmiersprachen deutlich unterlegen.

Alle darstellungsbezogenen Varianten sind eine Spezialisierung des Entitytyps *Darstellungsvariante* und stehen somit in Bezug zu beliebig vielen *Perspektiven*, wobei eine Perspektive durchaus auch mehrere Darstellungsvarianten unterstützen kann. Die *Darstellungsvariante der Symbole* ist über eine trinäre Beziehung sowohl den *Symbolen* als auch den *Typen* zugeordnet. Symbole stellen dabei eine Referenz auf ein Programmmodul des Editors dar, in dem das jeweils zugehörige Symbol in einer Programmiersprache beschrieben ist. Instanzen von *Typen* sind auf Metamodellebene die verschiedenen Modellelementtypen wie zum Beispiel das *Ereignis* bei der EPK oder der *Relationshiptyp* beim ERM. Über die o. g. trinäre Beziehung werden diese Typen den *Symbolen* in der jeweiligen Darstellungsvariante der Symbole zugeordnet. Da unterschiedliche Darstellungsvarianten der Symbole nur im Kontext bestimmter Modellierungssprachen sinnvoll sind, stehen die Darstellungsvarianten der Symbole in Bezug zu den *Teilmetamodellen*, die eine Modellierungssprache repräsentieren.

Ebenso wie die Darstellungsvariante der Symbole handelt es sich bei der *Darstellungsvariante der Topologie* aus technischer Sicht lediglich um eine Referenz auf ein Programmmodul des Editors, welches die zur der Realisierung notwendigen Algorithmen enthält. Topologien sind nur im Kontext mit bestimmten – ggf. modifizierten – Modellierungssprachen sinnvoll und stehen daher mit den *Modelltypvarianten* in Beziehung.

Die *Darstellungsvariante der Konfigurationsansatzpunkte* steht über eine trinäre Beziehung mit den *Modelltypvarianten* und den *Konsistenzregeln für Darstellungsvarianten* in Verbindung. Dieses ist notwendig, da aufgrund von in der Modelltypvariante definierten Auslassungen von Modellelementen sich die Syntax der Modellierungssprache verändern kann, was für die unterschiedlichen Darstellungsvarianten von Relevanz ist. Wie schon bei den anderen Entitytypen für Darstellungsvarianten handelt es sich bei den beiden zuletzt genannten ebenfalls um Referenzen auf Programmmodule des Editors.

3.5 Gesamtübersicht: Meta-Metamodell

Nachdem im vorangegangenen Abschnitt die einzelnen Konfigurationsmechanismen und deren Datenstrukturen auf Meta-Metamodellebene ausschnittsweise vorgestellt wurden, wird in diesem Abschnitt eine Übersicht über das gesamte Meta-Metamodell gegeben (vgl. Abbildung 66).

Der Entitytyp *Gesamtmetamodell der Informationssystemarchitektur* dient als Ausgangspunkt für die folgenden Betrachtungen. Zu diesem Entitytyp gibt es genau ein Entity, das das integrierte Metamodell repräsentiert. Dem integrierten Metamodell sind beliebig viele *Teilmetamodelle* zugeordnet, die die unterschiedlichen Modellierungssprachen (wie z. B. EPK, ERM, Organigramm etc.) repräsentieren. *Teilmetamodelle* enthalten diejenigen *Metamodellelemente*, die für die jeweilige Modellierungssprache benötigt werden. Zur Modellierung der Metamodelle wird eine erweiterte Form der Entity-Relationship-Modelle (vgl. Abschnitt 3.3.1) verwendet. Daher spezialisiert sich das *Metamodellelement* in *Attribut*, *Typ* und *Restriktion*.

Konfigurative Referenzmodellierung 131

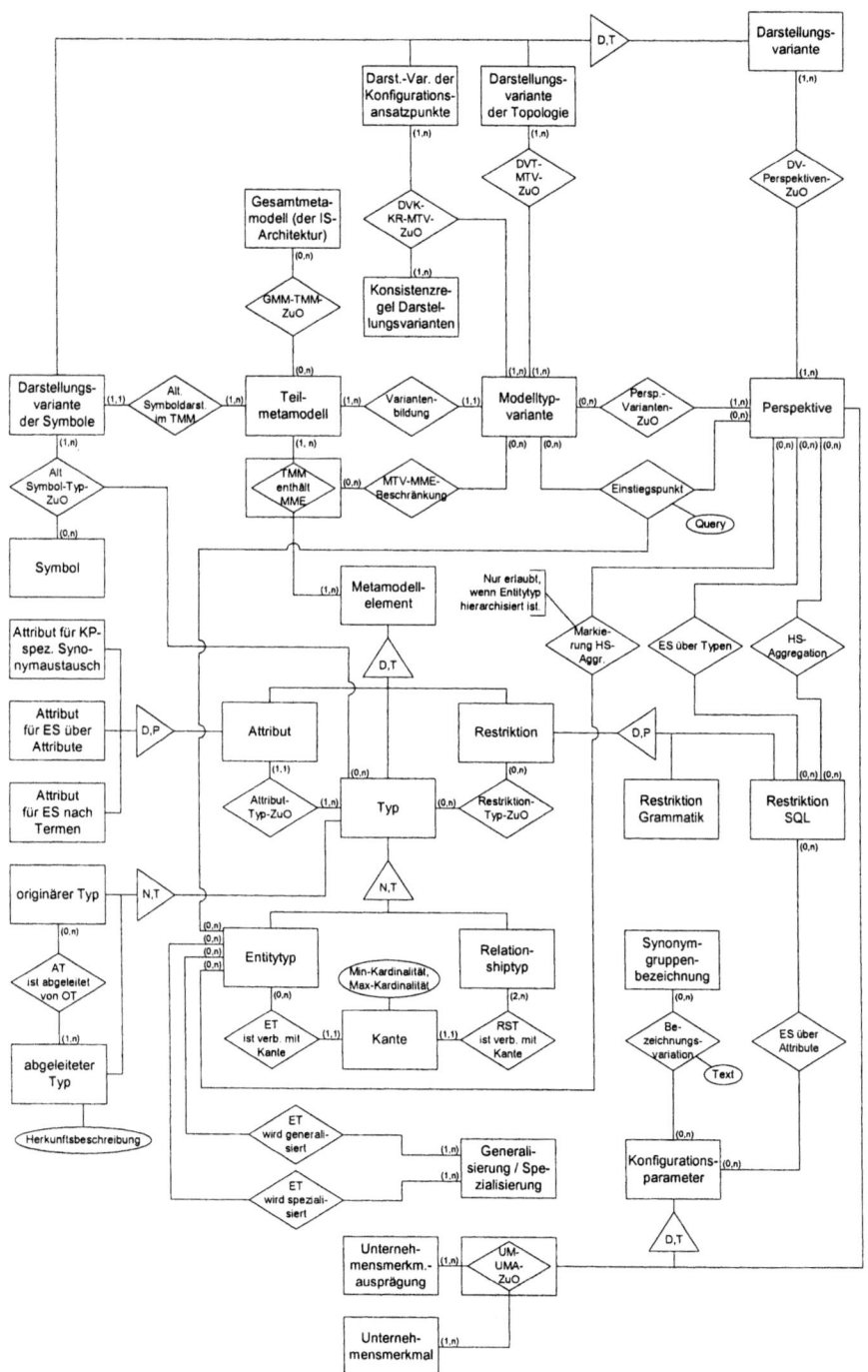

Abbildung 66: Meta-Metamodell der konfigurativen Informationssystemarchitektur

Die Beziehungen zwischen den Entitytypen *Attribut, Typ, Restriktion, Entitytyp, Kante, Relationshiptyp* sowie der *Generalisierung/Spezialisierung* entsprechen (von Erweiterungen abgesehen) den in Abschnitt 3.3.1 beschriebenen Zusammenhängen zu Entity-Relationship-Modellen. Erweiterungen werden z. B. zur Unterstützung der *Elementselektion über Attribute* (vgl. Abschnitt 3.4.3) durch Spezialisierung von *Attribut* in *Attribut für Elementselektion über Attribute* sowie durch Spezialisierung von *Restriktion* in *Restriktion SQL* vorgenommen. Zur Unterstützung einer konfigurationsparameterabhängigen Benennung von Modellelementen, wie sie in Abschnitt 3.4.4 (*Bezeichnungsvariation*) im Detail beschrieben ist, ermöglicht der Entitytyp *Synonymgruppenbezeichnung* in Verbindung mit seiner Beziehung zum *Konfigurationsparameter* die Definition von Synonymgruppen, die in Abhängigkeit von der Konfigurationsparameterausprägung durch bestimmte Textterme ersetzt werden. Zusätzlich werden über den spezialisierten Entitytyp *Attribut für KP-spezifischen Synonymaustausch* diejenigen Attribute gekennzeichnet, auf die der Synonymaustausch angewendet werden soll.

Zu Teilmetamodellen existieren eine (Standardvariante) oder mehrere Varianten, die durch den Entitytyp *Modelltypvariante* repräsentiert werden. Über die Beziehung *MTV-MME-Beschränkung* werden für die Varianten diejenigen *Metamodellelemente* gekennzeichnet, die in einem *Teilmetamodell* gestrichen werden sollen (z. B. sind Entity-Relationship-Modelle in einer Variante mit und in einer anderen Variante ohne annotierte Attribute darstellbar). Die *Modelltypvarianten* sind *Perspektiven* zugeordnet, wodurch die zu einer Perspektive gehörenden Modellierungssprachen und -varianten festgelegt werden.

Bei Verwendung unterschiedlicher Modellierungssprachen zur Unternehmensmodellierung fällt auf, dass Modelle einer Sprache unter gewissen Umständen über formale Mechanismen aus Modellen einer anderen Sprache ableitbar sind. Dieses gilt zum Beispiel für Funktionsdekompositionsdiagramme, die sich im Allgemeinen vollständig aus bereits bestehenden Prozessmodellen ableiten lassen. In diesem Fall ist eine redundante Modellierung der Funktionsdekompositionsdiagramme aufgrund des damit verbundenen Pflegeaufwandes nicht sinnvoll. Daher unterstützt das hier vorgestellte Werkzeug die Definition von abgeleiteten Modellen. Realisiert wird dies durch eine Spezialisierung des Entitytyps *Typ* in *abgeleiteter Typ* und *originärer Typ*. Während originäre Typen wie gewohnt modelliert werden müssen, werden abgeleitete Typen über eine Herkunftsbeschreibung spezifiziert (z. B. unter Verwendung von VIEW-Definitionen, wie sie von der Sprache SQL [DaDa97] definiert werden).

Teilmetamodelle stehen in Beziehung zu *Entitytypen*, die in Kombination mit einer *Perspektive* als Einstiegspunkte in die jeweiligen Modelle dienen. Für Ereignisgesteuerte Prozessketten sind dies zum Beispiel die Entitytypen *Prozess* und *Funktion*. Über diese Beziehung wird ausgedrückt, welche Einstiegspunkte (also welche Modelle, die dem Nutzer als Navigationsausgangspunkt dienen) dem Nutzer einer Perspektive angeboten werden. Um einen Bezug zu konkreten Modellelementen einer Modellierungssprache herstellen zu können, wird über das Attribut *Query* dieser Beziehung eine Anfrage definiert, die eine Liste der Einstiegspunkte auf Modellebene zurückliefert. Ausgehend von diesen Einstiegspunkten auf Modellebene ist eine Darstellung von Modellen und eine Navigation durch die gesamte konfigurationsparameterkonforme Modellstruktur möglich.

Die Werkzeugarchitektur unterstützt eine Vielzahl von Darstellungsvarianten, die im Detail in Abschnitt 3.4.5 besprochen wurden. Darstellungsvarianten sind Perspektiven zugeordnet. Es werden drei Spezialfälle von Darstellungsvarianten unterschieden: die *Darstellungsvariante der Symbole*, die *Darstellungsvariante der Topologie* und die *Darstellungsvariante der Konfigurationsansatzpunkte*.

3.6 Metamodellprojektion

Die Metamodellprojektion ist bereits in Abschnitt 3.1 als ein Mechanismus zur syntaktischen und semantischen Anpassung eines Modells an ein Metamodell definiert und an einem Beispiel erläutert worden. Im Folgenden soll die softwaretechnische Realisierung der Metamodellprojektion diskutiert werden.

3.6.1 Anpassung von Syntax und Semantik

Bei der Durchführung der Metamodellprojektion ist zu beachten, dass neben der *syntaktischen* Anpassung auch eine *semantische* Anpassung vorgenommen werden muss. Ein Algorithmus, der die syntaktische Anpassung durchführt, lässt sich mit relativ wenig Aufwand implementieren, wenn sich – wie bei der hier vorgestellten Werkzeugarchitektur gegeben und durch das Meta-Metamodell sichergestellt – das neue Metamodell lediglich durch zusätzliche Einschränkungen (z. B. Auslassung von Entitytypen oder Einschränkung der Entitytypen durch zusätzliche Restriktionen) vom alten Metamodell unterscheidet. In diesem Fall kann die Anpassung des Modells an die Syntax des neuen Metamodells durch eine sukzessive Reduktion des Modells um alle zu dem neuen Metamodell nicht passenden Entities und ihre Beziehungen zu den anderen Entities erreicht werden. Diese Implementierung der syntaktischen Anpassung weist den Vorteil auf, dass sie sprachübergreifend (also unabhängig vom konkreten Metamodell des Modells) ist.

Haben die durch die syntaktische Anpassung entfernten Entities des Modells lediglich einen optionalen Charakter, das heißt, dass diese Elemente für das Verständnis – also die Semantik – des Modells nicht erforderlich sind, dann ist nach der syntaktischen keine semantische Anpassung mehr notwendig. Das neue Modell ist in diesem Fall in sich konsistent. Ein Beispiel für einen solchen Fall ist das Entfernen aller Organisationseinheiten aus einer EPK. Die Semantik des durch die EPK beschriebenen Prozessablaufes bleibt erhalten, obwohl eine Reihe von Modellobjekten und ihre Beziehungen entfernt wurden.

Unter Annahme, dass Trivialereignisse über ein gesondertes Attribut gekennzeichnet sind, kann es für bestimmte Perspektiven sinnvoll sein, diese aus einem in EPK-Notation beschriebenen Prozess zu entfernen. In diesem Fall ist eine syntaktische Anpassung, wie sie oben beschrieben wurde, nicht ausreichend. Da sowohl Trivialereignisse als auch Nicht-Trivialereignisse in einer EPK keinen optionalen Charakter haben, sondern vielmehr für die Semantik eines Prozesses in EPK-Notation unerlässlich sind, weil sie einzelne Prozessschritte in eine Ausführungsreihenfolge bringen, würde das Entfernen der Trivialereignisse ohne Anwendung weiterer Maßnahmen die vorgegebene Ablauffreihenfolge der einzelnen Prozessschritte nicht mehr korrekt wiedergeben. Daher muss in diesem Fall die Semantik der verwendeten Sprache (in diesem Beispiel die der EPK) berücksichtigt werden. Zur semantischen Anpassung ist in dem hier beschriebenen Beispiel eine direkte Verbindung der Prozessschritte, zwischen denen die Trivialereignisse entfernt wurden, über eine neue Kante erforderlich. Die Syntax des Metamodells ist folglich derart zu erweitern, dass zwei Prozessschritte direkt miteinander in einer Reihenfolge-Beziehung stehen können (und somit direkt mit einem Pfeil verbunden werden dürfen).

Man kann festhalten, dass die semantische Anpassung im Unterschied zur syntaktischen Anpassung keine Modellelemente (Entities oder Beziehungen) entfernt, sondern Modellelemente nach Durchführung der syntaktischen Anpassung unter Beachtung der durch die Modifikation am Metamodell entstandenen (und unter Umständen aus semantischen Gründen notwendigen) neuen Syntaxvorschriften hinzufügt, um verloren gegangene Semantik wiederherzustellen. Zudem wird anhand des vorher genannten Beispiels erkennbar, dass die semantische Anpassung immer sprachspezifisch erfolgen muss. Daher ist die Metamodellprojektion nur dann automatisiert von einem Softwarewerkzeug durchführbar, wenn die Anzahl der verwendeten Modellierungssprachen und die Anzahl der möglichen Sprachvariationen eingeschränkt sind. Diese Einschränkung wird durch den Zwang der expliziten Modellierung der verwendeten Sprachen (Entitytyp *Teilmetamodell*) und ihrer Variationen (Entitytyp *Modelltypvariante*) im Meta-Metamodell vorgenommen.

3.6.2 Durchführungszeitpunkte

Generell lässt sich die *Online-Metamodellprojektion* von der *Offline-Metamodellprojektion* unterscheiden. Bei der Online-Metamodellprojektion wird das integrierte Gesamtmodell zur Laufzeit des Werkzeuges unmittelbar auf eine konkrete Anfrage des Benutzers auf perspektivenspezifische Modelle reduziert. Vorteile dieses Vorgehens sind die Speicherplatzersparnis durch die Verwendung eines integrierten Gesamtmodells und die hohe Flexibilität bei der Perspektivenkonfiguration sowie die sofortige Weitergabe von Modifikationen des Gesamtmodells.[75] Von Nachteil ist hier insbesondere die hohe Anforderung an die verfügbare Rechenkapazität, da die Metamodellprojektion zum einen in kurzer Zeit durchzuführen ist (um den Anwender nicht warten zu lassen). Zum anderen müssen perspektivenspezifische Modelle bei jedem Zugriff neu berechnet werden.

Bei der Offline-Metamodellprojektion werden aus dem integrierten Gesamtmodell vor der ersten Verwendung des Werkzeuges durch die Endnutzer alle perspektivenspezifischen Modelle generiert und in der Modelldatenbank gespeichert. In diesem Fall sind die Nachteile hoher Speicherplatzbedarf, geringe Flexibilität bei der Perspektivenkonfiguration und bis zur nächsten Aktualisierung der perspektivenspezifischen Modelle verzögerte Weitergabe der Modifikationen am Gesamtmodell zu nennen. Von Vorteil ist auf jeden Fall die hohe Zugriffsgeschwindigkeit auf die bereits errechneten Modelle und die Möglichkeit, das integrierte Gesamtmodell vollständig oder aber nur teilweise auszuliefern. Somit ist es z. B. möglich, einem Kunden nur diejenigen perspektivenspezifischen Modelle zu verkaufen, die er wirklich benötigt, und dadurch eine Produktdifferenzierung zu betreiben (vgl. Abschnitt 2.6).

Am vielversprechendsten ist die Kombination beider Ansätze. Bspw. kann das integrierte Gesamtmodell mit Absprache des Kunden einem ersten Schritt über die Offline-Metamodellprojektion zu einem reduzierten Gesamtmodell verkleinert werden, auf das der Kunde dann über die Online-Metamodellprojektion zugreift. Dieser profitiert davon, dass das Gesamtmodell in seinem Umfang verkleinert wird, was sich positiv auf die Zugriffsgeschwindigkeit auswirkt. Der Modellersteller hat die Möglichkeit, eine Produktsegmentierung zu betreiben, und der Kunde kann weiterhin seine Perspektiven (in einem reduzierten Umfang) selbst rekonfigurieren.

3.6.3 Implementierungsansätze

Unter der Annahme, dass die Entitytypen der Metamodelle in einer relationalen Datenbank durch Tabellen repräsentiert werden, besteht die Möglichkeit, die grundlegenden Datenbankfunktionalitäten für die Implementierung der Online-Metamodellprojektion zu nutzen. So bietet die weit verbreitete Datenbanksprache *SQL2*[76] die Möglichkeit, Sichten (sog. *virtuelle Tabellen*) anzulegen. Diese Sichten sind benannt und als Anfragen auf eine oder mehrere Tabellen definiert. Auf das Ergebnis einer solchen Sicht wird genauso wie auf eine Tabelle zugegriffen, mit dem Unterschied, dass dieses Ergebnis bei jedem Zugriff neu berechnet wird

---

[75] Es wäre zum Beispiel möglich, den Benutzer seine Perspektive jederzeit rekonfigurieren zu lassen und bei jeder Parameteränderung das Resultat für ein gewähltes Teilmodell sofort auf dem Bildschirm anzuzeigen.

[76] SQL2 ist die derzeit am häufigsten verwendete, zweite Version der Datenbanksprache SQL [DaDa97].

und nicht gespeichert ist. Somit sind Sichten gut zur Implementierung der syntaktischen Anpassung geeignet. Die syntaktische Anpassung eines Modells kann realisiert werden, indem zu jeder Tabelle des Modells (= Ausgangsmetamodell) eine Sicht unter Berücksichtigung der durch das Ziel-Metamodell vorgegebenen Restriktionen generiert wird. Da Sichten über Anfragen realisiert werden, lassen sich Restriktionen automatisiert in geeignete Anfragen insbesondere dann einfach umsetzen, wenn die Restriktionen bereits im SQL-Dialekt formuliert sind (z. B.: WHERE Ereignis.Trivial <> TRUE). Für Tabellen, die im Zielmetamodell vollständig entfallen, braucht keine Sicht definiert zu werden; vielmehr ist lediglich der Zugriff auf diese Tabellen zu verhindern, indem in allen Tabellen, die auf diese Tabelle verweisen, das referenzierende Attribut gelöscht wird.

Lassen sich Restriktionen nicht unter Verwendung eines SQL-Dialektes formulieren bzw. können sie vor der Durchführung der Metamodellprojektion nicht in SQL übersetzt werden, dann kann dennoch die syntaktische Anpassung unter Verwendung von grundlegenden Datenbankfunktionalitäten implementiert werden, sofern die verwendete Datenbank das Konzept der *Stored-Functions* unterstützt.[77] Stored-Functions sind eine benannte und ggf. parametrisierte Sammlung von Befehlen mit einem Rückgabewert. Unter Verwendung dieses Konzeptes kann ein Interpreter geschrieben werden, der zur Laufzeit in der Lage ist, beliebige Sprachkonstrukte auszuwerten. Beispielsweise könnte die vom Konfigurationsmechanismus der Elementselektion nach Termen (vgl. Abschnitt 3.4.3) verwendete Idee zur Parametrisierung von Modellelementen unter Verwendung von Termen mit Stored-Functions realisiert werden. Hierzu ist eine Stored-Function zu schreiben, die als Eingabewert einen Term erhält, den sie interpretiert und als Rückgabewert wahr oder falsch zurückliefert, in Abhängigkeit davon, ob der Term durch die Unternehmensparameter erfüllt wird oder nicht. Ist der Term erfüllt, dann ist das dazugehörige Modellelement in die jeweilige Sicht zu übernehmen, anderenfalls ist es auszulassen.

Zur Implementierung der semantischen Anpassung sind die Datenbanksichten derart zu konzipieren, dass Daten geeignet zusammengefasst werden, so dass die Semantik trotz Datenreduktion erhalten bleibt. Hier dürften sich insbesondere Probleme bei rekursiven Datenstrukturen ergeben, wie sie zum Beispiel vom Konfigurationsmechanismus *Elementselektion mittels Hierarchiestufenaggregation* (vgl. Abschnitt 3.4.3) benötigt werden, weil SQL2 solche Datenstrukturen nicht ohne Vorgabe einer maximalen Rekursionstiefe bearbeiten kann. Die Behandlung von rekursiven Datenstrukturen wird im Standard *SQL3* diskutiert, der sich derzeit in Entwicklung befindet, aber teilweise bereits von einigen Datenbankanbietern implementiert ist [Voss99, S. 311, S. 361].

---

[77] Stored-Functions werden zum Beispiel von der Datenbank *Oracle* der gleichnamigen Firma unterstützt.

Alternativ zu der Verwendung von Datenbankfunktionalität kann die Metamodellprojektion (Online- wie Offline-) unter Verwendung herkömmlicher Programmiersprachen zum Beispiel als eigene Applikation für die Offline-Metamodellprojektion oder integriert in der Modelldarstellungskomponente implementiert werden. Allerdings ist bei einer solchen Lösung eine geringere Performanz – bedingt durch die höheren Kommunikationskosten – zu erwarten und mit einem höheren Implementierungsaufwand zu rechnen, weil das durch die relationalen Datenbanken bereitgestellte Sichtenkonzept manuell nachimplementiert werden muss.

4 Zusammenfassung und Ausblick

Die Erstellung konfigurierbarer Referenzmodelle wurde eingangs dadurch motiviert, sie passgenauer für unterschiedliche Anwendungskontexte gestalten zu können. Hierdurch kann der Aufwand des Referenzmodellnutzers bei der Erstellung unternehmensspezifischer Modelle reduziert und die Akzeptanz des Referenzmodells beim Nutzer verbessert werden. Neben der Unterstützung von *inhaltlichen* Varianten, welche die unterschiedlichen Anforderungen von Unternehmensklassen berücksichtigen, wurde auch das Management von *perspektivenorientierten* Varianten, die auf Anforderungsdifferenzen von Benutzerklassen zurückzuführen sind, in den Ansatz einbezogen. Die Verwendung von Perspektiven als Konfigurationsparameter wurde speziell unter Rückgriff auf das Konzept der Subjektivierung nach LUHMANN motiviert.

Im Prinzip kann der Aussage, dass im Grunde jeglicher Aspekt eines Modells konfigurierbar sein muss, um den möglichen Ausprägungen der als Konfigurationsparameter dienenden Unternehmensmerkmale und Perspektiven zu genügen, zugestimmt werden. Für die Umsetzung der konfigurativen Referenzmodellierung ist durch diese allgemeine Feststellung allerdings nichts gewonnen. Die vorgestellten Konzepte tragen mit ihren *Konkretisierungen* zur Realisierung der Zielsetzung einer konfigurativen Referenzmodellierung wesentlich bei. Die Operationalisierung wird über die vorgeschlagene Methodik und die identifizierten Konfigurationsmechanismen gefördert.

Das Phasenmodell der *Methodik* unterscheidet fünf Aufgabenblöcke. Die Betrachtung und Unterscheidung dieser Phasen war notwendig, weil in jeder auf das entwickelte Variantenkonzept zurückgegriffen wird:

1. Die Identifikation der Konfigurationsparameter in Form von Perspektiven und Unternehmensmerkmalen leistet einen wesentlichen Beitrag zur Eingrenzung des Projektzieles.

2. Die Konfigurationsmechanismen des Variantenkonzepts müssen Eingang in die zu definierende Referenzmodellierungstechnik finden.

3. Im Rahmen der Erstellung des Referenzmodells selbst muss eine Zuordnung der Ausprägungen der Konfigurationsmechanismen zu den Komponenten des Referenzmodells vorgenommen werden.

4. Die Testfälle, die der Evaluation des Referenzmodells zugrunde liegen, stellen geeignet auszuwählende Kombinationen der Konfigurationsparameter (Konfigurationsvektoren) dar.

5. Die Bildung marktorientierter Modellvarianten zur Unterstützung einer differenzierten Produktpolitik kann sich ebenfalls ganz wesentlich auf die Auswahl von Perspektiven und Unternehmensmerkmalen stützen.

Bezüglich der *Konfigurationsmechanismen* wurden fünf Kategorien identifiziert, denen zehn Einzelmechanismen zugeordnet wurden. Als ein wichtiges, grundlegendes Prinzip wurde die Metamodellprojektion erkannt. Ausgehend von einem integrierten Gesamt-Metamodell werden mittels Konfigurationsmechanismen Sprachvarianten definiert, die an die unterschiedlichen, vom Referenzmodell unterstützten Anwendungskontexte angepasst sind.

Die fachkonzeptionellen Spezifikationen der Methodik und der Konfigurationsmechanismen bilden die Grundlage für die Entwicklung von *Modellierungswerkzeugen* zur Unterstützung der konfigurativen Referenzmodellierung. Aufgrund der hohen Eigenkomplexität konfigurierbarer Referenzmodelle stellt die Werkzeugunterstützung die notwendige Voraussetzung dar, um der konfigurativen Modellierung in der *Praxis* zum Durchbruch zu verhelfen. Eine Handhabung der Modelle mit herkömmlichen Zeichenprogrammen stößt bei realistischen Projektumfängen aufgrund des Wartungsaufwandes der Modelle schnell an Akzeptanzgrenzen.

Wegen der Notwendigkeit, im Rahmen der Metamodellprojektion Varianten von sprachorientierten Metamodellen anlegen zu müssen, liegt es nahe, bei der Entwicklung eines entsprechenden Modellierungswerkzeuges auf Meta-CASE-Tools aufzusetzen. Die vorgestellten Spezifikationen liefern zum Teil Vorgaben für die Definition von sprachbasierten Metamodellen, die als Input für ein Meta-CASE-Tool dienen können. Die Ergänzung des Ordnungsrahmens der Konfigurationsmechanismen um die Meta-Metamodellebene zeigt allerdings auch, dass Meta-CASE-Tools weiterer Ergänzungen bedürfen, um dem vorgestellten Konzept voll gerecht werden zu können. Zusätzlicher Erweiterungsbedarf ergibt sich zudem aus den Anforderungen zur durchgängigen Unterstützung der Methodik.

Da manche herkömmlichen Modellierungswerkzeuge bereits den einen oder anderen Konfigurationsmechanismus unterstützen, bietet es sich auch an, diese als Ausgangspunkt für Weiterentwicklungen zu nutzen. Beispielsweise unterstützt das ARIS-Toolset[78] die Modelltypselektion über Methodenfilter. Alternative Layout-

---

[78] Das ARIS-Toolset ist aus einem Forschungsprototypen hervorgegangen [Sche96] und wird von der IDS Scheer AG (www.ids-scheer.com) vertrieben.

konventionen können über Modellvarianten berücksichtigt werden. Mit der Programmierung von Skripten besteht eine prinzipielle Möglichkeit, einige der vorgeschlagenen Konfigurationsmechanismen nachzubilden. Die Skripte können insbesondere dazu eingesetzt werden, die Konsistenz zwischen perspektivenspezifischen Modellen sicherzustellen.

Auch für die *Forschung* liefert der Beitrag einige wichtige Anregungen. Die Unterscheidung der verschiedenen Konfigurationsmechanismen führt die Diskussion aus dem Stadium der Postulierung der Notwendigkeit, benutzergruppenspezifische Modellsichten zu unterstützen, heraus. Sie bietet die Basis für weitere Untersuchungen mit dem Ziel, die optimale Menge an Mechanismen zu identifizieren, indem zusätzliche Konfigurationsmechanismen vorgeschlagen werden oder Kombinationen bestehender entwickelt werden.

Das vorgestellte Vorgehensmodell dient nicht allein dem Referenzmodellersteller zur Strukturierung seiner Projekte, sondern kann darüber hinaus als Gliederung des Problembereichs der konfigurativen Referenzmodellierung interpretiert werden und als solche für die Identifikation und Einordnung zu vertiefender Forschungsgegenstände genutzt werden. Insbesondere die im Vorgehensmodell berücksichtigte Aufgabe der Konsensbildung verweist auf den Forschungsbedarf, bestehende Lösungsansätze in Form von Referenzmodellen, Modellierungstechniken, betriebswirtschaftlichen Typologien, Auswahlempfehlungen etc. zu sichten und für den Referenzmodellierungsprozess zugänglich zu machen. Exemplarisch ist hier die Entwicklung von Referenzmodellkatalogen zu nennen.[79] Auch mit der Aufgabe des Komplexitätsmanagements wird ein wichtiges Forschungsfeld adressiert, für das in Form der Konfigurationsmechanismen und der vorgestellten Übertragung eines aus der Betriebswirtschaftslehre stammenden Managementansatzes Anregungen geliefert worden.

Die identifizierten und spezifizierten Konfigurationswerkzeuge stellen zudem einen geeigneten Rahmen bereit, um Modellierungs-Know-how zu dokumentieren. Empfehlungen zu Modellierungstechniken für unterschiedliche Projektkontexte liegen zurzeit hauptsächlich in Form von methodischen Informationssystemarchitekturen vor. Hierbei erfolgt die Differenzierung der Anwendungskontexte, wie z. B. Fachanwender, DV-Experte, Datenmanagement, Prozessmanagement, hauptsächlich über die Modelltypselektion. Die unterschiedlichen Konfigurationsmechanismen bieten eine strukturierte Grundlage für eine differenziertere Dokumentation von Empfehlungen für die Gestaltung perspektivenspezifischer Modellierungssprachen. Die Entwicklung konfigurativer methodischer Informationssystemarchitekturen stellt ein wichtiges Feld für die weitere Referenzmodellierungsforschung dar.

---

[79] Vgl. auch den Beitrag von FETTKE und LOOS im vorliegenden Band.

Literaturverzeichnis

[Bach69] Bachmann, C. W.: Data Structure Diagrams. Data Base, 1 (1969) 2, S. 4-10.

[Balz95] Balzert, H.: Methoden der objektorientierten Systemanalyse. Mannheim 1995.

[Balz98] Balzert, H.: Lehrbuch der Software-Technik. Software-Management, Software-Qualitätssicherung, Unternehmensmodellierung. Heidelberg, Berlin 1998.

[Beck98] Becker, J.: Die Architektur von Handelsinformationssystemen. In: D. Ahlert, J. Becker, R. Olbrich, R. Schütte (Hrsg.): Informationssysteme für das Handelsmanagement. Konzepte und Nutzung in der Unternehmenspraxis. Berlin u. a. 1998, S. 65-108.

[BeRo98] Becker, J.; Rosemann, M.: Informationsmanagement – ein Beitrag zur Beherrschung von Komplexität? In: D. Adam (Hrsg.): Komplexitätsmanagement. Schriften zur Unternehmensführung (SzU), Bd. 61. Wiesbaden 1998, S. 111-124.

[BeRS95] Becker, J.; Rosemann, M.; Schütte, R.: Grundsätze ordnungsmäßiger Modellierung. Wirtschaftsinformatik, 37 (1995) 5, S. 435-445.

[BeSc96] Becker, J.; Schütte, R.: Handelsinformationssysteme. Landsberg am Lech 1996.

[BHKS00] Becker, J.; Holten, R.; Knackstedt, R.; Schütte, R.: Referenz-Informationsmodellierung. In: F. Bodendorf, M. Grauer (Hrsg.): Verbundtagung Wirtschaftsinformatik 2000. Aachen 2000, S. 86-109.

[BKHH01] Becker, J.; Knackstedt, R.; Holten, R.; Hansmann, H.; Neumann, S.: Konstruktion von Methodiken: Vorschläge für eine begriffliche Grundlegung und domänenspezifische Anwendungsbeispiele. In: J. Becker, H. L. Grob, S. Klein, H. Kuchen, U. Müller-Funk, G. Vossen (Hrsg.): Arbeitsberichte des Instituts für Wirtschaftsinformatik, Nr. 77. Münster 2001.

[Blis00] Bliss, C.: Management von Komplexität. Ein integrierter, systemtheoretischer Ansatz zur Komplexitätsreduktion. Wiesbaden 2000.

[Blis98] Bliss, C.: Komplexitätsreduktion und Komplexitätsbeherrschung bei der Schmitz-Anhänger Fahrzeugbau-Gesellschaft mbH. In: D. Adam (Hrsg.): Komplexitätsmanagement. Schriften zur Unternehmensführung (SzU), Bd. 61. Wiesbaden 1998, S. 145-168.

[BoJR] Booch, G.; Jacobson, I.; Rumbough, J.: The Unified Modeling Language User Guide. Boston 1998.

[Chen76] Chen, P. P.: The Entity-Relationship Model. Toward a Unified View of Data. ACM Transactions on Database-Systems, 1 (1976) 1, S. 9-36.

[Codd71] Codd, E. F.: Normalized Data Base Structure: A brief Tutorial. Proceedings of the ACM-SIGFIDET Workshop 1971. San Diego 1971, S. 1-18.

[DaDa97] Date, C.; Darwen, H.: A Guide to the SQL Standard. 4. Aufl., Boston 1997.

[Espr89] ESPRIT Consortium AMICE: Open System Architecture for CIM. Berlin u. a. 1989.

[Fran94] Frank, U.: Multiperspektivische Unternehmensmodellierung. Theoretischer Hintergrund und Entwurf einer objektorientierten Entwicklungsumgebung. München, Wien 1994.

[Fran99] Frank, U.: Eine Architektur zur Spezifikation von Sprachen und Werkzeugen für die Unternehmensmodellierung. In: E. Sinz (Hrsg.): Modellierung betrieblicher Informationssysteme. Proceedings der MobIS-Fachtagung 1999. Bamberg 1999, S. 154-169.

[Glas00] Von Glasersfeld, E.: Konstruktion der Wirklichkeit und des Begriffs der Objektivität. In: O. Hrsg.: Einführung in den Konstruktivismus. 5. Aufl., München, Zürich 2000, S. 9-39.

[Hars94] Hars, A.: Referenzdatenmodelle. Grundlagen effizienter Datenmodellierung. Wiesbaden 1994.

[Heis01] Heisig, P.: Business Process Oriented Knowledge Management – Methode zur Verknüpfung von Wissensmanagement und Geschäftsprozessgestaltung. In: H. J. Müller, A. Abecker, H. Maus, K. Hintelmann (Hrsg.): Geschäftsprozessorientiertes Wissensmanagement – Von der Strategie zum Content. Proceedings des Workshops anlässlich der WM 2001 in Baden-Baden, 14.-16. März 2001. http://sunsite.informatik.rwth-aachen.de/Publications/CEUR-WS/Vol-37/Heisig.pdf. 29.10.2001.

[Holt00] Holten, R.: Entwicklung einer Modellierungstechnik für Data Warehouse-Fachkonzepte. In: H. Schmidt (Hrsg.): Modellierung betrieblicher Informationssysteme. Proceedings der MobIS-Fachtagung 2000, 11. und 12. Oktober 2000, Siegen. Rundbrief der GI-Fachgruppe 5.10, 7 (2000) 1, S. 3-21.

[Holt01] Holten, R.: Metamodell. In: P. Mertens (Haupthrsg): Lexikon der Wirtschaftsinformatik. 4. Aufl., Berlin u. a. 2001, S. 300-301.

[ITIL99] IT Infrastructure Library: Problem Management. Hrsg.: Stationary Office. 10. Aufl., Norwich 1999.

[JKSK00] Junginger, S.; Kühn, H.; Strobl, R.; Karagiannis, D.: Ein Geschäftsprozessmanagement-Werkzeug der nächsten Generation – ADONIS: Konzeption und Anwendungen. Wirtschaftsinformatik, 42 (2000) 5, S. 392-401.

[KeNS92] Keller, G.; Nüttgens, M.; Scheer, A.-W.: Semantische Prozeßmodellierung auf der Grundlage „Ereignisgesteuerter Prozeßketten (EPK)". Veröffentlichungen des Instituts für Wirtschaftsinformatik. Heft 89. Hrsg.: A.-W. Scheer. Saarbrücken 1992.

[Kiel94] Kieliszek, K.: Computer Aided Selling: Unternehmenstypologische Marktanalyse. Wiesbaden 1994.

[Knac01] Knackstedt, R.: Konfigurative Referenzmodelle als Instrumente des Wissensmanagements bei der Data-Warehouse-Entwicklung. In: H.-P. Schnurr, S. Staab, R. Studer, G. Stumme, Y. Sure (Hrsg.): Professionelles Wissensmanagement. Erfahrungen und Visionen. Aachen 2001, S. 113-128.

[KrSø96] Krogstie, J.; Sølvberg, A.: A Classification of Methodological Frameworks for Computerized Information Systems Support in Organisations. In: S. Brinkkemper, K. Lyytinen, R. J. Welke: Method Engineering. Principles of method construction and tool support. Proceedings of the IFIP TC8, WG8.1/8.2, Working Conference on Method Engineering, 26-28 August 1996, Atlanta, USA. London et. al. 1996, S. 278-295.

[Kuge00] Kugeler, M.: Informationsmodellbasierte Organisationsgestaltung. Modellierungskonventionen und Referenzvorgehensmodell zur prozessorientierten Reorganisation. Berlin 2000.

[LeRo00] Leymann, F.; Roller, D.: Production Workflow. Concepts and Techniques. New Jersey 2000.

[LoSc75] Lorenzen, P.; Schwemmer, O.: Konstruktive Logik, Ethik und Wissenschaftstheorie. 2. Aufl., Mannheim u. a. 1975.

[Loud94] Louden, K. C.: Programmiersprachen: Grundlagen – Konzepte – Entwurf. Bonn et al. 1994.

[Luhm99] Luhmann, N.: Zweckbegriff und Systemrationalität. Über die Funktion von Zwecken in sozialen Systemen. 6. Aufl., Frankfurt am Main 1999.

[Meff91] Meffert, H.: Marketing. Grundlagen der Absatzpolitik. 7. Aufl., Nachdr., Wiesbaden 1991.

[Meis01] Meise, V.: Ordnungsrahmen zur prozessorientierten Organisationsgestaltung. Modelle für das Management komplexer Reorganisationsprojekte. Hamburg 2001.

[MeLo00] Mertens, P.; Lohmann, M.: Branche oder Betriebstyp als Klassifikationskriterien für die Standardsoftware der Zukunft? Erste Überlegungen, wie künftig betriebswirtschaftliche Standardsoftware entstehen könnte. In: F. Bodendorf, M. Grauer (Hrsg.): Verbundtagung Wirtschaftsinformatik 2000. Aachen 2000, S. 110-135.

[MLEM99] Mertens, P.; Ludwig, P.; Engelhardt, A.; Möhle, S.; Kaufmann, T.; Ließmann, H.: Ausgewählte Experimente zu Mittelwegen zwischen Individual- und Standardsoftware. In: J. Becker, M. Rosemann, R. Schütte (Hrsg.): Referenzmodellierung. State-of-the-Art und Entwicklungsperspektiven. Heidelberg 1999, S. 70-106.

[Niss97] Nissen, H. W.: Separierung und Resolution multipler Perspektiven in der konzeptuellen Modellierung. St. Augustin 1997.

[Ortn97] Ortner, E.: Methodenneutraler Fachentwurf. Stuttgart, Leipzig 1997.

[PrRR99] Probst, G. J. B.; Raub, S. P.; Romhardt, K.: Wissen managen. Wie Unternehmen ihre wertvollste Ressource optimal nutzen. 3. Aufl., Wiesbaden 1999.

[RoSc02] Rosemann, M.; Schwegmann, A.: Vorbereitung der Prozessmodellierung. In: J. Becker, M. Kugeler, M. Rosemann (Hrsg.): Prozessmanagement. Ein Leitfaden zur prozessorientierten Organisationsgestaltung. Berlin et al. 2002, S. 47-93.

[RoSc99] Rosemann, M.; Schütte, R.: Multiperspektivische Referenzmodellierung. In: J. Becker, M. Rosemann, R. Schütte (Hrsg.): Referenzmodellierung. State-of-the-Art und Entwicklungsperspektiven. Heidelberg 1999, S. 22-44.

[Rose00] Rosemann, M.: Vorbereitung der Prozessmodellierung. In: J. Becker, M. Kugeler, M. Rosemann (Hrsg.): Prozessmanagement. Ein Leitfaden zur prozessorientierten Organisationsgestaltung. 2. Aufl., Berlin u. a. 2000, S. 45-90.

[Rose98] Rosemann, M.: Grundsätze ordnungsmäßiger Modellierung. Intention, Entwicklung, Architektur und Multiperspektivität. In: M. Maicher, H.-J. Scheruhn (Hrsg.): Informationsmodellierung. Referenzmodelle und Werkzeuge. Wiesbaden 1998, S. 1-22.

[Sche01] Scheer, A.-W.: ARIS – Modellierungsmethoden, Metamodelle, Anwendungen. 4. Aufl., Berlin u. a. 2001.

[Sche95] Scheer, A.-W.: Wirtschaftsinformatik. Referenzmodelle für industrielle Geschäftsprozesse. 6. Aufl., Berlin et al. 1995.

[Sche96] Scheer, A.-W.: ARIS-Toolset: Vom Forschungs-Prototypen zum Produkt. Informatik-Spektrum, 19 (1996) 2, S. 71-78.

[Sche98] Scheer, A.-W.: ARIS – Vom Geschäftsprozeß zum Anwendungssystem. 3. Aufl., Berlin et al. 1998.

[Sche99] Scheer, A.-W.: ARIS – House of Business Engineering: Konzept zur Beschreibung und Ausführung von Referenzmodellen. In: J. Becker, M. Rosemann, R. Schütte (Hrsg.): Referenzmodellierung. State-of-the-Art und Entwicklungsperspektiven. Heidelberg 1999, S. 2-21.

[Schm00] Schmidt, S. J.: Vom Text zum Literatursystem. Skizze einer konstruktivistischen (empirischen) Literaturwissenschaft. In: Einführung in den Konstruktivismus. 5. Aufl., München, Zürich 2000, S. 147-166.

[Scho80] Schomburg, E.: Entwicklung eines betriebstypologischen Instrumentariums zur systematischen Ermittlung der Anforderungen an EDV-gestützte Produktionsplanungs- und -steuerungssysteme im Maschinenbau. Dissertation, Aachen 1980.

[Schu99] Schulte-Zurhausen, M.: Organisation. 2. Aufl., München 1999.

[Schü98] Schütte, R.: Grundsätze ordnungsmäßiger Referenzmodellierung. Konstruktion konfigurations- und anpassungsorientierter Modelle. Wiesbaden 1998.

[Schü99]   Schütte, R.: Basispositionen in der Wirtschaftsinformatik – ein gemäßigt-konstruktivistisches Programm. In: J. Becker, W. König, R. Schütte, O. Wendt, S. Zelewski (Hrsg.): Wirtschaftsinformatik und Wissenschaftstheorie. Bestandsaufnahme und Perspektiven. Wiesbaden 1999, S. 211-241.

[Schw95]   Schwemmer, O.: Orthosprache. In: J. Mittelstraß (Hrsg.): Enzyklopädie Philosophie und Wissenschaftstheorie. Bd. 2, Stuttgart, Weimar 1995, S. 1099.

[Schw99]   Schwegmann, A.: Objektorientierte Referenzmodellierung. Theoretische Grundlagen und praktische Anwendung. Wiesbaden 1999.

[ScSt83]   Schlageter G.; Stucky, W.: Datenbanksysteme – Konzepte und Modelle. 2. Aufl., Stuttgart 1983.

[ScSW02]   Scheer, A.-W.; Seel, C.; Wilhelm, G.: Entwicklungsstand in der Referenzmodellierung. Industrie Management, 18 (2002) 1, S. 9-12.

[Seub91]   Seubert, M.: Entwicklungsstand und Konzeption des SAP-Datenmodells. In: A.-W. Scheer (Hrsg.): Praxis relationaler Datenbanken 1991. Proceedings zur Fachtagung. Saarbrücken 1991, S. 87-109.

[Sinz93]   Sinz, E. J.: Datenmodellierung im Strukturierten Entity-Relationship-Modell (SERM). In: G. Müller-Ettrich (Hrsg.): Fachliche Modellierung von Anwendungssystemen. Bonn 1993, S. 63-126.

[Spec01]   Speck, M. C.: Geschäftsprozessorientierte Datenmodellierung. Ein Referenz-Vorgehensmodell zur fachkonzeptionellen Modellierung von Informationsstrukturen. Berlin 2001.

[Stra96]   Strahringer, S.: Metamodellierung als Instrument des Methodenvergleichs. Eine Evaluierung am Beispiel objektorientierter Analysemethoden. Aachen 1996.

[Teub99]   Teubner, R. A.: Organisations- und Informationssystemgestaltung. Theoretische Grundlagen und integrierte Methoden. Wiesbaden 1999.

[Wede81]   Wedekind, H.: Datenbanksysteme I. Eine konstruktive Einführung in die Datenverarbeitung in Wirtschaft und Verwaltung. 2. Aufl., Mannheim u. a. 1981.

[Woll86]   Wollnik, M.: Implementierung computergestützter Informationssysteme. Berlin, New York 1986.

[Zach87]   Zachman, J. A.: A Framework for Information Systems Architecture. IBM Systems Journal, 26 (1987) 3, S. 277-293.

[Zele99]   Zelewski, S.: Grundlagen. In: H. Corsten, M. Reiß (Hrsg.): Betriebswirtschaftslehre. 3. Aufl., München, Wien 1999, S. 1-125.

Erweiterung von UML zur geschäftsregelorientierten Prozessmodellierung

Heide Brücher, Rainer Endl

Das Unternehmensmodell beinhaltet Informationen über die relevanten strukturellen und dynamischen Komponenten eines Unternehmens und deren Interaktionen und Beziehungen. Es bildet somit die Basis für das Verständnis über ein Unternehmen. Geschäftsregeln können in diesem Zusammenhang zur Abbildung des Verhaltens von Unternehmen dienen, da sie Regeln für bestimmte Aspekte eines Unternehmens festlegen oder erzwingen mit dem Ziel, vorgegebene Geschäftsstrukturen und -prozesse durchzusetzen oder zu kontrollieren. Die Unified Modeling Language (UML) wurde ursprünglich für die objektorientierte Entwicklung von Informationssystemen entworfen. Modellierungskonstrukte für die Unternehmensmodellierung – und insbesondere Geschäftsregeln – sind entweder mangelhaft ausgeprägt oder überhaupt nicht vorhanden. Es wird in dieser Arbeit ein Ansatz vorgestellt, der einerseits dem Paradigma der regelorientierten Modellierung Rechnung trägt und andererseits die durchgängige, vom Geschäftsprozessmodell ausgehende Modellierung mit UML unterstützt.

1 Einleitung

Das Unternehmensmodell ist die Basis für das Verständnis eines Unternehmens. Allgemein beinhaltet es eine Aufzählung der relevanten strukturellen und dynamischen Komponenten des Unternehmens sowie Informationen darüber, wie diese Komponenten miteinander interagieren und wie sie strukturiert sind [Vern96]. Ausgehend von der gewählten Architektur sollten dann Methoden zur Analyse und Modellierung eines Unternehmens ausgewählt und definiert werden [Sche97]. Ein möglicher methodischer Ansatz ist die Verwendung von UML. Diese objektorientierte Modellierungssprache bietet die Möglichkeit zur Modellierung einzelner Sichten der Anwendungen und Systeme unter Verwendung verschiedener Repräsentationsformen.

Ein wesentliches Argument, UML für die Modellierung von Unternehmen zu verwenden, ist, dass dieselben Konzepte und Konstrukte sowohl in der Modellierung des Unternehmens als auch zur Entwicklung von Informationssystemen verwendet werden können. Ziel der Modellierungssprache ist es, die Modellierung sowohl betriebswirtschaftlich-semantischer Aspekte als auch implementierungsnaher Konzepte zu unterstützen und damit die systematische Verfeinerung der

Modelle bis hin zur Spezifikation von prozessunterstützenden Informationssystemen zu ermöglichen. Daraus ergeben sich folgende Vorteile:

- Die Kommunikation zwischen dem Business Engineer und dem Software Engineer wird verbessert, da beide in derselben Beschreibungssprache modellieren.

- Die Orthogonalität der Methoden innerhalb einer Modellierungssprache ist grundsätzlich gewährleistet – dies ist eine wichtige Voraussetzung zur Modellierung, da sie garantiert, dass die Repräsentationsformen unabhängig voneinander sind und die einzelnen Modellierungsaspekte sich ergänzen, ohne sich zu überschneiden.

- Die Qualität der entstehenden Software-Spezifikationen wird gefördert, da Transformationen von einer Beschreibungssprache in eine andere wegfallen und damit eine potentielle Fehlerquelle eliminiert wird.

- Die Dokumentation der Entwicklung und Implementierung der Prozesse, Anwendungen und Systeme wird durch die Verwendung unterschiedlicher Sichten bei der Modellierung verbessert.

Da UML ursprünglich ausschließlich für die objektorientierte Entwicklung von Informationssystemen entwickelt wurde, sind Komponenten bzw. Konstrukte für die Unternehmensmodellierung mangelhaft ausgeprägt bzw. gar nicht vorgesehen. Vor allem fehlende Möglichkeiten zur Beschreibung und Detaillierung von Geschäftsprozessen werden kritisiert. Daher werden Anstrengungen unternommen, um diese Schwächen von UML zu beseitigen [ErPe00, Hagg01, Loos98].

Auf der anderen Seite ist mit der geschäftsregelorientierten Systementwicklung ein neues Entwicklungsparadigma zu beobachten [Ross98, Mann00, Meta00]. Diese Entwicklung wird vor allem getrieben durch die Proliferation neuer elektronischer Kontakt- und Vertriebskanäle wie z. B. E-Commerce, M-Commerce und Call-Center-Technologien. Damit verbunden waren bzw. sind u. a. folgende Konsequenzen:

- Neu-Implementierung bzw. redundante Implementierung grundsätzlich identischer Funktionalitäten in verschiedenen Systemen, da die bisherigen Software-Systeme die neuen elektronischen Kanäle nicht oder nur unzureichend unterstützen.

- Notwendigkeit der Integration der unterschiedlichen Kontakt- und Vertriebskanäle in die Back-Office-Systeme.

- Notwendigkeit, im Änderungsfall die über die unterschiedlichen Kontakt-/Vertriebskanäle bereitgestellten Funktionen und Informationen schnell, flexibel und konsistent anzupassen.

Es wird versucht, diesen Auswirkungen durch die explizite Modellierung und Implementierung von Geschäftsregeln, welche die Geschäftslogik beschreiben, zu begegnen [Meta00]. Dabei wird der Ansatz verfolgt, relevante Geschäftsregeln zu modellieren, zu formalisieren und schließlich mit Hilfe eines geeigneten Repositories unabhängig von dem Ort, der Verwendung- und der Implementierungsart zu speichern. Mit Hilfe von *Rule Automation Engines* können die Geschäftsregeln dann schnell in unterschiedlichen Zielumgebungen konsistent implementiert und damit automatisiert werden.

In dieser Arbeit wird ein Ansatz vorgestellt, der einerseits dem Paradigma der regelorientierten Modellierung Rechnung trägt und andererseits die durchgängige, vom Geschäftsprozessmodell ausgehende Modellierung mit UML unterstützt. Dazu werden zunächst ausgewählte Ansätze zur Erweiterung von UML mit Komponenten zur Geschäftsprozessmodellierung analysiert. Zuerst werden die Anforderungen an Methoden zur Prozessmodellierung und die Schwächen von UML dargestellt. Basierend auf dem ERIKSON/PENKER-Ansatz zur Prozessmodellierung wird schließlich ein Vorschlag entwickelt, der die geschäftsregelorientierte Prozessmodellierung ins Zentrum stellt.

2 Prozessmodellierung – Kritik an UML

2.1 Anforderungen an Methoden zur Prozessmodellierung

Ein Unternehmensmodell beschreibt die relevanten Aspekte eines Unternehmens. Es bietet eine vereinfachte Sicht auf die Struktur der Unternehmung und bildet damit eine für alle Anspruchsgruppen gemeinsame Basis

- für die Kommunikation zwischen den beteiligten Gruppen bei der Modellentwicklung und -verwendung,
- für Verbesserungen in der Unternehmensstruktur und
- für Innovationen.

Darüber hinaus definiert ein Unternehmensmodell die Anforderungen an die prozessunterstützenden Informationssysteme und gibt die Rahmenbedingungen der Prozessmodellierung vor.

Wesentliche Anforderungen an eine Methode zur Modellierung sind (vgl. Grundsätze ordnungsgemäßer Modellierung (GoM) in [BeES98, S. 4ff.]):

- *Grundsatz der Richtigkeit*: Die Modellierung muss syntaktisch und semantisch korrekt sein.
- *Grundsatz der Relevanz*: Es sind nur jene Aspekte zu modellieren, ohne die sich der Nutzen des Modells verringern würde.

- *Grundsatz der Wirtschaftlichkeit*: Die Modellierung muss wirtschaftlichen Kriterien genügen.

- *Grundsatz der Klarheit*: Die Modellierungssprache muss strukturiert, hinreichend exakt und einfach genug sein, damit sie von unterschiedlichen Anspruchsgruppen genutzt und verstanden werden kann.

- *Grundsatz der Vergleichbarkeit*: Zur Gewährleistung der Vergleichbarkeit der in unterschiedlichen Modellierungssprachen erstellten Modelle müssen die Modellierungssprachen transformierbar sein.

- *Grundsatz des systematischen Aufbaus*: Der Grundsatz erfordert die Einordnung von Modellen in eine Informationssystem-Architektur, die einen strukturierenden Rahmen für unterschiedliche Beschreibungssichten bildet.

Die GoM geben einen Ordnungsrahmen vor, der sicherstellen soll, dass die Modellqualität über die Einhaltung der syntaktischen Regel hinaus erhöht wird. Eine hohe Modellqualität der Geschäftsprozessmodelle ist aufgrund ihrer zentralen Bedeutung im Rahmen der Unternehmensmodellierung wichtig.

2.2 Fehlende Komponenten in UML

Da UML ursprünglich vor allem für die Entwicklung von Software-Systemen entwickelt worden war, fehlen darin die für die Prozessmodellierung relevanten Beschreibungs- und Darstellungsmittel. In UML sind mit dem Botschaftsdiagramm *(collaboration diagram)*, dem Interaktionsdiagramm *(sequence diagramm)*, dem Zustandsdiagramm *(statechart diagram)* und dem Aktivitätsdiagramm *(activity diagram)* zwar Instrumente zur Darstellung von Abläufen vorgesehen. Jedoch eignen sich diese bis auf das Aktivitätsdiagramm schon aufgrund ihrer Zielsetzung nicht zur Darstellung betriebswirtschaftlich-organisatorischer Sachverhalte.

Das Botschaftsdiagramm dient zur detaillierten, auf einen bestimmten Ausschnitt begrenzten Darstellung des Nachrichtenflusses. Es bildet somit in erster Linie Kommunikationsprozesse ab und ist daher nicht zur Modellierung betriebswirtschaftlich relevanter Sachverhalte geeignet [Sche97, S. 13ff.]. Das Interaktionsdiagramm dient zur Darstellung des Nachrichtenflusses zwischen zwei Objekten im Zeitablauf mit dem gravierenden Nachteil, dass aufgrund fehlender Verknüpfungsoperatoren immer nur ein Ereignisszenario modelliert werden kann. Darüber hinaus können Zusammenhänge zwischen verschiedenen Diagrammen und damit Ereignisszenarios nicht abgebildet werden [Sche97, S. 14]. Und schließlich dienen Zustandsdiagramme zur Modellierung der Zustände und Zustandsübergänge eines Objektes. Ein Prozesszusammenhang kann nur dann abgebildet werden, wenn der komplette Prozess innerhalb eines Objektes abgewickelt wird, d. h. nur Methoden eines Objektes zur Beschreibung des Prozesses ausreichen. Die Abbildung von objektübergreifender Prozesszusammenhänge ist nicht möglich, da sich das Zustandsdiagramm auf die Darstellung des Lebenszyklus eines einzelnen Objektes konzentriert [Sche97, S. 14ff.].

Die UML-Spezifikation der OMG enthält eine kurze Beschreibung „UML Extension for Business Modeling", in dem Erweiterungskomponenten zum Zweck der Unternehmensmodellierung skizziert werden [Omg99, S. 4-1]. Deren Verwendungsweise und Integration in UML sind darin jedoch nicht näher erläutert. Zudem basieren diese Komponenten in erster Linie auf Anwendungsfalldiagrammen (Use Cases) für die Beschreibung von Geschäftsprozessen. Im Anwendungsfalldiagramm werden auf abstrakter Ebene die Interaktions-Beziehungen zwischen den Geschäftsprozessen und den Akteuren (Actor) modelliert. Sie beinhalten aber keine Mechanismen zur Abbildung des Kontrollflusses.

Grundsätzlich können Aktivitätsdiagramme, im Gegensatz zu den anderen Instrumenten der UML zur Ablaufmodellierung, für die Prozessmodellierung verwendet werden, weisen aber im Vergleich mit den spezifisch für die Prozessmodellierung entwickelten Methoden – z. B. Ereignisgesteuerte Prozessketten (EPK) – bedeutende Mängel auf, die nachstehend erläutert werden.

Im Gegensatz zu der im Aktivitätsdiagramm in UML vorgesehenen Komponente *activity* hat ein Geschäftsprozess andere zu modellierende Merkmale. Ein Prozess

- hat ein oder mehrere *Ziele,*
- hat spezifische *Input-Objekte,* die Informationsobjekte, aber auch physische Objekte wie z. B. Rohmaterial sein können,
- hat analog dazu auch spezifische *Output-Objekte* unterschiedlichen Typs,
- benötigt *Ressourcen* für die Durchführung von Aktivitäten, z. B. ein Informationssystem, eine Maschine oder eine Person,
- besteht aus einer Anzahl *Aktivitäten,* die in Abhängigkeit von *Ereignissen* oder *Bedingungen (Business Rules)* in einer bestimmten Reihenfolge ausgeführt werden müssen,
- betrifft mehr als eine *Organisationseinheit,*
- erzeugt einen erkennbaren Mehrwert für den *Kunden.*

Die Modellierung von Geschäftsprozessen bedingt damit die Einführung einer ganzen Reihe zusätzlicher Konzepte wie z. B. Ziele, Ressourcen, Organisationseinheiten, die in UML – und insbesondere im Aktivitätsdiagramm – in dieser Form nicht vorhanden sind. Diese Konzepte müssen daher für die Geschäftsprozessmodellierung in UML eingeführt werden. Darüber hinaus müssen auch die Beziehungen zu diesen neu einzuführenden Konzepten definiert werden.

2.3 Vergleich der Aktivitätsdiagramme in UML mit der EPK

Die Ereignisgesteuerte Prozesskette (EPK) stellt einen traditionellen, umfassenden Ansatz zur Unternehmensmodellierung dar. Mit dieser werden die Ablauffolgen von Funktionen im Sinne eines Geschäftsprozesses in Prozessketten dargestellt [Aris99, S. 4-92]. Für jede Funktion müssen Start- bzw. Endereignisse definiert werden, die Auslöser von Funktionen bzw. Ergebnisse von Funktionen darstellen. Mit Hilfe logischer Konnektoren können AND-, XOR- bzw. OR-Splits und -Joins modelliert werden.

Die Mächtigkeit der EPK zeigt sich insbesondere dann, wenn eine EPK in ein Aktivitätsdiagramm (activity diagram) überführt werden soll. Es treten dabei zwei Probleme auf. Das erste Problem ergibt sich aufgrund der Vielzahl möglicher Objekttypen in einer EPK. Diese Vielzahl an Objekttypen, z. B. handelt es sich um Informations- oder Materialflussobjekte, können in einem Aktivitätsdiagramm aufgrund fehlender Notationselemente nicht modelliert werden [Loos98, S. 15]. So geht ein großer Teil der Semantik verloren.

Das zweite Probleme betrifft die zulässigen Verknüpfungsoperatoren AND, OR und XOR der EPK. So kann eine Verknüpfung unter Verwendung des Verknüpfungsoperators OR in einem Aktivitätsdiagramm nicht dargestellt werden. Es gibt im Aktivitätsdiagramm nur Verknüpfungsoperatoren für UND- oder XOR-Verknüpfungen. Das fehlende OR bedingt, dass alle Prozessabläufe detailliert, d. h. auf niedrigstem Abstraktionsniveau, modelliert werden müssen. Es besteht im Aktivitätsdiagramm keine Möglichkeit der Modellierung auf verschiedenen Abstraktionsniveaus. Dies ist ein gravierender Nachteil, der die Anwendbarkeit von Aktivitätsdiagrammen in der Unternehmensmodellierung stark einschränkt.

3 Erweiterungen von UML zur Modellierung von Geschäftsprozessen

Aus der zuvor erläuterten Problematik ist ersichtlich, dass UML erweitert werden muss, um die Modellierung von Geschäftsprozessen hinreichend zu unterstützen. Dazu werden nachfolgend zunächst zwei Lösungsansätze diskutiert:

- Integration der Ereignisgesteuerten Prozesskette in UML und
- Nutzung der ERIKSSON/PENKER-Extensions.

Beiden Ansätzen ist gemein, dass sie die Modellierung von Geschäftsregeln nicht als eigenständiges Modellierungskonzept auffassen. In Abschnitt 3.3 wird daher aufbauend auf dem Rahmenwerk von ERIKSSON und PENKER ein dritter Lösungsansatz vorgestellt, der die Modellierung von Geschäftsregeln explizit berücksichtigt.

3.1 Integration der Ereignisgesteuerten Prozesskette in UML

Eine naheliegende Idee zur Prozessmodellierung in UML besteht in der Kombination der Ereignisgesteuerten Prozesskette mit dem objektorientierten Ansatz. Als ein wesentlicher Beitrag zu dieser Thematik ist daher die objektorientierte Ereignisgesteuerte Prozesskette (oEPK) zu sehen, die erstmals in [ScNZ97] beschrieben wurde. Dabei wird der Ansatz verfolgt, die ereignisgesteuerte Prozesskette und ihre korrespondierenden Interaktionen mit den Geschäftsobjekten darzustellen. Das mit dieser Modellierungssprache modellierte Prozessmodell unterscheidet sich optisch nicht wesentlich von einer herkömmlichen EPK, die Funktionen werden jedoch als Methoden in die Objektklassen integriert. Der Kontrollfluss wird als ereignisbasierter Nachrichtenaustausch zwischen den Objektklassen aufgefasst. Dies impliziert, dass in der oEPK nicht alle möglichen Nachrichtenverbindungen zwischen Objektklassen aufgezeigt werden, sondern nur diejenigen, die den Kontrollfluss innerhalb des betrachteten Prozesses beschreiben.

Während bei diesem Ansatz die Integration der oEPK in UML nicht weiter betrachtet wird, stellt [Loos98] einen integrativen Ansatz – die EPK mit assoziierten Objektklassen – in den Vordergrund. Die EPK im herkömmlichen Sinne bleibt darin erhalten, die modellierten Funktionen werden jedoch als Methoden bzw. Operationen aufgefasst, die mindestens einer Objektklasse zugeordnet werden (vgl. Abbildung 1). Die in einer EPK modellierte Objektklasse muss entsprechend auch im UML-Klassendiagramm vorhanden sein.

Die Funktionen werden sukzessive bis auf die Ebene der Operationen verfeinert, die dann direkt mit den auslösenden und resultierenden Ereignissen verknüpft sind. Weiter können über das Prozessmodell Rückschlüsse bezüglich der Zustände von Objekten gezogen werden, womit die Beziehung zu dem Zustandsdiagramm hergestellt werden kann [Loos98, S. 12f.].

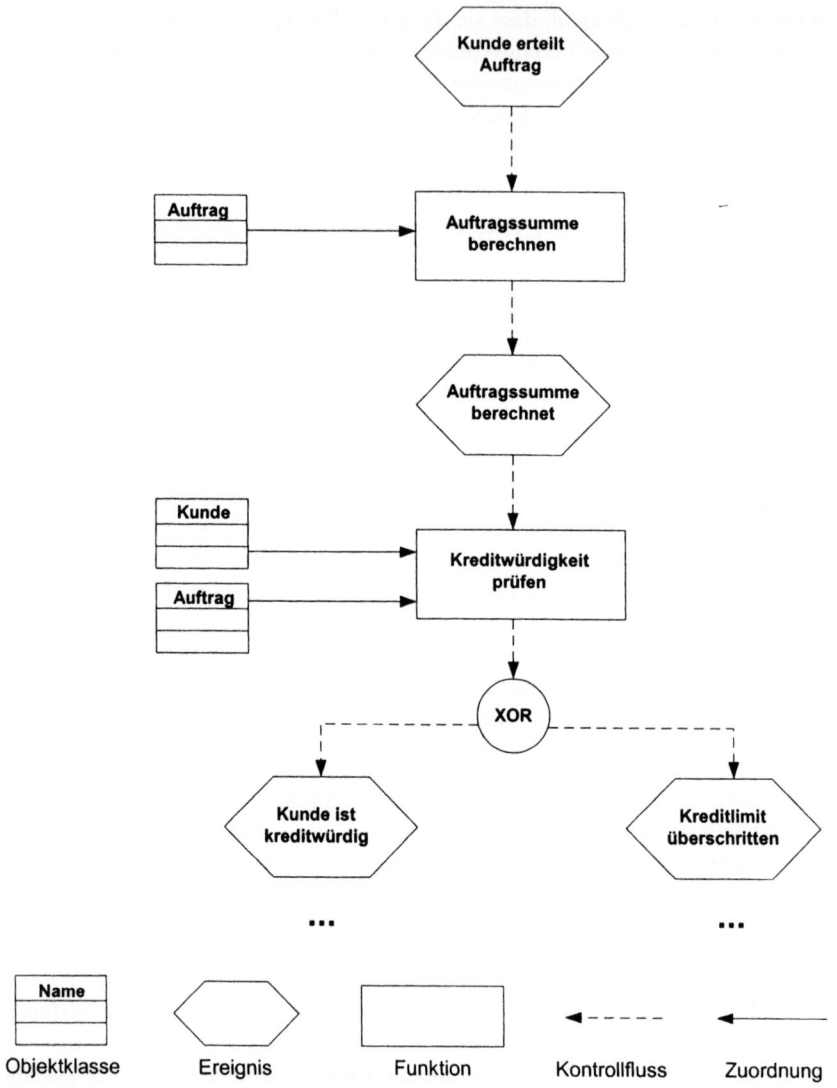

Abbildung 1: EPK mit assoziierten Objektklassen

Ein Nachteil der o. a. Integrationsvorschläge ist, dass UML durch ein weiteres Diagramm bzw. durch eine weitere Sicht ergänzt werden muss, was das Verständnis und die Qualitätssicherung des Gesamtmodells erschwert. Auch die Modellierungstools müssen die neuartigen Diagramme und die damit verbundenen inhärenten Konsistenzbedingungen unterstützen können.

3.2 Eriksson/Penker-Extensions (EPE)

Die ERIKSSON/PENKER-Extensions (EPE) stellen ein Rahmenwerk von „business extensions" bereit, welche UML um Konzepte zur Modellierung von Geschäftsprozessen erweitert [ErPe00]. In den EPE wird ein Geschäftsprozess in einem Prozessdiagramm beschrieben. Dazu wird ein für die Prozessmodellierung angepasstes UML-Aktivitätsdiagramm verwendet. Entsprechend wird der Geschäftsprozess in dem Klassendiagramm mit einer speziellen Notation repräsentiert.

Die EPE verwenden vor allem den UML-Erweiterungsmechanismus *Stereotype* für die Adaption des Aktivitätsdiagramms für die Prozessmodellierung.[1] So wird die Aktivität im Aktivitätsdiagramm über den Stereotyp „*Process*" umdefiniert und mit einem eigenen Symbol gekennzeichnet (vgl. Abbildung 2). Ein Prozess benötigt entsprechend Input-Ressourcen, welche durch den Prozess in Output-Ressourcen transformiert werden.

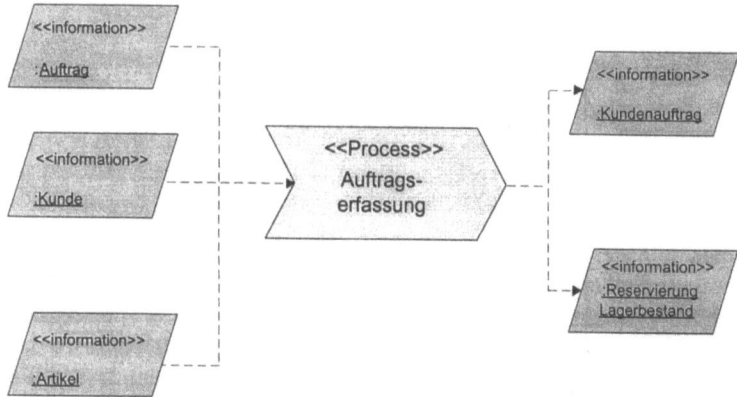

Abbildung 2: Darstellung eines Geschäftsprozesses als Stereotyp einer Aktivität

In Abbildung 2 wird die Notation der EPE schematisch dargestellt. Analog dazu werden die Informationsobjekte, welche von dem Prozess benötigt bzw. erzeugt werden, ebenfalls als Stereotypen definiert: Informationsobjekte sind in diesem Sinne Objekte, die ausschließlich Informationen beinhalten. In gleicher Weise können weitere für die Prozessmodellierung relevante Konstrukte, z. B. physische Ressourcen, eingeführt werden. Unter Verwendung des UML-Konzeptes *Swim Lane* können zudem Verantwortlichkeiten für einen (Teil-) Prozess modelliert werden [ErPe00].

---

[1] Stereotypen in UML sind Modellierungselemente, die zur Darstellung immer gleicher Zusammenhänge dienen und anderen Beschreibungselementen zugeordnet werden [Burk97, S. 396]. Stereotypen werden verwendet, um in UML auf Basis vorhandener Konstrukte neue, problemadäquate Modellierungsbausteine zu erstellen, die zusätzliche Eigenschaften und Beziehungen zu anderen Modellelementen aufweisen können.

Neben den Stereotypen verwendet EPE mit den *tagged values* einen weiteren UML-Erweiterungsmechanismus. Ein tagged value ist die Erweiterung einer Eigenschaft eines UML-Elements mit dem Zweck, der Elementspezifikation zusätzliche Informationen hinzuzufügen.[2] Entsprechend wird der Stereotyp *Prozess* mit prozessrelevanten Informationen erweitert, wie z. B. Informationen über den Prozess-Eigentümer, Kosten- und Zeitaspekte und Prozess-Ziele. Entsprechend können auch Ziele des Prozesses als tagged values hinzugefügt werden.

Für die Detaillierung des Prozesses in Sub-Prozesse wird der Detaillierungsmechanismus des Aktivitätsdiagramms verwendet. Eine Aktivität innerhalb des Aktivitätsdiagramms kann seinerseits wieder auf ein anderes Aktivitätsdiagramm verweisen, welches detailliertere Aktivitätsbeschreibungen enthält. Ein Sub-Prozess, der nicht mehr sinnvoll in weitere Sub-Prozesse unterteilt werden kann, d. h. „atomar" ist, wird mit dem normalen Aktivitätssymbol gekennzeichnet (vgl. Abbildung 3).

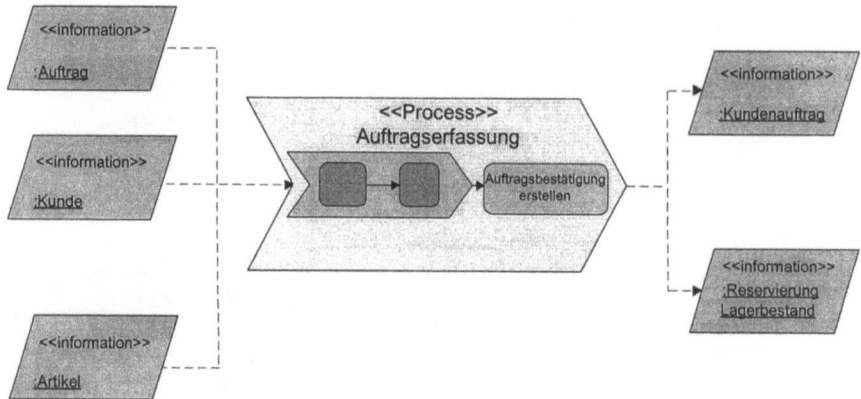

Abbildung 3: Verfeinerung eines Prozessmodells

Zur Modellierung der den Prozess betreffenden Ereignisse verwendet die EPE ebenfalls einen weiteren Stereotyp.[3]

---

[2] Bei detaillierter Betrachtung besteht dieser Erweiterungsmechanismus aus einer Bezeichnung (tag) und einem zugeordneten Wert (value). Beispielsweise könnte der Stereotyp Prozess erweitert werden mit dem tag „Modeler_Name" und einem String (value), der den Namen des Prozessmodellierers wiedergibt.

[3] Analog zu der Definition eines Ereignisses in der Ereignisgesteuerten Prozesskette wird ein Event im Sinne der EPE entweder durch einen anderen Prozess „erzeugt" oder aber in einen anderen, den Prozess betreffenden Kontext „ausgelöst".

Ein Ereignis im Sinne der EPE kann

- einen Prozess auslösen (starten),
- das Verhalten des Prozesses und seine Ausführung beeinflussen oder
- den Prozess beenden in dem Sinne, dass durch den Prozess ein neues Ereignis erzeugt wird.

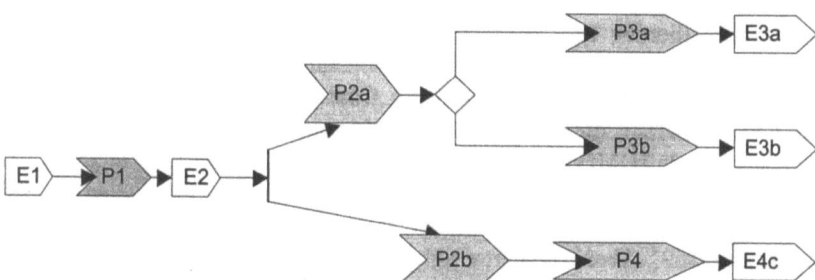

Abbildung 4: UML-Prozessmodell mit auslösenden und terminierenden Ereignissen

In den EPE wird ein *business event* ebenfalls als Klasse repräsentiert, wobei die Klasse *Event* durch den Stereotyp *business event* ersetzt wird. Zusätzlich wird in dem Prozessdiagramm ein spezielle Notation zu deren Kennzeichnung eingeführt (vgl. Abbildung 4) [ErPe00].

Ein bedeutender Vorteil der EPE gegenüber oEPK ist, dass sie mit Stereotypen und tagged values auskommen [ScNZ97, Loos98]. Es werden keine grundsätzlich neuen Objekttypen bzw. zusätzliche Diagrammtypen eingeführt, sondern die benötigten zusätzlichen Konzepte werden aus den bestehenden abgeleitet. Auch stellen die EPE einen Detaillierungsmechanismus zur schrittweisen Verfeinerung von Geschäftsprozessen zur Verfügung. Demgegenüber beinhalten die EPE keine detaillierten Aussagen über die Art der Verwendung der eingeführten Konzepte bzw. Objekttypen, so dass die Erweiterungen insgesamt einen großen Modellierungs- und Interpretationsspielraum lassen. Beispielsweise bleibt unklar, unter welchen Umständen Ereignisse in dem Prozessdiagramm modelliert werden müssen bzw. sollen. Auch werden Geschäftsregeln als Eigenschaften von Prozessen bzw. Objekttypen angesehen. Deren Verwendung ist optional und die Art der Formulierung liegt im Ermessen des Modellierers.

3.3 Eine geschäftsregelbasierte Erweiterung von UML

3.3.1 Geschäftsregeln und UML

Die zuvor vorgestellten Ansätze berücksichtigen Geschäftsregeln nicht explizit als Konstrukte der Modellierungssprache. Die Analyse und Modellierung von Geschäftsregeln gewinnen aber sowohl im Rahmen der Prozessmodellierung als auch bei der Modellierung und Spezifikation von Informationssystemen zunehmend Bedeutung (vgl. [Hagg01, KnEP00, Ross98, Date00]). Dies wird auch dadurch unterstrichen, dass UML mit der Object Constraint Language (OCL) ergänzt wurde, einer Sprache, die speziell für die Definition von Regeln und Bedingungen entworfen wurde [OMG99a]. Ursprünglich wurden Geschäftsregeln im Zusammenhang mit Integritätsbedingungen definiert, z. B. als Kardinalitäten in Entity Relationship-Modellen oder zur Definition komplexer Bedingungen auf Datenbeständen [NiHa89]. Aber Geschäftsregeln beziehen sich nicht nur auf die Datenintegrität, vielmehr definieren oder beschränken sie das Verhalten von Organisationen [BBGW90].

Entsprechend sind Geschäftsregeln Regeln, die bestimmte Aspekte eines Geschäftes festlegen oder erzwingen mit dem Ziel, vorgegebene Geschäftsstrukturen durchzusetzen oder die Art und Ausführung eines Geschäftes zu kontrollieren bzw. zu beeinflussen. Eine Veränderung in diesem Regelwerk bedeutet entsprechend auch eine Veränderung in der Art und Weise, wie die Unternehmensziele erreicht werden sollen bzw. können. Das Verständnis über die im Unternehmen implementierten Geschäftsregeln und deren Management ist somit ein kritischer Erfolgsfaktor sowohl für die IT als auch für die prozessverantwortlichen Mitarbeiter. Demgegenüber werden die Regeln bei der Modellierung überall im UML-Modell „verstreut", da sie nicht explizit modelliert und daher auch nicht explizit verwaltet werden können.

Aus dem grundsätzlichen Problem, dass Geschäftsregeln jedem Modellierungselement von UML zugeordnet werden können, ergeben sich weitere Konsequenzen:

- Es ist schwer zu entscheiden, wann und wo eine Regel in UML modelliert werden soll: UML beinhaltet viele unterschiedliche Modelltypen, von denen aber keines – mit Ausnahme des Klassendiagramms – wirklich zwingend benötigt wird. So kann z. B. ein Modellierer die Aktivitäts-, Sequenz- und Zustandsdiagramme verwenden, während ein anderer sich auf das Aktivitätsdiagramm beschränkt. Darüber hinaus könnte ein Modellierer z. B. eine Geschäftsregel zu einem Zustandsdiagramm-Element definieren, während ein anderer Modellierer dieselbe Regel einem Aktivitätsdiagramm-Element zuordnet. Dies sind potentielle Quellen für Missverständnisse und Inkonsistenzen. Problematisch wird es insbesondere dann, wenn z. B. ein Modellierer die semantisch gleiche Regel etwas anders definiert und einem anderen Modell-Element zuordnet.

- Das Retrieval und die Wiederverwendung von Geschäftsregeln ist in UML nicht vorgesehen. Damit können Inkonsistenzen bei der Regeldefinition nicht systemgestützt entdeckt werden. Bei einer Regeländerung gibt es keine Möglichkeit, zu überprüfen, ob dieselbe Regel auch noch in anderen Modellen verwendet wurde. Die Wiederverwendung von Regeln wird aus demselben Grund nicht unterstützt.

- Die logische Beziehung von UML-Modellierungselementen zueinander ist unklar. Beispielsweise ist nicht eindeutig festgelegt, ob ein Ereignis in einem Sequenzdiagramm äquivalent ist zu einem *„communicates"* in einem Anwendungsfalldiagramm. Ebenso unklar ist z. B. das Verhältnis zwischen einer Aktivität, einer Aktion und einer Operation. Aufgrund der Vielzahl von Modell- und Modellierungsvarianten fällt die Entscheidung schwer, wie und wo Geschäftsregeln modelliert werden sollen.

- Regeln haben in UML keine Eigenschaften, sondern sind selbst Eigenschaft eines anderen UML-Modellierungselements. Außer dem Regel-Ausdruck selbst können also keine zusätzlichen Informationen zu einer Regel in dem UML-Modell dokumentiert werden.

3.3.2 Ansatz zur geschäftsregelbasierten Prozessmodellierung mit UML

Unter Berücksichtigung der skizzierten Problembereiche ergibt sich die Forderung nach einem Modellierungsansatz auf Basis von Geschäftsregeln, der eine von der Prozessmodellierung bis zur IT-Spezifikation durchgängige Modellierung von Geschäftsregeln erlaubt. Analog zu den in Datenbanksystemen verwendeten Konzepten bestehen Geschäftsregeln aus den drei Komponenten Ereignis, Bedingung und Aktion (Event-Condition-Action (ECA) [Daya88, Hohe00]):

- Ein Ereignis ist ein Phänomen, das durch sein Auftreten eine für die Diskurswelt relevante Situation beeinflusst. Das Eintreten eines Ereignisses ist nicht zeitkonsumierend im Hinblick auf den betrachteten Prozess. Ereignisse können die Ausführung einer Geschäftsregel bewirken.

- Eine Bedingung formuliert, in welchem Zustand sich ein zu überprüfender Ausschnitt der Realität befinden muss, damit eine bestimmte Aktion ausgeführt wird, d. h. welcher Sachverhalt überprüft werden muss. In Abhängigkeit von dem Ergebnis der Prüfung werden die innerhalb der Geschäftsregel definierten Aktionen ausgeführt. Die Prüfung einer Bedingung erfordert eine Aktivität eines Akteurs innerhalb der Diskurswelt und ist damit zeitkonsumierend.

- Mit Hilfe von Aktionen werden durch physische oder geistige Aktivitäten zu verwirklichende Soll-Leistungen ausgeführt. Die Beendigung einer Aktion löst wiederum ein Ereignis aus.

Die Bedingungskomponente ist dabei ein optionaler Bestandteil der Geschäftsregel, die als Spezialfall einer Aktion aufgefasst werden kann:

- Ressourcen werden nur abgefragt, z. B. können Informationsressourcen durch die Bedingung nur gelesen, aber nicht erzeugt, mutiert oder gelöscht werden.
- Das Ergebnis einer Aktion zur Prüfung einer Bedingung ist immer ein Wahrheitswert (TRUE oder FALSE).
- Nach einer Bedingung erfolgt innerhalb der Geschäftsregel immer eine XOR-Verzweigung zu einer Aktion.

Geschäftsprozesse können als eine Folge ECA-modellierter Geschäftsregeln aufgefasst werden. Zur Ausführung alternativer Aktionen für den Fall, dass die Bedingung nicht erfüllt ist, wird der Ansatz um eine zusätzliche Aktionskomponente zum ECAA-Modell erweitert [KnEP00] (vgl. Abbildung 5).

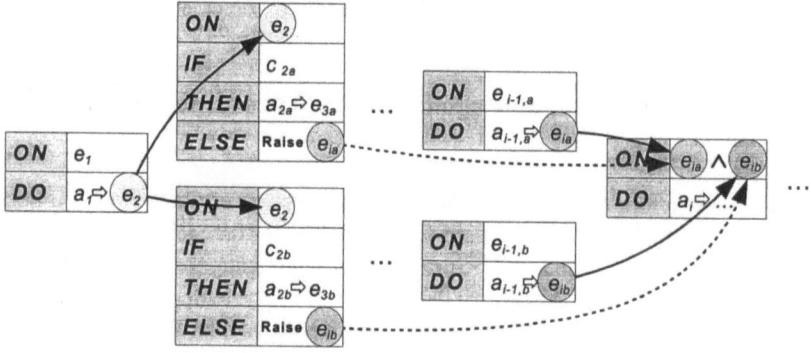

Abbildung 5: Beispiel eines mit ECAA modellierten Geschäftsprozesses

Zur Integration dieses Modellierungsansatzes in UML werden die Geschäftsregeln als Stereotypen definiert. Sie bilden gleichzeitig ein eigenständiges Konzept, d. h. eine neue Klasse eines UML-Modellierungselements, das keine Existenzabhängigkeiten zu anderen Modellierungselementen in UML besitzt. Dies impliziert, dass Geschäftsregeln als eigenständige Einheit in UML aufgefasst und das Metamodell von UML entsprechend erweitert werden muss [Hagg01].

In dem von ERIKSSON und PENKER erstellten Rahmenwerk für die Geschäftsprozessmodellierung sind grundsätzlich alle notwendigen Konstrukte vorhanden, um einen Prozess als Folge von ECAA-Regeln innerhalb eines Aktivitätsdiagramms zu beschreiben. Die in den EPE eingeführten Stereotypen für *business events* und *business processes* werden ebenso wie deren Beziehungen zu den übrigen neu

Erweiterung von UML zur geschäftsregelorientierten Prozessmodellierung 159

eingeführten Konzepten (Ziel eines Prozesses, Ressourcen etc. (vgl. Abschnitt 2.2)) analog verwendet.

In Abbildung 6 werden die in den EPE definierten Stereotypen für die *business event*-Notation als rechtsseitig konvexes Fünfeck und die *business process*-Notation als linksseitig konkaves Sechseck übernommen. Die *Bedingung* als Spezialisierung eines Prozesses bzw. einer Aktivität mit den genannten Eigenschaften wird als Stereotyp der Klasse *activity* hinzugefügt. Für die Notation dieses Stereotyps wird ein symmetrisches Sechseck verwendet.

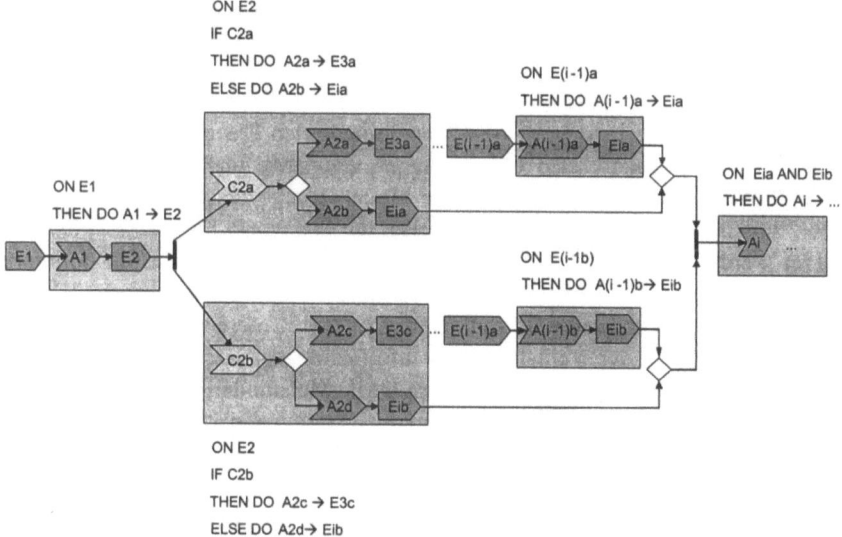

Abbildung 6: ECAA im Aktivitätsdiagramm

Ein Vorteil des entwickelten Ansatzes ist, dass durch den Verzicht auf einen weiteren Diagramm-Typ bzw. Diagramm-Typ-Dialekt die Anzahl der möglichen Diagramme nicht erhöht wird. Ferner werden die den Kontrollfluss bestimmenden Geschäftsregeln explizit beschrieben. Mit Unterstützung eines geeigneten Rule Repositories können diese explizit abgefragt und in verschiedenen Kontexten wiederverwendet werden. Und schliesslich können die Geschäftsregeln systematisch verfeinert und mit Hilfe geeigneter *rule engines* in unterschiedlichen Informationssystemen implementiert werden.[4]

---

[4] *Rule engines* sind Software-Komponenten, welche die Ausführung von Geschäftsregeln in Informationssystemen unterstützen. Dabei wird eine in einer geeigneten Sprache formulierte Regel (z. B. in Form eines *if <condition> then <action1> else <action2> endif*-Statements) ausgeführt, wenn das entsprechende auslösende Ereignis eingetreten ist. Die Regelkomponenten *<condition>*, *<action1>* bzw. *<action2>* beinhalten auf der Ausführungsebene Eigenschaften oder Methoden eines Objektes, so dass die Aus-

4 Schlussfolgerungen und Ausblick

Ein UML inhärentes Problem besteht in der Vielzahl der vorgesehenen Diagrammarten, die zum Teil sehr eng verwandt sind und deshalb synonym benutzt werden können. Eine wesentliche Anforderung an eine Methode zur Geschäftsprozess- bzw. Unternehmensmodellierung ist deren Einfachheit und Übersichtlichkeit. Nur so kann das Ziel, als gemeinsames Kommunikations- und Dokumentationsinstrument für Fachbereich und IT zu dienen, erfüllt werden. Entsprechend erfüllt keine der vorgestellten Varianten per se dieses Kriterium. In jedem Fall ist also die Entwicklung geeigneter Vorgehensmodelle notwendig, um sicherzustellen, dass auf der Ebene der Prozessgestaltung möglichst wenige der vorhandenen UML-Diagramme zur Anwendung kommen.

Das skizzierte Vorgehen zur geschäftsregelorientierten Prozessmodellierung nützt die in [ErPe00] eingeführten Erweiterungen von UML und ergänzt diese durch eine aus der ECAA-Notation abgeleitete Modellierungsvorschrift. Zu beachten ist aber, dass mit dem beschriebenen Vorgehen nur diejenigen Geschäftsregeln abgebildet werden, welche den Kontrollfluss innerhalb eines Prozesses definieren. Daneben existieren aber noch weitere Typen von Geschäftsregeln, beispielsweise zur Definition struktureller Zusammenhänge von Unternehmensorganisationen oder zur Definition des Verhaltens von Informationseinheiten. Durch Einführung einer eigenen Klasse „Geschäftsregel" im UML-Metamodell ergibt sich die Möglichkeit, auch diese Arten von Regeln explizit in anderen UML-Diagrammen zu repräsentieren und konsistent zu modellieren. Das Wissen einer Unternehmung kann so in Geschäftsregeln zusammengefasst werden, welche dann konsistent in Softwaresystemen implementiert werden können.

Literaturverzeichnis

[ARIS99]   O. V.: ARIS Methodenhandbuch, Version 4.1. November 1999.

[BBGW90]   Bell, J.; Brooks, D.; Goldbloom, E.; Sarro, R.; Wood, J.: Re-Engineering Case Study - Analysis of Business Rules and Recommendations for Treatment of Rules in a Relational Database Environment. Bellevue Golden: US West Information Technologies Group 1990.

[BeES98]   Becker, J.; Ehlers, L.; Schütte, R.: Grundsätze ordnungsmäßiger Modellierung; Konzeption, Vorgehensmodelle. technische Realisierung, Nutzen. Münster 1998. http://www.wi.uni-muenster.de/is/mitarbeiter/isresc/resc_Statustagung.pdf, Abruf: 2001-07-03.

[Burk97]   Burkhardt, R.: UML – Unified Modeling Language. Objektorientierte Modellierung für die Praxis. Bonn 1997.

---

führung einer Regelkomponente entweder der Abfrage eines bestimmten Objekt-Zustandes oder dem Aufruf einer Objekt-Methode (vgl. z. B. [ILOG01]).

[ErPe00]	Eriksson, H.-E.; Penker, M.: Business Modeling with UML: Business Patterns at Work. New York 2000.
[Date00]	Date, C.: What Not How – The Business Rule Approach to Application Development. Boston et al. 2000.
[Hagg01]	Haggerty, N.: Modeling Business Rules using the UML and CASE. Articles „In depth Business Rules Feature Stories". http://www.brcommunity.com, Abruf: 2001-04-25.
[HoHe00]	Hoheisel, H.: Temporale Geschäftsprozessmodellierung. Wiesbaden 2000.
[ILOG01]	ILOG Inc.: Business Rules. Powering Business and e-Business. White Paper. http://www.ilog.com, Abruf: 2001-10-11.
[KnEP00]	Knolmayer, G.; Endl, R.; Pfahrer, M.: Modeling Processes and Workflows by Business Rules. In: van der Aalst, W., Oberweis, A., Desel, J. (Hrsg.): Business Process Management: Models, Techniques, and Empirical Studies. Berlin et al. 2000, S. 16-29.
[KnoH93]	Knolmayer, G.; Herbst, H.: Business Rules. Wirtschaftsinformatik, 35 (1993) 4, S. 386-390.
[Loos98]	Loos, P.; Allweyer, T.: Process Orientation and Object-Orientation. An Approach for Integrating UML and Event-Driven-Process Chains (EPC). Arbeitsbericht des Instituts für Wirtschaftsinformatik, Universität des Saarlandes, Nr. 144, März 1998.
[NiHa89]	Nijssen, G. M.; Halpin, T. A.: Conceptual Schema and Relational Database Design: A fact oriented approach, New York et al. 1989.
[Mann00]	Mann, J. E.: Rules for E-Business. Versata's Business Rule Automation Delivers on the key Issues of Time, Cost, and Flexibility. April 2000. http://www.psgroup.com, Abruf: 2001-10-11.
[Meta00]	Meta Group: Electronic Business Strategies. Meta Group 2000. http://www.psgroup.com, Abruf: 2001-09-30.
[Omg99]	OMG: Unified Modeling Language Specification. Version 1.3. June 1999. http://www.rational.com/media/uml/post.pdf, Abruf: 2001-06-25.
[Omg99a]	OMG (Hrsg.): Object Constraint Language Specification. Version 1.3. Framingham 1999.
[Rati97]	Rational Software Corporation et al.: UML Extensions for Business Modeling. Santa Clara 1997.
[Ross98]	Ross, R.: Business Rule Concepts. The New Mechanics of Business Information Systems. Business Rule Solutions Inc. 1998.
[ScNZ97])	Scheer, A.-W., Nüttgens, M., Zimmermann, V.: Objektorientierte Ereignisgesteuerte Prozesskette (oEPK) – Methode und Anwendung. Arbeitsbericht des Instituts für Wirtschaftsinformatik, Universität des Saarlandes, Nr. 141, Mai 1997.
[Vern96]	Vernadat, F.: Enterprise Modeling and Integration, London 1996.

Using Ontologies and Formal Concept Analysis for Organizing Business Knowledge

Gerd Stumme

Ontologies provide explicit models of shared conceptualizations, and are useful for modeling formal, semi-formal, and informal knowledge needed for communication within a company. As there is typically more than one ontology used in a company (for instance one in each department), techniques are needed to merge ontologies in order to assure cross-company communication. In this paper, we summarize one such approach, called FCA-MERGE. During its development, it turned out that a formal definition of 'ontology' is needed. The resulting definition is presented for the first time in detail in this paper.[1]

1 Introduction

Ontologies have been established for knowledge sharing and are widely used as a means for conceptually structuring domains of interest. They have turned out to be a successful approach for structuring informal, semi-formal, and formal knowledge. Ontologies provide an explicit model of a shared conceptualization of some community of interest. Therefore ontologies are a promising formalism for supporting communication with companies and organizations. However it will not be possible in general to agree on one company-wide ontology, as the divergence in the aims of the different players in the company is usually too large. A natural way is to have several ontologies in a company, for instance one for each division, or even one for each department. With the growing usage of ontologies, the problem of overlapping knowledge in a common domain occurs more often and becomes critical. Domain-specific ontologies are modeled by multiple authors in multiple settings (e. g. by different departments of a company). In order to support overall communication, methods are needed to bring together these local ontologies, in order to allow for global (cross-department) communication.

In the DFG-project 'OntoWise – Wissensmanagement mit multiplen Ontologien', we have developed FCA-MERGE, an algorithm for merging ontologies, which offers a global structural description of the merging process. The algorithm is

---

[1] This work has been financed by the Deutsche Forschungsgemeinschaft (DFG) under grant STU 170/11-1.

based on Formal Concept Analysis, a mathematical theory formalizing the concept of 'concept' ([Will82; GaWi99], see also [Will00]).

Related work often approaches the task of ontology merging from a software-engineering point of view, rather than from a structure-theoretic point of view. Our approach is based on the latter, with the aim to provide formal semantics for the operations which are independent from the actual implementation. The FCA-MERGE algorithm was presented at the 17th International Joint Conference on Artificial Intelligence (IJCAI '01), see [StMä01]. In this paper, we summarize the results.

Our first attempts to provide a formalization for merging ontologies showed that, at a technical level, some sensitive decisions have to be made. The exact definition of what an ontology is, and the specification of the constraints influences the limitation of the power of the merging mechanism on the one hand, and allows to derive structural results about the target ontology on the other hand. These structural results can be used to infer properties which the target ontology inherits from the source ontologies. More general one can say that the commitment to a specific formal definition will influence all future development in the domain.

Therefore, a first step in the project was to develop a precise definition of what we understand under 'ontology'. We emphasize on a mathematical definition which allows to describe the semantics of all ontology operations explicitly. In the definition, we deliberately abstract from implementation details. Those latter are subject to current research within the development of the Karlsruhe Ontology Tool Suite KAON.

In the next section, we discuss the problems of modeling business knowledge with ontologies. Section 3 gives a summary of our merging approach, and motivates the need for a formal definition of ontologies. In Section 4, we provide the definition of 'ontology' as developed within the project. Section 5 concludes the paper.

2 Business Knowledge and Ontologies

Business processes are typically treated in a cooperation of several departments of a company or even across company boundaries. This requires the management of knowledge related to the business processes across department and company boundaries. Ontologies are a means for structuring such informal, semi-formal, and formal knowledge.

Using Ontologies for Organizing Business Knowledge   165

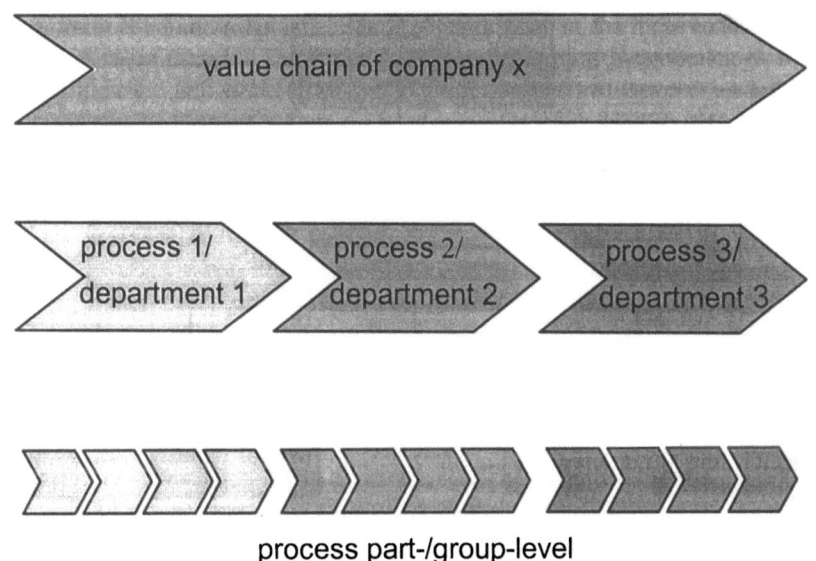

Figure 1:   The hierarchy of departments/sub-processes of a company or organization

Nevertheless it is impossible in practice to provide a single, company-wide ontology satisfying all users with regard to coverage, precision, actuality, and individualization. Different departments need specific approaches and vocabularies for describing and solving their specific tasks (see Figure 1). Hence the balance between the two conflicting objectives of providing a common knowledge core on the one hand and sufficient influence of the different departments on its structure and content on the other hand has to be maintained.

A solution to this problem is to provide multiple ontologies which are organized along the organizational structure of the company (departments, working groups, etc.) and/or the structure of the business processes (see Figure 2). There may be a general, company-wide ontology which specifies the common vocabulary. Subdivisions will then have their own, more specific ontologies with different levels of granularity. The smaller a unit is, the more (task-)specific will be its ontology.

When a business process passes from one unit to another, the need for communication arises. At that moment, the underlying ontologies have to be made compatible. Compatibility can be obtained by *merging* the ontologies into a unique one, or by *aligning* them. Merging two ontologies means creating a new ontology in a semi-automatic manner by using the concepts of both ontologies and by identifying some of them. Aligning two ontologies means defining a mapping between the two ontologies which translates concepts of the first ontology into the second one. In this paper, we focus on the task of ontology merging. Our approach will be discussed in the next section.

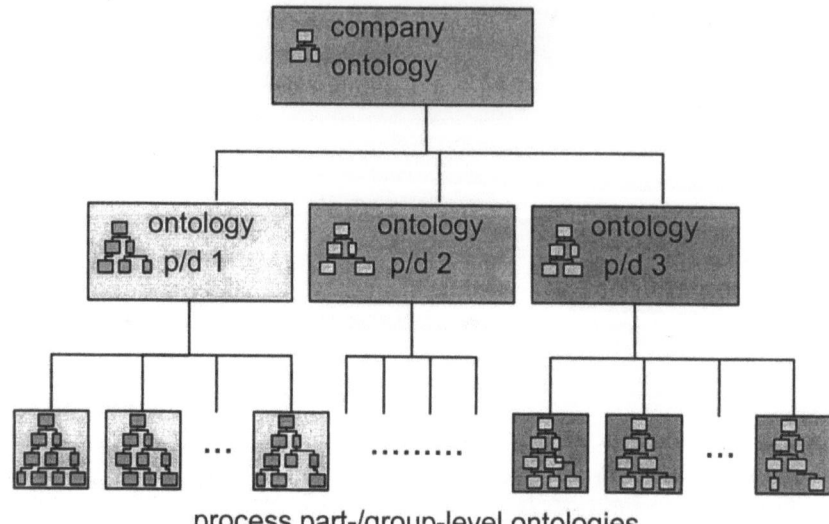

Figure 2: Ontologies organized along the organizational structure of the company/ organization

3 Ontology Merging Based on Formal Concept Analysis

The process of *ontology merging* takes as input two (or more) source ontologies and returns a merged ontology based on the given source ontologies. Manual ontology merging using conventional editing tools without support is difficult, labor intensive and error prone. Therefore, several systems and frameworks for supporting the knowledge engineer in the ontology merging task have recently been proposed [Hovy98, Chal00, NoMu00, MFRW00]. The approaches rely on syntactic and semantic matching heuristics which are derived from the behavior of ontology engineers when confronted with the task of merging ontologies, i. e., human behavior is simulated. Although some of them locally use different kinds of logics for comparisons, these approaches do not offer a structural description of the global merging process.

FCA-MERGE is a method for merging ontologies following a bottom-up approach and offering a global structural description of the merging process. For the source ontologies, it extracts instances from a given set of domain-specific text documents by applying natural language processing techniques. Based on the extracted instances we use the titanic algorithm [STBP01] to derive a concept lattice. The concept lattice provides a conceptual clustering of the concepts of the source ontologies. It is explored and interactively transformed to the merged ontology by the ontology engineer. The approach is described in detail in [StMä01].

FCA-MERGE is based on application-specific instances of the input ontologies O_1 O_2 that are to be merged. The overall process of merging two ontologies is depicted in Figure 3 and consists of three steps, namely (*i*) instance extraction and computing of two formal contexts K_1 and K_2, (*ii*) the FCA-MERGE core algorithm that derives a common context and computes a concept lattice, and (*iii*) the generation of the final merged ontology based on the concept lattice.

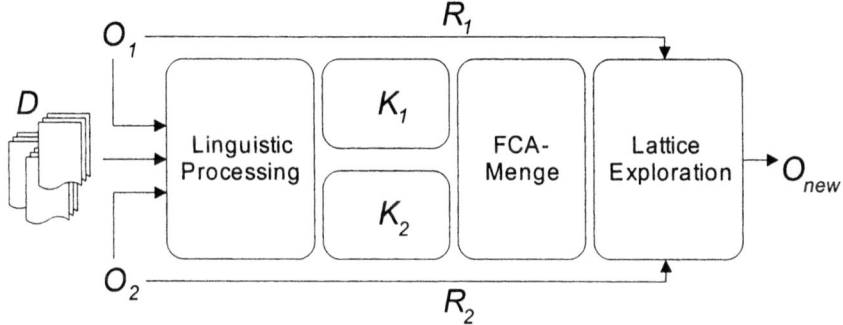

Figure 3: Ontology Merging Method

The method takes as input the two ontologies and a set D of natural language documents. The documents have to be relevant to both ontologies, so that the documents are described by the concepts contained in the ontology. The documents may be taken from the target application which requires the final merged ontology. From the documents in D, we *extract instances*. This automatic knowledge acquisition step returns, for each ontology, a formal context indicating which ontology concepts appear in which documents.

The extraction of the instances from documents is necessary because there are usually no instances which are already classified by both ontologies. However, if this situation is given, one can skip the first step and use the classification of the instances directly as input for the two formal contexts.

The second step of the approach comprises the FCA-MERGE core algorithm. The core algorithm merges the two contexts and computes a concept lattice from the merged context using the TITANIC algorithm. More precisely, it computes a *pruned concept lattice* which has the same degree of detail as the two source ontologies.

Instance extraction and the FCA-MERGE core algorithm are fully automatic. The final step of *deriving the merged ontology* from the concept lattice requires human interaction. Based on the pruned concept lattice and the sets of relation names R_1 and R_2, the ontology engineer creates the concepts and relations of the target ontology. The ontology engineering environment OntoEdit provides graphical means for supporting this process.

Certainly, high quality results of the merging process will always need some human involved, who is able to make judgments based on background knowledge, social conventions, and purposes. Thus, all merging approaches aim at supporting the knowledge engineer, and not at replacing him. Our approach differs from the related work stated above in that it provides, for one part of the merging process, an algorithm with a well-defined description of the output in terms of the input. If the knowledge engineer commits to this description, he is guaranteed to obtain the expected results. FCA-MERGE may of course also be included in a heuristics-based approach as a reliable building block.

As the aim of our approach was to provide a structural description of the merging process, it soon became clear that we would need formal definitions of all structures involved. Hence a first step in the project was to come up with a precise, explicit definition of our understanding of ontologies. This formalization is presented in the next section.

4 The Karlsruhe Perspective on Ontologies

There are different 'definitions' in the literature of what an ontology should be. Some of them are discussed in [Guar97], the most prominent being "An ontology is an explicit specification of a conceptualization" [Grub94]. A 'conceptualization' refers to an abstract model of some phenomenon in the world by identifying the relevant concept of that phenomenon. 'Explicit' means that the types of concepts used and the constraints on their use are explicitly defined. This definition is often extended by three additional conditions: "An ontology is an explicit, *formal* specification of a *shared* conceptualization *of a domain of interest*". 'Formal' refers to the fact that the ontology should be machine readable (which excludes for instance natural language). 'Shared' reflects the notion that an ontology captures consensual knowledge, that is, it is not private to some individual, but accepted as a group. The reference to 'a domain of interest' indicates that for domain ontologies one is not interested in modeling the whole world, but rather in modeling just the parts which are relevant to the task at hand.

Common to all these definitions is their high level of generalization, which is far from a precise mathematical definition. The reason is that the definition should cover all different kinds of ontologies, and should not be related to a particular method of knowledge representation [HeSW97]. However, as we want to study structural aspects, we have to commit ourselves to one specific ontology representation framework, and to a precise, detailed definition. In a modular way we consider first the common core of all ontologies, and then introduce different extensions. Our approach is independent of a specific logical language. It can for instance be used with F-Logic, as it is e. g. implemented in Ontobroker [DEFS99] and OntoEdit [StMä00], but is open to other languages.

Definition 1: A core ontology *is a structure*

$$O := (C, \leq_C, R, \sigma, \leq_R)$$

consisting of

- two disjoint sets C and R whose elements are called concept identifiers and relation identifiers, resp.,
- a partial order $\leq_C$ on C, called concept hierarchy or taxonomy,
- a function $\sigma : R \to C^+$ called signature,
- a partial order $\leq_R$ on R, called relation hierarchy, where $r_1 \leq_R r_2$ implies $|\sigma(r_1)| = |\sigma(r_2)|$ and $\pi_i(\sigma(r_1)) \leq_C \pi_i(\sigma(r_2))$, for each $1 \leq i \leq |\sigma(r_1)|$.

Often we will call concept identifiers and relation identifiers just *concepts* and *relations*, resp., for sake of simplicity. Almost all relations in practical use are binary. For those relations, we define their *domain* and their *range*.

Definition 2: For *a relation* $r \in R$ *with* $|\sigma(r)| = 2$, *we define its* domain *and its* range *by* $\mathrm{dom}(r) := \pi_1(\sigma(r))$ *and* $\mathrm{range}(r) := \pi_2(\sigma(r))$.

If $c_1 \leq_C c_2$, *for* $c_1, c_2 \in C$, *then* c_1 *is a subconcept of* c_2, *and* c_2 *is a superconcept of* c_1. *If* $r_1 \leq_R r_2$, *for* $r_1, r_2 \in R$, *then* r_1 *is a subrelation of* r_2, *and* r_2 *is a superrelation of* r_1.

If $c_1 <_C c_2$ *and there is no* c_3 *with* $c_1 <_C c_3 <_C c_2$, *then* c_1 *is a direct subconcept of* c_2, *and* c_2 *is a* direct superconcept of c_1. *We note this by* $c_1 \pi c_2$. Direct superrelations *and* direct subrelations *are defined analogously*.

Relationships between concepts and/or relations as well as constrains can be expressed within a logical language. We provide a generic definition, which allows the use of different languages.

Definition 3: *Let L be logical language. A L-axiom system for an ontology* $O := (C, \leq_C, R, \sigma, \leq_R)$ *is a pair*

$$A := (AI, \alpha)$$

where

- AI is a set whose elements are called *axiom identifiers* and
- $\alpha : AI \to L$ is a mapping.

The elements of $A := \alpha(AI)$ *are called* axioms.

An ontology with *L*-axioms *is a pair*

$$(O, A)$$

where O is an ontology and A is a L-axiom system for O.

In the sequel, *ontology* stands either for a core ontology or an ontology with *L*-axioms.

According to the international standard ISO 704, we provide names for the concepts (and relations). Instead of 'name', we call them 'sign' to allow for more generality.

Definition 4: A lexicon *for an ontology* $O := (C, \leq_C, R, \alpha, \leq_R)$ *is a structure*

$$Lex := (S_C, S_R, \text{Ref}_C, \text{Ref}_R)$$

consisting of

- two sets S_C and S_R whose elements are called *signs for concepts* and *relations*, resp.,
- a relation $\text{Ref}_C \subseteq S_C \times C$ called *lexical reference for concepts*, where $(c, c) \in \text{Ref}_C$ holds for all $c \in C \cap S_C$,
- a relation $\text{Ref}_R \subseteq S_R \times R$ called *lexical reference for relations*, where $(r, r) \in \text{Ref}_R$ holds for all $r \in R \cap S_R$.

Based on Ref_C, *we define for* $s \in S_C$,

$$\text{Ref}_C(s) := \{c \in C | (s, c) \in \text{Ref}_C\}$$

and, for $c \in C$,

$$\text{Ref}_C^{-1}(c) := \{s \in S | (s, c) \in \text{Ref}_C\}.$$

Ref_R *and* Ref_R^{-1} *are defined analogously.*

An ontology with lexicon *is a pair*

$$(O, Lex)$$

where O is an ontology and Lex is a lexicon for O.

Ontologies formalize the intensional aspects of a domain. The extensional part is provided by a knowledge base, which contains assertions about instances of the concepts and relations.

Definition 5: A knowledge base *is a structure*
$$KB := (C_{KB}, R_{KB}, I, \iota_C, \iota_R)$$

consisting of

- two sets C_{KB} and R_{KB},
- a set I whose elements are called *instance identifiers* (or *instances* or *objects* for short),
- a function $\iota_C : C_{KB} \to \wp(I)$ called *concept instantion*,
- a function $\iota_R : R_{KB} \to \bigvee_{i=1}^{\infty} \wp(I^i)$ called *relation instantiation*.

As concepts and relations, we also provide names for instances.

Definition 6: *An* instance lexicon *for a knowledge base* $KB := (C_{KB}, R_{KB}, I, \iota_C, \iota_R)$ *is a pair*
$$IL := (S_I, R_I)$$

consisting of

- a set S_I whose elements are called *signs for instances*,
- a relation $R_I \subseteq S_I \times I$ called *lexical reference for instances*.

A knowledge base with lexicon *is a pair*
$$(KB, IL)$$
where KB is a knowledge base and IL is an instance lexicon for KB.

When a knowledge base is given, we can derive the extensions of the concepts and relations of the ontology, based on the concept instantiation and the relation instantiation.

Definition 7: Let $KB := (C_{KB}, R_{KB}, I, \upsilon_C, \upsilon_R)$ be a knowledge base. The extension $\|c\|_{KB} \subseteq I$ of a concept $c \in C$ is recursively defined by the following rules:

- $\|c\|_{KB} \leftarrow \iota_C(c)$,
- $\|c\|_{KB} \leftarrow \|c\|_{KB} \cup \|c'\|_{KB}$, for $c' < c$,
- the axioms in A (if O is an ontology with L-axioms).

The extension $\|c\|_{KB} \subseteq I^+$ of a relation $r \in R$ is recursively defined by the following rules:

- $\|r\|_{KB} \leftarrow \iota_C(r)$,
- $\|r\|_{KB} \leftarrow \|r\|_{KB} \cup \|r'\|_{KB}$, for $r' < r$,
- the axioms in A (if O is an ontology with L-axioms).

If the reference to the knowledge base is clear from the context, we also write $\|c\|$ and $\|r\|$ instead of $\|c\|_{KB}$ and $\|r\|_{KB}$.

The following definition tells us if a knowledge base is consistent with an ontology.

Definition 8: A knowledge base $KB := (I, \iota_C, \iota_R)$ is consistent with an ontology O, if all of the following hold:

- O is consistent (if O is an ontology with L-axioms),
- $C_{KB} \subseteq C$,
- $R_{KB} \subseteq R$,
- $\|r\| \subseteq \Pi_{c \in \sigma(r)} \|c\|$, for all $r \in R$,
- KB is a model for
  $A \cup \{c_1 \leq c_2 \rightarrow \|c_1\| \subseteq \|c_2\| \,|\, c_1, c_2 \in C\} \cup \{r_1 \leq r_2 \rightarrow \|r_1\| \subseteq \|r_2\| \,|\, r_1, r_2 \in R\}$.

5 Conclusion

In this paper, we have analyzed the problems of modeling business knowledge with ontologies. We have summarized FCA-MERGE, an algorithm for ontology merging, which provides a structural description of the merging process. During its development the need of a formal definition of what we understand under 'ontology' arose. The resulting formal definition is presented in this paper for the first time in detail.

Acknowledgement

Many thanks go to all members of our group, who contributed to the formalization of our understanding of 'ontology' in a series of lively discussions.

References

[Chal00] Chalupsky, H.: OntoMorph: A translation system for symbolic knowledge. Proc. 7th Intl. Conf. on Principles of Knowledge Representation and Reasoning (KR'2000), Breckenridge, Colorado, USA, April 2000, pp. 471-482.

[DEFS99] Decker, S.; Erdmann, M.; Fensel, D.; Studer, R.: Ontobroker: Ontology-based access to distributed and semi-structured information. In: R. Meersman et al. (eds.), Database Semantics: Semantic Issues in Multimedia Systems, Proceedings TC2/WG 2.6 8th Working Conference on Database Semantics (DS-8), Rotorua, New Zealand, Kluwer Academic Publishers, Boston, 1999.

[GaWi99] Ganter, B.; Wille, R.: Formal Concept Analysis: Mathematical Foundations. Springer, Heidelberg 1999. (Translation of: Formale Begriffsanalyse: Mathematische Grundlagen. Springer, Heidelberg 1996.)

[Grub94] Gruber, T.: Towards principles for the design of ontologies used for knowledge sharing. Intl. J. of Human and Computer Studies 43 (5/6), 1994, pp. 907-928.

[Guar97] Guarino, N.: Understanding, building and using ontologies. Intl. J. of Human and Computer Studies 46 (2/3), 1997, pp. 293-310.

[HeSW97] van Heijst, G.; Schreiber, A.Th.; Wielinga, B.J.: Using explicit ontologies in KBS development. Intl. J. of Human and Computer Studies 46 (2/3), 1997, pp. 183-292.

[Hovy98] Hovy, E.: Combining and standardizing large-scale, practical ontologies for machine translation and other uses. Proc. 1st Intl. Conf. on Language Resources and Evaluation, Granada, Spain, May 1998.

[KLW95] Kifer, M.; Lausen, G.; Wu, J.: Logical foundations of object-oriented and frame-based languages, Journal of the ACM 42, 1995.

[MFRW00] McGuinness, D.L.; Fikes, R.; Rice, J.; Wilder, S.: An environment for merging and testing large Ontologies. Proc. 7th Intl. Conf. on Principles of Knowledge Representation and Reasoning (KR'2000), Breckenridge, Colorado, USA, April 2000, pp. 483-493.

[NoMu00] Noy, N.F.; Musen, M.A.: PROMPT: algorithm and tool for automated ontology merging and alignment. Proc. 17th Natl. Conf. on Artificial Intelligence (AAAI'2000), Austin, TX, July/August 2000, pp. 450-455.

[StMä00] Staab, S.; Mädche, A.:Ontology engineering beyond the modeling of concepts and relations. Proc. ECAI'2000 workshop on application of ontologies and problem-solving methods, IOS Press, Amsterdam 2000.

[StMä01] Stumme, G.; Mädche, A.: FCA-Merge: Bottom-Up Merging of Ontologies. Proc. 17th Intl. Conf. on Artificial Intelligence (IJCAI '01). Seattle, WA, USA, 2001, 225-230.

[STBP01]   Stumme, G.; Taouil, R.; Bastide, Y.; Pasqier, N.; Lakhal, L.: Computing Iceberg Concept Lattices with Titanic. J. on Knowledge and Data Engineering (to appear).

[Will82]   Wille, R.: Restructuring lattice theory: an approach based on hierarchies of concepts. In: I. Rival (ed.): Ordered sets. Reidel, Dordrecht-Boston 1982, pp. 445-470.

[Will00]   Wille, R.: Begriffliche Wissensverarbeitung: Theorie und Praxis. Informatik Spektrum 23 (6), 2000, pp. 357-369.

Teil 2:
Modellsysteme

Referenzmodellierung für Buchverlage: erste Überlegungen aus strukturorientierter Sicht

Antonios Tzouvaras, Thomas Hess

Referenzmodelle sind ein schon länger bekanntes Hilfsmittel, um die Entwicklung und Anpassung unternehmensindividueller Informationssysteme zu unterstützen. Für einige Branchen existieren bereits solche Referenzmodelle; die Verlagsbranche gehört nicht dazu. Mit dem vorliegenden Beitrag wird ein Referenzmodellrahmen für Medieninformationssysteme und hierauf basierend – gedacht als erster Schritt der Entwicklung eines umfassenden Referenzmodells – ein grobes Strukturmodell des Leistungsprozesses von Buchverlagen präsentiert. In diesem Strukturmodell finden neuere technische Entwicklungen, wie z. B. die Mehrfachverwendung von Inhalten und die Inhalteausgabe auf verschiedenen Distributionskanälen, besondere Berücksichtigung.

1 Problemstellung und gestaltungstheoretischer Rahmen

Bis vor wenigen Jahren war die Entwicklung und Realisierung von Informationssystemen in der gesamten Medienbranche eine eher untergeordnete Aufgabe. In den letzten Jahren hat sich dies grundlegend geändert [RaHe00]. Am populärsten ist sicherlich in diesem Zusammenhang das Internet, das den Informationsanbietern neue Distributionswege eröffnet hat. Daneben sind aber auch Veränderungen bei den Endgeräten (wie z. B. die E-Books) sowie bei den Produktionstechnologien (etwa in Form von Content Management-Systemen) von großer Bedeutung. Neben diesen technologiegetriebenen Veränderungen führt auch der zunehmende Wettbewerbsdruck in vielen klassischen Medienmärkten zu erhöhten Anforderungen, z. B. hinsichtlich der Mehrfachverwendung von Inhalten oder der Auflagenplanung. Es liegt daher nahe, auch in der Medienbranche zur Unterstützung der Systementwicklung auf Referenzmodelle zurückzugreifen, die sich in vielen Branchen bereits bewährt haben. Gerade für die Medienbranche liegen derartige Referenzmodelle aber noch nicht vor.

Vor diesem Hintergrund wurde im Jahr 2000 am Institut für Wirtschaftsinformatik der Universität Göttingen ein Forschungsprojekt gestartet, das sich exemplarisch mit der *Entwicklung eines Referenzmodells für den Leistungsprozess von Buchverlagen* beschäftigt und mittlerweile in Kooperation mit der Universität München durchgeführt wird. Ziel des vorliegenden Beitrags ist es, einen Überblick über die ersten Ergebnisse dieses Projekts zu präsentieren und dabei insb. die Spezifika des Anwendungsfelds (etwa durch die Informationen als Produkt) herauszuarbeiten. Hinsichtlich des Vorgehens sind drei Schritte zu unterscheiden. In einem ersten – in diesem Beitrag dargestellten Schritt – wird ausgehend von einem Ordnungsrahmen für Medienunternehmen (Abschnitt 2) der Gestaltungsbereich abgegrenzt und strukturiert (Abschnitt 3), ferner wird das Informationsmodell mit seinen wesentlichen Strukturelementen grob beschrieben (Abschnitt 4). Im zweiten Schritt ist auf dieser Basis das Modell zu verfeinern. Mit einem dritten Schritt soll das theoretisch hergeleitete Modell durch ein prototypisch realisiertes System evaluiert werden. Die zuletzt genannten Schritte werden in Abschnitt 5 dieses Beitrags nur kurz angerissen.

Ausgangspunkt für die Gestaltung eines Referenzmodells ist ein *Ordnungsrahmen*, der für die Domäne die relevante Struktur vorgibt [RoSc99, S. 32]. Für Industrie und Handel existieren bereits seit längerem solche Ordnungsrahmen. Deren Einsatz für die Problemdomäne Buchverlag ist aber kaum möglich. Es sind zwar gewisse Ähnlichkeiten zu Konsumgüterherstellern vorhanden, so sind auch Bücher Produkte, die geplant, produziert, vertrieben und konsumiert werden. Tatsächlich hat man es bei Büchern jedoch nur zu geringen Teilen mit einem materiellen Produkt zu tun. Der Wert dieses Produktes wird maßgeblich durch seinen immateriellen Teil, den Inhalt, determiniert. Eine Konstruktion von Büchern mit CAD-Systemen oder ähnlichem findet ebenfalls nicht statt. Ein weiteres Spezifikum ist die vollständige Digitalisierbarkeit von Medienprodukten. Zukünftig werden verstärkt digitale Produkte (z. B. Online-Angebote) in den Rezipientenmarkt Einzug halten [ScHe00, S. 53] und dadurch die Bedeutung der konventionellen Lagerhaltung abschwächen. Hier ist nach Lösungen zur Abbildung der digitalen Lagerhaltung zu suchen; erste Ansätze gibt es bereits [LuEh00].

Die eben genannten Besonderheiten verhindern zwar den Einsatz bestehender Ordnungsrahmen, allerdings können die daraus abgeleiteten Industrie- und Handels-Referenzmodelle zumindest zum Teil für die zu konstruierenden Modelle genutzt werden.

Buchverlage lassen sich in einem allgemeineren Rahmen den *Medienunternehmen* zuordnen. Daher soll in dem vorliegenden Beitrag im ersten Schritt ein Ordnungsrahmen für Medienunternehmen entwickelt werden. Mit diesem Rahmen soll im zweiten Schritt der Gestaltungsbereich für die medienspezifische Problemdomäne Buchverlag abgegrenzt werden. Die Bedeutung des Ordnungsrahmens für Medienunternehmen geht aber über das hier vorgestellte Verlagsmodell hinaus. Der Medien-Ordnungsrahmen gibt einen Rahmen zur Modellierung anderer medienspezifischer Problemdomänen (z. B. Zeitungsverlag, Fernsehsender, Online-Anbieter) vor. Liegen Modelle auf Basis des Medien-Ordnungsrahmens vor, erlaubt dieser eine Navigation zwischen den einzelnen Problemdomänen. Die einzelnen Problemdomänen stellen sich hierbei nicht zwangsläufig als sich ausschließende

Alternativen dar, so dass die aggregierte Betrachtungsweise dem Modellanwender beim Zugang zu den Modellen hilft [RoSc99, S. 32]. Der gemeinsame Ordnungsrahmen hilft, Redundanzen bei der Modellerstellung zu vermeiden und die Integrationsfähigkeit der Teilmodelle zu erhöhen.

2 Ein genereller Rahmen für Medien-Referenzmodelle

Ausgehend von einem geeigneten Betrachtungsgegenstand, der Wertschöpfungskette, wird in diesem Kapitel ein Rahmen zur Konstruktion von Medien-Referenzmodellen entwickelt. Der Rahmen soll eine Vorgabe zur Modellierung darstellen, der die Kompatibilität verschiedener medienspezifischer Problemdomänen gewährleistet und die Integration bestehender Teilmodelle erlaubt. Kern dieses Referenzmodellrahmens ist das Medien-X-Modell als Ordnungsrahmen für Informationssysteme von Medienunternehmen, sogenannten Medieninformationssystemen. Der Ordnungsrahmen bildet den Ausgangspunkt für die weitere Gestaltung, sowohl des restlichen Referenzmodellrahmens als auch der spezifischen Modelle.

2.1 Betrachtungsgegenstand

Die Gestaltung eines allgemeingültigen Ordnungsrahmens für die Medienbranche erfordert aufgrund der doch gravierenden Unterschiede (man denke an die Unterschiede zwischen Sender und Verlag) erstens ein relativ hohes Abstraktionsniveau und zweitens gemeinsame Elemente verschiedener Typen von Medienunternehmen. Letzteres erlaubt grundsätzlich die Wahl einer objekt- (z. B. Produktgruppen), funktions- oder prozessorientierten Betrachtungsweise. Aufgrund der zu niedrigen Abstraktionsebene scheidet die *objektorientierte Gliederung* des Modells aus. Eine *funktionsorientierte Gliederung* ist nur schwer möglich, da sie sich auf die unternehmenstypspezifische Aufbauorganisation bezieht. Nachteilig wirkt sich auch die Notwendigkeit von Schnittstellen aus, da gewöhnlich mehr als eine organisatorische Stelle in einen betrieblichen Prozess einbezogen wird [Hohm99, S. 148-151]. Richtet man die Betrachtung auf die Ablauforganisation und damit an den betrieblichen *Prozessen* aus, entfallen diese Hindernisse. Sie erlaubt eine gemeinsame Gliederung verschiedenartiger Medienunternehmen und unterstützt die Gestaltung eines *integrierten Informationssystems* [Hohm99, S. 153-154].

Aus marktorientierter Sicht können betriebliche Prozesse in Leistungs-, Unterstützungs- und Führungsprozesse abgegrenzt werden [Hess99, S. 98]. *Leistungsprozesse* dienen der Erstellung und Vermarktung der Produkte und Dienstleistungen eines Unternehmens und sind hierzu unter Verwendung der betrieblichen Potenziale vom Erkennen des Kundenbedürfnisses bis zu seiner Befriedigung zu durchlaufen [Östl95, S. 130]. *Unterstützungsprozesse* stellen durch Aufbau und Pflege hierzu die notwendigen Potenziale bereit, *Führungsprozesse* steuern Aufbau und Nutzung dieser Potenziale [Hess99, S. 98]. Da sich Branchenspezifika insb. in den Leistungsprozessen zeigen, sollen diese nachfolgend im Mittelpunkt stehen.

2.2 Wertschöpfungskette von Medienunternehmen

Ausgangspunkt für die Strukturierung des leistungsprozessbezogenen Ordnungsrahmens ist die Wertschöpfungskette von Medienunternehmen, die den Leistungsprozess anhand seiner Wertschöpfungsstufen abgrenzt und in aggregierter Form abbildet. Im Folgenden werden Medienunternehmen im engeren Sinn wie Verlage, Sender und Online-Anbieter betrachtet, deren Leistungsprozess mehrere Wertschöpfungsstufen umfasst.

Medienunternehmen erzeugen, selektieren, konfigurieren und distribuieren Information und Unterhaltung für ein Massenpublikum [Hein94, S. 19; ScHe00, S. 8-10; Stum98, S. 69].[1] Hierzu produzieren sie *Medienprodukte*, die Informationen und Unterhaltung bündeln. Information und Unterhaltung werden hierbei vielfach an Träger- oder Speichermedien (z. B. Papier, CD, Band) gebunden. Die körperliche Komponente dient jedoch nur der Distribution, der eigentliche Wert eines Medienproduktes wird für den Konsumenten (Rezipienten[2]) durch seine unkörperliche und konsumierbare Komponente, den Inhalt, determiniert.[3] *Inhalte* lassen sich als Bündel aus Information und Unterhaltung auffassen und werden in Form von Text, Bild, Audio und Video bzw. in Kombinationen dieser Medientypen dargestellt. Medienunternehmen haben aber nicht nur die Funktion, Inhalte für den Rezipientenmarkt bereitzustellen. Bis auf Bücher, Musik-CDs und Pay-TV stellen Medienprodukte ein Leistungsbündel aus Inhalt und *Werbung* dar [ScHe00, S. 20]. Die Integration von Inhalt und Werbung führt zu einem zweiten Absatzmarkt für Medienunternehmen. So dient der Inhalt dem Produktverkauf zur Erlöserzielung auf dem Rezipientenmarkt, die Werberaumleistung wird dagegen mit der werbetreibenden Wirtschaft auf dem Werbemarkt gehandelt [Wirt01, S. 19]. Die erzielten Werbeerlöse bestimmen dabei oft das Inhalteangebot, da durch die Erlöse ein größerer Spielraum zur Ausgestaltung des Inhaltes besteht, um neue Kundengruppen zu erschließen. Die daraus resultierende höhere Auflage führt wiederum zum Erzielen höherer Werbeerlöse, was den Prozess wiederum fortsetzt und zur sogenannten Anzeigen-Auflagen-Spirale führt [Hein94, S. 212-213]. Die Leistungsbündelung in einem Produkt führt dadurch zu einer *doppelten Marktver-*

---

[1] In der Literatur werden die Selektion und Konfiguration auch unter dem Begriff Bündelung bzw. Packaging zusammengefasst [ScHe00, S. 9; Hack99, S. 162].
[2] Der Konsum von Medienprodukten wird in den Medienwissenschaften als Rezipieren, der Konsument als Rezipient bezeichnet [Wirt01, S. 19].
[3] Daher werden Medienprodukte auch als „Information Goods" bezeichnet [ShVa99, S. 3].

Referenzmodellierung für Buchverlage 181

bundenheit [KnSc99, S. 5]. Diese Verbundenheit erlaubt das Bearbeiten zweier Märkte durch den Vertrieb nur eines Produktes. Neben Rezipienten- und Werbemarkt ist für viele Medienunternehmen auch der *Rechtemarkt* als dritter Absatzmarkt von hoher Bedeutung. Medienunternehmen distribuieren ihre Inhalte nicht nur in Produktform an den Rezipienten. Durch Vergabe von Nutzungsrechten verwerten sie ihre Produktionen oder verkaufen selbst erworbene Rechte und Lizenzen[4] an andere Medienunternehmen weiter [Wirt01, S. 54-55]. Bekannte Beispiele sind Fernsehserien und Taschenbücher, bei denen der Rechtehandel eine besonders große Rolle spielt.

Ausgehend von den Märkten für Medienunternehmen lässt sich die *Wertschöpfungskette* von Medienunternehmen konstruieren. Sie wird in Abbildung 1 grafisch dargestellt und im Folgenden erläutert.

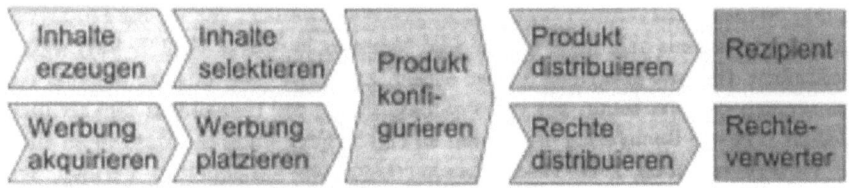

Abbildung 1: Wertschöpfungskette von Medienunternehmen

Die erste für Medienunternehmen relevante, wertsteigernde Aktivität ist die Erzeugung von Inhalten. Sie wird typischerweise von Autoren, Zeitungsverlagsredakteuren, Sendern, Filmproduktionsfirmen etc. erfüllt [HeBö00, S. 309]. Inhalte, deren Verwertungsarten nicht schon im Vorfeld determiniert und die nicht nur einmalig verwertbar sind, z. B. bestimmte Zeitungsartikel, gelangen auf den Rechtemarkt und sind einem Selektionsvorgang unterworfen.

Im Rahmen der Inhalte-Selektion werden die Inhalte z. B. durch Verlage, Sender und Online-Anbieter geplant. So wählt z. B. ein Fernsehsender Filme aus, die gesendet werden sollen und erstellt dadurch nach und nach das Programm. Im nächsten Schritt der Inhalte-Selektion sind für die Sendung, Inhalte zu beschaffen, d. h. in unserem Beispiel sind die Nutzungsrechte zu erwerben. Die Inhalte-Erzeugung und -Selektion bezieht sich aus Erlössicht allein auf den Rezipientenmarkt. Medienunternehmen deren Produkte auch Werbebotschaften verbreiten, müssen aber auch den Werbemarkt bearbeiten. Potentielle Werbebeiträge werden von werbetreibenden Unternehmen akquiriert und den Wünschen sowie der Zahlungsbereitschaft des Inserenten und der Thematik des Werbebeitrags entsprechend im Produkt platziert [Wirt01, S. 49].

---

[4] Rechte bezeichnen originäre Nutzungsrechte, während Lizenzen daraus abgeleitet werden und Dritten die Nutzung von Inhalten in bestimmter Form erlauben [Wirt01, S. 54-55].

Inhalt und Werbung werden redaktionell und technisch aufbereitet und zu einem Produkt zusammengeführt, wodurch das Produkt konfiguriert wird. Innerhalb der Produkt-Konfiguration vollzieht sich der Wandel von der redaktionellen zur technischen Perspektive auf das Produkt. Erfolgt eingangs noch die redaktionelle Gestaltung des Produktes, zielt die Herstellung auf die technische Perspektive des Produktes ab. Bspw. ist die Anordnung von Artikeln und Werbung innerhalb einer Zeitung oder die Planung der Werbeunterbrechungen einer Fernsehsendung der redaktionellen Perspektive zuzuordnen, während Satz und Druck einer Zeitung oder die Bereitstellung des Films zur Sendung zur technischen Perspektive gehören.

Die letzte Stufe der Wertschöpfungskette bildet die Distribution. Sie lässt sich in Rechte- und Produktdistribution differenzieren. Medienunternehmen treten auf dem Rechtemarkt nicht nur als Nachfrager, sondern auch als Anbieter auf [Wirt01, S. 55]. Medienunternehmen erwerben Rechte und Lizenzen, die sie zur Produktion nutzen oder daraus ableitbare Rechte (die Nebenrechte [BHKM00, S. 96]) weitervertreiben. Hieraus generierte Erlöse stellen nicht nur eine Zusatzeinnahme dar, sie werden oftmals schon bei der Produktplanung als Einnahmen einkalkuliert. Besitzt z. B. ein Buchverlag die Rechte an einem Titel, kann er Lizenzen an andere Verlage vergeben, z. B. Taschenbuchverlage oder ausländische Verlage, aber auch Fernsehspielrechte und Merchandising stellen mögliche Verwertungsfenster dar [BHSW99, S. 67].

Der Produktvertrieb erfolgt entsprechend den Produktanforderungen körperlich über den Handel oder unkörperlich z. B. durch Sendung bzw. Übertragung durch Telekommunikationsdienstleister. Das fertige Produkt erreicht nach Abschluss der Distribution als Leistungsbündel aus Inhalt und Werbung den Rezipienten. Produktbezogene Serviceleistungen entfallen, da der Konsum von Medienprodukten nicht zu Abnutzungserscheinungen und dadurch zur Nutzenreduktion führt, was als Nichttrivalität des Konsums bezeichnet wird [Krus96, S. 34]. Dieses Phänomen stellt neben der vollständigen Digitalisierbarkeit eine weitere Abgrenzungsmöglichkeit gegenüber anderen Konsumgütern dar.

2.3 Referenzmodellrahmen

Die in Abschnitt 2.2 beschriebene Wertschöpfungskette ist Ausgangspunkt für die Gestaltung eines Ordnungsrahmens für Medienunternehmen zur Konstruktion eines Referenzmodells. Ein Ordnungsrahmen ist eine hochaggregierte Sicht auf ein Referenzmodell, mit dem Ziel der Schaffung eines Problemverständnisses sowie der Unterstützung der Navigation durch das Modell durch Strukturierung und Visualisierung der Problemdomäne. Abbildung 2 visualisiert die Ausführungen zur Wertschöpfungskette und fasst sie zum *Medien-X-Modell* als Ordnungsrahmen für Medienunternehmen zusammen.

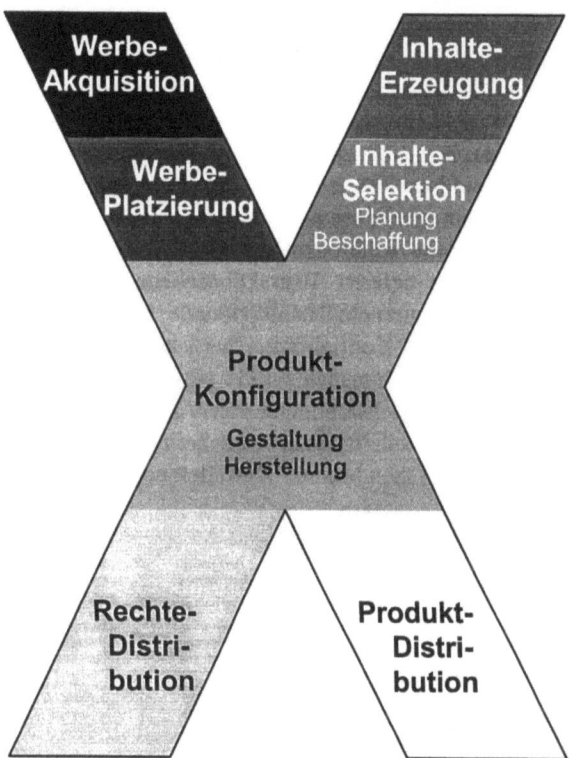

Abbildung 2: Medien-X-Modell

Das Medien-X-Modell bildet einen Ordnungsrahmen zur Konstruktion von Medieninformationssystemen. Im Prinzip handelt es sich um eine hoch aggregierte Darstellung der Wertschöpfungskette von Medienunternehmen, wie sie oben bereits skizziert wurde. Das X-Modell lässt sich in drei Teile gliedern. Das obere Drittel bildet die Komponenten des zu erstellenden Medienproduktes – das Bündel aus Inhalt und Werbung – ab. Wie schon beschrieben kann die Inhalte-Selektion in Planung und Beschaffung von Inhalten weiter differenziert werden. Der mittlere Teil des Medien-X-Modells bildet die Bündelung und Erzeugung des eigentlichen Medienproduktes ab. Die zwei oberen Äste des Medien-X-Modells werden hierzu durch die Produkt-Konfiguration zusammengefasst. Hierbei ist zwischen Gestaltung und Herstellung zu unterscheiden. Wie bereits erwähnt, hat die Gestaltung eher redaktionellen Charakter, während die Herstellung den technischen Teil der Produktion, inklusive eventuell notwendiger Vervielfältigungen, umfasst. Nach Abschluss der Produkt-Konfiguration kann die Distribution von Produkt und Rechten erfolgen. Das untere Drittel des Medien-X-Modells umfasst die in zwei Teile differenzierte Distribution. Die Distribution von Produkt und Rechten erreicht unterschiedliche Abnehmer und erfolgt völlig unabhängig voneinander, was durch die zwei unteren Äste des Medien-X-Modells angedeutet wird.

Zunehmende Branchenkonvergenz, nicht zuletzt auch durch verschwimmende Grenzen bei den Informations- und Kommunikationstechnologien, haben in jüngster Zeit verstärkt zur Gründung integrierter Medienunternehmen geführt [Wirt01, S. 499-509; ZPSA01, S. 17]. Als wohl prominentestes Beispiel ist AOL Time Warner Inc. zu nennen. Insbesondere bei integrierten Medienunternehmen kommt es daher zur Überschneidung der einzelnen Problemdomänen, weshalb derartige Unternehmen von einem gemeinsamen Ordnungsrahmen besonders profitieren könnten. Sind verschiedene Referenzmodelle auf Basis des Ordnungsrahmens konstruiert, kann auf einer tieferen Abstraktionsebene mit Hilfe von *Prozessobjektauswahlmatrizen* das unternehmensindividuelle Modell konfiguriert werden [Schü98, S. 225-231]. Diese Konfiguration berücksichtigt dabei nicht nur verschiedene medienspezifische Domänen zur Gestaltung von Informationssystemen, sondern erlaubt auch die Berücksichtigung von Varianten innerhalb einer Domäne. Abbildung 3 stellt beispielhaft einen Ausschnitt einer Prozessobjektauswahlmatrize für Modelle, die auf dem Medien-X-Modell basieren, dar.

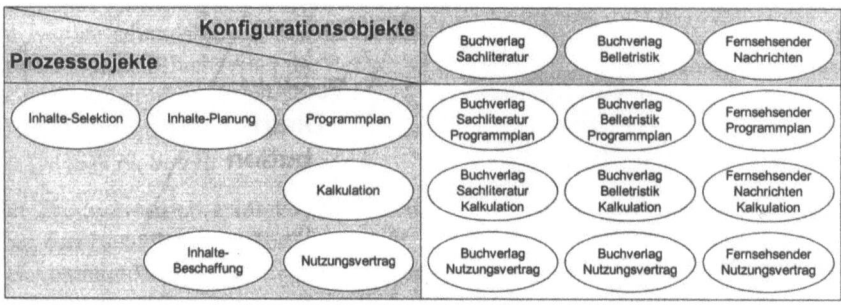

Abbildung 3: Ausschnitt aus einer Prozessobjektauswahlmatrize

Prozessobjekte fassen Datencluster und Prozessmodelle zusammen, um Struktur- und Verhaltenssicht zu verbinden [BHKS00, S. 99]. Sie werden zur Variantenwahl mit *Konfigurationsobjekten*, die Kombinationen maßgeblicher Variantenmerkmale darstellen, in einer Tabellenstruktur verknüpft. Eine Spalte der Tabellenstruktur wird durch jeweils ein Konfigurationsobjekt repräsentiert und markiert durch Kombination mit dem relevanten Prozessobjekt die zu verwendende Modellvariante. Z. B. ist im Rahmen des in Abbildung 3 dargestellten Selektionsprozesses die Kalkulation für Sachbuchverlage, Belletristikverlage und Nachrichten-Fernsehsender unterschiedlich. Der Nutzungsvertrag ist dagegen zumindest für alle Verlagstypen gleich.

Um eine effiziente Konfiguration der Prozessobjekte für unterschiedliche Domänen zu gewährleisten, ist eine einheitliche Definition der *Abstraktionsebenen*, ihrer Komponenten (Diagrammtypen) und ihrer Notationen für alle Problemdomänen zu wählen. Abbildung 3 visualisiert die wesentlichen Elemente der hier zugrunde gelegten Abstraktionsebenen und Notationen.

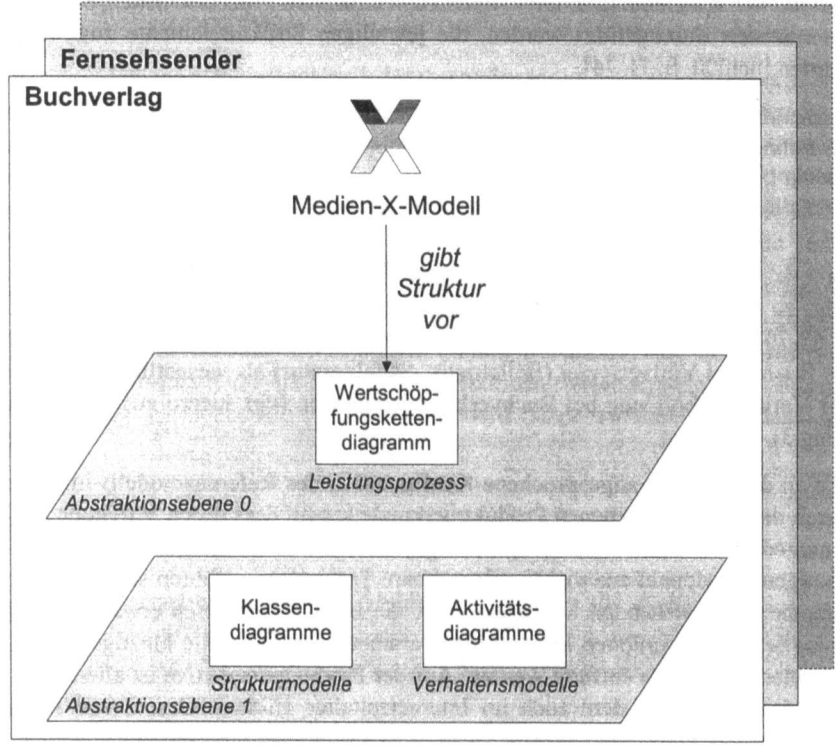

Abbildung 4: Abstraktionsebenen und Notationen

Für jede medienspezifische Problemdomäne ist die oberste Abstraktionsebene, der vom Medien-X-Modell abgeleitete, domänenspezifische Leistungsprozess, in Form eines Wertschöpfungskettendiagramms darzustellen. Der Leistungsprozess stellt die oberste Abstraktionsebene der Modellierung dar. Auf der nachfolgenden Ebene werden ausgehend vom Wertschöpfungskettendiagramm die Struktur- und Verhaltensmodelle erstellt, die zur Gestaltung der Ablauflogik zu integrieren sind. Dem Modellierer stellt sich hierdurch eine Integrationsaufgabe, die durch Wahl einer geeigneten Modellierungsnotation zu lösen ist.

Die Konstruktion der Medien-X-Modell-basierten Referenzmodelle soll dem objektorientierten Paradigma folgen [Schw99]. Dieser Ansatz erlaubt die Abbildung komplexer Datenstrukturen und die Kapselung von Daten und nicht-trivialer Funktionen. Als objektorientierte Modellierungsnotation wird die sich zum internationalen Standard entwickelnde Unified Modelling Language (UML) verwendet, die Klassendiagramme zur Abbildung der Struktursicht und Aktivitätsdiagramme zur Abbildung der Verhaltenssicht bereitstellt. Neben den schon länger bekannten (objektorientierten) Ereignisgesteuerten Prozessketten (EPK) erlauben Aktivitätsdiagramme die Abbildung von Prozessen und ermöglichen eine Integration mit den Klassendiagrammen, indem den einzelnen Prozessschritten, sofern sie automatisiert durchgeführt werden, die jeweiligen Strukturelemente zugewiesen werden [Schl00, S. 71-74].

Vorhandene Arbeiten zur Referenzmodellierung zeigen, dass recht einfache Erweiterungen der UML die *Konfiguration* objektorientierter Referenzmodelle erlauben [Schw99; Schl00], um Varianten der einzelnen Modellteile abzubilden. Im Verhaltens- und Strukturmodell können hierzu die schon länger bekannten Buildtime- und Runtime-Operatoren verwendet werden [Schü98, S. 244-276]. Eine Parametrisierung der Modellvarianten in Form einer kontextfreien Grammatik trägt zu einer Verbesserung der Modellklarheit bei [Schw99, S. 140-163; Schl00 S. 68-70]. So sind z. B. unterschiedliche Produkt- (papiergebundenes, CD-, digitales Buch) und Verlagstypen (Belletristik, Sachliteratur) als wesentliche Parameter zur Variantenabbildung bei Buchverlagen zu nennen (vgl. hierzu auch die Abbildung 3).

Die an dieser Stelle angesprochene Konfiguration des Referenzmodells impliziert durch die eben angegebenen Produktmerkmale schon, dass durch Varianten Referenzmodelle an neue Technologien angepasst werden können. Zukünftige, vom heutigen Standpunkt aus nicht vorhersehbare Technologien führen somit nicht zur Abkehr von bestehenden Modellen. Insb. die im Medienbereich erwarteten technologischen Innovationen können über parametrisierte Modelle hinzugefügt bzw. alte Modellelemente entfernt werden. Aus der Produktperspektive ist allerdings zu beachten, dass nach dem auch im Internetzeitalter gültigen Gesetz von RIEPEL neue Medien klassische Medien nicht ersetzen, sondern neben ihnen weiterhin Bestand haben [Hage99, S. 1], weshalb eine Variantenentfernung eher unwahrscheinlich ist.

3 Abgrenzung und Strukturierung des Gestaltungsbereichs

In diesem Kapitel soll die Abgrenzung und Strukturierung des Gestaltungsbereichs zur Konstruktion von Referenzmodellen für Buchverlage erläutert und dargestellt werden. Eine Betrachtung der Modellierungsspezifika ergänzt die Ausführungen.

3.1 Problemdefinition

In Deutschland sind etwa 3.400 bedeutende Buchverlage tätig [BHKM00, S. 23]. Für die Problemdomäne Buchverlag ist ein fachkonzeptuelles Referenzmodell zur Informationssystemgestaltung zu konstruieren. Hierbei erfolgt die Fokussierung auf den Leistungsprozess. Im Hinblick auf das Nutzenpotenzial soll eine Fokussierung des Modells auf Buchverlage im engeren Sinn erfolgen. Verlage, die z. B.

Musiknoten oder kartographische Werke vertreiben, finden keine Berücksichtigung.

Wie alle Medienprodukte sind auch Bücher vollständig digitalisierbar. Sie stehen sowohl zur verlagsinternen Verarbeitung als auch zur Distribution an den Rezipienten durch heutige Technologien nicht nur gedruckt, sondern auch digital zur Verfügung (PDF, CD-ROM, E-Book). Sie sollen als Buch im weiteren Sinn in das zu entwickelnde Modell zu Produktions- und Distributionszwecken integriert werden.

Grundsätzlich bieten sich bei der Entwicklung eines Referenzmodells ein theoretisch-deduktiver und ein empirisch-induktiver Ansatz an [BeSc96, S. 26]. Im vorliegenden Fall scheidet die empirisch-induktive Variante aus, da die realisierten Anwendungssysteme aufgrund der vielfältigen Veränderungen als Bezugspunkt wenig aussagekräftig sind. Gewählt wird daher der theoretisch-deduktive Weg.

3.2 Gestaltungsbereich

Das Medien-X-Modell gibt einen Ordnungsrahmen für die gesamte Medienbranche vor. Aus diesem allgemeinen Ordnungsrahmen kann der hier zu verwendende domänenspezifische Modellierungsbereich, im Folgenden Buchverlage, abgeleitet werden.

Buchverlage legen den Schwerpunkt auf die Selektion und Konfiguration von Inhalten, erzeugen aber in der Regel keine eigenen Inhalte [ScHe00, S. 8-9].[5] Auch Werbung ist zu vernachlässigen [Ludw96, S. 85], nicht jedoch die Einnahmen aus der Distribution von Rechten. Auf Basis dieses Grundverständnisses eines Buchverlages lässt sich dessen Leistungsprozess abgrenzen und strukturieren. Der Beginn der verlegerischen Aktivitäten stellt die *Planung des Verlagsprogramms* dar, welches sich an den Verlagszielen orientiert. Hinsichtlich der finanziellen Ziele ist dies insbesondere die Kalkulation und die Preis- und Auflagenhöhenplanung. Idealerweise wird bereits an dieser Stelle der gesamte Lebenszyklus eines Buches berücksichtigt, von der Hardcover-Ausgabe über das Taschenbuch bis zur Einbindung von Textausschnitten in Sammelausgaben sowie der Vergabe von Lizenzen. In einem nächsten Schritt sind die *Nutzungsrechte zu erwerben* bzw. zu sichern. Bei Sach- und Fachliteratur kommt es vor, dass für ein Sachgebiet keine geeigneten Inhalte erworben werden können, z. B. weil das Thema zu neuartig ist. In diesem Fall versuchen Verlage geeignete Autoren zu akquirieren. Hierzu werden innerhalb der Programmplanung recht genaue Vorgaben für den Autor erstellt, der im Rahmen des Rechteerwerbs gesucht und vertraglich gebun-

---

[5] Eine Ausnahme stellen Lexikonverlage dar. Sie verfügen oft über eigene Redakteure als Autoren zur Generierung von Inhalten [Schö99, S. 122].

den wird. Es werden folglich die Rechte an einem Titel erworben, für den es noch gar kein Manuskript gibt.

Die eigentliche *Produktion*, durch welche die Konfiguration der Bücher erfolgt, lässt sich in drei Teilschritte zerlegen: Ablaufplanung, Gestaltung (Umschlagslayout und redaktionelle Bearbeitung des Inhalts) sowie Herstellung (Satz und Druck/ CD-Erstellung etc.). Fast alle Verlagstätigkeiten können durch externe Dienstleister ausgeführt werden. Der Umfang der hier verlagsintern durchgeführten Tätigkeiten ist individuell geprägt [Hein01, S. 22]. Verlage, die kommunikationsintensive Titel herstellen, z. B. bebilderte Sachbücher, integrieren die notwendigen Arbeiten, Belletristikverlage lagern sie dagegen meist aus.

Parallel zur Herstellung beginnt der *Vertrieb* der bislang noch nicht erstellten Produkte. Schon vor dem Druck eingegangene Bestellungen sind hierbei ein wichtiges Hilfsmittel, um eine Feinjustierung der Auflagenhöhe zu ermöglichen. Die hergestellten Exemplare gehen dann in die Lagerhaltung über, bis sie an den Handel ausgeliefert werden. Verfügt ein Verlag über die originären Nutzungsrechte, kann er zur Erlöserzielung durch Lizenzvergabe anderen Verlagen Nutzungsrechte für den Inhalt übertragen, was folgerichtig als *Lizenzhandel* bezeichnet wird [BHKM, S. 96; Schö99, S. 90]. Hierbei handelt es sich meist um eingeschränkte Rechte, die die Nutzung auf einen Sprachraum oder eine Produktart (z. B. Taschenbuch) begrenzen. Es sei angemerkt, dass der Lizenzhandel deutlich über den eigentlichen Produktlebenszyklus hinausgehen kann.

In Abbildung 5 ist die vom Medien-X-Modell ausgehende, skizzierte Abgrenzung im Überblick dargestellt.

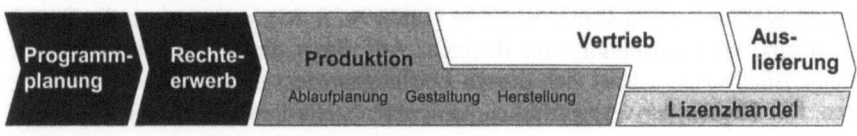

Abbildung 5: Leistungsprozess eines Buchverlages

4 Ein grobes Strukturmodell

Ausgehend von der bereits mehrfach angesprochenen Wertschöpfungsstruktur lässt sich das Strukturmodell eines Buchverlages in drei Perspektiven zerlegen: die *Selektionsperspektive* (Programmplanung und Rechteerwerb), die *Konfigurationsperspektive* (Produktion) und die *Distributionsperspektive* (Vertrieb und Auslieferung). Der Lizenzhandel wird auf hoher Abstraktionsebene im Wesentlichen durch die Strukturelemente des Rechteerwerbs abgedeckt und daher in dieser Darstellung nicht in einer separaten Perspektive behandelt. Allein das Strukturelement „Buch" ist für alle drei Perspektiven relevant und steht daher „zwischen" den Perspektiven. Die wichtigsten Elemente dieser drei Perspektiven sind nachfolgend in Form eines Klassendiagramms beschrieben. In Abbildung 6 findet sich ein Gesamtüberblick.

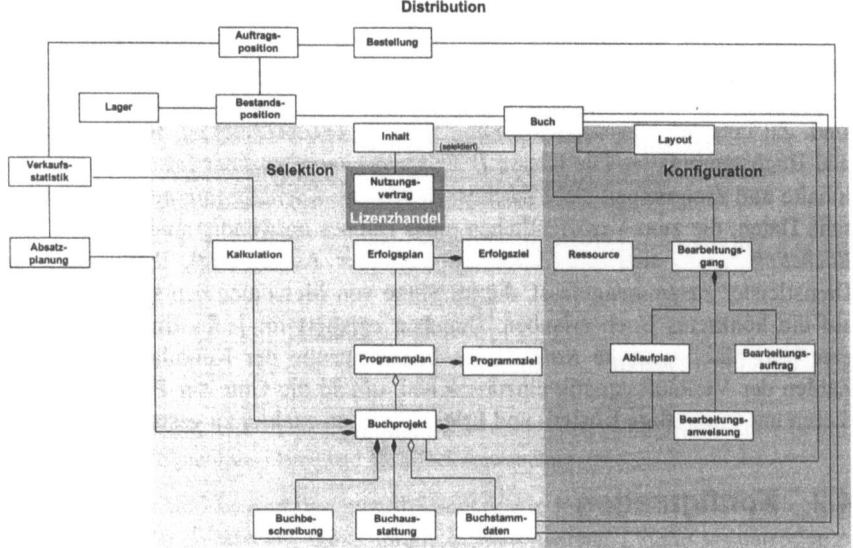

Abbildung 6: Strukturmodell eines Buchverlages im Überblick

4.1 Selektion

Ein *Buch* lässt sich als eine Zusammenfassung von bestimmten *Inhalten* (z. B. Kapiteln, Texten, Bildern – je nach Aggregationsniveau) auffassen. Die Klassen Inhalt und Buch sind daher zentrale Elemente im Klassenmodell. Ferner ist zu berücksichtigen, dass ein Buchverlag viele Inhalte bzw. Bücher nicht selbst erzeugt, sondern per Vertrag Rechte zu deren Nutzung erwirbt bzw. im Rahmen des Lizenzhandels gegen Entgelt vergibt. Im Referenzmodell wird dies durch die Klasse *Nutzungsvertrag* und deren Beziehungen zu Inhalt und Buch beschrieben.

Wie nachfolgend noch genauer erläutert wird, ist durch die Möglichkeit, Inhalte über das Internet weltweit zu vertreiben sowie Teile eines Inhaltes separat zu vertreiben oder zu neuen Produkten zu bündeln, ein umfassendes Rechtemanagement notwendig, dass die Sicherung der Urheberrechte und eine adäquate Honorierung von Autoren bzw. sonstiger Rechteinhaber gewährleistet.

Die eigentliche Selektionsaufgabe eines Verlages manifestiert sich in der *Programmplanung*. Diese Klasse umfasst alle Titel, die innerhalb eines bestimmten Zeitraumes durch den Verlag angeboten werden bzw. deren Angebot geplant ist. Aus der (an Sachzielen orientierten) Programmplanung ergibt sich die (an Formalzielen orientierte) *Erfolgsplanung*. Die Programm- bzw. die Erfolgsplanung orientieren sich an ihren jeweiligen *Zielen*.[6]

Die Vorgaben aus der Programmplanung werden über *Buchprojekte* realisiert, wobei zu einem Programmtitel auch mehrere Buchprojekte zugeordnet werden können (z. B. bei Neuauflagen). Die Klasse Buchprojekt enthält alle Informationen, die zur Planung, Steuerung und Kontrolle eines Buchprojektes notwendig sind. Zu unterscheiden sind die Subklassen Buchbeschreibung, Buchausstattung und Buchstammdaten. Die Klasse *Buchbeschreibung* umfasst Informationen über Inhalte und Zielgruppen eines Buches. Die Klasse *Buchausstattung* enthält technische Daten, die zum Veröffentlichen eines Buches notwendig sind. In der Klasse *Buchstammdaten* sind u. a. Informationen über Autor, Titel, ISBN, beteiligte Dienstleister zusammengefasst, die im Sinne von Metadaten den späteren Zugriff auf ein konkretes Buch erlauben. Daneben existiert für jedes Buchprojekt auch eine individuell erstellte *Kalkulation*. Zur Kontrolle der Kalkulation sind auch Zahlen der Verkaufsstatistik einzubeziehen, um so die Güte der Planung zu validieren und zukünftige Kosten- und Erlösplanungen exakter zu gestalten.

4.2 Konfiguration

Ist ein Buch geplant, d. h. soll es im Rahmen eines Buchprojektes herstellt und vertrieben werden, ist ein *Ablaufplan* mit den Bearbeitungsgängen festzulegen. Hierzu müssen die verfügbaren *Ressourcen* (wie z. B. Graphiker) mengenmäßig und zeitlich einem *Bearbeitungsgang* zugeordnet werden, wobei die sich aus der Kalkulation abzuleitenden Restriktionen zu beachten sind. Bearbeitungsgänge werden über konkrete *Bearbeitungsanweisungen* konkretisiert. Wird ein Bearbeitungsgang an externe Dienstleister vergeben, ist ein *Bearbeitungsauftrag* zu formulieren. Ergebnis der Konfiguration ist das fertige Buch, das neben den bereits bekannten Inhalten auch Vorgaben zum *Layout* umfasst. Die Klasse Layout stellt damit das Komplement zur Klasse Inhalt dar.

Abbildung 7 illustriert noch einmal zwei besonders interessante Spezifika der „Buchproduktion". Zunächst ist zu beachten, dass ein Teil der Informationen (z. B. Titelangaben) sowohl dispositiven als auch operativen Charakter haben und damit als polymorph zu bezeichnen sind. Darüber hinaus ist zu berücksichtigen, dass Inhalte in unterschiedlicher Form auf verschiedenen Medien ausgegeben werden können, gerade auch zu unterschiedlichen Zeitpunkten.

---

[6] Bei den Formalzielen ist zu berücksichtigen, dass Verlage – wie andere Medienunternehmen auch – neben finanziellen auch publizistische Formalziele haben können [ScHe00, 16-17].

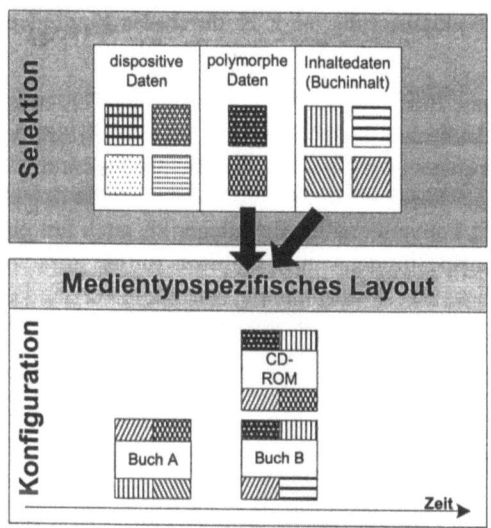

Abbildung 7: Polymorphe Daten und Mehrfachverwendung

Werden Inhalte und Layout getrennt abgelegt sowie Inhalte in Module zerlegt, ist es auf einfachere Weise als bisher möglich, verschiedene Inhalte miteinander zu kombinieren und auf unterschiedlichen Medientypen auszugeben [RaHe01]. Es sei aber darauf hingewiesen, dass der Umfang einer Mehrfachverwendung verlagsindividuell zu analysieren ist. Aufgrund des relativ hohen Aufwandes der Inhaltestrukturierung für eine medienneutrale Verwendung können Verlage, die von einem strukturierten Vorhalten des Buches nicht profitieren, bei der Ableitung ihres individuellen Modells auf die hier dargestellte Trennung von Inhalt und Layout verzichten. Ebenso ist es denkbar, buchindividuell – zur Laufzeit des Modells – über die Strukturierung des Inhaltes zu entscheiden.

4.3 Distribution

Die Distribution umfasst den Vertrieb und zur Darstellung der Auslieferung die Lagerhaltung eines Buchverlages. Bei klassischer Produktbetrachtung wäre hierbei lediglich das gedruckte Buch zu berücksichtigen. Um neben den konventionellen Büchern auch Bücher auf Basis neuer Trägermedien (wie z. B. CD-ROM oder Internet) abbilden zu können, kann ein Buch im Sinne dieses Referenzmodells sowohl in gedruckter als auch in digitaler Form vorliegen. Fungiert Papier oder eine CD-ROM als Trägermedium bzw. wird eine fertige Datei z. B. für ein E-Book bereitgestellt, wird das fertig formatierte Buch auflagenbezogen generiert. Wird das Internet als Distributionskanal verwendet, wird dieses Buch im System statisch hinterlegt oder sogar dynamisch generiert. Bei dem aktuell stark diskutierten Konzept des Printing-on-Demand eröffnet die dynamische Generierung u. a.

eine verstärkte Individualisierung, so z. B. durch das Einbinden aktueller Inhalte [HeTz01].

Im Verlag eingehende *Bestellungen* werden erfasst und führen zu *Auftragspositionen*, ganz wie im klassischen Industriebetrieb. Jeder Auftragsposition sind nun die *Bestandspositionen* gegenüberzustellen, die die Verfügbarkeit eines bestimmten Buchs in einem Lager beschreiben. Bei einem *Lager* kann es sich – je nach Buchart – sowohl um ein konventionelles Regallager als auch um ein digitales Archiv handeln. Die Auftragspositionen stellen die Basis für die *Verkaufsstatistik* dar. Die Verkaufsstatistik dient der *Absatzplanung*, vor allem für die Preis- sowie Auflagenhöhenplanung und Planung verschiedener Verwertungsstufen für die Programmplanung.

5 Fazit und Ausblick

Ziel des vorliegenden Beitrags war es, erste Ergebnisse eines laufenden Projekts zur Referenzmodellierung von Buchverlagen darzustellen. Um diesem Ziel zu entsprechen, musste zunächst ein genereller Rahmen für die Entwicklung von Referenzmodellen für die Medienbranche geschaffen werden, der bisher noch nicht vorlag. Zentrales Ergebnis war hier das Medien-X-Modell. Ausgehend von diesem Rahmen und einer Abgrenzung und Strukturierung des Gestaltungsbereichs wurde exemplarisch ein grobes Strukturmodell für den Leistungsprozess eines Buchverlages dargestellt. Bei der Entwicklung dieses Modells wurden der Mehrfachverwendung von Inhalten in der Produktion, der Notwendigkeit einer Berücksichtigung mehrerer Vertriebskanälen und anderen technologiegetriebenen Anforderungen besondere Beachtung geschenkt.

Mit den nächsten Projektschritten wird das Referenzmodell für die Leistungsprozesse von Buchverlagen schrittweise verfeinert. Ferner ist geplant, mit Hilfe von prototypischen Implementierungen erste Praxistests durchzuführen. Davon unabhängig ist vorgesehen, dass in diesem Beitrag nur skizzierte Medien-X-Modell zu verfeinern, um so einen generellen Ordnungsrahmen für Informationssysteme in der Medienwirtschaft zu erarbeiten.

Literaturverzeichnis

[BeSc96]   Becker, J.; Schütte, R.: Handelsinformationssysteme. Landsberg am Lech 1996.

[BHKM00] Breyer-Mayländer, Th.; Huse, U. E.; Koenigsmarck, M. v.; Münch, R.: Wirtschaftsunternehmen Verlag. Frankfurt a. M. 2000.

[BHKS00] Becker, J.; Holten, R.; Knackstedt, R.; Schütte, R.: Referenz-Informationsmodellierung. In: F. Bodendorf, M. Grauer (Hrsg.): Verbundtagung Wirtschaftsinformatik 2000. Aachen 2000, S. 86-109.

[BHSW99] Behm, H.; Hardt, G.; Schulz, H.; Wörner, J.: Büchermacher der Zukunft: Marketing und Management im Verlag. 2. Aufl., Darmstadt 1999.

[Hack99]   Hacker, T.; Vernetzung und Modularisierung – (Re-)Organisation von Medienunternehmen. In: M. Schumann, Th. Hess (Hrsg.): Medienunternehmen im digitalen Zeitalter. Wiesbaden 1999, S. 155-175.

[Hage99]   Hagen, L. M.: Riepels Gesetz im Online-Zeitalter. Eine Sekundäranalyse über die Grenzen der Substitution von Massenmedien durch das Internet. In: U.-D. Reips, B. Batinic, W. Bandilla, M. Bosnjak, L. Gräf, K. Moser, A. Werner (Hrsg.): Aktuelle Online Forschung: Trends, Techniken, Ergebnisse. Zürich u. a. 1999, http://www.dgof.de/tband99, abgerufen am 18.7.2001.

[HeBö00]   Hess, Th.; Böning-Spohr, P.: BWL der Medienwirtschaft – ein Überblick. Das Wirtschaftsstudium, 29 (2000) 3, S. 308-311.

[Hein94]   Heinrich, J.: Medienökonomie, Band 1: Mediensystem, Zeitung, Zeitschrift, Anzeigenblatt. Opladen 1994.

[Hein01]   Heinold, W. E.: Bücher und Büchermacher: Verlage in der Informationsgesellschaft. 5. Aufl., Heidelberg 2001.

[Hess99]   Hess, Th.: Abgrenzung von Geschäftsprozessen. HMD – Praxis der Wirtschaftsinformatik, 36 (1999) 207, S. 95-102.

[HeTz01]   Hess, Th.; Tzouvaras, A.: Books-on-Demand: Ansatz und strategische Implikationen für Verlage. Zeitschrift Führung + Organisation, 70 (2000) 4, S. 239-246.

[Hohm99] Hohmann, P.: Geschäftsprozesse und integrierte Anwendungssysteme: Prozessorientierung als Erfolgsrezept. Köln 1999.

[KnSc99]   Knobloch, S.; Schneider, B.: Besonderheiten von Medien als Wirtschaftsunternehmen. In: B. Schneider, S. Knobloch (Hrsg.): Controlling-Praxis in Medienunternehmen. Neuwied, Kriftel 1999, S. 3-17.

[Krus96]   Kruse, J.: Publizistische Vielfalt und Medienkonzentration zwischen Marktkräften und politischen Entscheidungen. In: K.-D. Altmeppen (Hrsg.): Ökonomie der Medien und des Mediensystems. Opladen 1996, S. 25-52.

[Ludw96]   Ludwig, J.: Zur Betriebswirtschaft von Medienunternehmen: Das Beispiel der Spiegel. In: K.-D. Altmeppen (Hrsg.): Ökonomie der Medien und des Mediensystems. Opladen 1996, S. 81-99.

[LuEh00]   Luxem, R.; Ehlers, L. H.: Retailing Digital Products: Reconstracting the Traditional RIS-Model. In: H. R. Hansen, M. Bichler, H. Mahrer (Hrsg.): Proceedings of the 8th European Conference on Information Systems, Voume 2. Wien 2000, S. 1029-1036.

[Östl95]   Österle, H.: Business Engineering: Prozeß- und Systementwicklung, Band 1: Entwurfstechniken. 2. Aufl., Berlin u. a. 1995.

[RaHe00]   Rawolle, J.; Hess, Th.: New Digital Media and Devices – An Analysis for the Media Industry. JMM – The International Journal on Media Management, 2 (2000) 2, S. 89-99.

[RaHe01]   Rawolle, J.; Hess, Th.: Content Management in der Medienindustrie – Grundlagen, Organisation und DV-Unterstützung, Arbeitspapiere der Abt. Wirtschaftsinformatik II, Universität Göttingen, Nr. 6. Göttingen 2001.

[RoSc99]   Rosemann, M.; Schütte, R.: Multiperspektivische Referenzmodellierung. In: J. Becker, M. Rosemann, R. Schütte (Hrsg.): Referenzmodellierung: State-of-the-Art und Entwicklungsperspektiven. Heidelberg 1999, S. 22-44.

[ScHe00]   Schumann, M.; Hess, Th.: Grundfragen der Medienwirtschaft. Berlin u. a. 2000.

[Schl00]   Schlagheck, B.: Objektorientierte Referenzmodellierung für das Projektcontrolling: Grundlagen, Konstruktion, Anwendungsmöglichkeiten. Wiesbaden 2000.

[Schö99]   Schönstedt, E.: Der Buchverlag: Geschichte, Aufbau, Wirtschaftsprinzipien, Kalkulation und Marketing. 2. Aufl., Stuttgart 1999.

[Schü98]   Schütte, R.: Grundsätze ordnungsmäßiger Referenzmodellierung: Konstruktion konfigurations- und anpassungsorientierter Modelle. Wiesbaden 1998.

[Schw99]   Schwegmann, A.: Objektorientierte Referenzmodellierung: theoretische Grundlagen und praktische Anwendungen. Wiesbaden 1999.

[ShVa99]   Shapiro, C.; Varian H. R.: Information Rules. Boston, Ma. 1999.

[Stum98]   Stumpe, R.: Lektorat/Redaktion: Neue Produktionsformen – neue Anforderungen. In: W. R. Müller (Hrsg.): Elektronisches Publizieren: Auswirkungen auf die Verlagspraxis. Wiesbaden 1998, S. 63-76.

[Wirt01]   Wirtz, B. W.: Medien- und Internetmanagement, 2. Aufl., Wiesbaden 2001.

[ZPSA01]   Zerdick, A.; Picot, A.; Schrape, K.; Artopé, A.; Goldhammer, K.; Heger, D. K.; Lange, U. T.; Vierkant, E.; López-Escobar, E.; Silverstone, R.: Internet-Ökonomie – Strategien für die digitale Wirtschaft. 3. Aufl., Berlin u. a. 2001.

Ein Referenzmodell für das Filialgeschäft von Banken als betriebliche Wissensplattform

Stefan Gerber, André Mai

Der Beitrag beschreibt, wie mit Hilfe von Businessmodellen das Unternehmenswissen strukturiert aufbereitet sowie nachhaltig nutzbar gemacht werden kann. Als Plattform zur Kommunikation von Unternehmenswissen gehen die vorgestellten Businessmodelle bezüglich Detaillierungsgrad und Komplexität weit über das hinaus, was im Rahmen herkömmlicher Projekte der Geschäftsprozessoptimierung (GPO) oder des Business Process Reengineering (BPR) üblicherweise unter einem Businessmodell verstanden wird. Werden in GPO-Projekten die Anforderungen einer bestimmten Zielgruppe Management oder Fachbereich umgesetzt, so werden die im Beitrag diskutierten Businessmodelle eingesetzt, um das Wissen des Unternehmens in seiner Gesamtheit darzustellen. Somit müssen alle Aspekte des operativen und strategischen Geschäftsbetriebes konsistent dargestellt werden können. Der Beitrag zeigt, welche Anforderungen solche Businessmodelle erfüllen müssen und welche methodischen Konzepte bzw. Werkzeuge dabei zum Tragen kommen. Am Beispiel eines konkreten Businessmodells wird gezeigt, wodurch sich Businessmodelle zur Referenzierung von Unternehmenswissen von anderen Businessmodellen in ihrer Struktur unterscheiden.

1 Eigenschaften von Businessmodellen und Modellierungstools zur Gestaltung der betrieblichen Wissensplattform

Businessmodelle sind allgemeingültige, vorgefertigte Unternehmenskonzeptionen (Blue Print), die das Wissen über ein Fach- bzw. Anwendungsgebiet in strukturierter Form objekt- und prozessorientiert darstellen und auf einem Sprach-Lexikon aufbauen. Mit ihrem Einsatz können in einem Unternehmen grundsätzlich die folgenden Ziele verfolgt und erreicht werden:

- Zeitnahe Bereitstellung von Geschäftsinnovationen,
- transparente Kostenstrukturen,
- Produktivitätsverbesserung,
- Senkung von Risikopotenzialen aus Innovationen,

- Erkennen von Kernkompetenzen,
- wiederverwendbare IT-Lösungen und Prozesse und
- arbeitsteilige Entwicklung von kundenzentrierten Prozess- und IT-Lösungen.

Damit Businessmodelle die voranstehenden Ziele erreichen können, dürfen Businessmodelle nicht nur singuläre Aspekte abbilden, sondern müssen eine Klammer zwischen Businesslogik auf der einen und der IT-Architektur auf der anderen Seite bilden. In der Positionierung als Wissensreferenz bilden Businessmodelle die zentrale Plattform zur Koordinierung sowie Planung aller Maßnahmen zur IT- bzw. Businessinnovation. Die Bereitstellung von Businessmodellen ist damit die Fortschreibung der Entwicklung, die mit der Bereitstellung von Standardsoftware begonnen hat. Businessmodelle führen zur Konsolidierung des Unternehmenswissens. Auf Basis der konsolidierten Geschäftsprozesse und IT-Landschaften setzt dann die kontinuierliche Verbesserung ein bzw. können neue individuelle Softwarelösungen eingeführt werden.

Unternehmenswissen mit Hilfe von Businessmodellen zu standardisieren, stellt an die zur Darstellung dieser Businessmodelle verwendeten Methoden bzw. Tools neue qualitative Anforderungen. Üblicherweise müssen die zur Darstellung verwendeten Modellierungstools sicherstellen, dass die betriebswirtschaftliche Funktionalität der Geschäftsprozesse zusammen mit ihren Ressourcen sowie Daten sachlich richtig, vollständig und im Kontext des Gesamtunternehmens in der symbolischen Sprache des benutzten Modellierungstools beschrieben werden kann [GeML99, BeRS95, Sche98].

Für die Darstellung von Modellen bieten Modellierungstools in der Regel eine Vielzahl von verschiedenen Darstellungsformen (Modelltypen) an. In der praktischen Modellierung werden die Darstellungsformen oftmals durch Modellierungskonventionen eingeschränkt und es wird festgelegt, unter welchen Bedingungen die Verwendung einer bestimmten Darstellungsform zulässig ist bzw. wie diese zu interpretieren ist [BeRS95, ChSc94, Gerb99].

Durch Konventionen wird somit eine Standardisierung der Darstellungsformen erreicht, so dass die Modellierungsergebnisse auch für Dritte nachvollziehbar sind und Plausibilitätstests möglich werden. Die Verwendung von Modellierungskonventionen setzt allerdings ein gewisses Maß an Akzeptanz voraus, da diese eine spezielle Sicht auf die Methodik des verwendeten Tools darstellen und nicht ohne Weiteres in das Tool integriert werden können. Deshalb ist der Einsatz von Konventionen nicht immer unproblematisch.

Neuere Modellierungstools erlauben dem Anwender, das Metamodell an seine Anforderungen anpassen zu können [JKSK00]. In diesem Fall kann der Anwender seine Konventionen direkt im Metamodell implementieren, so dass nur standardisierte Modelle abgebildet werden können. Da diese Standardisierung sich nur auf den syntaktischen Aufbau bezieht, inhaltliche Aspekte aber weitgehend unberücksichtigt lässt, sind zur Darstellung von standardisierten Businessmodellen zusätzliche Konzepte notwendig.

Da Businessmodelle das Unternehmenswissen standardisieren sollen, beginnt hier Standardisierung nicht erst beim Modelldesign, sondern schon in der Analysephase. Bislang wird die Analysephase mit Hilfe von Workshoptechniken, Interviews oder einfach durch das Studium von Quellen durchgeführt [GrWe00, JKSK00, Sche98]. Ein wesentlicher Nachteil dieses Vorgehens besteht darin, dass der Modellierer die Quellen nicht direkt in die Modellierung einbeziehen kann, sondern Ausschnitte aus den Quellen in einer Kette von Teilaktivitäten in die Sprache der Modellierungskonventionen übertragen muss. Damit kann nicht mehr sichergestellt werden, das inhaltlich ähnliche Strukturen bezogen auf die Gesamtquelle auch durch ähnliche Modellierungsstrukturen dargestellt werden. Dies kann dazu führen, dass gleiche betriebswirtschaftliche Sachverhalte inhaltlich unterschiedlich im Modell dargestellt werden. Intuitiv könnte die Analysephase in das Modelldesign durch die Verwendung eines Begriffslexikons oder die Verwendung einer Nomenklatur als Referenzen zu Begriffen aus dem untersuchten Fachgebiet einbezogen werden. In [Ortn00, Schie97] werden Wege aufgezeigt, wie man die Modellierung mit der Analysephase durch die Einführung von Fachsprachen verbinden kann. Das Konzept der Fachsprache kommt den Anforderungen an die Standardisierung bei Businessmodellen am nächsten. Indem alle im Businessmodell verwendeten Begriffe aus dem Wörterbuch ein und derselben Fachsprache stammen, lassen sich Businessinhalte vereinheitlichen sowie Businessinhalte konsistent fortschreiben und modifizieren. Dergestalt sind Businessmodelle geeignet, bestehendes Unternehmenswissen zu referenzieren und kontinuierlich konsistent fortzuschreiben. Ein solches Businessmodell ist in Abschnitt 2 beschrieben, die zum Aufbau notwendige Methodik in Abschnitt 3. Eine weitergehende Darstellung der im Beitrag verwendeten Technologie ist in [GeLi01] enthalten.

2 Architektur und Funktionalität eines Businessmodells für das Filialgeschäft von Banken

Das Businessmodell „Virtuelle Bankfiliale" basiert auf einer kundenzentriert aufgebauten Businessarchitektur und ist insbesondere auf die geschäftsstrategischen und technologischen Anforderungen des E-Business in der Finanzdienstleistungsbranche zugeschnitten.

Die Virtuelle Bankfiliale stellt alle notwendigen Businessobjekte, Prozesse und Regeln für den Verkauf bzw. für die Bereitstellung und Abwicklung folgender Funktionen bzw. Produkte zur Verfügung:

- Standardisierte Bank-, Bauspar- und Versicherungsprodukte,
- Konten- und Vertragsmanagement (Anlage und Verwaltung von Konten und Verträgen),
- Liquiditätsmanagement (Bereitstellung und Anlage von Liquidität sowie Abwicklung von Zahlungsverkehrstransaktionen) sowie
- Vertriebsmanagement (Steuerung der verschiedenen Vertriebswege und Verwaltung der Anlässe und Bedürfnisse für die Kundenansprache).

Business Cluster	Kernprozesse	Anzahl Klassen	Funktionen
Zahlungsmittel	4	51	430
Wertpapiere	4	80	628
Zahlungsverkehr	4	131	427
Verträge	9	237	1976
Liquiditätsmanagement	2	45	96
Vertrieb von Bankprodukt	4	91	1535
Kampagnenmanagement	2	54	83
Absolute Summe	29	250	3099
Anzahl Prozesse (EPK)	713		

Tabelle 1: Inhalte des Businessmodells „Virtuelle Bankfiliale"

Das Businessmodell basiert auf detailliert ausformulierten Geschäftprozessen, die sich eines gemeinsamen Begriffssystems (Fachsprache) und einer standardisierten Syntax bedienen. Kommunizieren unterschiedliche Geschäftspartner über die Businessmodelle miteinander, so ist automatisch sichergestellt, dass die verwendeten Begriffe auch dann richtig interpretiert werden, wenn sie in den jeweiligen Firmen-Geschäftsprozessen zwar denselben Inhalt bezeichnen, diesen aber mit unterschiedlichen Begriffen („Bezeichnern") belegen.

Der Detaillierungsgrad eines Businessmodells soll anhand eines Beispiels verdeutlicht werden. Während im Bereich Wertpapierkauf, -zeichnung und -streichung in GPO-Projekten vordergründig abstrakt modelliert wird, ist das Businessmodell sehr detailliert gehalten.

Die Entwicklung von IT-Unterstützung bedarf einerseits eines Datenmodells und zum anderen auch einer klaren, strukturierten Prozessbeschreibung, die idealer Weise mit dem Datenmodell korrespondiert. Dass dies mit dem Modellierungstool chomsky [GeLi01] gelingt, soll im Folgenden kurz am Beispiel der Orderstreichung (Löschen einer vorher aufgegebenen Order) verdeutlicht werden. Abbildung 1 zeigt einen Ausschnitt aus der Klassenstruktur, die über 250 Klassen umfasst.

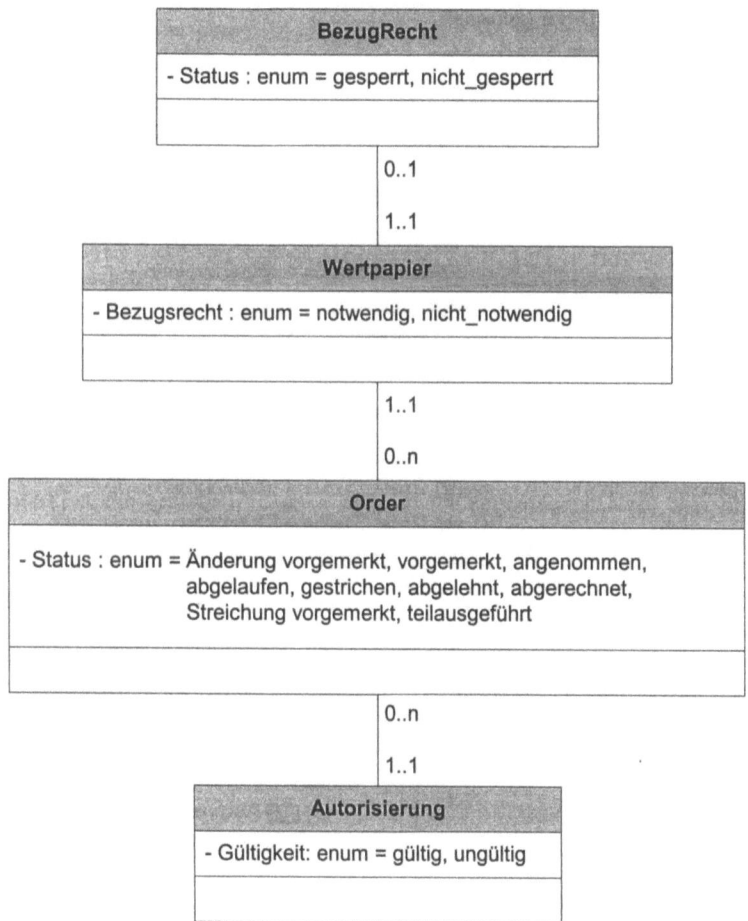

Abbildung 1: Strukturmodell

Diese Klassenstruktur bildet die Grundlage für alle Prozesse. Durch diese Eigenschaft und die Forderung nach Durchgängigkeit können auch Zustände, die im Handelssystem der Börse erzielt wurden, im Modell mit berücksichtigt werden.

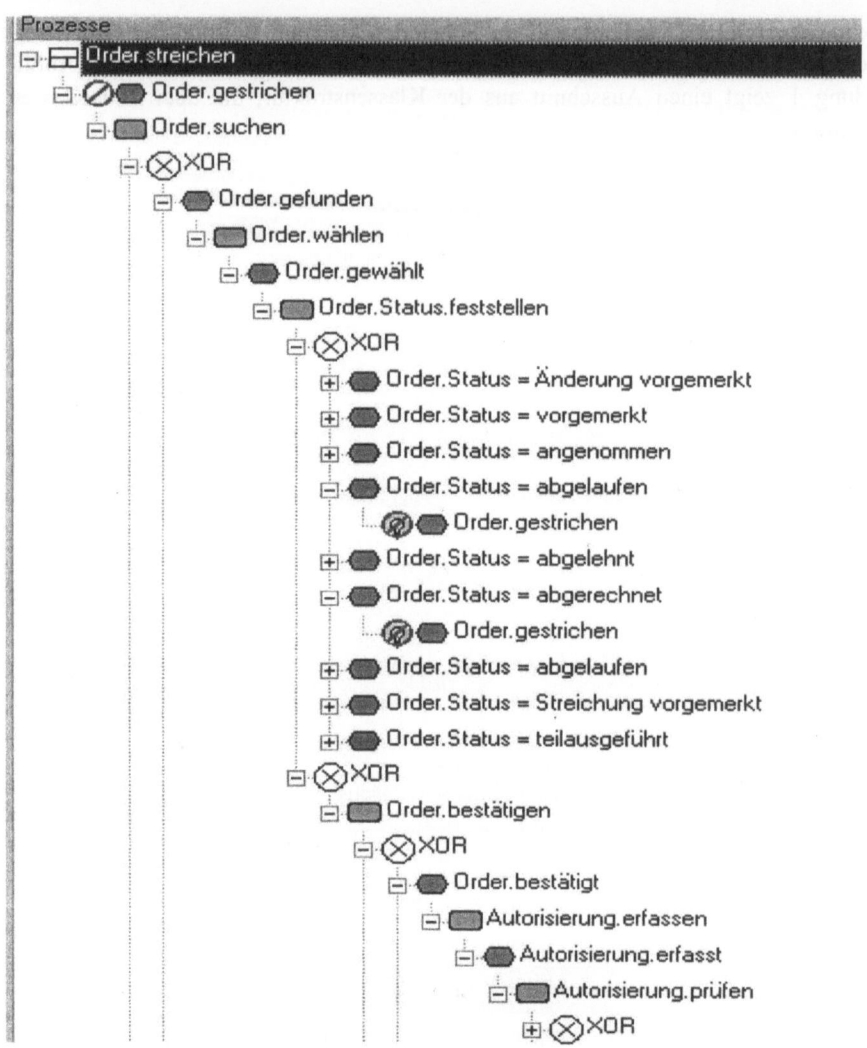

Abbildung 2: Detaillierter Prozess

Jede Aktivität im Prozessmodell operiert mit Daten aus der Klassenstruktur. Als Beispiel sei der EXCLUSIV-Teil um Order.Status.feststellen genannt (vgl. Abbildung 2). Hier wird der Attributwert des Attributs Status aus der Klasse Order abgefragt. Im Strukturmodell (vgl. Abbildung 1) existiert die Klasse Order und verfügt auch über ein Attribut mit der Bezeichnung Status.

Da das Businessmodell „Virtuelle Bankfiliale" auch auf die Konzeption von IT-Unterstützungsmöglichkeiten ausgerichtet ist, sind die Prozessbeschreibungen sehr strukturiert (vgl. dazu Abschnitt 3) und auf derselben Detaillierungsebene wie das dazugehörige Klassenstrukturmodell.

Im vorliegenden Beispiel hat die Klasse Order ein Attribut Status erhalten, bei dem 9 Attributwerte als Wertebereich definiert wurden. Damit besteht im Prozess die Möglichkeit, diese Attributwerte abzufragen bzw. zuzuweisen.

Während in der GPO-Phase in der Regel auf Prozessebene modelliert wird, werden auf der Ebene der IT-Konzepte die Informationsobjekte weiter ausmodelliert. Beide Ebenen gehören einem Modell an, so dass sie integriert eingesetzt werden können.

3 Konzeptionelle Strukturen des Businessmodells

Bei der Entwicklung des oben eingeführten Businessmodells wurde eine Modellierungstechnologie verwendet, die mit einer toolgestützten Analyse und Content-Aufbereitung von Dokumenten beginnt. Dabei spielen die Struktur der Dokumente oder ihr Format keine Rolle. Arbeitsanweisungen oder Stellenbeschreibungen sind deshalb ebenso relevant wie Softwaredokumentationen oder Programmcode. Die toolgestützte Analyse und Content-Aufbereitung basiert auf statistisch-linguistischen Verfahren, die aus unstrukturierten Vorlagen Begriffe und deren Beziehungen untereinander ermitteln. Das so entstehende semantische Netz über den einzelnen Begriffen bildet die Basis für den Aufbau des Prozess- bzw. Datenmodells. Beim Design des Prozess- und Datenmodells werden die ermittelten Begriffsbeziehungen in vorgefertigte Modellmuster übertragen. Da jedem Modellmuster eine eindeutige Semantik zugeordnet ist, stehen nach der Übernahme der Begriffe in das jeweilige Modellmuster auch die Bedeutungen der Begriffe, ihrer Beziehungen und constraints im Businessmodell fest. In der vorgestellten Methode enthalten Businessmodelle immer folgende Strukturen:

1. Begriffsglossar,

2. Klassenstruktur,

3. Prozessmodell.

Die im Glossar zusammengefassten Begriffe bilden die Ausgangsbasis für den Aufbau von Klassenstrukturmodellen. In ihnen werden die Eigenschaften der Objekte, ihr Verhalten und die Beziehungen untereinander beschrieben.

Angelehnt an die Unified Modelling Language (UML) werden Klassen mit ihren Operationen und Attributen, die mit Attributtypen und Wertebereichen (soweit diese eingeschränkt werden sollen) verbunden sind, definiert und mittels Assoziationen, Aggregationen und Spezialisierungen in Beziehung zueinander gesetzt.

Als Bezeichnungen werden nur Begriffe aus dem Glossar zugelassen, so dass die Bedeutung einer Klasse anhand ihrer Definition und Beziehungen einerseits und durch die Bezeichnung (und deren begrifflicher Definition) andererseits eruiert werden kann. Über dieser Klassenstruktur werden über die Klassenoperationen die Prozesse gebildet.

Die Konsistenz zur Klassenstruktur ist auf eine eingeschränkte Syntax der Prozessaktivitäten zurückzuführen. Häufig auftretende Formen sind Attributoperationen (Syntax: Objekt.Attribut.Verb) und Objektoperationen (Syntax: Objekt.Verb). An jeder Stelle wird also der Bezug zur Klassenstruktur deutlich, da direkt Attribute bzw. Objekte angesprochen werden.

Auf der Seite der Klassenstruktur wird dieses Konsistenzkriterium ebenfalls bedient, da potenzielle Prozessaktivitäten – also Attribut- bzw. Objektoperationen – definiert werden müssen.

Die Konsistenz zwischen Klassen- und Prozessstruktur wird um die Eigenschaft erweitert, dass nacheinander nur Objekte „bearbeitet" werden können, die in der Klassenstruktur miteinander in Beziehung stehen.

Auch der Prozessstruktur wohnt eine methodische Stabilität inne. Diese ergibt sich aus der Verwendung vordefinierter Prozessmuster. Jedes dieser Modellmuster hat einen eindeutig vordefinierten Aufbau. Die Konsistenz der Prozesse mit der Klassenstruktur und die Prozessmuster standardisieren den Aufbau einer Prozesskette. Für die Standardisierung der Aktivitäten sorgen neben einer standardisierten Syntax für die Bezeichnung der Aktivitäten die Verwendung von Kontextverben. Diese Verben entstanden während der Entwicklung des Businessmodells „Virtuelle Bankfiliale". Dazu wurden thematische Workshops zwischen den Modellierungsteams durchgeführt, die durch statistische Analysen unterstützt wurden. Die so erzeugten Verben wurden gegen das bestehende Businessmodell getestet und in einem semantischen Netz zusammengefasst (vgl. Abbildung 3).

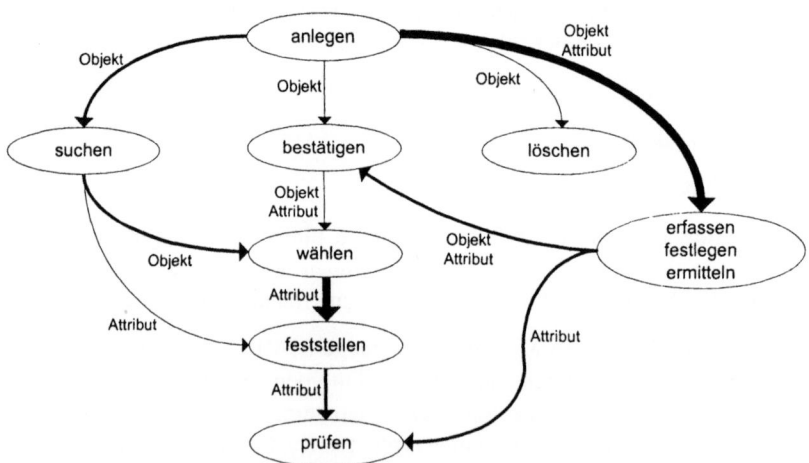

Abbildung 3: Semantisches Netz der Operationsverben

Die Operationsverben verbinden einerseits die statischen Operationen über Objekten bzw. Attributen mit der Prozesssteuerung und andererseits stellen sie die Beziehung zu den Operationen des technischen Systems her. Um Operationsverben genauer zu beschreiben, ist jedem Operationsverb ein Klassifizierungsvektor zugeordnet (vgl. Tabelle 2). Über diesen Vektor können die einzelnen Instanzen der Operationenverben in den Prozessaktivitäten voneinander unterschieden werden. Der Parameter Kontext dient z. B. zur Klassifikation der Instanzen von Operationsverben nach betriebswirtschaftlichen Kriterien, um Unterschiede in den Funktionsweisen z. B. im Maskenlayout oder einer modifizierte Dialogsteuerung ausdrücken zu können.

Parameter	Beschreibung	Ausprägungen
Medium:	Unterschieden wird, ob die Operation hinter dem Operationsverb in einer Software eine Maske benötigt oder nicht.	Dialog, Batch
Kontext:	Typisierung der Operationsverben im Business Kontext.	Declare, Assess, Assert, Request, Offer
Verrichtung:	Einerseits wird geklärt, ob das Kontextverb ausschließlich über Attributen oder Objekten operiert oder ob beides möglich ist.	Attribut, Objekt
	Andererseits werden die Kontextverben danach beurteilt, ob eine Software-Funktionalität möglich ist oder nicht.	Manuell, automatisch
Technische Referenz:	Es werden Referenzen zu Programmierbefehlen gegeben für die Umsetzung des Fachentwurfs in Programmcode.	Get, Add Create, Delete, Compare, Find

Tabelle 2: Klassifizierungsparameter

Auf Basis der vordefinierten Operationsverben können Prozessaktivitäten gebildet werden. Die Geschäftsprozesse selbst werden mit Hilfe vordefinierter Modellmuster ausgedrückt. Während die Operationsverben jeweils Dialoge und/oder Transaktionen auf dem Datenmodell beschreiben, repräsentieren die Modellmuster einen konkreten Teilprozess (Workflow). Als Modellmuster für die Abbildung von Geschäftsprozesse werden Sequenzen von Prozessen, bedingt zyklische Prozesse oder parallele Prozesse verwendet. Dabei ist es auch möglich, Prozesse aus Prozessen zusammenzusetzen. Dies geschieht über das Prozessinterface, so dass beliebig komplexe Geschäftsprozesse gestaltet werden können. Die Verwendung von Mustern erzwingt eine gewisse Standardisierung der Prozessstruktur. Entscheidend ist aber die maschinelle Interpretierbarkeit, so dass mit jedem Muster ein eindeutiger Prozessablauf verbunden ist. Ein Prozessmuster für parallele Prozesse als XML-File zeigt exemplarisch Abbildung 4.

```xml
<synchron_and>
  <simple_process>
      <function id = "a1920" name = "Object1.feststellen" type = "synchron_and"/>
  </simple_process>
  <and id = "a1921" name = "AND" type = "ip_synchron_and"/>
      <event id = "a1922" name = "e1.1" type = "startevent" state = "false"/>
      <sub_process>
          <simple>
              <simple_process>
                  <function id = "a1923" name = "Object1.Attribut1.suchen" type = "simple"/>
              </simple_process>
              <event id = "a1924" name = "e1.11" type = "event" state = "false"/>
          </simple>
      </sub_process>
      <event id = "a1925" name = "e1.2" type = "startevent" state = "false"/>
      <sub_process>
          <simple>
              <simple_process>
                  <function id = "a1938" name = "Object2.erfassen" type = "simple"/>
              </simple_process>
              <event id = "a1939" name = "e1.21" type = "event" state = "false"/>
          </simple>
      </sub_process>
  <and id = "a1937" name = "AND" type = "and"/>
  <sub_process>
      <simple>
          <simple_process>
              <function id = "a1938" name = "Object3.erfassen" type = "ip_function_sequence"/>
          </simple_process>
          <event id = "a1939" name = "e3" type = "event" state = "false"/>
      </simple>
  </sub_process>
</synchron_and>
```

Abbildung 4: Prozessmuster für parallele Prozesse

Geschäftsprozesse bestehen somit aus Kombinationen verschiedener Modellmuster, in die die jeweiligen Operationsverben und Ereignisse eingesetzt werden. Die Syntax aller Modellmuster wird durch eine formale Grammatik beschrieben und im Metamodell hinterlegt. In diesem Sinne sind nur solche Geschäftsprozesse darstellbar, die von dieser Grammatik akzeptiert werden. Terminalsymbole in dieser Grammatik sind jeweils nur Instanzen von Operationsverben oder Ereignissen sowie Konnektoren.

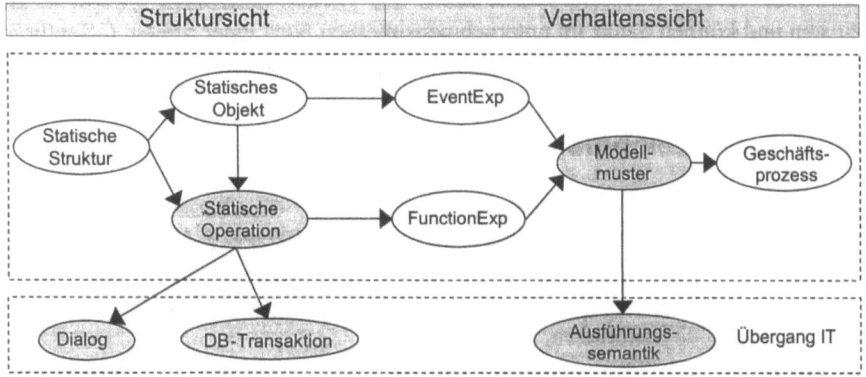

Abbildung 5: Schnittellen zwischen Daten-, Prozessmodell und IT

In der Abbildung 5 ist die Verfahrensweise grafisch zusammengefasst. Die hinterlegten bubbles stellen jeweils Elemente des Metamodels dar. Der Übergang zur IT wird erreicht, indem in der Struktursicht den statischen Operationen jeweils genau ein Oberflächendialog sowie eine Folge von Datenbanktransaktionen zugeordnet ist und indem in der Verhaltenssicht jedem Modellmuster eine Ablaufsemantik zugehörig ist, so dass der Workflow interpretiert werden kann.

4 Zusammenfassung

Durch die Kombination von Modellmustern und normierten Begriffen können die erzeugten Businessmodelle eine erheblich höhere Modellierungstiefe erreichen, da das zu erzeugende Modell auf jeder Ausbaustufe automatisch konsistent gehalten wird und die Modellierungsergebnisse für Dritte auf Grund der eindeutigen Semantik der Modellmuster leicht nachvollziehbar sind. Somit lassen sich auch umfangreiche Businessmodelle zu vergleichsweise günstigen Konditionen entwickeln.

Ein weiterer Vorteil besteht in der leichten Wartbarkeit und in einer guten Adaptionsfähigkeit der Businessmodelle. Diese ergibt sich direkt aus der Begriffsnormierung und Standardisierung im Businessmodell. Denn indem Unternehmensinhalte standardisiert in den formalen Strukturen des Businessmodells dargestellt werden, beziehen sich inhaltliche Veränderungen immer nur auf eine Modellstruktur, während alle anderen Änderungen automatisch nachgepflegt werden.

Darüber hinaus repräsentieren Businessmodelle, die mit der eingangs beschriebenen Methode entwickelt worden sind, den momentanen Zustand der Kommunikation des untersuchten Unternehmens und bilden damit die Ausgangsbasis für den Übergang zu einem unternehmensweiten Wissensmanagement. Fragen, ob neue

Trends kostengünstig aufgegriffen werden oder ob diese schon im Unternehmen Teil der gelebten Praxis sind, können mit Hilfe von Businessmodellen leicht beantwortet werden. Businessmodelle haben den Vorteil, maschinell interpretierbar zu sein und können damit im unternehmensinternen Netz einer breiten Öffentlichkeit über unterschiedlichste Medien bekannt gemacht werden.

Literaturverzeichnis

[BeRS95] Becker, J.; Rosemann, M.; Schütte, R.: Grundsätze ordnungsmäßiger Modellierung. Wirtschaftsinformatik, 37 (1995) 5, S. 435-445.

[ChSe94] Chen, R.; Scheer. A.-W.: Modellierung von Prozessketten mittels Petri-Netz-Theorie. Iwi-Heft 107, Institut für Wirtschaftsinformatik, Universität Saarbrücken, 1994.

[GeML99] Gerber, S.; Müller-Luschnat, G.: Struktur und Management eines Referenzprozeßmodells: Ein Bericht aus der Praxis. Modellierung 99, Workshop der GI, März 1999, Karlsruhe. Stuttgart, Leipzig 1999, S. 27-42.

[Gerb99] Gerber, S: Verwendung von neutralen Prozessen zur Strukturierung von Referenzprozessen. In: H.-B. Kittlaus, R. Göbel (Hrsg.): Business Process Reengineering und Produktivitätssteigerungsprogramm. Stuttgart 1999, S. 66-81.

[GeLi01] Gerber, S.; Link, F.: Ein Modellierungstools für @-chain adäquate Businessstrukturen. In: P. Horster (Hrsg.): Elektronische Geschäftsprozesse. Klagenfurth 2001, S. 66-81.

[GrWe00] Gruhn, V.; Wellen, U.: Process Landscaping – eine Methode zur Geschäftsprozessmodellierung. Wirtschaftsinformatik, 42 (2000) 4, S. 297-309.

[JKSK00] Jungings, S.; Kühn, H.; Strobl, R.; Karagiannis, D.: Ein Geschäftsprozessmanagement-Werkzeug der nächsten Generation – Adonis: Konzeption und Anwendung. Wirtschaftinformatik, 42 (2000) 5, S. 392-401.

[Ortn00a] Ortner, E.: Wissensmanagement, Teil 1: Rekonstruktion des Anwendungswissens. Informatik Spektrum, 23 (2000) 4, S.100-108.

[Sche98] Scheer, A.-W.: ARIS – Vom Geschäftsprozess zum Anwendungssystem. Berlin u. a. 1998.

[Schie97] Schiemann, B.: Objektorientierter Fachentwurf. Ein terminologiebasierter Ansatz für die Konstruktion von Anwendungssystemen. Stuttgart, Leipzig 1997.

Das Supply Chain Operations Reference (SCOR)-Modell

Roland Holten, Florian Melchert

Supply Chain Management als Konzept zur koordinierten, überbetrieblichen Wertschöpfung stellt eine Herausforderung bezüglich der Prozessgestaltung dar. Relevante Teilprozesse müssen für jedes beteiligte Unternehmen ausgewählt und über Schnittstellen mit den richtigen Partnern verknüpft werden. Das Supply Chain Operations Reference Model (SCOR) hat als Referenzmodell für diesen Bereich große Verbreitung und Bedeutung erlangt. Das SCOR-Modell strukturiert den Gestaltungsprozess, definiert benötigte Teilprozesse und deren Schnittstellen. Der Beitrag erläutert die Ziele des SCOR-Modells und seinen Aufbau. Die Komponenten von SCOR werden vorgestellt und der Nutzen als Referenzmodell wird kritisch beleuchtet.

1 Problemstellung und gestaltungstheoretischer Rahmen

Supply Chain Managements (SCM) soll dem Aufbau, dem Betrieb und der Anpassung eines aus Gesamtsicht abgestimmten Wertschöpfungsprozesses zur möglichst effizienten Befriedigung der Bedürfnisse von Endkunden bei gleichzeitiger Maximierung des Kundenservice dienen [Chri98, S. 7f.; Hewi94, S. 2; Kotz00, S. 34; Ross98, S. 267]. Beim SCM steht die Integration überbetrieblicher Geschäftsprozesse im Vordergrund [BeJa97, S. 16ff.; Klau99, S. 118f.; Kotz00, S. 24ff.; Stad00, S. 7ff.]. Die Gestaltung von Supply Chains umfasst neben der Spezifikation der zu integrierenden Geschäftsprozesse [Klau99] und übergeordneten Planungsroutinen [Mill01; RoWa00] vor allem die Bereitstellung benötigter Informationssysteme [KnMe00]. Die Informationstechnik hat im Rahmen des SCM eine Schlüsselfunktion [BeJa97, S. 18; HoKn01, S. 51; KnMe00, S. 105ff.; Metz98, S. 2; ScBo99, S. 14; ScJa99, S. 8f.; MeWa00, S. 75ff.; MeRo00a, S. 242ff.].

Die Einführung des SCM in einem Unternehmensverbund ist als komplexe organisatorische Gestaltungsaufgabe zu verstehen. In Anlehnung an die SCM-Entwicklungsstufen von [BeJa97, S. 16ff.] lassen sich diese Aufgaben in folgender Weise aufeinander aufbauend anordnen [HoSc01, S. 579f.]:

1. *Integration des Materialflusses* der Wertschöpfungskette von der Urproduktion bis hin zum Endverbraucher (Verbindung der Glieder zur Kette).

2. *Aktive Gestaltung zwischenbetrieblicher Materialflüsse* im Sinne der Effizienzsteigerung (Reduktion von Lagerbeständen und Durchlaufzeiten aus Gesamtsicht).

3. *Etablierung eines bidirektionalen Informationsflusses*, der den Materialfluss über die gesamte Wertschöpfungskette einerseits begleitet, ihm andererseits genau entgegenläuft (Gestaltung der Informationssysteme zum Betrieb der Supply Chain).

4. *Prozessintegration* mit dem Ziel, aus Gesamtsicht optimal aufeinander abgestimmte, wertschöpfende Aktivitäten an den richtigen Stellen in den Prozess einfließen zu lassen (Bildung einer Supply Chain aus Partnern, die jeweils ihre Kernkompetenzen einbringen).

Für jede dieser Entwicklungsstufen sind in der Literatur Instrumente und Konzepte vorgeschlagen worden (vgl. Tabelle 1). Die erste Stufe der Entwicklung einer Supply Chain besteht in der Integration des Materialflusses, wodurch das Paradigma des Übergangs von der Funktions- zur Flussorientierung zum Ausdruck kommt. Aus Koordinationssicht handelt es sich dabei um die Schaffung eines zu koordinierenden Systems aus vorher lose verbundenen Teilen. Die Logistik beschreibt entsprechende Lösungsvorschläge ausführlich (z. B. [Schu99; Schö00; Pfoh96]).

Effizienzsteigerungen der Materialflüsse bilden die zweite Entwicklungsstufe des SCM. Aus Koordinationssicht sind hier die Ansätze der Logistikkosten- und -leistungsrechnung [Webe87; Webe99; Kumm99] sowie Ansätze der Advanced Planning Systems (APS), die eine unternehmensübergreifende Gesamtplanung aus Sicht der gesamten Supply Chain unterstützen (vgl. zu einem Überblick [MeWa00]), einzuordnen.

Die Gestaltung und Nutzung bidirektionaler Informationsflüsse in der Supply Chain bilden die dritte Entwicklungsstufe. Ziele sind, kürzere Reaktionszeiten und besseren Service durch eine innerhalb der Supply Chain effizient abgestimmte Informationsbereitstellung zu erreichen. Dabei soll die Bestandswirksamkeit der Informationen [BeRo93, S. 83ff.; Chri98, S. 185ff.] genutzt werden. Integrationskonzepte, die auf diesen Ideen basieren, sind beispielsweise Quick Response, Efficient Consumer Response (ECR), Continuous Replenishment (CRP) und Vendor Managed Inventory [Schu99, S. 398ff.; Chri98, S. 192ff., S. 237ff.]. Die dritte Entwicklungsstufe des SCM nutzt Performance-Indikatoren [MeRo00b, S. 33ff.], Kennzahlen als Koordinationsinstrumente [GrNi99] sowie das Supply Chain Operations Reference (SCOR) Model [SCC00a; SCC00b] des Supply Chain Council (SCC) (vgl. Abschnitt 2 und 3). In Verbindung mit dem SCOR-Model lassen sich auf der Grundlage solcher strategischer Entscheidungen die der zweiten Entwicklungsstufe zuzuordnenden Advanced Planning Systems (APS) konzipieren. Die dritte Entwicklungsstufe des SCM stellt heute den Stand der

Technik dar und wird in Form anerkannter Konzepte wie z. B. Efficient Consumer Response und Quick Response in der Praxis erfolgreich umgesetzt.

Der Übergang zur vierten Entwicklungsstufe des SCM hin zu einer Prozessintegration ist gekennzeichnet durch das Paradigma der Abstimmung der Material-, Informations- und Finanzströme über die gesamte Wertschöpfungskette. Ziel des SCM ist dabei, durch die erhöhte Koordination sowohl einen erhöhten Mehrwert für den Kunden als auch eine höhere Rentabilität für alle Mitglieder der Wertschöpfungskette zu erreichen. Ein Vorschlag zur methodischen Integration von Finanz-, Material- und Informationsströmen wird von [HoSc01] mit dem sog. SC-VOFI unterbreitet.

Stufe nach [BeJa97]	Bezeichnung	Paradigmen	Koordinationsansätze und Integrationskonzepte
4	Prozessintegration und -anpassung	• Integration von Material-, Informations- und Zahlungsströmen	• Supply Chain-VOFI
3	bidirektionaler Informationsfluss	• Nutzung der Bestandswirksamkeit von Information [BrRo93; Chri98] • Reduktion der Bestände und Lieferzeiten • Verbesserung des Service	• SCOR-Modell [SCC00] • Kennzahlensysteme und Performance-Indikatoren [MeRo00b; GrNi99] • z. B. ECR, QR [Schu99; Chri98]
2	Effizienzsteigerung	• zielkonformes Verhalten • Vermeidung von Verschwendung	• Logistikkosten- und -leistungsrechnung [Webe87; WeBe99; Kumm99] • APS und hierarchische Planung [MeWa00; Mill01]
1	Integrations des Materialflusses	• Übergang von der Funktions- zur Flussorientierung	• Kernidee der Logistik z. B. [Schu99; Schö00; Pfoh96]

Tabelle 1: Abgrenzung von Koordinationsansätzen [HoSc01, S. 580]

Die Prozessintegration im Rahmen des SCM als Koordination der Materialflüsse, der bidirektionalen Informationsflüsse und der Finanzmittelströme, lässt sich in Anlehnung an das von [Klau99, S. 120ff.] vorgeschlagene Supply Chain-S-Modell, wie in Abbildung 1 gezeigt, darstellen.

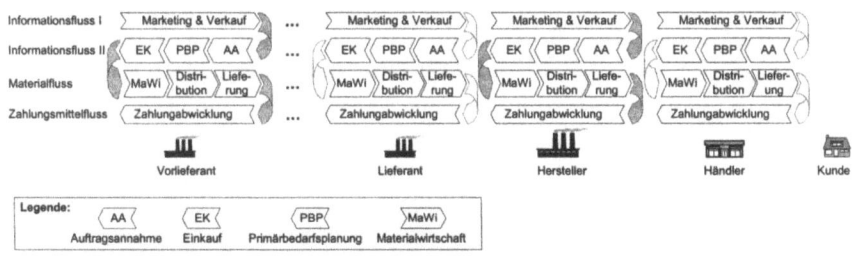

Abbildung 1: Finanzströme als Gegenstand der Supply Chain-Integration (entnommen aus [HoSc01, S. 582], in Anlehnung an [Klau99, S. 120 ff.; Melc00, S. 20])

2 Intention: SCOR als prozessorientierte Gestaltungsempfehlung

Unter dem Namen Supply Chain Council (SCC) hat sich eine Initiative von Unternehmen verschiedener Branchen gebildet, deren Ziel die Entwicklung und Etablierung eines branchenübergreifenden Prozessreferenzmodells für das SCM ist. Der Supply Chain Council ist ein 1996 von der Unternehmensberatung Pittiglio Rabin Todd & McGrath (PRTM) und dem Forschungsunternehmen Advanced Manufacturing Research (AMR) gegründeter gemeinnütziger, weltweit agierender Verein mit Mitgliedern aus Wirtschaft, Wissenschaft und staatlicher Verwaltung. Die aktive Mitarbeit an der Entwicklung des SCOR-Modells steht allen Mitgliedern offen und soll ihnen die Erstellung international vergleichbarer SCM-Konzepte sowie einen intensiven Erfahrungsaustausch ermöglichen [SCC00a, S. 1; PRTM00, S. 15; ScBo99, S. 9; KuHeKl98, S. 9; KaBl00, S. 134]. Ergebnis der Bemühungen ist das sog. Supply Chain Operations Reference Model, kurz SCOR-Modell, welches mithilfe der Definition von Standard-Geschäftsprozessen den Aufbau integrierter Supply Chains erleichtern soll. Darüber hinaus definiert das Modell ein System von Kennzahlen zur Unterstützung der Leistungsmessung, benennt für die einzelnen Prozesse empfohlene Vorgehensweisen (sog. Best Practices) sowie Vorschläge, wie sich diese durch Softwarefunktionalitäten geeignet unterstützen lassen [PRTM00, S. 15; KaBl00, S. 134]. Das SCOR-Modell ist in Zusammenarbeit mit über 500 Mitgliedern und Partnern des Supply Chain Council entwickelt worden [SCC00a]. Der Umfang der eingeflossenen Erfahrungen verleiht dem SCOR-Modell als Referenzmodell eine wesentliche Qualität.

Bei der Modellerstellung wurde auf die Vorgabe einer konkreten Referenz-Supply Chain verzichtet, da diese den Freiheitsgrad des Konzeptes zu sehr eingeschränkt hätte. Stattdessen definiert das Modell fünf grundlegende sog. Managementprozesse Plan (Planen), Source (Beschaffen), Make (Produzieren), Deliver (Vertreiben) und Return (Behandlung von Retouren). Abbildung 2 verdeutlicht die grundlegende Struktur einer dementsprechend konstruierten Supply Chain.

Die fünf Kernprozesse können zunächst in jedem an der SC beteiligten Unternehmen umgesetzt und dann über die Unternehmensgrenzen hinweg zu einer integrierten aber individuellen Supply Chain verknüpft werden. Das SCOR-Modell als Referenzmodell betrachtet somit die für eine Integration erforderlichen Schnittstellen. Die Individualität jeder einzelnen Supply Chain muss dann den Anforderungen der Branche bzw. des Einzelfalls gerecht werden [Step00, S. 22; Schö00, S. 151f.; ScBö00, S. 40f.]. Um den Referenzcharakter zu ermöglichen, wurde folglich auf die Modellierung von Prozessen unterhalb der Unternehmensschnittstellen verzichtet. Das SCOR-Modell umfasst folglich sämtliche auftragsbezogenen Interaktionen mit Kunden und Märkten sowie die den physischen Materialfluss regelnden Prozesse und erstreckt sich von der Urproduktion bis zum Endverbrauch [SCC00a, S. 2].

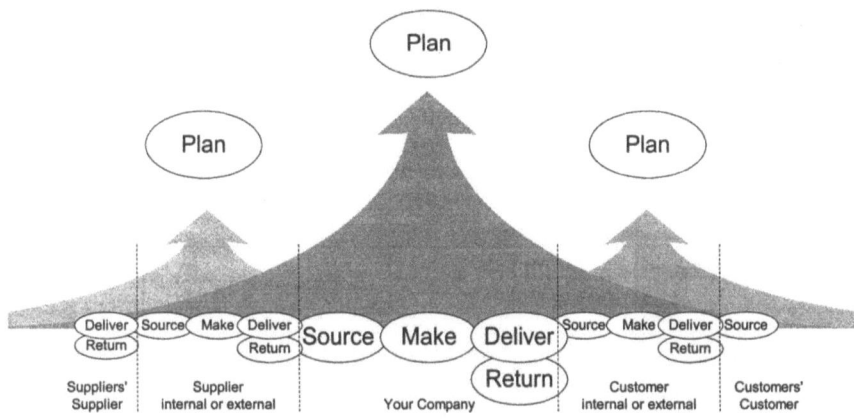

Abbildung 2: Die Supply Chain als Kette der SCOR-Managementprozesse [SCC00a, S. 2]

Andere für die Unternehmung bedeutsame Aufgabenbereiche wie Marketing, Forschung und Entwicklung und Kundenservice sind hingegen bisher nicht Bestandteil des Referenzmodells. Ein wichtiges Merkmal des SCOR-Ansatzes ist die Supply Chain-weite Planung, die nicht einmalig von einer zentralen Instanz, sondern mehrmalig, d. h. von jedem beteiligten Unternehmen separat und in Abstimmung mit den Plänen der Partner durchgeführt wird. Dies wird durch die drei in Abbildung 2 dargestellten separaten, sich überlagernden „Aggregationspfeile" angedeutet.

3 Aufbau des SCOR-Modells

3.1 SCOR Prozesskategorien und Kernprozesse

Das SCOR-Modell ist für eine Top-Down-Anwendung ausgelegt und verfügt dazu über drei Detaillierungsebenen, die eine schrittweise Verfeinerung des Modells ermöglichen (vgl. zum Folgenden auch [SCC00a, S. 4ff.]):

- Auf der höchsten Ebene werden zur groben Abgrenzung der Aufgabenbereiche die vier bereits erwähnten *Managementprozesse* (*Source*, *Make*, *Deliver* und *Return*) unterschieden [BeGe99, S. 29].

- Die zweite Detailebene gliedert jeden Managementprozess in *Prozesskategorien* auf, deren Prozesse jeweils eine spezifische Teilaufgabe innerhalb des Managementprozesses erfüllen. Es werden z. B. mehrere Arten von Source-Prozessen unterschieden (z. B. S1, S2 und S3 in Abbildung 3). Auf diese Differenzierung wird im Folgenden noch eingegangen.

Neben ihrer eindeutigen Zuordnung zu Managementprozessen sind Prozesskategorien darüber hinaus in die drei *Typen Planning, Execution* und *Enable* eingeteilt. Abbildung 3 verdeutlicht diese zweidimensionale Einordnung der Prozesskategorien und zeigt auch einige unterschiedliche Prozesskategorien.

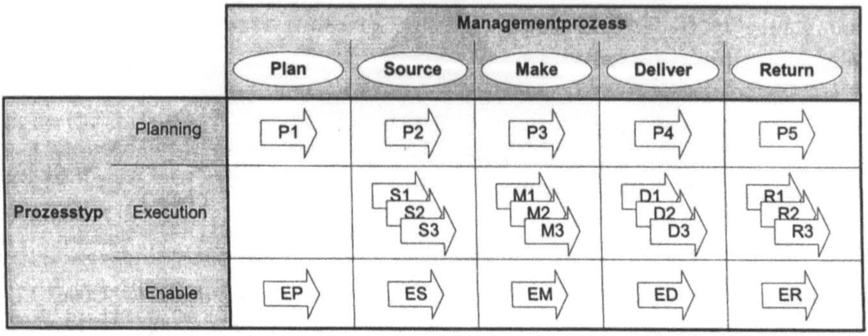

		Managementprozess				
		Plan	Source	Make	Deliver	Return
Prozesstyp	Planning	P1	P2	P3	P4	P5
	Execution		S1 S2 S3	M1 M2 M3	D1 D2 D3	R1 R2 R3
	Enable	EP	ES	EM	ED	ER

Abbildung 3: Zweidimensionale Einordnung der SCOR-Prozesskategorien (in Anlehnung an [Step00, S. 17; SCC01, S. 7])

Die Prozesskategorien werden folgendermaßen definiert:

- Eine *Planning-Kategorie* umfasst Prozesse, die der Aufstellung von Plänen in festen Zeitintervallen dienen. Die Pläne sollen eine gleichmäßige Verteilung der aggregierten Nachfragemenge auf vorgegebene Planungshorizonte gewährleisten und gleichzeitig eine möglichst bedarfsgerechte Zuteilung der Ressourcenkapazitäten sicherstellen. Insgesamt enthält das Modell die vier Planning-Kategorien Plan Supply Chain (P1), Plan Source (P2), Plan Make (P3) und Plan Deliver (P4), welche sämtlich dem Managementprozess Plan untergeordnet sind.

- *Execution-Kategorien* enthalten Prozesse, die in irgendeiner Form an der Wertschöpfung des Unternehmens beteiligt sind. Dementsprechend ist jede dieser Kategorien genau einem der drei Management-Prozesse Source (S), Make (M) oder Deliver (D) zugeordnet und tritt dort in den drei Varianten Make-to-stock (1), Make-to-Order (2) und Engineer-to-Order (3) auf, welche die verschiedenen Produktionsstrategien repräsentieren, die durch das SCOR-Modell unterstützt werden (vgl. u. a. [BeGe99, S. 30]; für Erläuterungen zu den genannten Produktionsstrategien vgl. [Schö00, S. 115]). Die in den Execution-Kategorien enthaltenen Prozesse dienen der Ablauf- und Reihenfolgeplanung, der Fertigung oder dem innerbetrieblichen Transport von Produkten und werden entweder auf Basis von Plänen oder aktueller Nachfrage angestoßen.

- Die *Enable-Prozesskategorien* dienen der Vorbereitung, Wartung und Verwaltung von Informationen oder Informationsbeziehungen, die zur Durchführung der Planning- und Execution-Prozesse benötigt werden. Jedem der vier Managementprozesse ist dabei eine eigene Enable-Kategorie zugeordnet (EP, ES, EM zw. ED).

3.2 Vier Ebenen des SCOR-Modells

Die beiden in Abschnitt 3.1 angedeuteten Hierarchieebenen des SCOR-Modells bilden die obersten zwei Ebenen einer aus *vier Ebenen* bestehenden Rahmenarchitektur. Die vier Ebenen des SCOR-Modells detaillieren die *Prozesse* und *Schnittstellen* schrittweise (vgl. Abbildung 4).

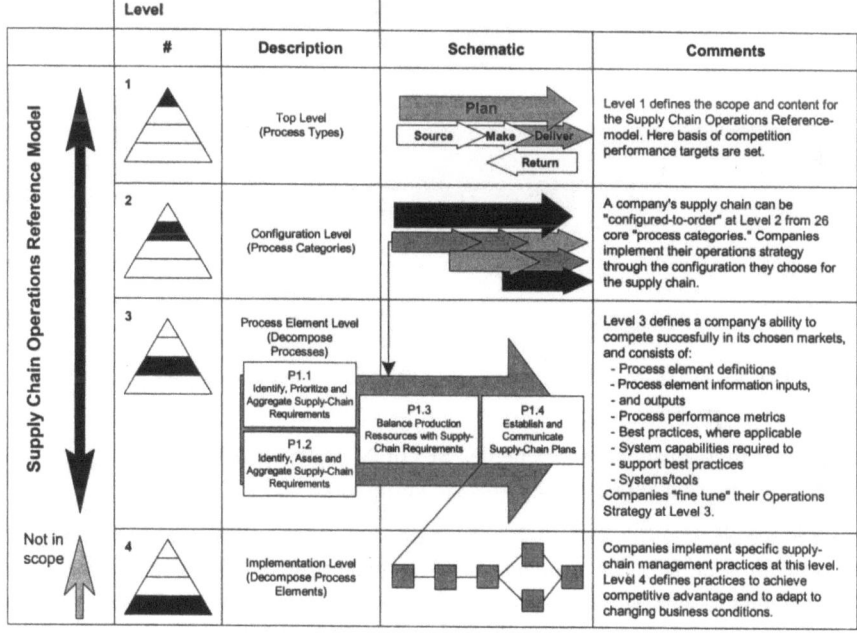

Abbildung 4: Die vier Ebenen des SCOR-Modells ([SCC00a, S. 3; Step01, S. 10], entnommen aus [Kuge01, S. 470])

Auf der höchsten Ebene werden die unterschiedlichen *Kernprozesse* definiert. Diese werden auf der zweiten Ebene in *Prozesskategorien* unterteilt (vgl. Abbildung 5 und Abschnitt 3.1). Zusätzlich zu den detaillierteren Kernprozessen werden noch sog. *Enabler* beschrieben. Diese Enabler sind *Supportprozesse* des Informations- und Relationship Managements, die für die Durchführung der Kernprozesse notwendig sind [SCC00b, S. 8].

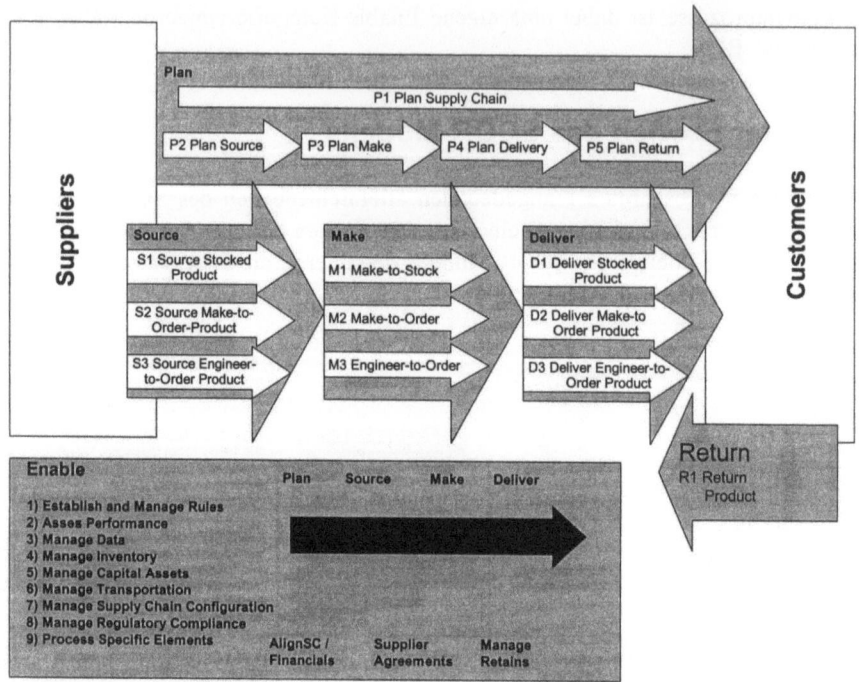

Abbildung 5: SCOR-Modell – Ebene 2 ([SCC00a, S. 10], entnommen aus [Kuge01, S. 471])

Auf der dritten Abstraktionsebene des SCOR-Modells wird jede Prozesskategorie in einzelne logisch angeordnete *Prozesse* verfeinert.

Alle *Prozesskategorien* und *Prozesse* werden auf gleiche Weise im SCOR-Modell dargestellt. Für jede Komponente wird in einer *tabellarischen Aufstellung* der Elementname, eine kurze *textuelle Definition*, sowie Listen mit *Kennzahlen* zur Leistungsmessung, empfohlenen Praktiken bei der Umsetzung des Prozesses bzw. der Kategorie – sog. „*Best Practices*" – sowie Möglichkeiten zur informationstechnischen Unterstützung der Praktiken aufgeführt (vgl. Tabelle 2). Kennzahlen für die unterschiedlichen Leistungsmerkmale sind beispielsweise Flexibilität, Reaktionsfähigkeit, Kosten, Zuverlässigkeit, Vermögenswerte. Unter den „Best Practice" werden Maßnahmen zur Optimierung dieses Prozesselements vorgeschlagen, deren IT-Komponenten für eine systemtechnische Umsetzung als „Features" beschrieben werden. Schließlich werden in der Tabelle die In- und Outputs mit Quelle bzw. Senke aufgezählt, da die Prozesselemente durch Prozessmodelle verknüpft sind (siehe dazu weiter unten). Ein Beispiel für die Beschreibung eines Prozesselements ist in Tabelle 2 dargestellt.

Process Element: Schedule Product Deliveries	Process Element Number: S1.1
Process Element Definiton	
Scheduling and managing the execution of the individual deliveries of products against an existing contract or purchase order. The requirements for product release are determined based on the detailed sourcing plan or other types of product pull signals.	
Performance Attributes	**Metric**
Flexibility and Responsiveness	Total Source Lead Time % of EDI Transactions
Cost	Product management and Planing Costs as a % of Product Acquisition Costs
Reliability	% Defective, Defective parts per million (dppm) Completion to budget and scope of service description
Asset	Raw Material or product Days of Supply
Best practice	**Features**
Utilized EDI transaction to reduce cycle time and costs	EDI interface for 830, 850, 856 & 862 transactions
VMI agreements allow suppliers to manage (replenish) inventory	Supplier managed inventories with scheduling interfaces to external suppliers systems
Mechanical (Kanban) pull signals are used to notify suppliers of the need to deliver product	Electronic Kanban support
Consignment agreements are used to reduce assets and cycle time while increasing the availability of critical items	Consignment inventory management
Advanced ship notices allow for right synchronization between source and make processes	Banket order support with scheduling interfaces to external supplier systems

Inputs	Plan	Source	Make	Deliver
Sourcing Plans	P2.4			
Source Execution Data		ES.2		
Logistic Selection		ES.6		
Production Schedule			M1.1, M2.1, M3.2	
Replenishment Signals			M1.2, M2.2, M3.3	D1.3

Outputs	Plan	Source	Make	Deliver
Procurement Signal (Supplier)				
Sourced Product on Order	P2.2	ES.9		
Scheduled receipts			M1.1, M2.1, M3.2	

Tabelle 2: Beschreibung eines Prozesselements im SCOR-Modell ([SCC00a, S. 51], entnommen aus [Kuge01, S. 473])

Für jede Prozesskategorie wird zusätzlich die Ablaufreihenfolge der enthaltenen Prozesse (bzw. *Prozesselemente*) in Form einer einfachen Grafik angegeben. Diese ist neben der Ablaufreihenfolge durch die Informationen, die als Inputs in die Prozesse eingehen bzw. in den Prozesselementen als Outputs produziert werden, gekennzeichnet. Ein Beispiel für eine modellierte Prozesskategorie ist in Abbildung 6 dargestellt.

Eine vierte Abstraktionsebene, auf der die einzelnen Prozesse in ihre Bestandteile aufgegliedert werden, ist nicht Teil des SCOR-Modells. Die Entwicklung dieser detaillierten Prozesse obliegt der individuellen Modellierung in konkreten Projekten, wobei der SCC hierfür den Einsatz hierarchischer Prozessmodelle empfiehlt [SCC97, S. 18].

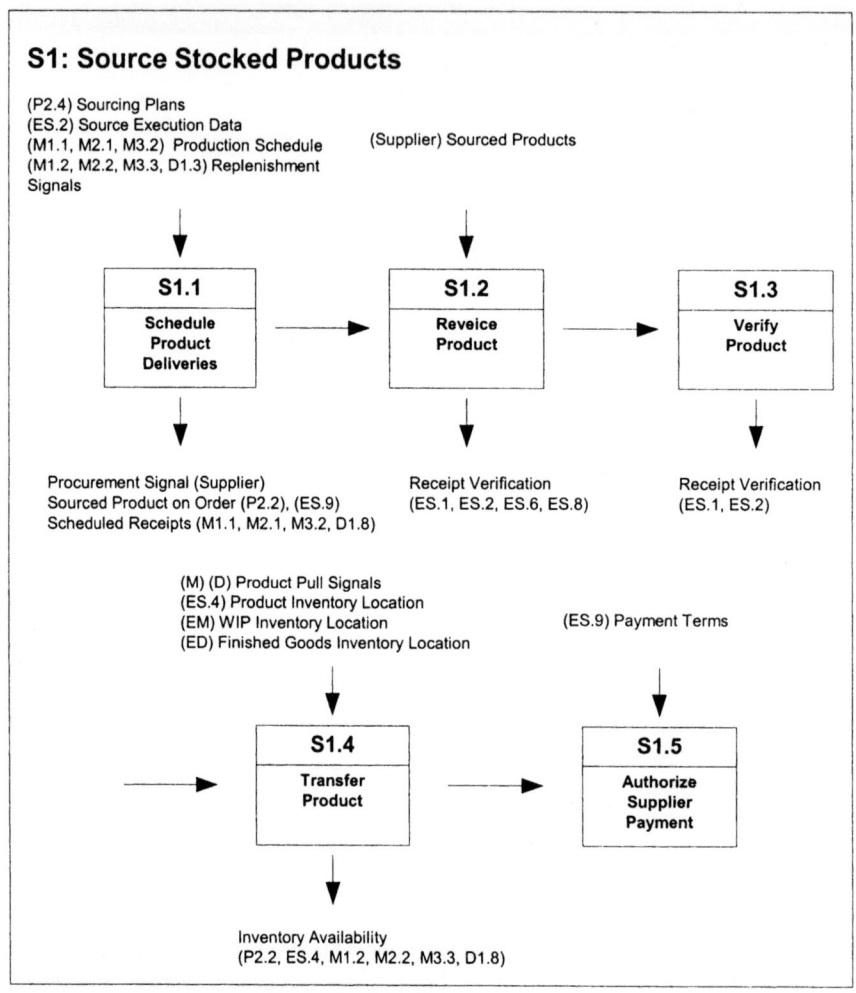

Abbildung 6: SCOR-Modell – Ebene 3 ([SCC00a, S. 49], entnommen aus [Kuge01, S. 472])

3.3 Kernprozesse des SCOR-Modells

Die folgenden Ausführungen konzentrieren sich auf die Kernprozesse Source, Make und Deliver. Der Return-Prozess wurde erst in der Version 4 in das SCOR-Modell aufgenommen und liegt noch nicht mit einer den anderen Prozessen vergleichbaren Reife vor. Teilweise ist der Return-Prozess bisher lediglich auf der obersten Modellebene spezifiziert und es fehlen noch adäquate Kennzahlen [SCC00a, S. 2, S. 8f.]. Für die Beschreibung der Inhalte wird auf deutsche Begriffe zurückgegriffen, da die wörtliche Übersetzung der aufgeführten englischen

Begriffe teilweise zu Missverständlichkeiten hinsichtlich des jeweils abgedeckten Aufgabenumfangs führt. Wir verwenden Begriffe, die sich an der Terminologie SCHEERS orientieren [Sche97].[1]

3.3.1 Der Planungsprozess

Der *Managementprozess Plan* umfasst alle Aktivitäten innerhalb eines an der Supply Chain beteiligten Unternehmens, die zur Aufstellung eines integrierenden Supply Chain Plans erforderlich sind. Die Planung erfolgt in festen Zeitintervallen und in enger Abstimmung mit den übrigen Teilnehmerunternehmen der Supply Chain. Um einen möglichst abgestimmten Gesamtplan realisieren zu können, ist die enge informationstechnische Kopplung der SC-Teilnehmer zwingende Voraussetzung. Der Planungsprozess wird in vier Prozesskategorien unterteilt, die sich gegenseitig beeinflussen und daher simultan durchgeführt werden müssen. In jeder Kategorie werden die gleichen unternehmensweit gültigen Planungs- und Entscheidungsprinzipien berücksichtigt.

Die *Kategorie Plan Source* dient der Aufstellung eines *Materialbereitstellungsplans*. Hierzu werden zunächst Informationen über geplante Produktions- und Liefermengen, Teilestammdaten, Stücklisten und Arbeitspläne herangezogen, um die Sekundärbedarfe der Materialien zu ermitteln. Gleichzeitig erfolgt die Prüfung der verfügbaren Mengen unter Berücksichtigung des Lagerbestands, der offenen Bestellungen und der Teileverfügbarkeit bei den Zulieferern. Diese Informationen werden anschließend zu einem realisierbaren Bereitstellungsplan abgeglichen, der als Planungsgrundlage für die übrigen innerbetrieblichen Planungsprozesse sowie für die der Kunden und Lieferanten dient.

Nach ähnlichem Prinzip wird in der *Prozesskategorie Plan Make* ein *Produktionsprogrammplan* erarbeitet, der den aggregierten Produktionsbedarf und die verfügbaren Produktionsressourcen miteinander in Einklang bringt. Der Produktionsbedarf wird hierbei aus den Stammdaten, Stücklisten, Arbeitsplänen, geplanten Liefermengen und den Kundenanforderungen ermittelt, während sich die verfügbaren Produktionsressourcen aus Informationen über die Teileverfügbarkeit bei den Zulieferern, den Materialbereitstellungsplan, die verfügbare Produktionskapazität sowie den Lagerbestand und die offenen Bestellungen zusammenstellen lassen.

Die *Prozesskategorie Plan Deliver* dient der Generierung eines *ausbalancierten Liefer- bzw. Absatzmengenplans*, wobei insbesondere Informationen über Auftragsbestände und Absatzprognosen zur Planung herangezogen werden.

Die simultan ermittelten Einzelpläne werden mithilfe der *Prozesskategorie Plan Supply Chain* zu einem *integrierten Gesamtplan* für das betrachtete Unternehmen

---

[1] Unserer Beschreibung liegt die Version 4 des SCOR-Modells [SCC00a] zugrunde. Die Änderungen in der Version 5 sind jedoch gegenüber dem hier Dargestellten marginal.

zusammengeführt. Auch hierbei werden zunächst simultan Bedarfe und verfügbare Ressourcen ermittelt und anschließend zu einem balancierten Plan abgeglichen. Neben den Informationen, die bereits als Inputs der Einzelplanungsaktivitäten dienten, sind in der Gesamtplanung die Ergebnisse der dem Managementprozess zugeordneten Enable-Prozesskategorien von Bedeutung. So werden bei der Ermittlung der aggregierten Nachfrage auch Information über neuentdeckte Ursache-Wirkungs-Zusammenhänge zwischen den Absatzmengen einzelner Produkte sowie die daraus resultierenden Absatzprognosen auf Produktfamilienebene berücksichtigt. Die Ermittlung der verfügbaren Ressourcen wird ergänzt um Informationen über Produktionskapazitäten sowohl innerhalb des Unternehmens als auch die anderer SC-Partner sowie den dementsprechenden Fremdvergabeplänen sowie etwaigen regulativen Vorgaben hinsichtlich der überbetrieblichen Zusammenarbeit (etwa Vorgaben des Kartellamtes o. ä.). Der Prozess der Abstimmung von verfügbaren Ressourcen und aggregiertem Bedarf wird ebenfalls mit zusätzlichen Informationen versorgt, die vor allem die gesetzten Leistungsziele des SCM sowie die verfolgte Lagerhaltungsstrategie umfassen. Ergebnis der Gesamtplanung sind sowohl der integrierte SC-Plan als auch die revidierten Einzelpläne für Beschaffung, Produktion und Absatz.

3.3.2 Der Beschaffungsprozess

Dem Grundprinzip des SCM entsprechend wird der *Beschaffungsprozess* nachfragegetrieben ausgelöst. Der eigentliche Ablauf der Beschaffung hängt von der verfolgten Produktionsstrategie ab, wobei die Varianten *Make-to-Stock* (MTS) und *Make-to-Order* (MTO) exakt gleich ablaufen. Hier wird nach Anstoß der Beschaffung durch *Wiederauffüllungssignale* (engl. replenishment signals) aus dem Produktions- oder Lieferungsprozess zunächst eine Planung der Lieferabrufe für die benötigten Teilemengen durchgeführt und entsprechende Bestellsignale an den Lieferanten übermittelt. Diese Vorgehensweise bedarf der langfristigen und engen Bindung an feste Zulieferer. Die Vereinbarung von Rahmenverträgen sowie die informationstechnische Kopplung von Hersteller und Lieferant sind zwingende Voraussetzung für die Durchführung dieser Art der Beschaffung.

Bei Anlieferung der bestellten Teile wird eine *Rechnungsprüfung* und eine *Wareneingangskontrolle* durchgeführt. Der eigentliche innerbetriebliche Transport des gelieferten Materials wird wiederum nachfragegetrieben durch entsprechende Materialbedarfssignale aus dem Produktions- oder Lieferungsprozess angestoßen. Nach dem Transport wird die Zahlung an den Zulieferer eingeleitet. Die *Beschaffung* für die *Engineer-to-Order-Strategie* weist ebenfalls den gerade beschriebenen Prozessverlauf aus, beginnt jedoch vor der *Lieferabrufplanung* mit der *Identifikation* möglicher *Lieferanten*. Hierzu werden Produktspezifikation und Beschaffungsplan herangezogen, um Angebotsanfragen zu erstellen und an als geeignet identifizierte Lieferanten zu versenden. Die eintreffenden Angebote werden anschließend ausgewertet und nach Verhandlung mit dem favorisierten Lieferanten wird ein entsprechendes Bestellsignal an eben diesen übermittelt. Der restliche Ablauf des ETO-Beschaffungsprozesses entspricht dem Vorgehen in den beiden anderen Strategievarianten.

3.3.3 Der Produktionsprozess

Die *Produktion* kann zwar – genau wie Beschaffung und Lieferung – in drei Varianten vollzogen werden, die entsprechenden Prozesskategorien unterscheiden sich allerdings kaum. Die Produktion nach *MTS* und *MTO* beginnt mit der *Auftragsreihenfolgeplanung* auf Basis der Produktionssignale aus dem Lieferungsprozess sowie den Produktionsprozessen für übergeordnete Teile und in Abstimmung mit dem Produktionsplan, in der MTO-Variante wird zusätzlich der *Auftragsbestand* berücksichtigt. Daran schließen sich die Prozesse Auftragsfreigabe und Materialbereitstellung, Fertigung (hierbei können wiederum Produktionsprozesse für untergeordnete Teile über entsprechende Signale angestoßen werden) und Funktionsüberprüfung sowie Verpackung an.

Im Falle der *MTS-Produktion* erfolgt dann der Transport des Endproduktes in das Fertigwarenlager, von wo es im Rahmen eines Lieferungsprozesses entnommen werden kann. Im Falle von *MTO- und ETO-Produktion* unterbleibt der Transport ins Fertigwarenlager und das Endprodukt wird bis zur Übernahme durch den entsprechende Lieferungsprozess in einem temporären Zwischenlager abgelegt. Sowohl die MTS- als auch die MTO-Prozesskategorie schließen mit einem Test- und Dokumentationsprozess ab, der das Produkt endgültig zur Auslieferung freigibt. Die ETO-Prozesskategorie verzichtet auf diesen letzten Schritt, beginnt aber mit der Fertigstellung der Konstruktion auf Basis des im Lieferungsprozess generierten Kostenvoranschlages. Der restliche Ablauf der Produktion gleicht hier der MTO-Vorgehensweise. Es wird deutlich, dass der Produktionsprozess auch im SCM ohne zusätzlichen Einfluss der SC-Partner erfolgt. Daher können hier übliche PPS-Systeme eingesetzt werden, sofern sie die nötige Flexibilität in der Auftragsfreigabeplanung aufweisen.

3.3.4 Der Vertriebsprozess

Anders als die englische Bezeichnung suggeriert, umfasst der *Managementprozess Deliver* nicht nur die Lieferung betreffende, sondern vielmehr sämtliche die Vertriebslogistik betreffenden Aktivitäten einer Unternehmung, d. h. sowohl die Auftragsbearbeitung, die Lieferung und Installation beim Kunden als auch die Fakturierung [Sche97, S. 441-465, zum Umfang der Vertriebslogistik]. Im Folgenden wird der Erläuterung daher der Begriff *Vertrieb* zugrunde gelegt. Der Vertrieb von Lagerprodukten (*MTS*) beginnt mit der Bearbeitung von *Kundenanfragen*. Der Folgeprozess umfasst die Annahme, Bearbeitung und Validierung eingehender Kundenaufträge. Für valide Aufträge wird anschließend auf Basis der Einzelpläne für Beschaffung, Produktion und Lieferung, des Lagerbestandes sowie der freigegebenen Aufträge eine Reservierung und *Lieferterminbestimmung* durchgeführt. Es folgt eine Konsolidierung der vorliegenden, terminierten Lieferaufträge die der Ermittlung taggenauer Frachtvolumina dient, welche die Basis für den nachfolgenden Prozess der Ladungsplanung bilden. Anschließend wird anhand von Frachtrouten und Transportkostensätzen die Routenplanung sowie die Auswahl des geeignetsten an der SC beteiligten Transportdienstleisters durchgeführt und in terminierten Lieferplänen festgehalten. Nachdem ein Endprodukt vom Beschaffungs- oder Produktionsprozess durch die Einlieferung in das Fertigwarenlager in die Verantwortung des Vertriebsprozesses übergeben worden ist, kann es dem Lager wieder entnommen und dem folgenden Prozess übergeben werden, der die Verladung, die Erstellung der Versandpapiere sowie den Versand umfasst. Sofern die Wareneingangsprüfung des Kunden keine Probleme aufdeckt, kann falls nötig die Installation der gelieferten Ware beim Kunden durchgeführt werden. Nach Abschluss auch dieser Tätigkeit wird durch Übermittlung der Rechnung an den Kunden der Zahlungsprozess angestoßen.

Die *MTO-Vertriebsprozesskategorie* unterscheidet sich von der beschriebenen MTS-Variante vor allem in den Prozessen Auftragsbearbeitung und Reservierung. Die Bearbeitung der eingehenden Kundenaufträge muss hier vor allem die *Bonität* des Kunden, die allgemeinen Geschäftsbedingungen sowie die unternehmensinternen Richtlinien für Vertragsabschluß und Pflichtenhefterstellung berücksichtigen. Die Reservierung der für einen Auftrag benötigten Ressourcen führt zur Signalisierung des Produktionsbedarfs und je nach Materialverfügbarkeit ggf. auch gleichzeitig zur Einleitung von Beschaffungsprozessen für benötigte Materialien. Als Resultat des Informationsaustausches mit Produktion und Beschaffung wird ein sog. Available-to-Promise-Termin festgelegt. Darunter ist der Termin, zu dem eine termingerechte Lieferung frühestens garantiert werden kann, zu verstehen [MeZe99, S. 378f.].

Der Verlauf des *ETO-Lieferprozesses* gleicht dem der anderen Varianten ab dem Element der *Routenplanung*. Die vorherigen Schritte legen die Schwerpunkte auf die Erstellung eines schriftlichen Kostenvoranschlages, Vertragsverhandlungen, Auftragsannahme und Ressourcenplanung sowie Terminierung der Installation bei Kunden.

3.4 Kennzahlensystem im SCOR-Modell

Neben dem hierarchisch gegliederten Prozessmodell ist das Kennzahlsystem zweiter zentraler Bestandteil des SCOR-Modells. Es definiert eine Reihe von Messgrößen, die für die Bewertung der Leistung sowie für ein effektives Controlling der Supply Chain eingesetzt werden können [BeGe99, S. 31ff.; PRTM00, S. 21f.]. Dabei wird auch hier der Anspruch erhoben, die Kennzahlen hierarchisch zu ordnen [SCC00a, S. 5]. Die Systematik sieht hierbei auf der höchsten Ebene die Definition von elf sog. *Managementkennzahlen* vor. Diese lassen sich in die *vier Bereiche* einteilen:

1. Zuverlässigkeit,
2. Flexibilität und Reaktionsfähigkeit,
3. Kosten,
4. Kapitalbindung.

Bezüglich der *Kapitalbildung* wird im englischen Original der Begriff *asset* verwendet, dessen Übersetzungen Aktiva oder Vermögen jedoch nicht direkt den Sachverhalt repräsentieren, der mit diesem Bereich dargestellt werden soll [PRTM00, S. 22]. Diese vier Bereiche bilden die Basis für eine Balanced Scorecard des SCM ([PRTM00, S. 21f.; BeGe99, S. 31f.; SCC98]; zum Begriff der Balanced Scorecard [KaNo96]). Die Version 4.0 des SCOR-Modells gliedert den Bereich *Flexibilität und Reaktionsfähigkeit* in zwei Bereiche und sieht zwei weitere Managementkennzahlen vor [SCC00a, S. 5]. Da diese Änderungen jedoch lediglich auf der obersten Modellebene umgesetzt wurden, wird im Folgenden weiterhin auf die vier Bereiche Bezug genommen.

Jede der *Kennzahlen* soll das *Aggregat* mehrerer, auf einzelne Teilaspekte bezogener Kennzahlen darstellen, die auf der nächsttieferen Hierarchieebene festgelegt sind. Da sich die Kennzahlen zwar zur Leistungsüberwachung allerdings nicht zur Erklärung von Veränderungen eignen, bedarf es einer dritten Hierarchieebene, auf der sog. *Analysekennzahlen* angeordnet sind, die den geforderten Erklärungscharakter aufweisen [PRTM00, S. 22]. Die beschriebenen Kennzahlen gehen in die Erläuterungen der einzelnen Prozesse ein, wobei nach Möglichkeit alle vier o. g. Bereiche abgedeckt werden. Darüber hinaus enthält das Modell ein Glossar, in dem für jede Kennzahl eine textuelle Erläuterung sowie eine Liste aller Prozesse angegeben wird, in denen Informationen produziert werden, die sich zu der Kennzahl verdichten lassen.

Neben dem Aspekt des kennzahlenbasierten Controlling ist das sog. *Benchmarking* ein weiterer wesentlicher Einsatzbereich des SCOR-Kennzahlensystems [KaBl00, S. 134; SCC00a, S. 7]. Unter Benchmarking wird allgemein der kennzahlenbasierte Vergleich zwischen Unternehmen oder Unternehmensteilen verstanden, durch den eine Beurteilung der Wettbewerbsfähigkeit der betrachteten Einheit abgeleitet werden soll. Im Kontext des SCM kann es zum Leistungsvergleich sowohl einzelner Unternehmen als auch ganzer Supply Chain eingesetzt werden.

4 Nutzen und Kritik des SCOR-Modells

Die organisatorische Umsetzung des Supply Chain Management erfordert als Grundlage die Erstellung eines integrierten Prozessmodells, das die Geschäftsprozesse der einzelnen an der SC beteiligten Unternehmen in einheitlicher Form darstellt und zu den Kernprozessen der Supply Chain zusammenfügt. Hierbei werden durch den Einsatz von Referenzmodellen der *Modellierungsaufwand* reduziert und die überbetriebliche Abstimmung stark vereinfacht werden [KuHeKl98, S. 9; PRTM00, S. 15]. Üblicherweise dauern *Implementierungsprojekte*, die auf dem *SCOR-Modell* basieren, 3-6 Monate [Step01, S. 12, auch zum Folgenden]. Es gibt Berichte von Firmen, die durch den Einsatz des SCOR-Modells das erste SC-Projekt nach 3 Monaten erfolgreich abschließen konnten. Aus der Nahrungsmittelindustrie wird von einem Projekt berichtet, welches schon nach 3 Monaten bezogen auf eine Projektinvestition von 50.000 $ zu einem Return on Investment von $ 4,15 Millionen geführt haben soll [Step01, S. 12]. Eine andere Firma aus der Elektronikindustrie berichtet von einem Projektreturn von 230 Millionen $ nach 8 Monaten bezogen auf ein Projektinvestment von 2-3 Millionen $ [Step01, S. 12]. Auch wenn derartige Berichte mit äußerster Vorsicht zu betrachten sind, machen sie dennoch deutlich, dass *Projekte*, die auf dem *SCOR-Modell* basieren, recht *effizient* durchgeführt werden können. Außerdem hilft eine auf dem SCOR-Modell fußende Vorgehensweise, die Effekte, die dem Supply Chain Management allgemein zugesprochen werden, schneller und sicherer zu realisieren. Der Grund dafür liegt in den Erfahrungen, die das SCOR-Modell zum Referenzmodell machen. Die Form und die Ausprägung der Schnittstellen, welche den wesentlichen Teil des SCOR-Modells ausmachen (der Kern liegt auf dem sog. Level 3) helfen innerhalb eines Projektes, schnell eine gemeinsame Sprache zu finden, und leiten die Suche nach Abstimmungsproblemen auf Bereiche, die sich referenzmäßig als Kernbereiche für Verbesserungspotential ausgewiesen haben.

Als Nachteile am SCOR-Modell in der aktuellen Form werden verschiedene Aspekte genannt ([Kuge01, S. 473ff.], auch zum Folgenden): Die *Produktentwicklung* als determinierender Faktor für die Ausgestaltung der SC und der operativen Prozesse wird *vernachlässigt*. Entsprechendes gilt auch für die Pflege der Kundenbeziehung und die Koordinationsmechanismen bei unterschiedlichen Produktionsstrategien. Beispielsweise kann ein Unternehmen teilweise für ein Produkt eine Lagerfertigung betreiben, bei besonderen Varianten aber eine Auftragsfertigung durchführen. Grundsätzlich kritisiert wird die Oberflächlichkeit der Prozessdarstellung [Kuge01, S. 473]. Der Wechsel der Notationsform zur nächsten Detaillierungsstufe führt zu einem *Methodenbruch*, der für die Umsetzung eines Projektes als hinderlich empfunden wird.

Weiterhin fehlen im SCOR-Modell ausreichende *Abstimmungsmechanismen* der *Finanzströme*. Derzeit wird im Supply Chain Management der Übergang zu einer Integration der Finanzströme zusätzlich zu den Informations- und Materialströmen diskutiert [HoSc01]. Im SCOR-Model werden sogenannte Cash Flows lediglich im Rahmen der standardisierten Source- und Deliverprozesse berücksichtigt [SCC00a]. Im Rahmen der SCOR-Sourceprozesse (S 1.5, S 2.5, S 3.7) werden die direkten Abwicklungen der Verbindlichkeiten zur Debitorenseite und im Rahmen der SCOR-Deliverprozesse (D 1.13, D 2.12, D 3.11) die direkten Forderungsabwicklungen zur Kreditorenseite betrachtet. In allen Fällen geht es lediglich um die organisatorische Abwicklung der Zahlungsprozesse, die mit der Leistungserstellung verbunden sind, und nicht um die Verwendung der Zahlungsströme im Sinne eines finanzwirtschaftlichen Steuerungsinstrumentes, das dem Gesamtmanagement der Supply Chain dient.

Literaturverzeichnis

[BeGe99]   Becker, T.; Geimer, H.: Prozeßgestaltung und Leistungsmessung – wesentliche Bausteine für eine Weltklasse Supply Chain. HMD, 36 (1999) 207, S. 25-34.

[BeJa97]   Bechtel, C.; Jayaram, J.: Supply Chain Management: A Strategic Perspective. The International Journal of Logistics Management, 8 (1997) 1, S. 15-34.

[BeRo93]   Becker, J.; Rosemann, M.: Logistik und CIM. Die effiziente Material- und Informationsflussgestaltung im Industrieunternehmen. Berlin et al. 1993.

[Chri98]   Christopher, M.: Logistics and Supply Chain Management. Strategies for Reducing Cost and Improving Service. 2. Aufl., London 1998.

[Hewi94]   Hewitt, F.: Supply Chain Redesign. The International Journal of Logistics Management, 5 (1994) 2, S. 1-9.

[HoKn01]   Holten, R.; Knackstedt, R.; Becker, J.: Betriebswirtschaftliche Herausforderungen durch Data-Warehouse-Technologie. In: R. Schütte; T. Rotthowe; R. Holten (Hrsg.): Data Warehouse Managementhandbuch. Berlin et al. 2001, S. 41-64.

[HoSc01]   Holten, R.; Schultz, M. B.: Integriertes Controlling für Aufbau, Betrieb und Anpassung von Supply Chains. Wirtschaftsinformatik, 43 (2001) 6, S. 579-588.

[KaBl00]   Kaluza, B.; Blecker, T.: Supply Chain Management und Unternehmung ohne Grenzen – Zur Verknüpfung zweier interorganisationaler Konzepte. In: H. Wildemann (Hrsg.): Supply Chain Management. München 2000, S. 117-152.

[KaNo96]   Kaplan, R. S.; Norton, D. P.: Using the Balanced Scorecard as a Strategic Management System. HBR, 74 (1996) January-February, S. 75-85.

[Klau99]   Klaus, P.: Die organisatorische Integration von Versorgungsketten. In: H.-C. Pfohl (Hrsg.): Logistikforschung. Entwicklungszüge und Gestaltungsansätze. Berlin 1999, S. 108-139.

[KnMe00] Knolmayer, G.; Mertens, P.; Zeier, A.: Supply Chain Management auf Basis von SAP-Systemen. Perspektiven der Auftragsabwicklung für Industriebetriebe. Berlin et al. 2000.

[Kotz00] Kotzab, H.: Zum Wesen von Supply Chain Management vor dem Hintergrund der betriebswirtschaftlichen Konzeption – erweiterte Überlegungen. In: H. Wildemann (Hrsg.): Supply Chain Management. München 2000, S. 21-47.

[Kuge01] Kugeler, M.: Supply Chain Management und Customer Relationship Management - Prozessmodellierung für Extended Enterprises. In: J. Becker, M. Kugeler, M. Rosemann (Hrsg.): Prozessmanagement. Ein Leitfaden zur prozessorientierten Organisationsgestaltung. 3. Aufl., Berlin et al. 2001, S. 457-493.

[KuHeKl98] Kuhn, A.; Hellingrath, B.; Kloth, M.: Anforderungen an das Supply Chain Management der Zukunft. IM Information Management & Consulting, 13 (1998) 3, S. 7-13.

[Kumm99] Kummer, S.: Stand, Aufgaben und Gestaltung der Leistungsrechnung für die Logistik. In: J. Weber, H. Baumgarten (Hrsg.): Handbuch Logistik. Management von Material- und Warenflussprozessen. Stuttgart 1999, S. 538-546.

[Melc00] Melchert, F.: Modellierung von Managementaufgaben und Informationsflüssen beim Supply Chain Management. Diplomarbeit. Universität Münster 2000.

[Metz98] Metz, P. J.: Demystifying Supply Chain Management. Supply Chain Management Review, 2 (1998) 4, S. 1-10.

[MeRo00a] Meyr, H.; Rohde, Jens; Wagner, Michael: Architecture of Selected APS. In: H. Stadtler, C. Kilger (Hrsg.): Supply Chain Management and Advanced Planning. Concepts, Models, Software and Case Studies. Berlin et al. 2000, S. 241-249.

[MeRo00b] Meyr, H.; Rohde, J.; Stadtler, H.; Sürie, C.: Supply Chain Analysis. In: H. Stadtler, C. Kilger (Hrsg.): Supply Chain Management and Advanced Planning. Concepts, Models, Software and Case Studies. Berlin et al. 2000, S. 29-56.

[MeWa00] Meyr, Herbert; Wagner, Michael; Rohde, Jens: Structure of Advanced Planning Systems. In: H. Stadtler, C. Kilger (Hrsg.): Supply Chain Management and Advanced Planning. Concepts, Models, Software and Case Studies. Berlin et al. 2000, S. 75-77.

[MeZe99] Mertens, P.; Zeier, A.: ATP – Available-to-Promise. Wirtschaftsinformatik, 41 (1999) 4, S. 378-379.

[Mill01] Miller, Tan: Hierarchical Operations and Supply Chain Planning. London 2001.

[Pfoh96]	Pfohl, Hans-Christian: Logistiksysteme. Betriebswirtschaftliche Grundlagen. 5. Aufl., Berlin et al. 1996.
[PRTM00]	PRTM: Supply Chain Management im 21. Jahrhundert. o. O. 2000.
[RoWa00]	Rohde, J.; Wagner, M.: Master Planning. In: H. Stadtler, C. Kilger (Hrsg.): Supply Chain Management and Advanced Planning. Concepts, Models, Software and Case Studies. Berlin et al. 2000, S. 118-134.
[Ross98]	Ross, D. F.: Competing Through Supply Chain Management. Creating Market-Winning Strategies Through Supply Chain Partnerships. Kluwer Academic Publishers, Boston et al. 1998.
[ScBo99]	Scheer, A.-W.; Borowsky, R.: Supply Chain Management: Die Antwort auf neue Logistikanforderungen. In: H. Kopfer, C. Bierwirth (Hrsg.): Logistik Management. Intelligente I+K Technologien. Berlin et al. 1999, S. 3-14.
[ScBö00]	Schinzer, H.; Böhnlein, C.: Supply Chain Management. In: R. Thome, H. Schinzer (Hrsg.): Electronic Commerce: Anwendungsbereiche und Potenziale der digitalen Geschäftsabwicklung. München 2000, S. 27-44.
[Sche97]	Scheer, A.-W.: Wirtschaftsinformatik. Referenzmodelle für industrielle Geschäftsprozesse. 7. Aufl., Berlin et al. 1997.
[Schö00]	Schönsleben, P.: Integrales Logistikmanagement. Planung und Steuerung von umfassenden Geschäftsprozessen. 2. Aufl., Berlin et al. 2000.
[ScJa99]	Scholz-Reiter, Bernd; Jakobza, Jens: Supply Chain Management. Überblick und Konzeption. HMD, 36 (1999) 207, S. 7-15.
[Schu99]	Schulte, C.: Logistik. 3. Aufl., Vahlen, München 1999.
[Stad00]	Stadtler, H.: Supply Chain Management. An Overview. In: H. Stadtler, C. Kilger (Hrsg.): Supply Chain Management and Advanced Planning. Concepts, Models, Software and Case Studies. Berlin et al. 2000, S. 7-28.
[SCC97]	Supply-Chain Council: Einführung in das Supply-Chain Operations Reference-Model (SCOR). Pittsburgh, PA 1997.
[SCC98]	Supply-Chain Council: SCOR Metrics Level 1 Primer. Supply-Chain Operations Reference-Model (SCOR). Pittsburgh, PA 1998.
[SCC00a]	Supply-Chain Council: Supply-Chain Operations Reference-Model. Version 4.0 - August 2000. Pittsburgh, PA 2000.
[SCC00b]	Supply-Chain Council: Supply-Chain Operations Reference-Model. Overview of SCOR Version 4.0. Pittsburgh, PA 2000.
[SCC01]	Supply-Chain Council: Supply-Chain Operations Reference-Model. Overview of SCOR Version 5.0. Pittsburgh, PA 2001.
[Step00]	Stephens, S.: Supply Chain Council & Supply Chain Operations Reference (SCOR) Model Overview. 2000. http://www.supply-chain.org/downloads/overview.pdf. Abgerufen am: 2000-08-12.

[Step01] Stephens, S.: The Supply Chain Council and the Supply Chain Operations Reference Model. Supply Chain Management, 1 (2001) 1, S. 9-13.

[StKi00] Stadtler, H.; Kilger, C. (Hrsg.): Supply Chain Management and Advanced Planning. Concepts, Models, Software and Case Studies. Berlin et al. 2000.

[Webe87] Weber, J.: Logistikkostenrechnung. Berlin et al. 1987.

[Webe99] Weber, J.: Stand, Aufgaben und Gestaltung der Kostenrechnung für die Logistik. In: J. Weber, H. Baumgarten (Hrsg.): Handbuch Logistik. Management von Material- und Warenflussprozessen. Stuttgart 1999, S. 509-522.

[WeBa99] Weber, J.; Baumgarten, H. (Hrsg.): Handbuch Logistik. Management von Material- und Warenflussprozessen. Stuttgart 1999.

Das Prozessrahmenwerk der Siemens AG: Ein Referenzmodell für betriebliche Geschäftsprozesse als Grundlage einer systematischen Bebauung der IuK-Landschaft

Michael Rohloff

Das Prozessrahmenwerk stellt eine Referenzarchitektur für die Geschäftsprozesse zur Verfügung. Es beschreibt 25 Geschäftsprozesse, die im Wesentlichen die Prozesslandschaft von Siemens abdecken. Diese sind in sechs Prozesskategorien gruppiert. Die Prozesse werden nach den vier Geschäftsarten Produktgeschäft, Systemgeschäft, Projekt-/Lösungsgeschäft und Dienstleistungsgeschäft differenziert. Das Prozessrahmenwerk bietet damit eine Siemens-übergreifende Klassifikation der Prozesslandschaft. Es fördert das Prozessverständnis und schafft Transparenz für die IuK-Bebauung mit Applikationen und Infrastruktur. Mit dem Applikation Navigator steht im Unternehmen ein methodischens Vorgehen für die Bebauung der IuK-Landschaft zur Verfügung. Das Prozessrahmenwerk bildet dabei die Ausgangsbasis für die systematische Analyse der Geschäftsprozesse und ihrer Unterstützung durch Anwendungssysteme. Das Prozessrahmenwerk bietet damit eine Vereinheitlichung und Zusammenführung von Aktivitäten zur Prozessgestaltung und IuK-Bebauung auf Grundlage einer gemeinsamen Sprache und Systematik. Gleichzeitig bietet es die Basis für die Kommunikation und den Erfahrungsaustausch zwischen den verschiedenen Unternehmensbereichen und Regionen. Es hilft Synergiepotentiale im Geschäft zu verdeutlichen und unterstützt die Ausrichtung von Prozessen an der Geschäftsstrategie.

1 Einleitung

Das Unternehmen Siemens gliedert sich in 16 Unternehmensbereiche mit einem breiten und sehr unterschiedlichen Produkt- und Servicespektrum. Es ist weltweit präsent und in 190 Ländern regional vertreten. Dementsprechend hat sich die Prozess- und IuK-Landschaft zum Teil sehr unterschiedich entwickelt. Ein in der Zentralstelle Information and Knowledge Management entwickeltes Referenzmodell für Geschäftsprozesse (Prozessrahmenwerk) dient als Ordnungsrahmen, um auf der Basis der Geschäftsprozesse einen Austausch von Best-Practice-Lösungen im IT-Umfeld zwischen den Unternehmensbereichen und Regionen zu fördern und Synergiepotentiale zu erschließen. Das Prozessrahmenwerk dient außerdem als Grundlage für die systematische Bebauung der IuK-Landschaft.

2 Referenzmodell für betriebliche Geschäftsprozesse

2.1 Prozesssystematik

Prozesse werden in der Literatur nach unterschiedlichen Kriterien kategorisiert [Weth97, S. 226ff.]. Betriebliche Prozesse können z. B. entsprechend ihrer Grundstruktur entlang der Wertschöpfungskette in Beschaffungsprozess, Leistungsprozess (Produktion) und Absatzprozess untergliedert werden. Diese Unterscheidung ist vor allem in der Logistik gebräuchlich. Diese Einteilung verdeutlicht die Einbindung des unternehmerischen Leistungsprozesses in die Einbindung am Markt in Richtung Kunden und Lieferanten.

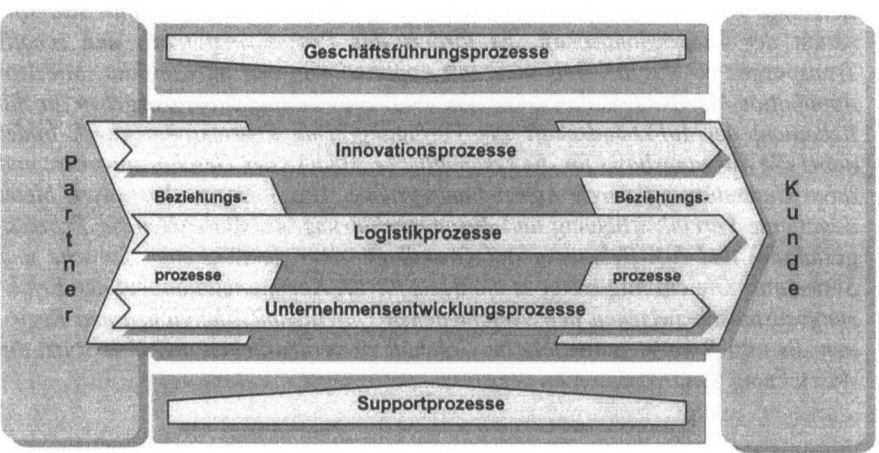

Abbildung 1: Prozesssystematik für Geschäftsprozesse

Von dem Verständnis ausgehend, dass Geschäftsprozesse sich unmittelbar aus der Wertschöpfungskette ergeben, können für die gesamte Prozessarchitektur eines Unternehmens die folgenden Prozesstypen unterschieden werden (vgl. Abbildung 1) [OsFr98, S. 34ff.; Witt98, S. 88f.]:

- Geschäftsführungsprozesse,
- Kern- oder Hauptprozesse,
- Serviceprozesse.

Die *Geschäftsführungsprozesse* beinhalten die übergeordnete Planung und Überwachung des Gesamtgeschäftes. Sie dienen der Führung sowie dem Aufbau und der Erhaltung des Gesamtunternehmens und seiner Wertschöpfung. Gegenstand dieser Prozesse sind die Geschäftspolitik und -strategie (Umsatz, Kosten, Ergebnis, Finanzen, Investitionen und Personal).

Die *Kern- oder Hauptprozesse* sind die Prozesse, die aus Sicht des Kunden eine Wertschöpfung erbringen. Neben dem wahrnehmbaren Kundennutzen müssen die Prozesse einmalig sein, indem unternehmensspezifische Ressourcen genutzt werden, die nicht leicht imitierbar oder substituierbar sind [OsFr98, S. 34].

Zu den wertschöpfenden Aktivitäten des Unternehmens gehören die Prozesse der Innovation, der Logistik, die Kunden/Partner-Beziehungsprozesse sowie die Unternehmensentwicklung.

Service- oder Supportprozesse unterstützen die Kernprozesse, stellen aber für sich genommen noch keine eigene Wertschöpfung aus Sicht des Kunden dar. Die *Supportprozesse* dienen der Bereitstellung der Infrastruktur für die Geschäftsabwicklung. Supportprozesse beinhalten z. B. die Aspekte Personalmanagement, Qualitätsmanagement, Controlling, Bereitstellung von IuK-Services und Infrastruktur, Umweltschutz, Arbeitssicherheit, Informationssicherheit.

Die Prozesssystematik wird nach vier verschiedenen Geschäftstypen differenziert (vgl. Abbildung 2). Typische Anforderungen an Prozesse können so systematisch erfasst und für das durch die Geschäftstypen repräsentierte Geschäft grundlegend beschrieben werden.

	Produktgeschäft (A)	Systemgeschäft (B)	Projekt/Lösungsgeschäft (C)	Dienstleistungsgeschäft (D)
Produktart	Massenprodukte, Konfigurierbare Standardprodukte	Kundenspezifische Gesamtlösungen (Dienstleistung und Produkte)	Komplexe, kundenspezifische Systeme und Dienstleistungen	Nicht-materielle Leistungen
Kundenkreis/ Zielgruppe	Anonymer Markt	Individueller Kunde, Kundensegmente	Individueller Kunde	Anonymer Markt, individueller Kunde
Auftragsauslösung (Kundenrolle)	Kauf, Bestellung	Bestellung	Anfrage, Ausschreibung	Kauf, Bestellung, Anfrage, Ausschreibung

Abbildung 2: Charakteristika der vier Geschäftstypen

2.2 Prozessrahmenwerk

Aufbauend auf der Prozesssystematik werden die Unternehmensprozesse im folgenden Abschnitt im Überblick dargestellt. Abbildung 3 fasst die Prozesse in einem Prozessrahmenwerk zusammen [Siem01b]. Grundlage für die Entwicklung waren verschiedene unternehmensinterne Systematiken und Prozessbeschreibungen sowie externe Publikationen, z. B die Prozesssystematik des American Productivity & Quality Center [APQC].

Das Prozessrahmenwerk stellt eine Referenzarchitektur für Geschäftsprozesse zur Verfügung. Es beschreibt 25 Geschäftsprozesse, die im Wesentlichen die Prozesslandschaft eines Unternehmens abdecken. Diese sind in die folgenden Prozesskategorien eingeteilt (vgl. Abbildung 3):

- *Geschäftsführungsprozesse* dienen der strategischen Ausrichtung und Positionierung des Unternehmens am Markt. Sie legen die Rahmenbedingungen für das unternehmerische Handeln fest und steuern die Leistungsprozesse.

- *Innovationsprozesse* dienen dem Aufbau des Unternehmenspotentials und der Weiterentwicklung des Leistungsangebots in Märkten, Produkten und Technologie.

- *Kunden/Partner-Beziehungsprozesse* umfassen die Betreuung von Kunden und potentiellen Marktpartnern von der Anbahnung über die Abwicklung und Nachbetreuung von Geschäften für kundenorientierte Leistungen und Service. Sie dienen der Information des Marktes und der Imagepflege.

- *Logistikprozesse* umfassen alle Aktivitäten der Leitungserstellung und administrativen Abwicklung von der Beschaffung bis zur Distribution der Leistung.

- *Übergreifende Prozesse* umfassen Aktivitäten zur Rechnungsstellung und zur Nachkalkulation von Aufträgen.

- *Unternehmensentwicklungsprozesse* umfassen die Aktivitäten zum Aufbau eines marktorientierten Leistungspotentials und einer optimalen Ressourcenallokation im Hinblick auf Mitarbeiter, Organisation und Wissensmanagement.

- *Supportprozesse* unterstützen die Leistungsprozesse. Sie tragen nicht direkt zur Wertschöpfung bei.

Die Prozesse werden nach den vier Geschäftsarten Produktgeschäft, Systemgeschäft, Projekt-/Lösungsgeschäft und Dienstleistungsgeschäft differenziert.

Das Prozessrahmenwerk der Siemens AG 231

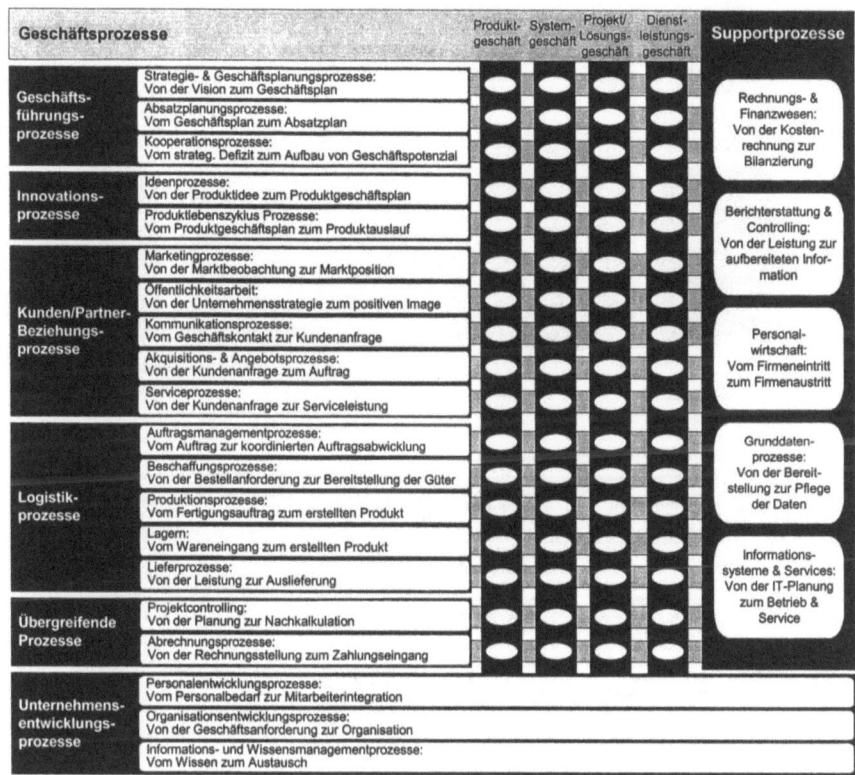

Abbildung 3: Übersicht Prozessrahmenwerk

2.3 Prozessbeschreibungen

Alle 25 im Prozessrahmenwerk aufgeführten Geschäftsprozesse werden mit einheitlichen Templates beschrieben. Die Abbildung 4 zeigt dies exemplarisch am Beispiel des Akquisitions- und Angebotsprozesses.

Das obere Template stellt jeweils den Prozess und seine Schnittstellen im Überblick dar. Es werden der Input sowie der Output des Prozesses definiert sowie die Einbindung in die Kunden-Lieferantenbeziehung aufgezeigt. Außerdem werden Erfolgsfaktoren des Prozesses benannt (Prozessbeschreibung Ebene 0).

Das untere Template stellt den Prozess mit seinen wesentlichen Prozessschritten dar (Prozessbeschreibung Ebene 1). Für jeden Prozessschritt werden der Inhalt, Ergebnisse sowie Messgrößen beschrieben. Es werden jeweils die am Prozessschritt beteiligten Organisationseinheiten aufgeführt und die verantwortliche Einheit (gefüllter Kreis) benannt.

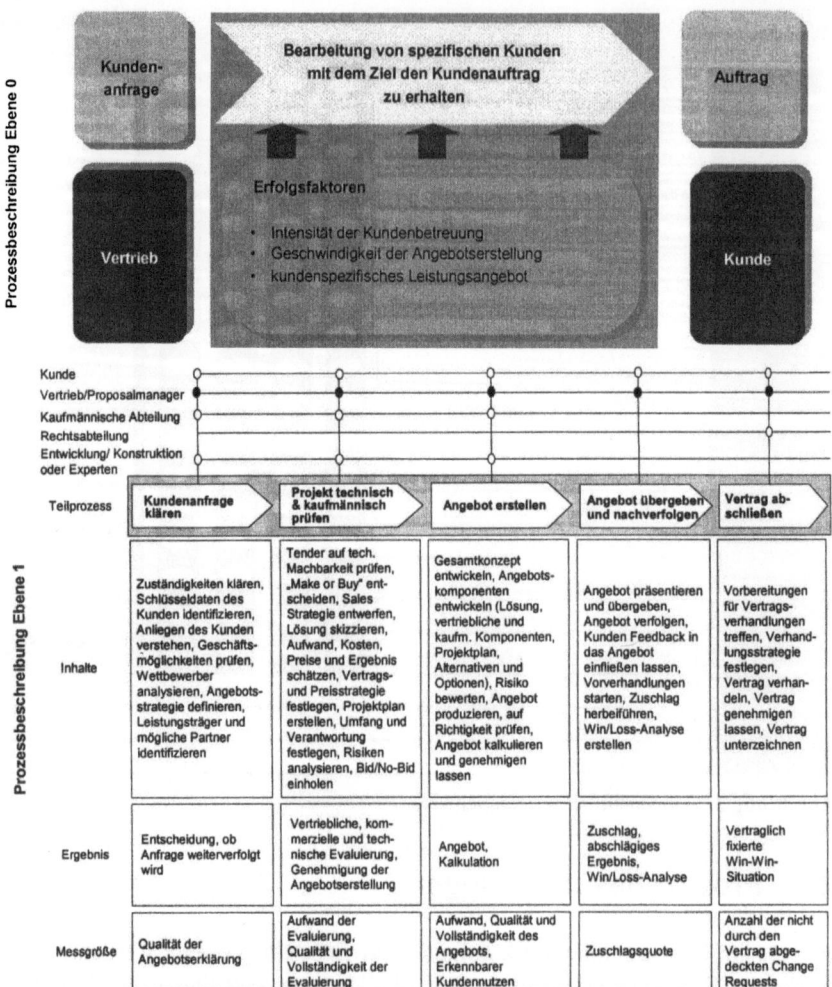

Abbildung 4: Akquisitions- und Angebotsprozesse

3 Einsatzfelder des Prozessrahmenwerks

Das Prozessrahmenwerk dient als Ordnungsrahmen, um auf der Basis der Geschäftsprozesse einen Austausch von Best-Practice-Lösungen im IT-Umfeld zwischen den Unternehmensbereichen und Regionen zu fördern. Über die Verwendung einer einheitlichen Terminologie kann eine Zuordnung und Vergleichbarkeit von IT-Lösungen zur Unterstützung von Prozessen/Teilprozessschritten erreicht werden.

Das Prozessrahmenwerk dient außerdem als Ausgangsbasis für die systematische Bebauung der IuK-Landschaft, sowohl dezentral in den Unternehmensbereichen und Regionen wie auch für konzernweite Vorgaben.

Der Applikation Navigator stellt ein methodischens Vorgehen für die IuK-Bebauung zur Verfügung [Siem01a]. Das prinzipielle Vorgehen ist in der Abbildung 5 in der Übersicht dargestellt.

* T & A: Technologie und Anwendungen

Abbildung 5: Vorgehen für die IuK-Bebauung

In einer Ist-Analyse wird die derzeitige Bebauung mit Applikationen und die technologische Infrastruktur erhoben. Dabei werden auf der Grundlage des Prozessrahmenwerks jedem Geschäftsprozess die unterstützenden Applikationen zugeordnet. Ausgehend von der Geschäftsstrategie und Business Impact-Interviews wird die Zielarchitektur für die Applikationen und die Technologiearchitektur definiert. Über eine GAP-Analyse werden die erforderlichen Maßnahmen zur Erreichung der Zielarchitektur formuliert und priorisiert. Diese münden dann in eine Migrationsstrategie und entsprechende IT-Projekte. Das Prozessrahmenwerk mit der Applikation Navigator-Methode ist in mehreren Projekten eingesetzt worden. Es ist für alle Mitarbeiter über Intranet verfügbar.

Methodisches Hilfsmittel für die Beschreibung der Applikationsarchitektur sind Templates, die für jeden Prozess aufzeigen, welche Prozessschritte durch welche Anwendungen abgedeckt werden. Die Anwendungen werden entsprechend ihrem funktionalen Bereich in Strategie, Planung/Steuerung und Durchführung eingeteilt. Templates mit dieser Grundstruktur gibt es für alle 25 Prozesse des Prozessrahmenwerks, die mit der Ist-Situation bzw. Zielplanung des Untersuchungsbereichs gefüllt werden. Auf diese Weise können übersichtlich Lücken oder Überdeckungen von Anwendungen für jeden Prozess aufgezeigt werden. Die Abbildung 6 zeigt dies am Beispiel des Grunddatenprozesses.

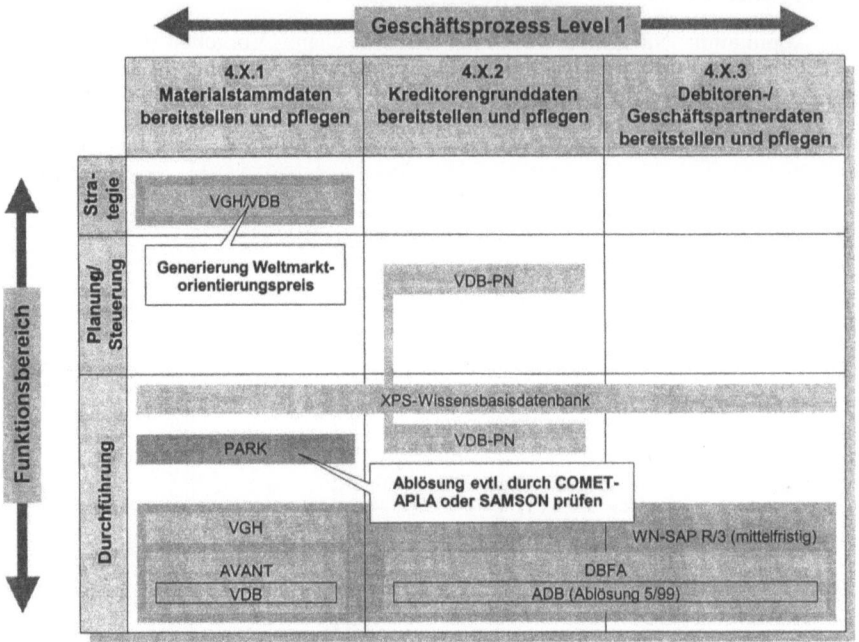

Abbildung 6: Template zur Darstellung der Unterstützung eines Prozesses mit Applikationen (Beispiel Grunddatenprozess)

Es laufen derzeit mehrere unternehmensinterne Projekte zur Integration von Prozessbeschreibungen, die einzelne Prozesse/Prozessgruppen des Prozessrahmenwerks verfeinern, so zum Beispiel die Integration des Supply Chain Operations Reference (SCOR)-Modells [SCOR].[1]

Literaturverzeichnis

[APQC]   APQC: American Productivity & Quality Center. Process Classification Framework. http://www.apqc.org/free/framework.cfm, Abruf: 2001-01-24.

[Siem01a] IK Siemens AG: Application Navigator: Methodik und Templates. München 2001.

[Siem01b] IK Siemens AG: Prozeßrahmenwerk Version 3.0. München 2001.

[OsFr98]   Osterloh, M.; Frost, J.: Prozeßmanagement als Kernkompetenz: Wie Sie Business Reengineering strategisch nutzen können. Wiesbaden 1998.

---

[1] Vgl. auch den Beitrag von HOLTEN und MELCHERT im vorliegenden Band.

[SCOR]   SCOR: Supply Chain Operations Referencemodel, Version 5. http://www.supply-chain.org/, Abruf: 2001-01-24.

[Weth97]   Weth, M.: Reorganisation zur Prozessorientierung. Frankfurt a. M. 1997.

[Witt98]   Wittlage, H.: Moderne Organisationskonzeptionen: Grundlagen und Gestaltungsprozeß. Braunschweig u. a. 1998.

Teil 3:
Anwendungsgebiete

Nutzung von Referenzmodellen für die Einführung von Workflowmanagement am Beispiel der Produktionsplanung und -steuerung

Jörg Becker, Holger Hansmann, Stefan Neumann, Jörg Bergerfurth

Der Einführung von Workflowmanagement in Unternehmen geht im Allgemeinen eine umfassende Modellierung der unternehmensspezifischen Geschäftsprozesse voraus. Referenzmodelle können in Workflowmanagementprojekten in erster Linie als terminologischer und struktureller Bezugspunkt für die Modellierung der Ist-Prozesse dienen. Eine darüber hinaus gehende, Workflow-orientierte Hilfestellung können Referenzmodelle nur dann bieten, wenn sie für das Workflowmanagement, dessen Aufgabe in der Koordination von Aktivitäten und Ressourcen sowie der Unterstützung des Prozessmonitorings und -controllings besteht, spezifische Informationen beinhalten. Der Beitrag spezifiziert diese Informationen auf Basis der Eigenschaften Workflow-geeigneter Geschäftsprozesse und entwickelt darauf aufbauend methodische Erweiterungen der Ereignisgesteuerten Prozesskette zur Erfüllung der durch die Verwendungsrichtung „Einführung von Workflowmanagement" gegebene Anforderungen an Referenz-Geschäftsprozessmodelle. Im Anschluss werden fünf Referenzmodelle der Produktionsplanung und -steuerung (PPS) hinsichtlich ihrer Berücksichtigung dieser Eigenschaften untersucht und die anhand ausgewählter Referenzmodelle bewerteten Prozesse den empirischen Ergebnissen aus vier Unternehmensprojekten gegenübergestellt.

1 Nutzung von Referenz-Prozessmodellen in Workflowmanagementprojekten

Seit Mitte der 90er-Jahre wird die Koordination und Kontrolle betrieblicher Abläufe vielfach mit dem Begriff Workflowmanagement bezeichnet. Systemunterstützung erfahren diese Aufgaben durch sogenannte Workflowmanagementsysteme (WfMS), die in unterschiedlichen Ausprägungen als autonome Werkzeuge oder als Komponenten betriebswirtschaftlicher Anwendungssoftware angeboten werden.

Workflowmanagementsysteme koordinieren auf der Grundlage einer Ablaufspezifikation (Workflowmodell) die zeitlich-sachlogisch korrekte Ausführung der Aktivitäten eines Prozesses (Aktivitätenkoordination). Das WfMS ermittelt und benachrichtigt qualifizierte und autorisierte Akteure für die Bearbeitung anstehender Aktivitäten und stellt ihnen (in eingeschränktem Maße) die für die Aktivitätenbearbeitung benötigten Daten und Anwendungsprogramme bereit (Ressourcenkoordination) [GeHS95; BeMü99].

Da die Ausführung von Workflows auf diese Weise unter der Kontrolle eines Informationssystems erfolgt, lassen sich der Status sowie die kontrollfluss- und organisationsrelevanten Ereignisse eines Prozesses auswerten. WfMS ermöglichen so die Überwachung und manuelle Beeinflussung der Ausführung einer Prozessinstanz (Workflow-Monitoring) und die instanzenübergreifende Auswertung der Bearbeitung zur Ermittlung von Prozessverbesserungspotenzialen (Workflow-Controlling). Diese kontrollorientierten Möglichkeiten motivieren den Einsatz von WfMS auch in Unternehmen bzw. Prozessen, in denen geringere Potenziale im Bereich der Prozesssteuerung bestehen.

WfMS nutzen für diese Aufgaben Modelle der zu unterstützenden Abläufe. Die Einführung von Workflowmanagement beinhaltet daher in wesentlichem Maße Aufgaben der Geschäftsprozessmodellierung. Ausgehend von einer Grobaufnahme der Ist-Situation werden dabei Sollmodelle der betrachteten Prozesse konstruiert und sukzessive um Workflow-relevante Informationen angereichert [GaSc95; HoSW97].

Effizienz und Qualität der Modellierung betrieblicher Systeme können durch die Verwendung von Referenzmodellen gesteigert werden, in denen allgemein gültige Aspekte der zu modellierenden Sachverhalte repräsentiert sind [Mare95]. Im Rahmen einer Workflowmanagement-Einführung können Referenzmodelle wie folgt genutzt werden:

- Referenzmodelle können zunächst helfen, das Unternehmen oder einzelne Bereiche auf grober Ebene in Form eines Ordnungsrahmens zu strukturieren und bei den Projektbeteiligten ein gemeinsames Verständnis der betrachteten Ausschnitte des betrieblichen Geschehens und ihrer Schnittstellen zu schaffen. Ein Ordnungsrahmen dient als Einstieg in eine verfeinernde Betrachtung [Meis01, S. 61ff.].

- Auf einer detaillierteren Ebene können Referenz-Prozessmodelle Aufschluss über grundsätzlich vorhandenes Workflow-Potenzial in bestimmten Prozessen liefern, um die Auswahl und Modellierung unternehmensspezifischer Workflow-Kandidaten vorzubereiten.

- Diese unternehmensspezifischen Modelle können aus den Referenzmodellen durch Ergänzung oder Entfernen von Modellelementen bzw. -strukturen sowie die Angleichung an unternehmensspezifische Begrifflichkeiten abgeleitet werden (Konfiguration und Anpassung, [Schü98, S. 314ff.]). Die Beschäftigung mit Referenzmodellen als Ausgangspunkt kann eine unternehmensspezifische Istmodellierung ersetzen.

- Da die Details der Workflowgestaltung und ihre Repräsentation im Workflowmodell maßgeblich von den Möglichkeiten und vom Sprachkonzept des WfMS beeinflusst werden, können Workflow-spezifische Referenzmodelle mit Beispielcharakter darüber hinaus Modellierungsempfehlungen in methodischer Hinsicht geben.

Aus diesen Nutzenpotenzialen ergeben sich einige, in diesem Beitrag behandelte Anforderungen an Referenzmodelle zur Unterstützung der Einführung von Workflowmanagement. Gefordert sind zunächst domänenspezifische Modelle, um die angeführte Analyse- und Konzeptionsunterstützung inhaltlicher Art bieten zu können. Bei stark durch integrierte Anwendungssysteme geprägten Prozessen, wie sie heute z. B. in der Produktionsplanung und -steuerung zu finden sind, lassen sich Details der Prozessstruktur in großem Umfang auch aus den softwarespezifischen Referenzmodellen entnehmen. Darüber hinaus können *Konstruktionsmuster*, die spezifisch für die zu verwendende Workflow-Modellierungstechnik die Beschreibung bestimmter Klassen von Sachverhalten standardisieren, das Vorgehen unterstützen [Uthm01, S. 149ff.]. Voraussetzung für die Einsatzeigung von Referenzmodellen in den dargestellten Phasen ist die Berücksichtigung Workflow-relevanter Informationen über die zu modellierenden Geschäftsprozesse.

2 Eigenschaften Workflow-geeigneter Geschäftsprozesse

Der Grad der Eignung von Geschäftsprozessen für die Unterstützung durch WfMS hängt vom *Workflow-Potenzial* des betrachteten Prozesses ab, für das sich eine Menge von Kriterien und Indikatoren angeben lässt. Die Kriterien leiten sich aus den Mechanismen (vgl. hierzu bspw. [UtRo98, S. 11; KiKu92, S. 100]) ab, die dem WfMS zur automatisierten Koordination von Geschäftsprozessen zur Verfügung stehen. Das Workflow-Potenzial eines Geschäftsprozesses ist demnach der Grad, in welchem dieser Prozess durch die Koordinationsmechanismen eines WfMS geeignet unterstützt werden kann. Unterteilt nach den Koordinationsarten *Ressourcenkoordination*, *Aktivitätenkoordination* und *Feedback-Koordination* werden die Kriterien in einem Kriterienkatalog (vgl. Tabelle 1) zusammengefasst.

Ein Teil dieser Eigenschaften von Geschäftsprozessen lässt sich in Prozessmodellen repräsentieren. Dem entsprechend können geeignete Referenzmodelle Anhaltspunkte dafür liefern, welche Prozesse einer Domäne typischerweise hohes Workflow-Potenzial besitzen (vgl. Abschnitt 4). Sie erleichtern so die Auswahl von Workflow-Kandidaten und ermöglichen bei entsprechender Allgemeingültigkeit die direkte Ableitung unternehmensspezifischer Sollmodelle.

Kriterium	Definition
Ressourcenkoordination	
Organisationseinheiten: Wechselhäufigkeit	Anzahl der Wechsel der am Prozess beteiligten Organisationseinheiten (zu beachten: >1 Bearbeiter je Organisationseinheit?)
Anwendungssysteme: Wechselhäufigkeit	Anzahl der Wechsel der am Prozess beteiligten Anwendungssysteme
Datenobjekte: Anzahl	Anzahl der im Prozess verwendeten Datenobjekte (z. B. Angebot, Auftrag, Meldung, Dokument, Datensatz)
Aktivitätenkoordination	
Diskontinuität der Bearbeitung	qualitative Bewertung der Häufigkeit der Unterbrechung der Bearbeitung, weil auf Ereignisse, Daten aus anderen Prozessen/Org-Einheiten usw. gewartet werden muss
Verzweigungsgrad / Parallelisierungsgrad	qualitative Bewertung der relativen Anzahl (im Vergleich zur Funktionszahl) an (ODER-) Alternativen bzw. parallelen Prozesssträngen im Prozessmodell
Feedback-Koordination	
Transparenz	Bestimmbarkeit des Prozessstatus zur Laufzeit
Kontrolle	Verfügbarkeit von Ausführungsdaten für das Prozesscontrolling (ex post)
Strukturierungsgrad des Prozesses	qualitative Bewertung, inwieweit sich die Aktivitäten des Prozesses und deren Reihenfolge auf Typebene angeben lassen (Kontrollfluss, Verzweigungsbedingungen etc., Gegensatz: „Black-Box-Anteil")

Tabelle 1: Kriterienkatalog zur Bestimmung des Workflow-Potenzials in Geschäftsprozessen

Bei der unternehmensspezifischen Top-down-Modellierung werden Prozesse mit geringer Workflow-Eignung auf möglichst grober Ebene ausgesondert und nicht weiter detailliert. Auf jeder Abstraktionsstufe werden dabei die modellierten Prozesse einer Bewertung gemäß des Kriterienkatalogs unterzogen. Dadurch lässt sich die Menge der Prozesse auf eine Auswahl derjenigen beschränken, die ein hohes Potenzial aufweisen. Da auf Ebene 0 (Ordnungsrahmen) nicht alle für die Anwendung der Kriterien benötigten Informationen modelliert sind (Organisationseinheiten, Anwendungssysteme etc.), muss hier zunächst eine grobe Einschätzung anhand des Wissens der in das Projekt eingebundenen Fachabteilungen erfolgen. Auf den tieferen Abstraktionsebenen lassen sich die Prozesse anhand der Kriterien in Form eines Scoringmodells bewerten (vgl. dazu [BeBe00, S. 16ff.]).

Die Entscheidung zur Einführung von Workflowmanagement wird überdies von wirtschaftlichen Faktoren wie z. B. den Anschaffungskosten eines WfMS oder dem prozessbezogenen Nutzen beeinflusst. In der Praxis wird der Nutzen des Workflowmanagements häufig in qualitativer Form ausgedrückt, wie etwa „Ordnungsgemäßer Bearbeitungsablauf" oder „Erhöhung der Prozesstransparenz". Die Geschäftsprozesse, die ein hohes Workflow-Potenzial aufweisen, sind daher gemäß ihres Beitrags zu den Unternehmenszielen unter Berücksichtigung wirtschaftlicher bzw. technischer Restriktionen im Hinblick auf ihre Realisierung als Workflow zu priorisieren (vgl. Tabelle 2). Über ein Scoringmodell erfolgt die

Ermittlung der Rangfolge, die z. B. bei einem knappen Projektbudget oder Zeitrahmen Aufschluss darüber geben kann, welche der Prozesse mit Workflow-Potenzial detaillierter betrachtet werden sollen. ‚X' bedeutet, dass die jeweils positive oder negative Gewichtung als Punktwert vergeben wird, andernfalls ist der Punktwert 0.

Gewichtung Prozesse	Projektziele						Bewertung (Ziele)	Restriktionen						Bewertung (Restr.)
	Erhöhung der Liefertreue			Verkürzung der DLZ		...		Schwierigkeitsgrad der Realisierung als WF			voraussichtliche Akzeptanz der WF-Lösung bei den Mitarbeitern		...	
	10-30 %	60-30 %	>60 %	1-20 %	>20 %	...		1	2	3	1	2	3	...	
	3	4	5	2	4	...		4	0	-4	4	0	-4	...	
KA klären				X		...	2	X					X	...	7
KA terminieren	X				X	...	7	X				X		...	4
Produkt fertigen		X		X		...	6		X		X			...	-3
KA fakturieren	...	...	...	...	...	...	KO	...	...	...	...	...	...	...	KO

Tabelle 2: Matrix zur Priorisierung der Prozesse mit Workflow-Potenzial

Hierbei bieten Referenzmodelle nur geringen Nutzen. Sie können allerdings in einigen Fällen Hinweise auf den zu erwartenden Aufwand einer Realisierung liefern, wenn sie beispielsweise Rückschlüsse auf die Anzahl der einzubeziehenden Organisationseinheiten und Benutzer oder, im Falle von Software-Referenzmodellen, auf Anzahl und Art der zu realisierenden Systemschnittstellen zulassen.

3 Workflow-orientierte Modellierung von Referenz-Geschäftsprozessen

Eine geeignete Methode zur Workflow-orientierten Modellierung von Referenzmodellen hat sicherzustellen, dass alle für die Analyse des Workflow-Potenzials benötigten Informationen im Referenzmodell enthalten sind. Hierdurch wird zusätzlich die Transformation in ein Workflowmodell erleichtert, da die durch die genannten Objekte repräsentierten Informationen für die Umsetzung des Workflows benötigt werden.

Abgebildet sein müssen *Organisationseinheiten*, *Funktionen* und deren *Input-/Outputinformationen, Ereignisse, Prozessschnittstellen* (Verweis auf andere Prozessmodelle) sowie *IV-Funktionalitäten*. Darüber hinaus muss der *Kontrollfluss* (Reihenfolgebeziehungen, Verzweigungen und Bedingungen) aus dem Modell hervorgehen. Diese Anforderungen ergeben sich aus den in Abschnitt 2 genannten Kriterien und bilden den Ausgangspunkt für die zu verwendende Modellierungsmethode. Beispielsweise können zur Modellierung erweiterte Ereignisgesteuerte Prozessketten (EPK) verwendet werden.

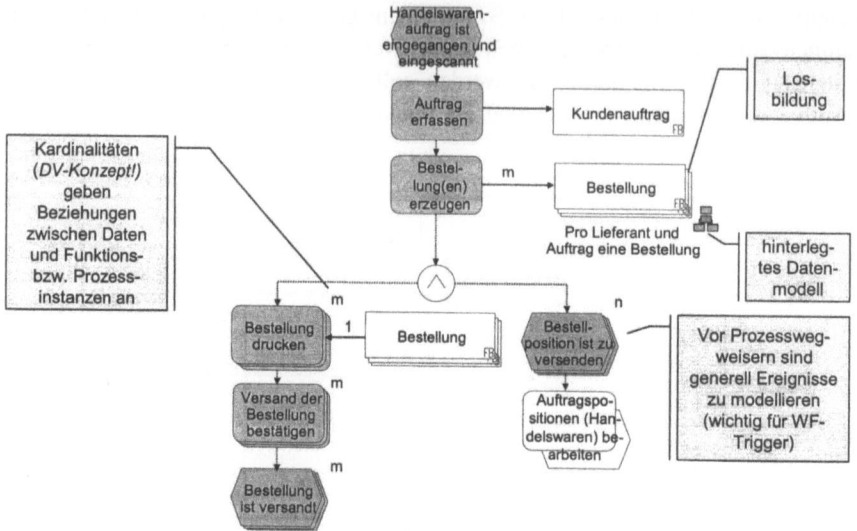

Abbildung 1: Kardinalitäten und Losbildung im Prozessmodell

Da in der PPS häufig Objekte (wie z. B. Fertigungsaufträge) gebündelt im Sinne einer *Losbildung* bearbeitet werden, ist bei der Modellierung zu kennzeichnen, ob sich die Funktionen auf die Bearbeitung *eines* oder *mehrerer* Objekte beziehen. Durch die Verwendung von Kardinalitäten und speziellen Symbolen für die Input-/Outputobjekte kann dies visualisiert werden. (Vgl. *Bestellung* in Abbildung 1: Es werden *m* Bestellungen durch die Funktion *Bestellung(en) erzeugen* generiert. Die Funktion *Bestellung drucken* wird dementsprechend *m*-Mal ausgeführt, wobei jede Instanz der Funktion genau eine Bestellung bearbeitet. Aus Gründen der Übersichtlichkeit wurden in diesem Modell keine Organisationseinheiten und IV-Funktionalitäten verwendet.)

Zur Modellierung der ausführenden Organisationseinheiten einer jeden Funktion können im Referenzmodell Rollen verwendet werden. Eine Rolle repräsentiert einerseits die für die Ausführung einer Aktivität notwendige Mindestqualifikation, andererseits beschreibt eine Rolle Kompetenzen, welche einem Rollenträger übertragen werden [RoMü97]. Da im PPS-Umfeld in vielen Betrieben eines Betriebstyps ähnliche Aufgabengebiete und Qualifikationsprofile identifiziert werden können, lassen sich Betriebstypen-spezifische Rollen referenzartig definieren (z. B. Materialdisponent, Werkstattleiter, Konstrukteur). Auf Grund der im Vergleich zu unternehmensspezifischen Modellen oft höheren Granularität von Referenzmodellen empfiehlt sich die Modellierung von Rollen auf der Ebene von Gruppen bzw. Abteilungen (z. B. Einkauf, Disposition, Versand). Ein detailrteres Rollenmodell ist erst im Rahmen der Workflowmodellierung zu erstellen.

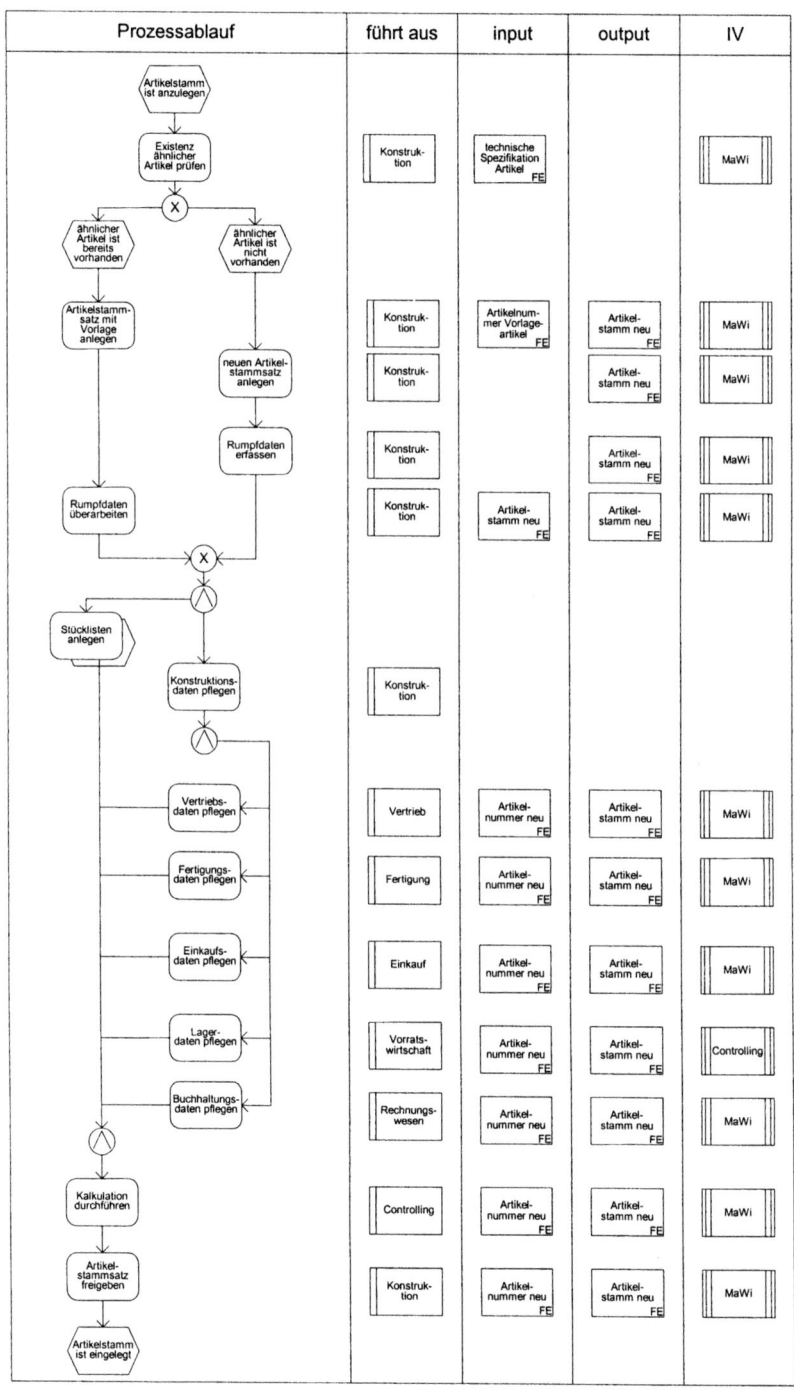

Abbildung 2: Referenz-Prozessmodell Artikelstamm anlegen

In Abbildung 2 ist beispielhaft ein Referenz-Prozessmodell zur Anlage eines Artikelstamms visualisiert, das die Zusammenarbeit verschiedener Rollen innerhalb des Prozesses verdeutlicht (die EPK ist zur Erhöhung der Übersichtlichkeit des Modells in Spaltendarstellung abgebildet).

Die benötigten IV-Funktionalitäten können referenzartig nur sehr grob angedeutet werden (z. B. auf der Detaillierungsstufe typischer Module gängiger PPS-Systeme wie *Materialwirtschaft* oder *Programmplanung*). Allerdings können softwarespezifische Referenzmodelle dezidierte Hinweise über die in einzelnen Prozessen zu verwendende Funktionalität geben, da hier den einzelnen Funktionen konkrete Masken bzw. Transaktionen (wie z. B. im SAP-System) zugeordnet sein können. Bei der Erstellung von Workflowmodellen können diese Informationen als Basis für die Integration externer Applikationen in den Workflow genutzt werden. Eine Transaktionsnummer aus dem SAP-Referenzmodell (z. B. MM01 zum Anlegen eines Materialstamms – die Transaktionsnummer ist in den SAP-Referenz-Prozessmodellen, die in *ARIS for R/3* verfügbar sind, als Attribut zu jeder Funktion gepflegt) könnte somit unmittelbar für den Aufruf der Transaktion durch das WfMS herangezogen werden.

Da Workflowmodelle auf Grund ihrer veränderten Granularität und der Spezifität der Rollen und benötigten Daten nur unternehmensspezifisch formuliert werden können, sollten Referenz-Prozessmodelle nur über den Umweg der Modellierung unternehmensspezifischer Prozesse in Workflowmodelle überführt werden, wobei einem Referenz-Prozessmodell nicht unbedingt ein unternehmensspezifisches Modell entsprechen muss. Nachdem die Workflow-Eignung der Prozesse untersucht worden ist, können die geeigneten Prozesse in Workflowmodelle überführt werden. Hierbei ist je nach verwendetem WfMS ein Methodenbruch in Kauf zu nehmen. Zu beachten ist, dass der durch das Workflowmodell repräsentierte Prozess vom unternehmensspezifischen Modell abweichen kann, da letzteres u. U. noch nicht die Möglichkeiten berücksichtigt, die sich durch die Realisierung in einem WfMS ergeben (z. B. Ablösung der papierbasierten Kommunikation). Ferner werden ggf. Teile des Ablaufs, die durch organisatorische oder IV-technische Schwachstellen bedingt sind, durch den Einsatz eines WfMS obsolet oder ändern sich (als Beispiel sei die Doppelerfassung von Daten in mehreren, nicht integrierten Anwendungen genannt). Darüber hinaus sind im Workflowmodell nur die durch das WfMS gesteuerten Funktionen enthalten.

Abbildung 3 zeigt exemplarisch ein mögliches unternehmensspezifisches Modell, das aus dem Referenzmodell aus Abbildung 4 abgeleitet werden kann (zur Überführung von Referenzmodellen in unternehmensspezifische Modelle vgl. bspw. [Schü98, S. 316ff.]). Insbesondere wurde das Modell hinsichtlich des zum Einsatz kommenden Anwendungssystems und der damit verbundenen Begrifflichkeiten angepasst.

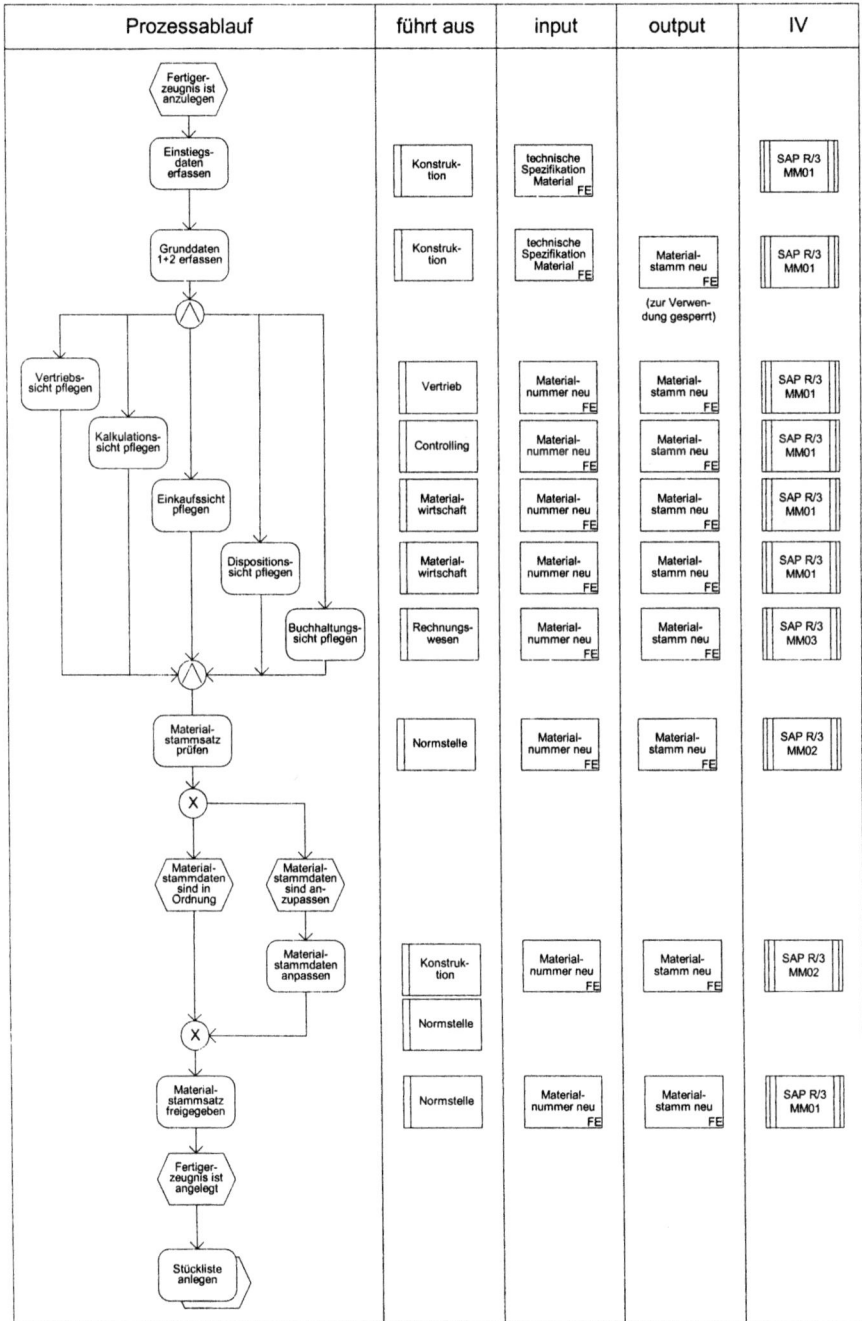

Abbildung 3: Unternehmensspezifisches Prozessmodell zur Artikelstammdatenanlage

Das zugehörige Workflowmodell wurde in der Notation des WfMS BusinessFlow/ Floware der COI GmbH erstellt (vgl. Abbildung 4). Zu beachten ist, dass in den Modellierungssprachen der gängigen WfMS nur ein Teil der in Referenz- bzw. unternehmensspezifischen Modellen verwendeten Symbole in grafischer Form vorhanden sind. Informationen über aufzurufende Anwendungsfunktionalität, Verzweigungsbedingungen und benötigte Daten sind häufig im Workflowmodell nicht abgebildet, sondern werden in der Form von Attributen der im Modell verwendeten Aktivitäten gepflegt. Häufig kommen auch Skriptsprachen zum Einsatz, um Funktionalitäten innerhalb einer Workflowaktivität zu implementieren, die nicht durch den Aufruf externer Applikationen realisiert werden können.

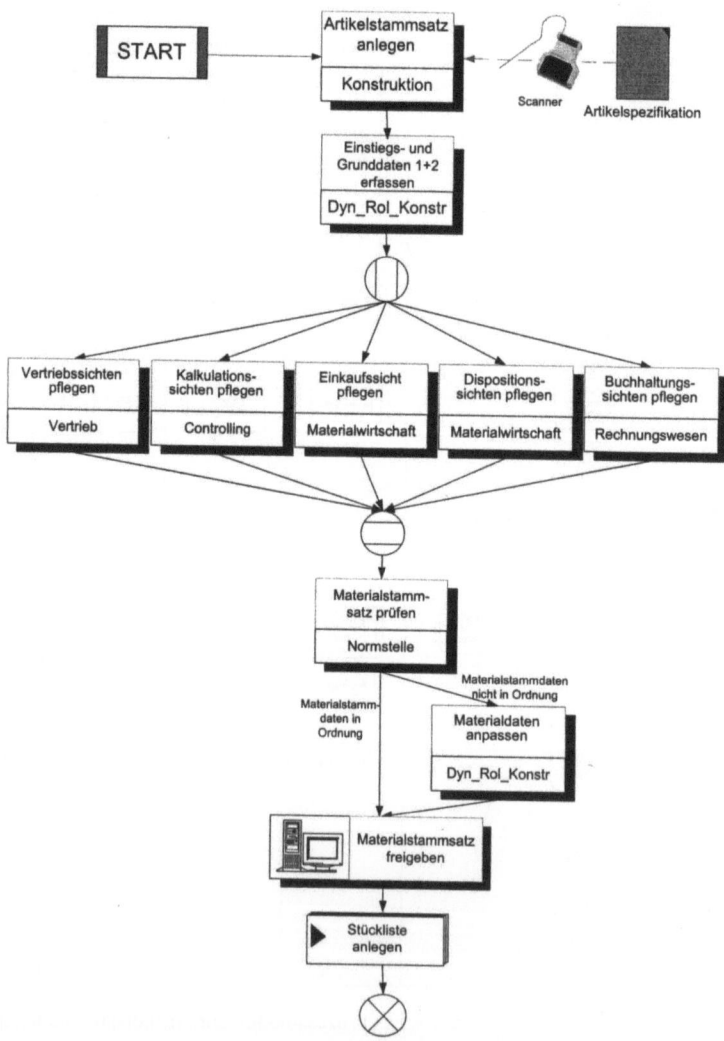

Abbildung 4: Workflowmodell zur Artikelstammdatenanlage

Tabelle 3 stellt die in Referenzmodellen verwendeten Objekte (hier wird als Modellierungsmethode die EPK vorausgesetzt) ihren Entsprechungen im Workflowmodell bzw. im WfMS gegenüber.

Referenzmodell	Workflowmodell
Funktion	Aktivität/Workitem
Ereignis	Start-/Endbedingung für Aktivität oder Verzweigungsbedingung bei ODER-Verzweigungen
XOR-Konnektor	Entsprechender Konnektor oder ausgehende Kanten mit Beschriftung für die Verzweigungsbedingungen
IOR-Konnektor	In Workflowmodellen i. d. R. nicht verwendet (ist durch entsprechende Kombination von XOR- und AND-Konnektor zu ersetzen)
AND-Konnektor	Entsprechender Konnektor oder ausgehende Kanten
Ausführender / Rolle	Rolle
Input-/Output-information	Spezifikation der Workflow-relevanten Nutzdaten bzw. Daten, die aus externen Anwendungen gelesen oder an Anwendungen übergeben werden (z. B. in Form von Datencontainern. Diese sind nicht immer im grafischen Workflowmodell abgebildet)
IV-System	Aufzurufende externe Anwendung (nicht immer grafischen Workflowmodell erkennbar – wird ggf. als Code bzw. Schnittstellendefinition im WfMS abgelegt)
Build-Time-Operatoren: (zu einer detaillierten Erläuterung der Verwendung von Build-Time-Operatoren vgl. [Schü98, S. 244ff.])	
XOR_B	XOR oder Auswahl eines Prozessstranges
IOR_B	XOR, AND oder Auswahl eines Prozessstranges (IOR entfällt, s. o.)
SEQ_B (Sequence-Operator)	XOR, Auswahl eines Prozessstranges oder Abbildung über Schleifenkonstrukt (Modellierung eines Subprozesses, der die Aktivitäten des Sequence-Operators als durch XOR verknüpfte Aktivitäten enthält. Der Subprozess wird solange in einer Schleife durchlaufen, bis alle Aktivitäten genau ein Mal bearbeitet wurden. Über Prozessvariablen ist sicherzustellen, dass keine Aktivität zwei Mal bearbeitet werden kann.
ET_B (Entscheidungstabelle)	Entscheidungsaktivität (die Bedingungen der Entscheidungstabelle werden innerhalb der Entscheidungsaktivität ausgewertet. Anhand des Ergebnisses werden entsprechende Folgeaktivitäten angestoßen.)

Tabelle 3: Modellelemente in Referenz- und in Workflowmodellen

4 Workflow-Potenzial in ausgewählten Referenzmodellen der PPS

Im Folgenden werden verschiedene Referenzmodelle auf potenzielle Prozesse mit Workflow-Eignung untersucht. Die Modelle unterscheiden sich in ihrer Herkunft und Intention: Die Modelle von SCHEER [Sche97, S. 100-459] und KURBEL [Kurb95, S. 98-183] versuchen möglichst allgemeingültig die Situation der PPS darzustellen (Betriebsuntersuchungen, Erfahrungswerte). Die ERP-Referenzmodelle von SAP [CuKe98; KePa99] und PSIPENTA [PSI00] bilden die Funktionalität der jeweiligen Softwaresysteme ab. PRO-NET vereint mehrere allgemeingültige Referenzmodelle (im Wesentlichen das SCOR- und das Aachener PPS-Modell), um einen möglichst großen Teil eines Unternehmens auf verschiedenen Aggregationsstufen darzustellen.

Kriterium	Definition	Scheer	SAP	Kurbel	PRO-NET	PSIPENTA
				nur Datenmodelle		
Ressourcenkoordination						
Organisationseinheiten: Wechselhäufigkeit	Anzahl der Wechsel der am Prozess beteiligten Organisationseinheiten (zu beachten: >1 Bearbeiter je Organisationseinheit?)	X (grob)			X	X
Anwendungssysteme: Wechselhäufigkeit	Anzahl der Wechsel der am Prozess beteiligten Anwendungssysteme		nur Unterscheidung: interaktiv/ Batch			
Datenobjekte: Anzahl	Anzahl der im Prozess verwendeten Datenobjekte (z. B. Angebot, Auftrag, Meldung, Dokument, Datensatz)	X	X		X	X
TEILBEWERTUNG						
Aktivitätenkoordination						
Diskontinuität der Bearbeitung	qualitative Bewertung der Häufigkeit der Unterbrechung der Bearbeitung, weil auf Ereignisse, Daten aus anderen Prozessen/Org-Einheiten usw. gewartet werden muss	X	X		X	X
Verzweigungsgrad / Parallelisierungsgrad	qualitative Bewertung der relativen Anzahl (im Vergleich zur Funktionszahl) an (ODER-) Alternativen bzw. parallelen Prozesssträngen im Prozessmodell	X	X		X	X
TEILBEWERTUNG						
Feedback-Koordination						
Strukturierungsgrad des Prozesses	qualitative Bewertung, inwieweit sich die Aktivitäten des Prozesses und deren Reihenfolge auf Typebene angeben lassen (Kontrollfluss, Verzweigungsbedingungen etc., Gegensatz: "Black-Box-Anteil")	X	X		X	X
TEILBEWERTUNG						
GESAMTBEWERTUNG WF-EIGNUNG						

Tabelle 4: Berücksichtung Workflow-relevanter Informationen in Referenzmodellen der PPS

Tabelle 4 zeigt die Berücksichtigung Workflow-relevanter Informationen in den betrachteten Referenzmodellen. Die Modelle sind recht unterschiedlich in ihrer Granularität und in ihrem Abbildungsumfang. Das Modell von KURBEL enthält nur Datenmodelle und macht keine Aussagen über die möglichen Prozesszusammenhänge. Es ist deshalb ungeeignet zur Erkennung von Prozessen mit Workflow-Potenzial und scheidet zur weiteren Untersuchung aus. Das SAP-Referenzmodell ist sehr feingranular und bildet auch Prozesse ab. Hinweise aufbauorganisatorischer Art sind in Form von Standard-Berechtigungsprofilen (Aktivitätsgruppen) zwar enthalten, das Zusammenwirken von Rollenträgern im Prozess lässt sich anhand des Modells nur schwer nachvollziehen. Da ein Bearbeiterwechsel ein wichtiges Indiz zur Erkennung von Workflow-Potenzial ist (siehe Abschnitt 2) leistet dieses Modell ebenfalls nur geringen Beitrag zur Untersuchung.

Die anderen Modelle (SCHEER, PRO-NET, PSIPENTA) wurden anhand des in Abschnitt 2 vorgestellten Kriterienkataloges bewertet. Es wurden die Kriterien nach Relevanz für die Workfloweigung gewichtet und auf die einzelnen Prozesse in den Modellen angewendet (vgl. Tabelle 5). Die Bewertung erfolgte mit den Zahlen 1 bis 5, wobei 1 für eine geringe Workfloweigung und 5 für eine hohe Workfloweigung steht. Bei einer Bewertung größer 3 wurde eine potenzielle Eignung der Prozesse zur Modellierung als Workflow angenommen, die in Betriebsuntersuchungen noch zu validieren war.

Kriterium	Gewichtung	Prozesse		
		A	B	C
Ressourcenkoordination				
Organisationseinheiten: Wechselhäufigkeit	0,3	5	2	4
Anwendungssysteme: Wechselhäufigkeit	0,1	3	3	3
Datenobjekte: Anzahl	0,1	3	1	1
TEILBEWERTUNG		2,1	1,0	1,6
Aktivitätenkoordination				
Diskontinuität der Bearbeitung	0,2	4	3	2
Verzweigungsgrad / Parallelisierungsgrad	0,1	2	4	5
TEILBEWERTUNG		1,0	1,0	0,9
Feedback-Koordination				
Strukturierungsgrad des Prozesses	0,2	5	4	2
TEILBEWERTUNG		1	0,8	0,4
GESAMTBEWERTUNG WF-EIGNUNG		4,1	2,8	2,9

1=gering bis 5 = hohe Eignung für WF

Tabelle 5: Gewichtung der Kriterien (Beispiel)

Abbildung 5 zeigt die Prozesse, die aus dem Kontext der einzelnen Referenzmodelle heraus Potenzial zur Workflow-Unterstützung bieten. Die Ergebnisse zeigen relativ wenige Übereinstimmungen, was mit der Granularität der einzelnen Modelle und dem Darstellungsumfang zusammenhängt. So sind z. B. die Produktionsprogrammplanung, die Kooperationsverhandlung, die Kundenauftragsakquirierung und die Reklamationsbearbeitung bei SCHEER und PSIPENTA nicht explizit modelliert und können deshalb auch nicht als Ergebnis auftauchen. Zudem sind in PRO-NET die Aufgabenfelder und Prozesse gröber dargestellt als in den anderen beiden Modellen und bieten daher durch häufigeren Bearbeiterwechsel mehr Workflow-Potenzial. Das PSIPENTA-Modell ist wesentlich detaillierter als das

SCHEER-Modell und beschreibt weniger Bearbeiterwechsel in einem Aufgabenfeld, was wiederum geringeres Workflow-Potenzial nahe legt.

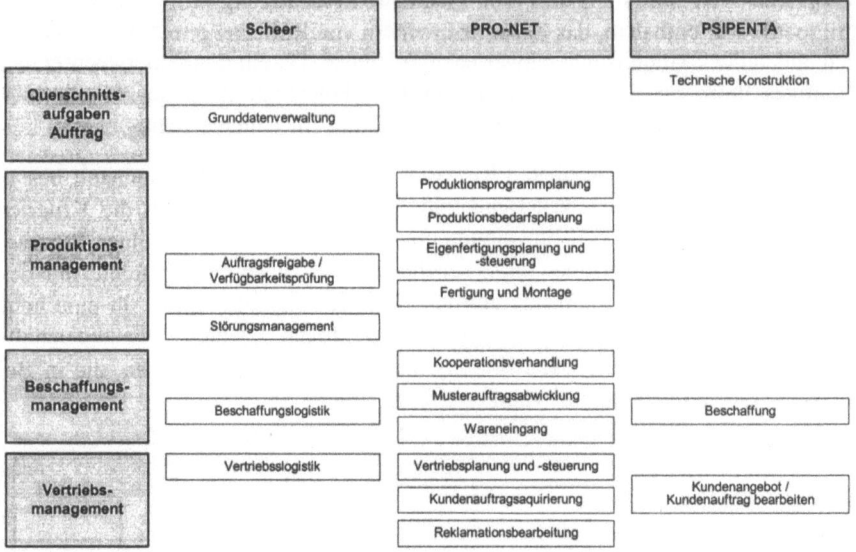

Abbildung 5: Prozesse mit Workflow-Potenzial

Die Ergebnisse der Referenzmodelluntersuchung können eine grobe Orientierung zur Identifikation von Prozesskandidaten für die unternehmensindividuelle Analyse des Workflow-Potenzials bieten.

Abschließend wurden vier Betriebsuntersuchungen bei mittelständischen Firmen mit Serienfertigung zur Überprüfung der Ergebnisse der Referenzmodelluntersuchungen durchgeführt. Es hat sich gezeigt, dass die Artikelstammdatenverwaltung bei drei von vier Unternehmen Potenzial zur Workflow-Unterstützung bieten. Die Auftragsfreigabe/Verfügbarkeitsprüfung hat bei zwei Unternehmen und die Bestellüberwachung bei drei Unternehmen eine Chance zur Workflow-Unterstützung (vgl. Abbildung 6). Die drei genannten Prozesse sind alle auch im Scheer-Modell identifiziert worden. Das SCHEER-Modell bietet also prinzipiell die beste Hilfe zur Vorauswahl von Prozessen, die im jeweiligen Unternehmen näher auf Workflow-Tauglichkeit untersucht werden können. Zu beachten ist jedoch, dass die Workflow-Eignung von Prozessen sehr stark von den spezifischen Gegebenheiten im Unternehmen abhängen (z. B. Organisationsform, Abläufe, Branche, Betriebstyp, etc.). Zudem bietet ein grafisches Referenzmodell allein oft nicht ausreichende Informationen zur Vorauswahl von Prozessen, da z. B. die Wiederholhäufigkeit oder teilstrukturierte Prozesse im Vorhinein nicht ausreichend abgebildet werden können.

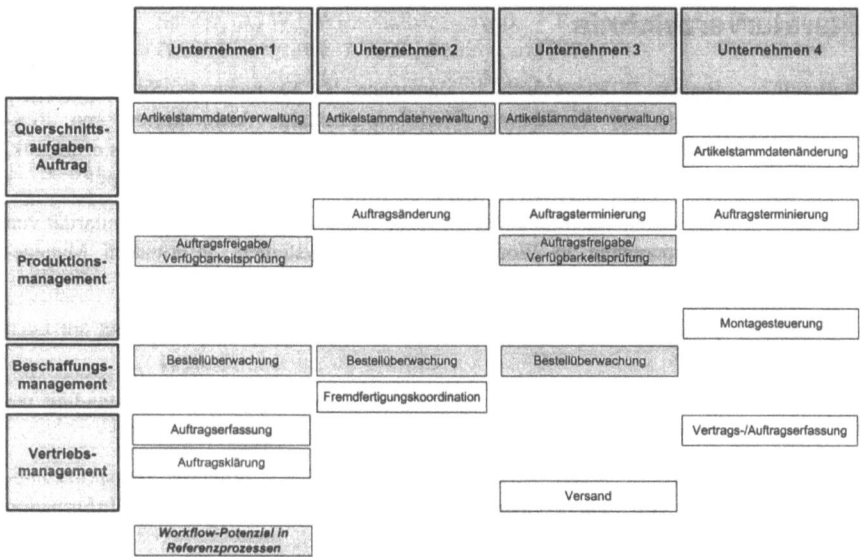

Abbildung 6: Vergleich der Betriebsuntersuchungen mit den Referenzmodellergebnissen

5 Bewertung der Ergebnisse

Referenzmodelle können zur Unterstützung der Prozessmodellierung im Rahmen einer Workflowmanagement-Einführung herangezogen werden, sowohl zur inhaltlichen Strukturierung und Durchdringung der betrachteten Domäne als auch zur Erhöhung der Modellierungsqualität durch die Verwendung von Konstruktionsmustern. Bereits vor Beginn der Modellierung kann die Beschäftigung mit Referenzmodellen Aussagen über das Workflow-Potenzial von Prozessen ermöglichen.

Voraussetzung dafür ist eine weitgehende Übereinstimmung der im Referenzmodell abgebildeten mit den unternehmensspezifischen Sachverhalten. Für die Domäne der PPS lässt sich die Erfüllung dieser Bedingung in vielen Betrieben feststellen, sofern das Referenzmodell den betrachteten Betriebs- bzw. Fertigungstyp repräsentiert oder entsprechend konfigurierbar ist. Darüber hinaus ist eine Berücksichtigung Workflow-relevanter Informationen im Referenzmodell erforderlich, die jedoch die Spezifität des Modells zu Lasten seiner Allgemeingültigkeit erhöhen. Workflow-orientierte Referenzmodellierung ist daher als die Konstruktion einer zweckspezifischen Sicht[1] auf Geschäftsprozesse zu betrachten, deren Nutzen in hohem Maße von den Eigenschaften der Prozesse selbst und ihrer Generalisierbarkeit abhängt.

---

[1] Zu zweckspezifischen Perspektiven auf Referenzmodelle vgl. auch den Beitrag von BECKER, DELFMANN, KNACKSTEDT und KUROPKA im vorliegenden Band.

Literaturverzeichnis

[BeBe00] Becker, J.; Bergerfurth, J.; Hansmann, H.; Neumann, S.; Serries, T.: Methoden zur Einführung Workflow-gestützter Architekturen von PPS-Systemen. Arbeitsbericht Nr. 73 des Instituts für Wirtschaftsinformatik, Münster 2000. http://www-wi.uni-muenster.de/inst/arbber/ab73.pdf

[BeMü99] Becker, J.; zur Mühlen, M.: Rocks, Stones and Sand – Zur Granularität von Komponenten in Workflowmanagementsystemen. Information Management & Consulting, 17 (1999) 2, S. 57-67.

[BeSc96] Becker, J.; Schütte, R.: Handelsinformationssysteme. Landsberg am Lech 1996.

[CuKe98] Curren, T.; Keller, G.: SAP R/3 Business Blueprint. Understanding the business process reference model. Upper Saddle River, NJ 1998.

[GaSc95] Galler, J.; Scheer, A.-W.: Workflow-Projekte – Vom Geschäftsprozeßmodell zur unternehmensspezifischen Workflow-Anwendung. Information Management, o. Jg. (1995) 1, S. 21-27.

[GeHS95] Georgakopoulos, D.; Hornick, M., Sheth, A.: An Overview of Workflow Management: From Process Modeling to Workflow Automation Infrastructure. Distributed and Parallel Databases, 3 (1995) 2, S. 119-153.

[HoSW97] Holten, R.; Striemer, R.; Weske, M.: Vergleich von Ansätzen zur Entwicklung von Workflow-Anwendungen. In: Oberweis, Andreas; Sneed, H (1997): Tagungsband zur Software-Management 97, Leipzig, 1997, S. 258-274.

[KePa99] Keller, G; Partner: SAP R/3 prozeßorientiert anwenden. 3. Aufl. Bonn u. a. 1999.

[KiKu92] Kieser, A.; Kubicek, H.: Organisation. 3. Aufl., Berlin, New York 1992.

[Kurb95] Kurbel, K.: Produktionsplanung und -steuerung. 3. Aufl., München u. a. 1995.

[Mare95] Marent, C.: Branchenspezifische Referenzmodelle für betriebswirtschaftliche IV-Anwendungsbereiche. Wirtschaftsinformatik, 37 (1995) 3, S. 303-313.

[Meis01] Meise, V.: Ordnungsrahmen zur prozessorientierten Organisationsgestaltung. Modelle für das Management komplexer Reorganisationsprojekte. Hamburg 2001.

[PSI00] Internes Papier der PSIPENTA Software Systems GmbH.

[RoMü97] Rosemann, M.; zur Mühlen, M.: Modellierung der Aufbauorganisation in Workflow-Management-Systemen: Kritische Bestandsaufnahme und Gestaltungsvorschläge. EMISA Forum. Mitteilungen der GI-Fachgruppe Entwicklungsmethoden für Informationssysteme und deren Anwendung. Bonn 1997, S. 78-86.

[Sche97]   Scheer, A.-W.: Wirtschaftsinformatik – Referenzmodelle für industrielle Geschäftsprozesse. 7. Aufl., Berlin u. a. 1997.

[Schü98]   Schütte, R.: Grundsätze ordnungsmäßiger Referenzmodellierung: Konstruktion konfigurations- und anpassungsorientierter Modelle. Wiesbaden 1998.

[Uthm01]   von Uthmann, C.: Geschäftsprozesssimulation von Supply Chains. Ein Praxisleitfaden für die Konstruktion von Management-orientierten Modellen integrierter Material- und Informationsflüsse. Ghent 2001.

[UtRo98]   von Uthmann, C.; Rosemann, M.: Integration von Workflowmanagement und PPS: Potentiale und Problemstellungen. In: C. von Uthmann et al. (Hrsg.): Proceedings of the Workshop PPS meets Workflow. Gelsenkirchen 1998.

Referenzmodellierung im E-Business: Prozessorientierte Einführung einer objektorientierten Java-Applikation am Beispiel INTERSHOP enfinity

Fabian Schmidt-Schröder, Michael Wegener

Sollen mit der Internettechnologie neue Absatzkanäle erschlossen werden, so erfordert dieses die Einführung bzw. Veränderung von Geschäftsprozessen. Referenzmodelle können für diese Aufgabe vorgedachte Lösungen bereitstellen und so die Anforderungsanalyse und Konzeption beschleunigen und verbessern helfen. Die Referenzmodellierungstechnik muss dabei den Eigenheiten von E-Business-Projekten gerecht werden. Insbesondere ist eine adäquate und effiziente Darstellung der zu integrierenden Front- und Backend-Prozesse zu unterstützen und es gilt, Aspekte der Präsentationssicht, die im Rahmen des Web-Designs eine wichtige Rolle spielen, angemessen zu berücksichtigen. Ausgehend von einer Erläuterung der Rahmenbedingungen der Referenzmodellierung im Internetzeitalter stellt der Beitrag am Beispiel von INTERSHOP enfinity vor, wie eine E-Commerce-Standardsoftware unter Nutzung von Referenzmodellen eingeführt werden kann.

1 Einleitung

E-Business gilt als Synonym für technologische Innovationen und neue Geschäftsmodelle. Mit Referenzmodellierung hingegen assoziieren viele das Gegenteil: bewährte Prozesse und Technologien. Die Referenzmodellierung hat jedoch gerade durch den Boom des E-Business einen enormen Auftrieb erfahren. Der Prozessgedanke gerät bei der Umsetzung von E-Business Projekten zum zentralen Moment, denn der Vertrieb von Produkten über das Internet ist nur dann erfolgreich, wenn alle notwendigen Schritte in diesem Verkaufsprozess reibungslos funktionieren. Der eigentliche Verkaufsvorgang über das Front-end Online-Shop ist dabei der leichteste Schritt.

Schnell hat sich im Internetzeitalter herauskristallisiert, welche Prozesse den gewünschten Erfolg im Online-Geschäft bringen. Diese erfolgskritischen Standardprozesse werden mittlerweile von den meisten E-Commerce-Softwareanbietern in Form von Branchen- oder Business Modell-Packages angeboten. Einige von diesen Anbietern haben ihre Lösungen neuerdings toolgestützt in Referenzmodelldatenbanken dokumentiert und nutzen diese zu Akquisezwecken, aber auch zur beschleunigten Anforderungsaufnahme und damit zur Einführung ihrer Software. Durch das Aufkommen neuer Technologien und Internetstandards, insb. der Metasprache XML, haben sich hinsichtlich der Nutzung von Referenzmodellen völlig neue Möglichkeiten ergeben, die bisherige Kritiker von Referenzmodellierungsansätzen verstummen lassen. Zeit- und kostenaufwändige Erhebungsphasen stehen nun neuen Verwendungsmöglichkeiten gegenüber, die einen erheblichen Zusatznutzen neben den bisher bekannten Vorteilen eröffnen.

Dieser Beitrag zeigt am Beispiel einer prozessorientierten und referenzmodellbasierten Einführungsmethode der in Europa führenden E-Commerce-Standardsoftware INTERSHOP enfinity, welchen konkreten Nutzen der Einsatz von Referenzmodellierung in E-Business-Projekten den Unternehmen sicher stellt.

2 Herausforderungen in E-Business-Projekten

2.1 Komplexität

E-Business-Applikationen der letzten Generation entsprechen einem Baukastensystem mit dem jedes bestehende und jedes neu aufkommende Business-Modell kundenindividuell umgesetzt werden kann. Bereits zum Standardumfang derartiger Pakete gehören Bausätze für klassische ERP-Prozesslandschaften, aber auch für Customer Relationship Management (CRM), Supply Chain Management (SCM) und für Konzepte aus dem Bereich Business Intelligence (BI).

Die Umsetzung eines typischen E-Business-Projektes umfasst i. d. R. die Integration mehrerer Prozessbereiche. Eine CRM-Lösung z. B. verlangt nach einem hochintegriertem IT-Backend. Dazu wiederum müssen zunächst mehrere Komponenten der bestehenden IT-Architektur (z. B. ERP- und Data Warehouse-Modul) verknüpft und mit dem Gesamtprozess gekoppelt werden. Diese Vielzahl an Aufgabenstellungen erfordert einen enormen Aufwand an personellen Ressourcen: Berater, Architektur-Spezialisten, Entwickler, Marketingstrategen u. a. Es ergibt sich aus fachlicher und personeller Sicht eine äußerst komplexe Aufgabenstellung, die insbesondere für die Projektleitung eine Herausforderung darstellt.

2.2 Heterogenität

In direkter Verbindung zur Komplexität steht die Heterogenität als zweites Phänomen von E-Business-Projekten. Die Kopplung der verschiedensten Systemkomponenten, ob Standardsoftware oder Individualentwicklung impliziert eine Vielzahl an Schnittstellenproblemen. In einem typischen Szenario basiert die Front-end-Lösung auf einer Java-Appliaktion, während das Backend-System aus SAP- und Host-Anwendungen besteht. Hinzu kommen oftmals Eigenentwicklungen und spezielle Datenbanklösungen.

Neben dieser schwer in den Griff zu bekommenden systemseitigen Heterogenität – einer technischen Problemstellung – gelten vor allem die unterschiedlichen Sprachwelten der Projektbeteiligten als zentrale Ursache für den Misserfolg von E-Business-Projekten. Anders als bei klassischen IT-Projekten der Vergangenheit, sind hier nicht spezielle Fachthemen im Fokus. Statt dessen steht die Integration mehrerer Themen im Vordergrund; E-Business bedeutet nämlich vor allem Integration. Die zusätzliche Brisanz liegt in der besonderen Bedeutung der Berücksichtigung von Aspekten der Präsentationssicht, d. h. in Fragen, die sich mit der Wirkung von Web-Design Gesichtspunkten auf das Nutzerverhalten beschäftigen. Online-Marketingexperten, Web-Designer, ERP-Berater, Achitekturexperten und Entwickler nehmen die Anforderungen für ihre Teilaufgaben mit eigenen, komplett unterschiedlichen Vorgehensweisen und Methoden auf. Während ein Web-Designer in seiner Sicht auf die Anforderungen lediglich Präsentationsaspekte und technische Restriktionen berücksichtigt, denkt der SAP R/3-Berater in den Strukturen seines jeweiligen Moduls. Während das Vorgehen des Strategieberaters durch eine prozessorientierte Denkweise bestimmt ist, strukturieren Entwickler moderner E-Business-Applikationen ihre Anforderungen objektorientiert. Eine gemeinsame integrierende Sicht gibt es nicht, so dass auf dem Weg von der Strategieentwicklung bis zum Going-Live eines „Online-Portals", einerseits viele Anforderungen verloren gehen, andererseits aber auch Informationen redundant vorliegen. Ineffizienzen und eine suboptimale Zielerreichung, vor allem hinsichtlich qualitativer Ziele, sind die Folge.

2.3 Dynamik

Internettechnologien machen völlig neue Geschäftsmodelle möglich. Während in den ersten E-Business-Projekten vor allem E-Shops im B2C-Bereich im Vordergrund standen, die in den seltensten Fällen vollständig in die Backend-Prozesse integriert waren, gelten heute andere Geschäftsmodelle als Erfolg bringend. Anstelle von E-Shops sind mittlerweile hochintegrierte E-Commerce-Portale mit globalen Verfügbarkeitsabfragen, bei denen die Verknüpfung von Kommerz, Unterhaltung und Information im Vordergrund stehen, State-of-the-art. Fast schon monatlich gehen neu entwickelte Features von E-Business-Applikationen in die Standardpakete von Anbietern ein.

Für Unternehmen, die ihre Vertriebs- und Beschaffungskanäle mit Hilfe der Möglichkeiten des Internets optimieren wollen, bedeutet das einen Wettlauf mit der Zeit. E-Business-Projekte stehen unter einem erheblich höheren Zeitdruck als klassische IT-Projekte. Würden Beratungen hier mit klassischen Projektvorgehensmethoden agieren, wären derartige Projekte von Anfang an zum Scheitern verurteilt. Konsequenz aus den Herausforderungen von E-Business-Projekten ist, dass Softwareanbieter in Vorleistung gehen müssen, d. h. erste Projektschritte in der Phase der Anforderungsaufnahme bereits so weit es geht vordenken müssen.

Die Möglichkeiten der Referenzmodellierung bieten diesen Vorteil. Sie enthalten vorgedachte Geschäftsmodelle, mit denen die Anforderungsaufnahme, vorausgesetzt sie sind bereits zu Beginn eines Projektes vorhanden, beschleunigt werden kann.

3 Referenzmodellierung in klassischen IT-Projekten

Die Erfahrungen beim Einsatz von Referenzmodellen zur prozessorientierten Einführung von Standardsoftware haben den Nutzen dieses Vorgehens klar gezeigt. Deutlich wurden jedoch auch Nachteile:

- Referenzmodelle werden oft nicht von den Innovatoren, den Softwareherstellern geliefert, sondern bestenfalls von Beratungsunternehmen. Diese Referenzmodelle sind gewöhnlich das Ergebnis von in Projekten mehrfach erfolgreich implementierten Geschäftsprozessen. Zwar haben diese Modelle eine akzeptable Qualität, aber ihr Innovationsgrad entspricht nicht dem der verfügbaren, fortlaufend neu aufkommenden Softwarekomponenten.

- Referenzmodelle werden oft nicht themenübergreifend, d. h. unabhängig von einem Modul, erstellt. Der Geschäftsprozessgedanke wird nicht stringent verfolgt, die Qualität der Lösung wird dadurch reduziert.

- Referenzmodelle berücksichtigen oft nicht alle notwendigen Anforderungssichten. Insbesondere die Präsentationssicht wird vernachlässigt. Objektorientierte Sichten hingegen werden zwar mittlerweile vielfach erfasst, jedoch selten sauber in die sonstigen Sichten integriert. Hier vollzieht sich ein Informationsverlust, der zu erheblichen Qualitätsverlusten hinsichtlich der Projektergebnisse führt.

- Referenzmodellierung findet i. d. R. mit einem Modellierungstool statt. Die Überführung der Anforderungsspezifikationen in die jeweilige Anwendung wird dann manuell durch den Berater und ein Entwicklungsteam vorgenommen. Sie erarbeiten sich zunächst ein Verständnis von den Inhalten und nehmen dann das entsprechende Customizing vor bzw. entwickeln die Anwendung systematisch weiter. Bei dieser Überführung entstehen zwei Probleme: Zum einen muss das Einführungsteam die Anforderungen vollständig verstehen, um die Zielerreichung zu gewährleisten. Zum anderen führen Fehler bei der manuellen Überführung zu Qualitätsverlusten. Der Bruch (vgl. Abbildung 1) zwischen Anforderungserhebung und Customizing bzw. konkreter Umsetzung gilt bisher als konkreter Nachteil der Referenzmodellierung. Der Berater hat zu viele Freiheiten, die Anforderungen in die eine oder andere Richtung zu interpretieren und damit entsprechend unterschiedlich umzusetzen. Sicherlich ist eine systematische methodengestützte Erhebung der Anforderungen immer besser als gar keine oder eine nur in Prosa verfasste Spezifikation. Allerdings stehen der Erhebung auf der anderen Seite erhebliche Aufwände für die Modellierung gegenüber.

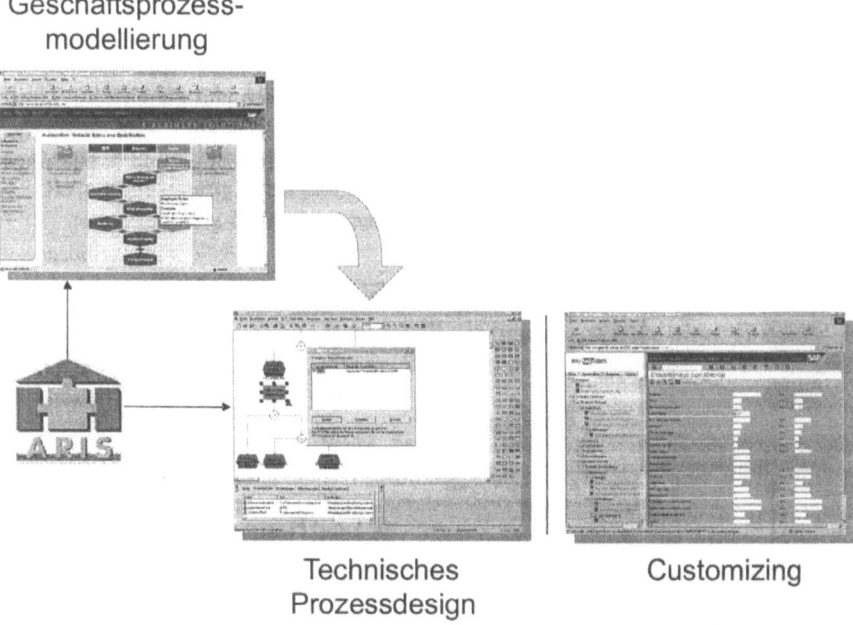

Abbildung 1: Bruch zwischen Fachkonzeption und Umsetzung

4 Referenzmodellierung im Internetzeitalter

In den Ausführungen des vorherigen Kapitels wurde deutlich, dass die Qualität des Projektergebnisses zum einen durch die Vollständigkeit und den Grad der Integration der Sichten auf eine E-Business-Applikation bestimmt ist. Es gilt eine E-Business-Strategie in konkrete, hinsichtlich ihres Umsetzungsgrades kontrollierbare Anforderungen zu detaillieren.[1] Softwarehersteller haben erkannt, dass eine methodisch saubere Anforderungserhebung in den zeitkritischen Projekten nur erfolgen kann, wenn sie im Zuge der Auslieferung ihrer neuen Komponenten diese um eine methodisch saubere Modellbeschreibung ergänzen.

Zum anderen hat der Siegeszug der Metasprache XML dazu beigetragen, dass Referenzmodelle nicht mehr in Schubladen verstauben bzw. das Problem der Überführung modellbasierter Anforderungen weitestgehend gelöst ist. Die führen-

---

[1] Gefragt ist an dieser Stelle eine absolute Methodensicherheit der Berater, die jedoch in der Praxis vielfach nicht gegeben ist.

den Hersteller von E-Business-Applikationen nutzen XML zur internen Kommunikation der Komponenten, d. h. die einzelnen sich aufrufenden Abläufe, aber auch ihre Bausteine sind in XML beschrieben. Ebenso verwenden die führenden Hersteller von Modellierungtools mittlerweile XML als Sprache zur Beschreibung der Inhalte und Strukturen von Modellen.

Über den gemeinsamen Nenner XML lassen sich E-Business-Applikationen mit Hilfe von Modellierungswerkzeugen fachlich spezifizieren und gleichzeitig konfigurieren. Dadurch verschwimmen die Grenzen zwischen Modell- und realer Systemwelt. Modellierungswerkzeuge avancieren zu Customizing- und Steuerungswerkzeugen (vgl. Abbildung 2).

Abbildung 2: Grenzen zwischen Modellierung und Customizing verschwimmen

5 Nutzen der Referenzmodellierung im E-Business

Die Vorteile der Referenzmodellierung in E-Business-Projekten lassen sich zu vier Nutzenkategorien verdichten:

- *Kostenersparnisse*: Durch die Wiederverwendung von fachlichen und technischen Komponenten wird die Anforderungserhebung auf die Aspekte der Anpassung der bestehenden bzw. Neuentwicklung der Restbausteine reduziert. Die automatisierte Überführung der Änderungen in der Modellwelt in die Systemumgebung findet automatisiert statt. Das Customizing der Anwendung entfällt.

- *Zeitersparnisse*: Die Wiederverwendung und automatisierte Überführung der Anforderungen beschleunigt sowohl die Einführungsphase einer E-Business-Applikation, als auch die spätere Wartung und Erweiterung des E-Business-Geschäftsmodells.

- *Qualitätssteigerungen*: Solange bei der Erstellung von Referenzmodellen einheitlich und durchgehend methodisch vorgegangen wird und die integrierte Gesamtmethodik alle notwendigen Sichten beinhaltet, ist bei diesem systematischen Ansatz ein Höchstmaß an Qualität gewährleistet. Die Möglichkeit der automatisierten Übernahme der Modell- in die reale Systemwelt verhindert zudem den qualitätsmindernden Informationsverlust beim Customizing der Applikation.

- *Investitionsschutz*: Die in einer Applikation aktuell abgebildete Geschäftsprozesslogik kann jederzeit ausgelesen und modellbasiert dokumentiert werden. Das Wissen über Fähigkeiten, die das eigene Unternehmen erfolgreich machen, sind von der Anwendung getrennt und dokumentiert. Es besteht nicht mehr die Gefahr, dass dieses kritische Wissen durch einen Personalwechsel oder die Migration auf eine Software-Applikation verloren geht. Zudem können neue Geschäftsmodelle, aber auch kleinere Veränderungen der bestehenden Prozesse direkt über die Steuerungskomponente von Modellierungstools realisiert werden. Dieser neue Ansatz impliziert eine fortlaufende Erweiterung der bestehenden Applikationsplattform. Investitionen können sich trotz der schnellen Innovationszyklen bei einer angemessenen Rendite amortisieren.

Einführungsprojekte, bei denen diese neue Vorgehensweise eingesetzt wurde, haben allerdings gezeigt, dass der Nutzen nur dann voll erreicht werden kann, wenn alle Projektbeteiligten diese Methode annehmen und sowohl den Umgang mit den Modellierungstools beherrschen, als auch in den entsprechenden Modellierungsmethoden sattelfest sind.

6 Beispiel: ARIS for INTERSHOP enfinity

Das E-Business-Zeitalter hat nicht nur innovative Geschäftsmodelle hervorgebracht und damit bestehende Vertriebs- und Beschaffungsprozesse teilweise in Frage gestellt, sondern auch im Bereich betrieblicher Anwendungssoftware und -architekturen neue Maßstäbe gesetzt. Speziell auf den Einsatz im E-Business abgestimmte Java-Applikationsserverarchitekturen bieten eine sehr viel höhere Flexibilität als bisherige betriebliche Standardsoftware, wie z. B. SAP R/3. Der komponentenbasierte Ansatz dieser innovativen Applikationen gewährt jedoch weiterhin die klassischen Vorteile einer Standardsoftware, wie die höhere Marktreife oder schnellere Implementierungszeit [Burt01].

Allerdings hat sich im Laufe der letzten zwei Jahre bei Implementierungsprojekten dieses neuen Typs betrieblicher Standardsoftware gezeigt, dass bisherige Standardeinführungsmethoden (Standardsoftware/Individualentwicklung) keine befriedigenden Ergebnisse liefern. Die hohe Komplexität der Software-Applikationen und die Frage, welche Komponenten unmittelbar oder bei gewissen Anpassungen verfügbar sind oder entsprechend noch entwickelt werden müssen, erfordern eine neue Herangehensweise an derartige Projekte.

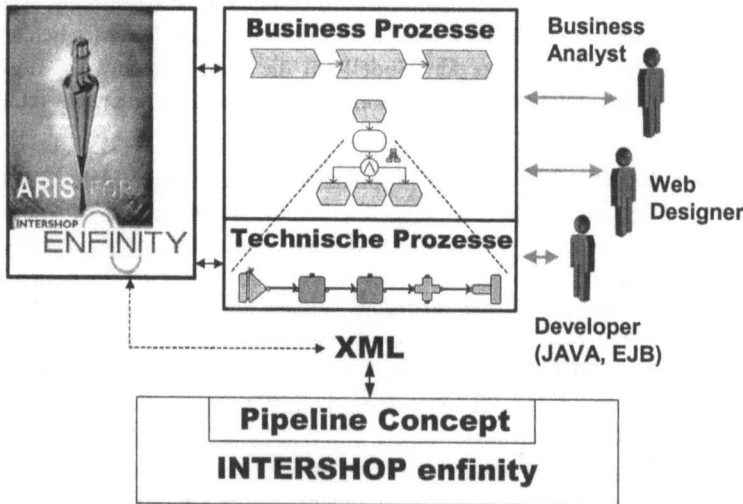

Abbildung 3: Referenzmodellierung im E-Business: ARIS for INTERSHOP enfinity

Diesen methodischen Herausforderungen hat sich die IDS Scheer AG gestellt und gemeinsam mit Marktführern im Segment dieser neuen Softwareanbieter eine Methodik zur ganzheitlichen und effizienten Spezifikation der Anforderungen für objektorientierte Anwendungssysteme entwickelt. Das ARIS-Toolset wurde um neue Features, Modelle und Reports erweitert, die über eine generische Schnittstelle zu gängigen Java-Applikationen eine optimale Unterstützung bei der operativen Projektarbeit sicherstellen. Die Kombination aus der Methodik zur Anforderungsspezifikation, der Schnittstelle zum Applikationsserver INTERSHOP enfinity und den unterstützenden Funktionalitäten und Modellen des ARIS-Toolsets wird unter der Bezeichnung ARIS for INTERSHOP enfinity subsummiert (vgl. Abbildung 3).

Im Folgenden werden zunächst einige Grundregeln für die Modellierung bei E-Commerce-Projekten erläutert. Basierend auf den wichtigsten Erkenntnisse aus vergangenen Enfinity-Einführungsprojekten werden im Anschluss die Erfolg bestimmenden Faktoren bei derartigen Projekten dargestellt. Dabei werden insb. die methodischen Herausforderungen und eine mögliche Vorgehensweise für die ganzheitliche Spezifikation der Anforderungen dargestellt. An welchen Punkten und durch welche neuen Modellierungsmethoden und Modelle sowie sonstigen Features ARIS bei diesem Vorgehen durchgängig unterstützen kann, wird anschließend beispielhaft aufgezeigt.

6.1 Grundregeln zur Prozessmodellierung im E-Commerce

Wichtige Aspekte, die es im Rahmen der Prozessanalyse als Vorbereitung zur Prozessgestaltung und -anpassung im E-Commerce zu beachten gilt, sind:

- *ABC-Analyse*: Im Rahmen der Analyse müssen die zu beschreibenden Prozesse gemäss ihrer Wichtigkeit klassifiziert werden. Dabei können unterschiedliche Klassifizierungsparameter gewählt werden, z. B. gemäss der strategischen Bedeutung oder dem Umsetzungsrisiko. Wichtige Prozesse, die A-Prozesse, sind dabei mit besonderer Priorität anzugehen.

- *Identifikation der Prozessauslöser und Prozessergebnisse*: Die Hyperlink-basierten Web-Applikationen haben eine neue Herausforderung für Projekte der Geschäftsprozessoptimierung hervorgebracht. Die Möglichkeiten der Verknüpfung von inhaltlich zusammenhängenden E-Shopfunktionen mit mehr oder weniger inhaltlich abweichenden E-Shopfunktionen durch Hyperlinks erfordern die Auseinandersetzung mit sehr dynamischen Prozessgebilden – insbesondere im Vergleich zu Prozessen der Ablauforganisation von Unternehmen. Um die in der Strategiephase definierte Zielsetzung einer E-Commerce-Site erreichen und kontrollieren zu können, ist es einerseits notwendig, die Inhalte und ihre konkrete Umsetzung durch eindeutige Navigationspfade zu beschreiben und zum anderen die (möglichen) Absprünge in inhaltlich abweichende Pfade explizit zu definieren. Zur eindeutigen Abgrenzung eines Navigationspfades muss dessen Rahmen festgelegt werden. Aus Objektsicht erfolgt die Eingrenzung eines Prozesses durch einen Prozessauslöser und ein Prozessergebnis, wie z. B. ein Start- oder Endereignis oder eine Prozess-Schnittstelle. Die Möglichkeiten der inhaltlichen Abgrenzung (bspw. anhand der Frage: „Sollte der Prozessschritt in einer bestimmten eEPK enthalten sein oder sollte er dem nachfolgenden Prozess zugeordnet werden?") sind jedoch vielfältig und methodisch viel diskutiert. Die Abgrenzung kann z. B. aufgrund eines betriebswirtschaftlichen Zusammenhangs mehrerer Funktionen erfolgen (z. B. alle Funktionen, die zum Füllen eines Warenkorbs benötigt werden). Eine weitere Möglichkeit besteht darin, die Abgrenzung gemäss der verwendeten bzw. vorhandenen Komponenten vorzunehmen (z. B. alle Funktionen der Komponente Genehmigungsworkflow).

- *Identifikation der Inputs und Outputs*: Allgemein gesprochen ist die Kernaufgabe eines Prozesses die wertschöpfende Transformation eines Inputs in einen Output. Daher ist die Bestimmung der Inputs und Outputs von zentraler Bedeutung. Im E-Commerce wird der Input durch den Front- oder Backend-Benutzer (direkt durch Feldeingaben oder Datenimporte und indirekt durch sein Verhalten) und vorhandene Backend-Systeme geliefert. Die wertschöpfenden Elemente sind, wie auch im klassischen Handel, nur schwer identifizierbar. Im Gegensatz zu Prozessen der Produktion werden die wertschöpfenden Aktivitäten nicht allein durch das anbietende Unternehmen, sondern vor allem auch durch Leistungen des Benutzers ausgeführt. Der Benutzer sucht sich selbst die ihn interessierenden Informationen, verarbeitet sie und entscheidet sich für ein Produkt oder lehnt es ab. Die wertschöpfenden Aktivitäten des anbietenden Unternehmens liegen vor allem in der Bereitstellung eines Informationsangebots durch Informationssysteme (E-Shop- und Backendsysteme), d. h. es werden einzelne Transaktionen in unterschiedlichen Systemen durchlaufen, um Informationen darzustellen und Dateneingaben von Kunden zu verarbeiten und erneut darzustellen. Zusammengefasst ist der Input bei einem E-Commerce-Szenario das Wissen der End-Benutzer und die Informationsangebote des anbietenden Unternehmens. Der Output sind die verkauften Produkte und das Wissen über das Benutzerverhalten (warum und wann kauft wer welche Produkte), das letztendlich vom anbietenden Unternehmen zur Verbesserung des Angebotes im Sinne einer optimalen Ausrichtung auf die Benutzerbedürfnisse genutzt wird. Um eine eindeutige Bewertung des E-Shop-Erfolgs zu ermöglichen, müssen Input und Output definiert.

- *Identifikation der Prozessverantwortlichen und -ausführenden sowie der unterstützenden Anwendungssysteme*: Für ein effektives Projekt-Controlling ist es zwingend notwendig zu identifizieren, wer im Rahmen der Anforderungsaufnahme für einen Prozess verantwortlich ist und wer den Prozess ausführt. Die Ausführung des Prozesses kann durch die Benutzer (Front- wie Backend) und (automatisiert) durch das jeweils beteiligte IT-System (E-Shopsystem, Host, etc.) erfolgen. Die Prozessverantwortlichen und ihre Aufgaben können über Organigramme (Projektteamorganisation) in Verbindung mit Rollendiagrammen definiert werden.

6.2 Kritische Erfolgsfaktoren bei der Einführung von INTERSHOP enfinity

Bei der rückblickenden Betrachtung von E-Commerce-Einführungsprojekten auf Basis von Java-Applikationen haben sich folgende Erfolgsfaktoren als besonders kritisch erwiesen:

- *Controlling*: Notwendig ist das fortlaufende Controlling der Lücke zwischen den in Pflichtenheften, Navigationskonzepten und sonstigen Dokumenten definierten Anforderungen und der entwicklungsseitigen Anpassung bzw. Erweiterungen der zusätzlich zu den im Standard der E-Commerce-Lösung vorhandenen Komponenten. I. d. R. wird diese Lücke bereits zu Anfang eines Projektes nicht eindeutig definiert. Oft findet lediglich eine grobe Abschätzung der zusätzlich benötigten Features und der damit verbundenen Entwicklungsaufwände statt. Meist ist dem Implementierungsteam nicht im Detail bekannt, welche Klassen und Templates in der Standardlösung vorhanden oder durch andere Entwicklungsprojekte indirekt gegen Lizenzgebühren verfügbar sind. Die Erkenntnis über diese Fakten gewinnt das Team im Laufe eines Projektes. In den meisten Fällen werden dann die Entwicklungsaufwände nach oben korrigiert, einige Features werden abweichend von den anfänglich definierten Anforderungen entwickelt oder ganz gestrichen. Aber auch die Veränderungen der fachlichen Anforderungen (z. B. Business-Modell, Konkurrenz, etc.) muss kontinuierlich beobachtet werden. Grosse Projekte haben oftmals eine Laufzeit von bis zu einem Jahr. Zudem werden E-Business-Lösungen mittlerweile fortlaufend weiterentwickelt. Im Internetzeitalter ist es jedoch die Regel, dass sich innerhalb eines solches Zeitraums Business Modelle verändern, erweitern oder komplett ablösen. Auf derart grundlegende Veränderungen muss ein Team kurzfristig und adäquat regieren können, da sonst das Projektergebnis nicht mehr dem definierten Projektziel entspricht (z. B. mit der E-Shoplösung dem State-of-the-art zu entsprechen). Die technologische Voraussetzung dafür ist die Skalierbarkeit und Flexibilität der E-Commerce-Plattform. Bezogen auf die Projektarbeit bedeutet dies, dass die technischen Implikationen, also die Frage, welche Workflows, Klassen und Templates von den fachlichen Änderungen der Spezifikationen betroffen sind, schnell nachvollziehbar sein müssen.

- *Dokumentation*: Einen weiteren Erfolgsfaktor stellt die fortlaufende Dokumentation der Entwicklungsstände und Prozessabhängigkeiten dar. Die Dokumentation ist einerseits Voraussetzung für das fortlaufende Controlling, andererseits aber auch notwendig, um den Folgen der hohen Personalfluktuation entgegenzuwirken. Der Weggang eines oder mehrerer Entwickler bei undokumentierter Entwicklungsarbeit kann eine erhebliche Projektverzögerung, sogar das Scheitern eines Projektes bedeuten. Die Implementierung und fortlaufende Veränderung hoch komplexer E-Commerce-Plattformen verlangt eine explizite Darstellung der Zusammenhänge und Abhängigkeiten der fachlichen und technischen Prozesse. Nur mit diesem Wissen kann schnell und adäquat auf Entwicklungsanforderungen reagiert werden. Basis für ein fortlaufendes Controlling zwischen Ist bzw. Soll und der Dokumentation ist die Repräsentation der vorhandenen Komponenten in einem Repository, das sowohl die fachlichen Bausteine (z. B. die Anlage eines Warenkorbes) als auch die technischen Einheiten (Klassen und Workflows) abbildet. Dieses Repository muss während des gesamten Projektes fortlaufend gepflegt werden, um den Projektbeteiligten als Diskussionsbasis zur systematischen Erarbeitung ihrer Aufgaben zu dienen [ScSS94]. Die Dokumentation sollte tendenziell auf den technischen Ebenen automatisiert werden. Die Voraussetzungen dafür sind durch die Beschreibung der technischen Komponenten mittels der Metasprache XML von den meisten führenden E-Commerce-Applikationsanbietern gegeben.

- *Methodik*: Wesentlich beeinflusst wird der Projekterfolg zudem durch die methodische Wissensaufbereitung der Spezifikationen. Berater, Web-Designer und Entwickler definieren Anforderungen auf Basis unterschiedlicher, fachspezifischer Sprachwelten.[2] Von Beratern oftmals in reiner Prosa verfasste fachliche Anforderungen werden von Entwicklern häufig falsch interpretiert, da sie aus ihrer Sicht nicht eindeutig sind oder nicht alle Informationsbedürfnisse bzgl. eines Entwicklungsauftrags enthalten. Wenn sich die unterschiedlichen Projektbeteiligten auf eine gemeinsame Sprache und Methodik einigen, bedeutet das i. d. R. die Einigung auf einen gemeinsamen Nenner und damit auf eine quantitativ nicht vollständige Abbildung aller Informationen, die aus Sicht des einzelnen Projektteamtyps (z. B. Berater) zu berücksichtigen sind. In der Summe wird allerdings durch die Widerspruchsfreiheit der Informationen und die höhere inhaltliche Relevanz der Spezifikationen eine bessere Qualität erzielt.

6.3 Integration von prozess- und objektorientierter Sicht

Wie bereits festgestellt, erfordert die Einführung eines komponentenbasierten E-Commerce-Systems die individuelle Entwicklung von Java-Klassen. Zielsetzung für diese individuell entwickelten Bausteine ist eine optimale Ausrichtung an den Benutzeranforderungen und strategischen Zielsetzungen des E-Shopbetreibers.

Bei der Entwicklung von objektorientierter Software hat sich in den letzten Jahren ein Standard zur Anforderungsdefinition durchgesetzt, die Unfied Modeling Language (UML). Dieser Ansatz erfüllt zwar die aus Sicht eines Anwendungsentwicklers relevanten Ansprüche hinsichtlich der Definition von Fach- und DV-Spezifikationen. Allerdings fließen Aspekte wie die Benutzerfreundlichkeit und

---

[2] Die Sprachwelten differieren auch innerhalb der Sprachwelten stark, d. h. je nach personeller Projektkonstellation muss eine individuelle Methodik definiert werden.

aufgaben- und abteilungsübergreifende Aspekte, die in prozessorientierten Methoden berücksichtigt werden, nicht oder nur unzureichend ein [Kirc96]. Die Verwendung einer rein prozessorientierten Spezifikation, insb. als Strukturierungshilfe bei komplexen Sachverhalten auf Implementierungsebene, stoßen ebenfalls an ihre Grenzen.

Aus wissenschaftlichen Diskussionen sind diverse Integrationsansätze für die eEPK und die UML hervorgegangen.[3] Sie alle verfolgen das zentrale Ziel, die Vorteile des prozessorientierten Ansatzes mit denen des objektorientierten Ansatzes zu kombinieren. Als Synthese aus diesen Meinungen lässt sich festhalten, dass eine vollständige Abbildung der Anforderungsspezifikationen für die Softwareentwicklung im Rahmen von komponentenbasierten E-Shop-Implementierungen eine Verwendung beider Methodenansätze erfordert. Tendenziell ist zur Darstellung betriebswirtschaftlicher Anforderungen die Verwendung prozessualer Methoden und zur Spezifikation technischer Sachverhalte der Einsatz von UML-Methoden zu empfehlen. Beide Informationskategorien müssen sich methodisch zu einer ganzheitlichen Sicht ergänzen.

6.3.1 Web-Modellierungsmethodik

Auf Basis der Erfahrungen aus zahlreichen Projekten hat die IDS Scheer AG eine Modellierungsmethodik für E-Commerce-Szenarien auf Basis von Java-Applikationen entwickelt. Dabei wurde die in Abbildung 4 auf der zweiten und dritten Modellierungsebene dargestellte Variante der Verwendung und Verknüpfung von eEPK- und UML-Methoden gewählt.

Im Rahmen einer Kategorisierung von E-Shop-Features in die geschäftsmodellunabhängigen E-Commerce-Funktionsbereiche Catalog-, User-, Product-, Price-, Order-Management, Logistics und Payment findet eine funktionsorientierte Einordnung aller E-Shop-Features in einen zentralen Funktionsbaum statt (vgl. Abbildung 5). Die einzelnen Features werden in eEPKs weiter bis auf eine Storyboard-Ebene[4] spezifiziert. Auf dieser letzten Ebene findet wiederum eine Verknüpfung der Systemsollfunktionen mit denen sie weiter beschreibenden Pipeline Diagrams[5] statt. Als ergänzende Anforderungsbeschreibung der technischen Sicht auf den E-Shop wird diese Kategorisierung in einem zentralen Anwendungsfalldiagramm dargestellt und durch weiter spezifizierende Anwendungsfalldiagramme hinterlegt.

---

[3] Vgl. auch den Beitrag von BRÜCHER und ENDL im vorliegenden Band.
[4] Die neue, auf Storyboard-Modellen basierende ARIS-Methode wird im Folgenden näher erläutert.
[5] Vgl. zu dem Modelltyp Pipeline Diagram die im Weiteren folgenden Ausführungen.

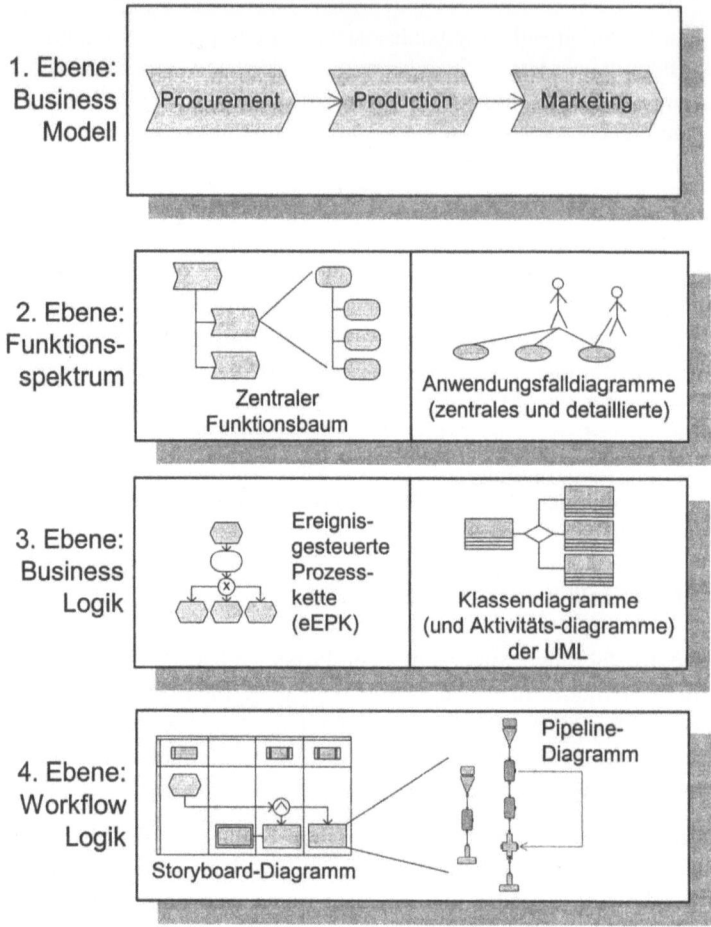

Abbildung 4: Modellierungsmethodik für E-Commerce-Szenarien auf Basis von Enfinity

Auf einer detaillierten Ebene werden die Objekte der detaillierten Anwendungsfalldiagramme durch Pipeline Diagrams näher beschrieben. Ferner werden die verwendeten Klassen hinsichtlich ihrer Strukturen und Abläufe in Aktivitätsdiagrammen ergänzend spezifiziert.

Die Integration der fachlichen und technischen Sicht findet somit an zwei Stellen des Gesamtmodells statt: zum einen durch die Verknüpfung des zentralen Anwendungsfalldiagramms und des zentralen Funktionsbaums (vgl. Abbildung 6), zum anderen durch die Verknüpfung der Pipeline Diagrams mit den eEPKs in Spaltendarstellung und den detaillierten Anwendungsfalldiagrammen.

Referenzmodellierung im E-Business 271

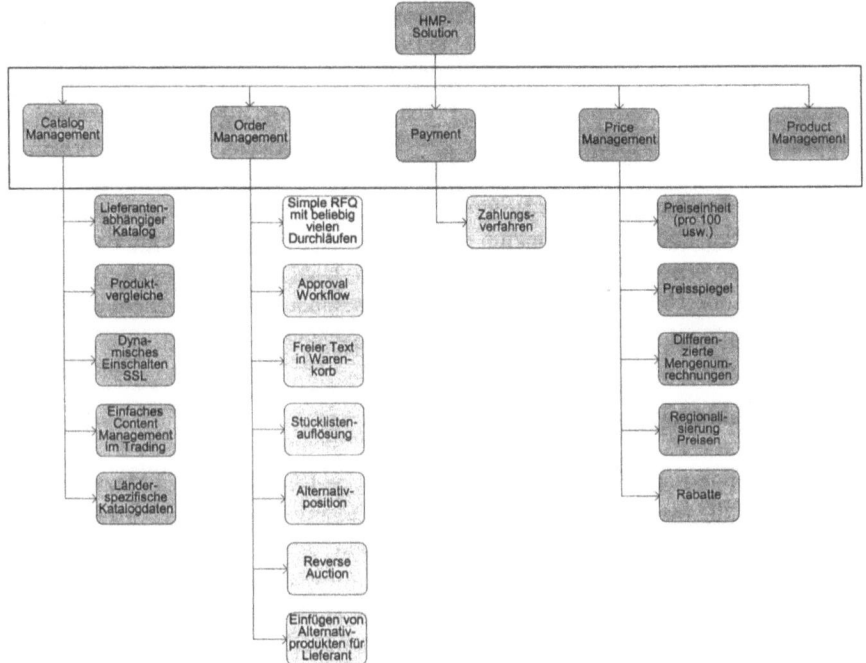

Abbildung 5: Zentraler Funktionsbaum E-Shop

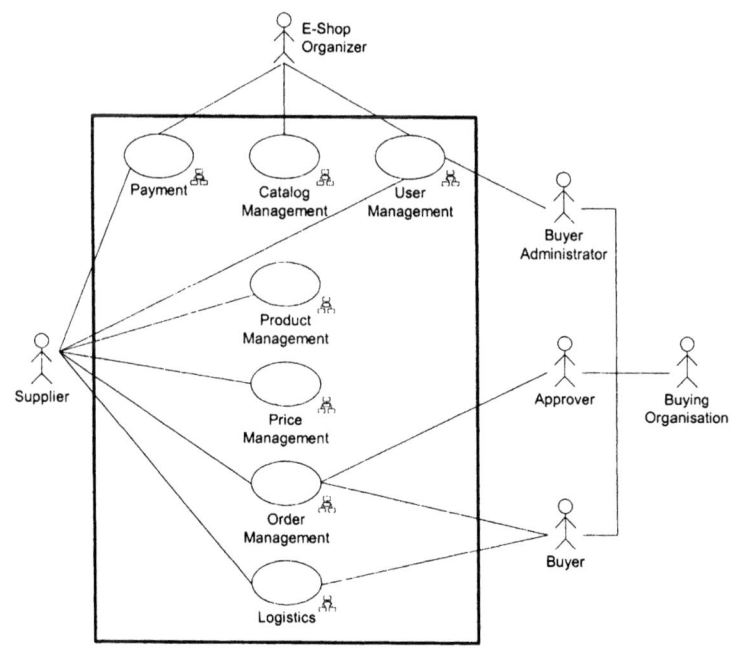

Abbildung 6: Zentrales Anwendungsfalldiagramm E-Shop

Die beschriebene Modellierungsmethodik kann auf der UML-Seite durchaus um weiter spezifizierende Modelle, wie z. B. Sequenzdiagramme erweitert werden. Welche Modelle letztendlich gewählt werden, hängt neben den generellen Darstellungsmöglichkeiten durch existierende Diagramme vor allem vom konkreten Erfahrungshintergrund der Entwickler ab. Der Wissensstand und das Vorgehen variiert hier in der Praxis sehr stark. Die Erfahrungen im Umgang mit modellbasierten Spezifikationen und Modellierungstools, der Kenntnisstand über die Klassenbibliotheken und die Architektur der jeweiligen Applikation sind Parameter, die eine mehr oder weniger breite Nutzung der UML-Methoden erforderlichen machen. Bei oben beschriebener Modellierungsmethode wird von einem mittleren Kenntnisstand bzgl. der genannten Parameter ausgegangen.

6.3.2 Modellierungsmethode Storyboard

Die Erfahrungen aus vergangenen E-Commerce-Einführungsprojekten haben gezeigt, dass die bisher im Rahmen klassischer Organisations- oder Anwendungsentwicklungsprojekte genutzten Modelltypen und sonstigen Features (Reports, Modellgenerator, etc.) des ARIS-Toolsets den Anforderungen einer durchgängigen Erhebung und adäquaten Darstellung der Spezifikationen, bei einem optimalen Verhältnis zwischen Aufwand und Nutzen der Modellerhebung, nicht gerecht werden. Defizite waren bisher vor allem im Bereich der Modellierung der Front- und Backend-Prozesse sowie der Programmabläufe zu verzeichnen [LiMT00].

Folgende Modellierungsmethode ermöglicht die adäquate und effiziente Darstellung der Front- und Backend-Prozesse im Sinne eines Storyboards (vgl. Abbildung 7 und 8).

Zielsetzung des Storyboard-Modells ist die Beschreibung der Benutzerinteraktionen (Front- und Backend) mit der Java-Applikation und den sonstigen beteiligten Systemen. Es verlinkt die Business Prozesse der übergeordneten Ebenen mit den technischen Workflows der Java-Applikation. Business Consultants definieren mit diesem Modelltyp die Sollabläufe der unterschiedlichen Funktionsbereiche eines E-Shops aus der Sicht des Benutzers:

Der Benutzer (1.) und die verschiedenen ausführenden Systeme bilden den Kopf der Spalten. In den Spalten zwischen dem Benutzer und dem System werden die HTML-Templates des jeweiligen Prozessabschnitts, die im Browser angezeigt werden, aufgeführt; das Template ist die Schnittstelle zur Internet-Applikation. Der Prozess wird durch ein Ereignis (2.) gestartet, das im obigen Fall Vorraussetzung für die Ausführung der folgenden Systemfunktion (3.) ist.

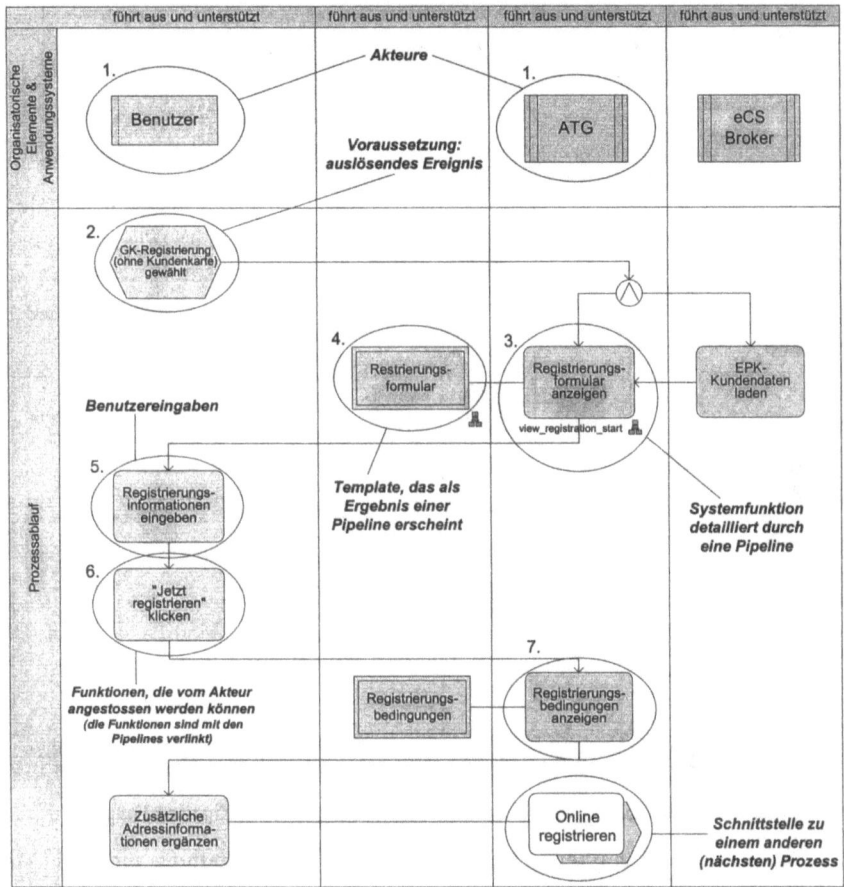

Abbildung 7: Storyboard

Alternativ kann auch eine Prozess-Schnittstelle Auslöser dieser Systemsollfunktion sein. Die Sollfunktion triggert eine Pipeline, d. h. einen technischen Workflow des E-Shops. Bei der Modellierung der Sollprozesse sollten die Namenskonventionen für die technischen Workflows bereits definiert sein, damit der Consultant mit der Beschreibung der Sollfunktion auch gleichzeitig das zukünftig damit zu verknüpfende Pipeline Diagram namentlich benennt (z. B. registration_start). Dies ermöglicht die automatische Verknüpfung der Pipeline Diagrams nach der Entwicklung. Außerdem sollte an dieser Stelle eine strukturierte Beschreibung der Aufgaben der an diesem Prozesspunkt angestoßenen E-Shopfunktion hinterlegt werden. Die aus der Sicht des Entwicklungsteams jeweils interessanten Beschreibungsparameter (z. B. die relevanten Objekte) müssen vor Projektstart definiert werden. Sie können z. B. als freie Attribute mit vorbelegten Werten über eigene, einzelne ARIS-Attribute oder lediglich das Freitextattribut informell beschrieben werden.

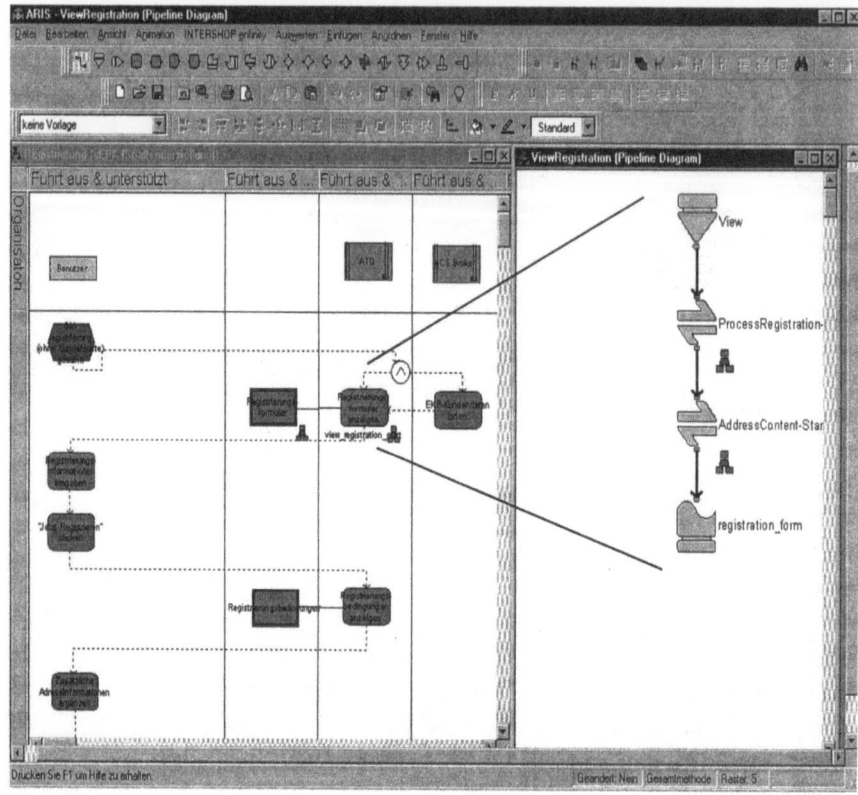

Abbildung 8: Verknüpfung von Storyboard-Systemfunktion mit Pipeline Diagram

Das Ergebnis der Verarbeitung der Pipeline ist die Darstellung eines HTML-Templates; ein Objekt des Typs Maske ist hier zu verwenden. Die Maskenstruktur kann an dieser Stelle durch ein Maskendiagramm durch die Web-Designer entsprechend der üblicherweise in Navigationskonzepten enthaltenen Maskenbeschreibungen (Inhalte, Strukturen) spezifiziert werden. Die Benennung der Maske nach den Template-Konventionen ist hier ebenfalls konsequent durchzuführen, da auch die HTML-Files über einen Report direkt mit den Objekten verknüpft werden können. Sowohl bei den Templates als auch bei den Pipelines kann dadurch ein Vergleich zwischen anfänglich definiertem Soll und den Ergebnissen der Realisierung erfolgen.

Die Systemsollfunktion führt über eine zweite Kante zu den möglichen Aktivitäten des Benutzers. Wenn er, wie in obigem Beispiel, über ein entsprechendes HTML-Feld Informationen eingeben muss, folgt zunächst eine reine Benutzerinteraktion, repräsentiert durch das Objekt Funktion. Daraufhin muss der Benutzer die Verarbeitung seiner Eingabe durch das Anklicken eines Buttons anstoßen. Buttons sind als Objekt Sollfunktion zu definieren.

Das Ergebnis der Button-Funktion ist

- der Aufruf der nächsten Sollsystemfunktion, repräsentiert durch eine Pipeline,
- ein abschließendes Ereignis,
- der Absprung in einen folgenden Prozess, abgebildet durch eine Prozess-Schnittstelle.

Abschließend ist zu diesem Prozesstyp zu sagen, dass sich mit seiner Verwendung ein optimales Verhältnis zwischen Modellierungsaufwand und -nutzen erzielen lässt.

6.3.3 Modelltyp Pipeline Diagram

Die Repräsentation der durch die Java-Applikation bearbeiteten Systemschritte wird mit Hilfe des in Abbildung 9 dargestellten neuen Diagrammtyps „Pipeline Diagram" vorgenommen.

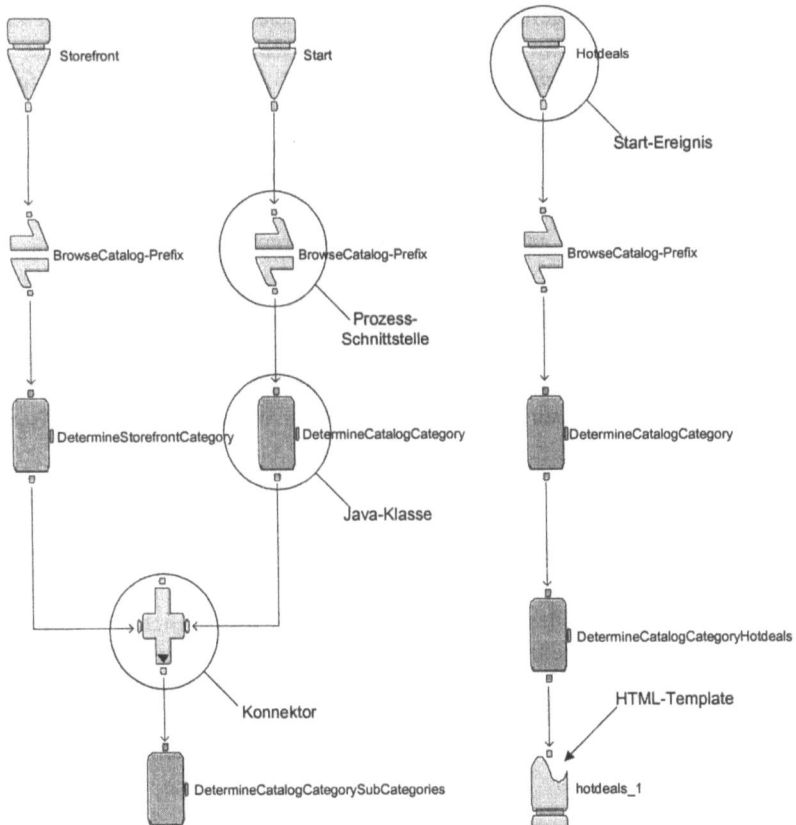

Abbildung 9: Pipeline Diagram

Diese Modelle beschreiben den Ablauf von Systemteilworkflows, den sogenannten Pipelines. INTERSHOP enfinity enthält mittlerweile mehrere hundert derart vordefinierter Softwarekomponenten. Sie enthalten Business- und System-Knowhow und beschleunigen die Implementierung von E-Commerce-Szenarien.

Das Pipeline Diagram beinhaltet ein oder mehrere Start- und End-Nodes (Ereignisse), d. h. Einsprungmöglichkeiten aus Templates oder anderen Pipelines, Java-Klassen (Klasse), Calls (Prozess-Schnittstellen) zu anderen Pipelines, Konnektoren und HTML-Templates (Masken). Das Diagram zeigt die Abläufe, d. h. die Pfade nach denen die Klassen und Templates sequentiell abgearbeitet werden.

Der Nutzen dieses Diagrammtyps liegt neben der Visualisierung der im Hintergrund durch das E-Shopsystem abgearbeiteten Workflows in der Möglichkeit, aktiv in die Umgestaltung der Workflows eingreifen zu können. Bestehende Abläufe können modellbasiert angepasst werden und danach direkt als Vorlage vom Applikationsserver verarbeitet werden.

Wie gelangen nun die Abläufe und ihre Komponenten in das ARIS-Toolset? Wie bereits in Abschnitt 4 ausgeführt, ermöglicht ARIS die Interpretation der in XML beschriebenen und auf dem enfintiy-Server physisch abgelegten Pipelines und Pipelets. Über einen speziellen Report der ARIS for INTERSHOP enfinity-Komponente kann aus der XML-Beschreibung der Pipelines eine modellbasierte Darstellung generiert werden, die zudem mit den (darüber liegenden) fachlichen Ebenen automatisch verknüpft wird. Dieses Vorgehen hat den Vorteil, dass insb. die bisher bei der Erhebung und fortlaufenden Aktualisierung der technischen Modellebenen anfallenden, umfangreichen Modellierungsaufwände entfallen.

Über eine weitere Funktionalität der ARIS for INTERSHOP enfinity-Komponente können veränderte Pipelines hinsichtlich ihrer Ablauffähigkeit direkt aus ARIS heraus ausgeführt werden, indem das initiierende Start-Ereignis einer Pipeline über das Internet ausgelöst wird. Das ermöglicht die direkte Überprüfung der Auswirkung von fachlichen Anpassungen auf die dargestellten Ergebnisse in einem E-Shop.

7 Zusammenfassung

Die neuen Technologien des Internets haben die Einsatzmöglichkeiten und den Nutzen von Referenzmodellen deutlich erhöht. Die Grenzen zwischen der Erhebung von Anforderungen für die Einführung einer Applikation und der operativen Umsetzung dieser Anforderungen lösen sich auf. Die Kosten- und Zeitaufwände für eine Systemeinführung werden bei gleichzeitig deutlich erhöhter Ergebnisqualität drastisch reduziert.

In den nächsten Jahren ist eine deutliche Zunahme von weiteren Einsatzmöglichkeiten der neu geschaffenen Schnittstellen zwischen Modellierungswerkzeugen und Business-Applikationen zu erwarten. Außerdem ist davon auszugehen, dass die wissenschaftliche Diskussion über adäquate Darstellungsmethoden für moderne Business-Anwendungen neu entfacht wird. Den Unternehmen wird letztendlich beides zugute kommen.

Literaturverzeichnis

[Burt01]   Burton, G.: The new application nucleus. InformationAge, (2001) 10, S. 40ff.

[Kirc96]   Kirchmer, M.: Geschäftsprozessorientierte Einführung von Standardsoftware. Wiesbaden 1996.

[LiMT00]   Liddle, S., Mayr, H., Thalheim, B.: Conceptual Modeling for E-Business and the Web. Lecture Notes in Computer Science, Berlin 2000.

[ScSS94]   Schumann, M., Schüle, H., Schumann, U.: Entwicklung von Anwendungssystemen: Grundzüge eines werkzeuggestützten Vorgehens. Heidelberg 1994.

Anforderungsanalyse auf der Basis von Unternehmensmerkmalen

Michael Lohmann, Michael Hau, Peter Mertens

Im Rahmen eines laufenden Forschungsprojektes wird untersucht, wie sich der Bedarf an Informationssystem-Unterstützung für unterschiedliche Unternehmen strukturieren lässt. Der dazu entwickelte Prototyp bietet eine Werkzeugsammlung, die Unternehmen anhand von Merkmalen und Anforderungen an die Informationsverarbeitung beschreibt. Eine Fallbasis, in der Berichte über den Einsatz betrieblicher Software-Anwendungen abgelegt sind, bildet die Grundlage für statistische Auswertungen. Daneben existiert ein Expertensystem, mit dessen Hilfe regelbasiert ein Software-Anforderungskatalog für ein spezifisches Unternehmen generiert wird. Dieser Beitrag setzt einen Aufsatz bzw. Vortrag fort, der auf der KnowTech 1999 präsentiert wurde; er beinhaltet Darstellungen über den Aufbau und die Funktionsweise des Werkzeugs, die seither gemachten Erfahrungen sowie zwei Einsatzfälle in der Praxis.

1 Anliegen

Verschiedene Fachleute (z. B. [Grif98, S. 113-120, Mert96, Ortn00, Spro00, Szyp97, Turo01, S. 1-5]) vertreten die Ansicht, dass zukünftige betriebliche Anwendungssysteme weder als reine Individual- noch als Standardsoftware entwickelt werden. Es wird erwartet, dass sich komponentenorientierte Technologien durchsetzen, die durch Kopplung von Systemen dem „Best-of-Breed-Gedanken" Rechnung tragen. Diese Technologien sollen es ermöglichen, eine den stark differierenden Bedürfnissen der Unternehmen angemessene Variantenvielfalt der Software-Produktion zu erreichen; eine dabei gehegte Hoffnung ist es, die hohe Komplexität bei der Einführung parametrierbarer Standardsoftware verringern zu können.

Vor diesem Hintergrund stellen sich unterschiedliche Fragen: Zum einen ist es aus Sicht der Software-Hersteller wichtig zu wissen, wie sie ihre Produkte „zuschneiden" sollten, um den Markt geeignet zu bedienen. Zum anderen ist es aus Sicht der Nachfrager von Interesse, wie sie zu einer betrieblichen Software-Lösung kommen, die möglichst alle betrieblichen Anforderungen erfüllt. Am Anfang steht dabei üblicherweise eine Anforderungsanalyse. Diese findet häufig im Rahmen von IT-Beratungsprojekten statt, welche aufgrund des hohen Personalaufwands in aller Regel nur von großen Unternehmen finanzierbar sind.

Ein Problemfeld bei der Anforderungsanalyse ist die Komplexität der zu unterstützenden betrieblichen Funktionen, was gängige Verfahren (wie bspw. Checklisten) entweder sehr umfangreich werden lässt oder stark vereinfacht. Um den Bedarf an IV-Unterstützung darstellen zu können, müssen aber die Eingangsinformationen präzise die Situation im betrachteten Unternehmen widerspiegeln. Eine Möglichkeit, den Zugang zu den benötigten Funktionen zu erleichtern, schildert dieser Beitrag.

Im Folgenden wird kurz die Werkzeugsammlung ICF beschrieben. ICF steht für Industries (Branchen), Characteristics (Merkmale) und Functions (IV-Anforderungen). Darauf aufbauend entstanden bereits verschiedene Prototypen, deren Fokus vorab umrissen wird.

2 Ausgangspunkt

In dem seit Mitte der 90er Jahre erkennbaren Spannungsverhältnis zwischen Individual- und Standardsoftware für integrierte betriebliche Anwendungssysteme ging man der Frage nach, welche Funktionen einer Software ein Unternehmen benötigt und warum gerade diese [Mors98]. In diesem Kontext entstand die ICF mit dem Ziel, Fallbeispiele betrieblicher Anwendungssysteme im Hinblick auf die unterstützten IV-Funktionen und Unternehmensmerkmale zu sammeln und auszuwerten. Ausgangspunkt ist die Beschreibung des Unternehmens anhand diverser Merkmale wie bspw. der Gesellschaftsform, der Kundenstruktur (national oder international), im Falle von produzierenden Betrieben einer Charakteristik des Produktes etc. Diese Merkmale bieten den Einstieg in eine regelbasierte Auswertung, an deren Ende ein Katalog von zu unterstützenden betrieblichen Funktionen steht. Ein Beispiel wäre, dass im Fall von internationalen Lieferanten- oder Kundenbeziehungen die Buchhaltungs- und Abrechnungssysteme mit Fremdwährungen arbeiten müssen, während sich für regional operierende Betriebe diese Anforderung nicht stellt.

Die ICF besteht aus fünf Komponenten (vgl. Abbildung 1):

- Mit „*ICF-Requirements*" werden IV-Anforderungen gesammelt und katalogisiert.

- „*ICF-Characteristics*" verwaltet Unternehmensmerkmale.

- „*ICF-Cases*" erlaubt es, Unternehmensbeispiele mit den speziell für diesen Zweck entwickelten Merkmals- und IV-Anforderungskatalogen zu beschreiben.

- Das Expertensystem „*ICF-Expert*" berücksichtigt betriebswirtschaftliche Regeln bei der Auswahl von IV-Anforderungen.

- „*ICF-Analysis*" ermöglicht statistische Analysen.

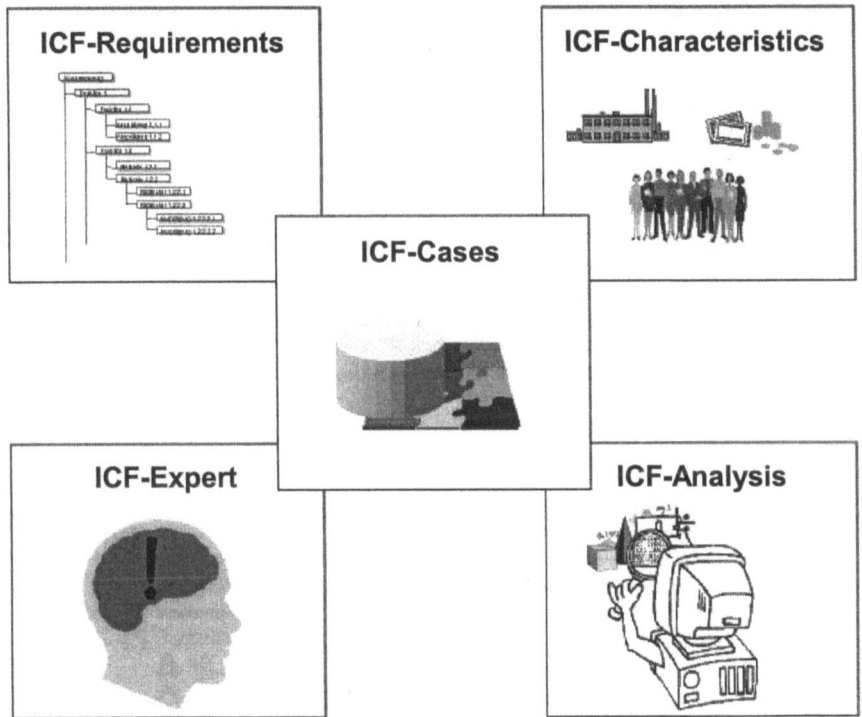

Abbildung 1: Komponenten der ICF

Zum gegenwärtigen Zeitpunkt sind ca. 2300 Anforderungen, 700 Merkmale und 700 Beispielfälle im System hinterlegt. Im Folgenden sollen diese Komponenten kurz erläutert werden. Zu weiter gehenden Details sei auf [Kauf99, KaLM01] verwiesen.

2.1 ICF-Requirements

Aufbauend auf dem funktionsorientierten Referenzmodell von MERTENS (vgl. [Mert01, MeGr00]) beschreiben die IV-Anforderungen eine große Menge rekonstruierter betrieblicher Tätigkeiten. Um die Einordnung und Verwaltung handhabbar zu machen, sind diese Anforderungen hierarchisch organisiert; ein Ausschnitt ist in Abbildung 2 zu sehen. Zurzeit wird der Funktionsbaum mit gängigen Referenzmodellen, u. a. von SCHEER [Sche97] oder BECKER [BeSc96], verglichen sowie ggf. ergänzt und erweitert.

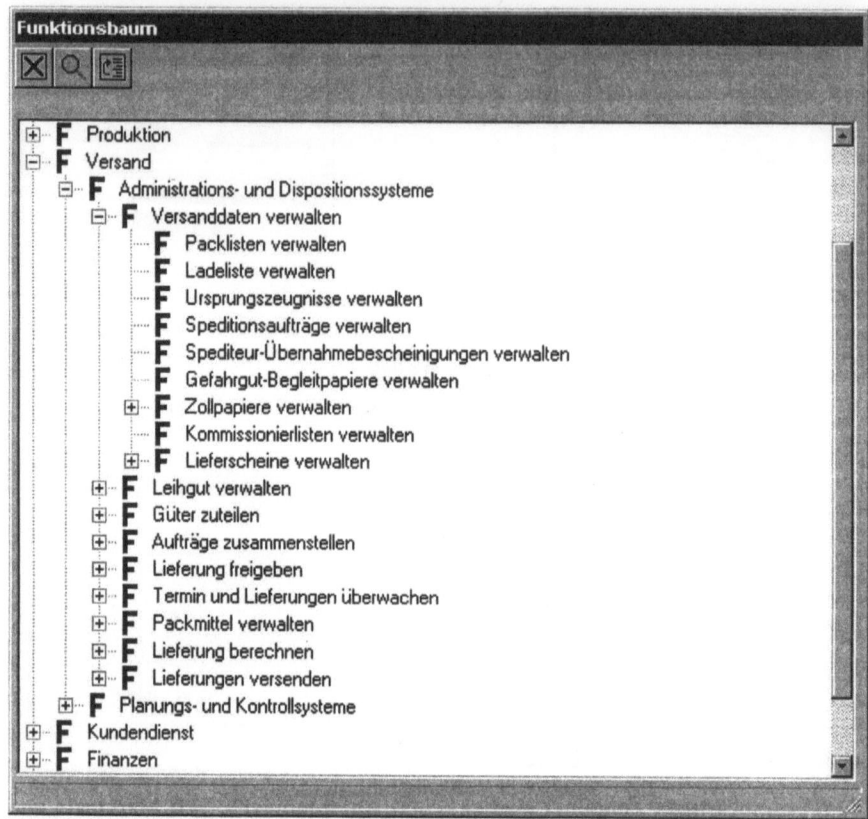

Abbildung 2: Ausschnitt aus dem ICF-Funktionsbaum

Der Bestand an Begriffen ist retrospektiv und kann niemals vollständig sein, da moderne Entwicklungen in der betrieblichen Praxis häufig auch mit terminologischen Neuerungen sowie veränderten Tätigkeitsabläufen verbunden sind, die oftmals wiederum IV-Unterstützung benötigen oder erst ermöglichen. Beispielsweise führt das „Outsourcing" der Vertriebslogistik an spezialisierte Unternehmen dazu, dass die Informationen zur Erstellung der Versandpapiere elektronisch an diese Dienstleister übermittelt werden. Im Anschluss an die bestätigte Kommissionierung sind die entsprechenden Rechnungen wiederum im eigenen Unternehmen zu drucken. Wenn vermieden werden soll, dass die Rechnung den Kunden vor der Ware erreicht, erscheint der herkömmliche Prozess – das gleichzeitige Drucken von Lieferschein und Rechnung – fehleranfällig.

2.2 ICF-Characteristics

Eine dem IV-Anforderungskatalog ähnliche Struktur weist der Merkmalskatalog auf, der mit dem Modul ICF-Requirements gepflegt wird. Zur Darstellung wurde auch hier eine hierarchische Struktur verwendet (siehe Abbildung 3). Da derzeit noch keine gesicherten Erkenntnisse bezüglich der Relevanz und Überschneidungsfreiheit vorliegen, ist der Baum relativ umfangreich und beinhaltet ca. 130 Merkmalsgruppen und 500 Charakteristika. Trotzdem müssen bei der laufend stattfindenden Erweiterung der Fallbasis immer wieder zusätzliche Merkmale aufgenommen werden, weil bspw. neue Formen des Agierens auf den Märkten, z. B. der gegenwärtig stark in Bewegung befindliche E-Commerce, auch andere Notwendigkeiten in der Beschreibung von Unternehmen hervorrufen können.

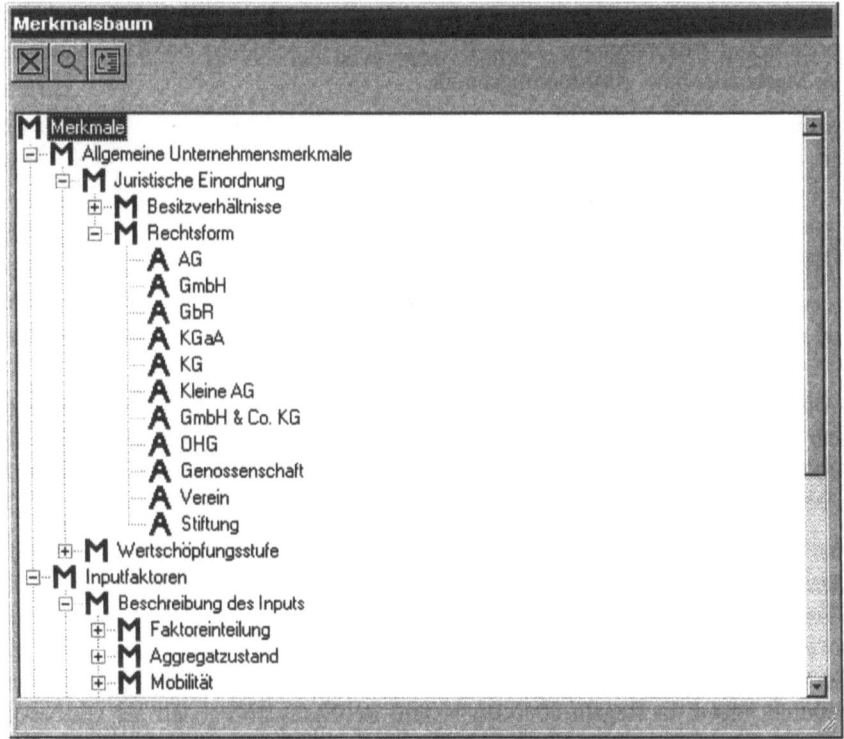

Abbildung 3: Ausschnitt aus dem ICF-Merkmalsbaum

Um ein einheitliches Begriffsverständnis zu erzielen, sieht ICF-Characteristics eine weiter gehende Beschreibung der Merkmale vor. Es können ergänzende Texte und Beispiele eingegeben und gepflegt werden, die dieses Merkmal bzw. dessen Ausprägung näher erläutern. Eine genaue Darstellung der jeweiligen Kategorien erleichtert nicht nur die Ein- sowie Zuordnung zu einem konkreten Fallbeispiel, sondern ist vielmehr Voraussetzung jedes typologischen Verfahrens [Dems89, S. 94-95].

2.3 ICF-Cases

Einen wesentlichen Bestandteil der ICF bilden die Fälle oder Beispielanwendungen, die im Teilmodul ICF-Cases gesammelt und abgespeichert werden. Dies sind Berichte über den Einsatz betrieblicher Anwendungssysteme in Unternehmen. In der Fallsammlung wird eine kurze Beschreibung des Betriebes oder Betriebsteils, bspw. eine Konzerntochter, angelegt. Die Datenbank nimmt nur das auf, was in der Literaturstelle beschrieben wurde. Daher mag es vorkommen, dass zu einem größeren Konzern mehrere unterschiedliche Fälle vorhanden sind.

Zur Zuordnung in eine Branche bzw. einen Wirtschaftszweig wird die Klassifikation des Statistischen Bundesamts [Stat93] in verkürzter Form verwendet. Die Beschreibung der Unternehmen erfolgt anhand von Merkmalen, die der IV-Anforderungen in Form von Funktionen („Was?"), Verfahren („Wie?") sowie Parametern und Ausprägungen. Diese Beschreibungen selektiert der Bearbeiter aus dem Merkmals- bzw. Anforderungsbaum.

Kritisch zu hinterfragen ist die Art und Qualität der Quellen, welche die Fallbasis füllt. Zum Teil ist das Material nicht sonderlich ergiebig, was Anzahl und Tiefe der Funktions- oder Merkmalsbeschreibungen betrifft, oder die Herkunft lässt eine gewisse Subjektivität vermuten, etwa im Falle vorliegender „Success Stories" der Softwarehersteller.

2.4 ICF-Expert

Mit dem Werkzeug ICF-Expert steht ein Expertensystem zur Verfügung, um aus einer Beschreibung von Merkmalen und evtl. vorhandenen IV-Funktionen eine Empfehlungsliste mit IV-Anforderungen zu generieren [Mors98, S. 29-33 und S. 90-93; KaMo98; Kauf99].

Das Modellierungsziel ist die Herleitung der IV-Anforderungen eines Unternehmens. Dazu wird versucht, das betriebliche Wissen, das implizit bei Mitarbeitern, Wissenschaftlern und Beratern vorhanden ist, in Regeln umzusetzen. Diese erzeugen aus dem Unternehmens-Ist-Modell ein Sollmodell. Da sich vermutlich nicht alle Sachverhalte, die Einfluss auf die Auswahl einer bestimmten betrieblichen Funktion haben, in Regeln abbilden lassen, ist dieses Sollmodell als eine erste Näherung an den tatsächlichen Anforderungskatalog zu sehen. Beispielsweise erfordert die unter Abschnitt 2.1 dargestellte Frage, zu welcher Zeit die Rechnung gedruckt wird, eine unternehmerische Entscheidung: Das Risiko eines Fehlers mag in Kauf genommen werden oder nicht.

2.5 ICF-Analysis

Die statistischen Auswertungsmöglichkeiten wurden im Wesentlichen bereits von KAUFMANN et al. dargestellt [Kauf99]. Ein Fokus dieser Auswertungen ist das Erkennen von zusammenhängenden Funktionen, was Software-Herstellern Hinweise auf eine sinnvolle Strukturierung ihrer Produkte geben mag. Interessanter für den Zweck der Anforderungsanalyse sind jedoch mögliche Verifikationen der Regelbasis, die ICF-Expert als Grundlage dienen.

Ein diskussionswürdiger Punkt ist der Umfang der Fallbasis; die Erfahrungen haben gezeigt, dass die Erhebung und Erfassung neuer Fälle einen erheblichen Zeitaufwand mit sich bringen und daher nur langsam vonstatten gehen. Um eine „kritische Masse" zu erreichen, die den statistischen Untersuchungen ihren explorativen Charakter nehmen könnte, ist das finanzielle und zeitliche Umfeld an einer Universität nicht ausreichend. Daher sind etwaige Aussagen mit Vorsicht zu bewerten.

2.6 Geplante Erweiterungen

Derzeit bildet die Verwaltung von Betriebstypen einen Schwerpunkt. Da die Aussagekraft des Begriffs „Branche" im Hinblick auf den IV-Bedarf eines Unternehmens zumindest strittig ist [MeLo00], stellt die typologische Methode eine weitere gute Möglichkeit dar, die Beschreibung der tatsächlichen Gegebenheiten zu vereinfachen. Durch die Auswahl bestimmter – meist auf funktionale Teilbereiche des Betriebs beschränkter – Typen wie z. B. „Prozessfertiger" oder „Versandhändler" soll es möglich werden, unter Rückgriff auf die hinterlegten Regeln eine Vorauswahl der einzelnen Merkmale zu treffen, die dann noch verfeinert werden kann.

Typologische Untersuchungen sind häufig auf bestimmte Branchen oder Funktionalbereiche fokussiert, denn nur wenige Autoren untersuchen das gesamte Unternehmen. Daher sind bspw. bei Industriebetrieben Einordnungen wie Prozess-, Serien- oder Einzelfertiger etabliert, bei den Vertriebswegen gilt die gängige Unterteilung von Groß-, Einzel- und Versandhandel. Will man nun einen „gesamtunternehmensbezogenen Betriebstyp" konstruieren, so ergibt sich auch hier eine möglicherweise ungewollte Variantenvielfalt. Im Hinblick auf die eingangs erwähnten Tendenzen, Anwendungssysteme aus Komponenten zu rekombinieren, erscheint diese Idee auch für die Typen sinnvoll. Herauszufinden, inwieweit die Beschreibung des Unternehmens durch aussagekräftige Typbezeichnungen den Erfassungsaufwand erleichtert, ist ein künftiges Forschungsziel.

3 Anwendungen

3.1 Angebotssystem für Dokumenten- und Workflow-Management-Systeme

Aufbauend auf die mit der ICF zur Verfügung stehenden Infrastruktur entstand im Rahmen des Forschungsprojektes „Kosten- und Nutzen-Abschätzungen von Dokumenten- und Workflow-Management-Systemen" das Angebots- und Expertisesystem WEXPERT. Es nutzt die Komponenten „ICF-Characteristics", „ICF-Cases" und „ICF-Analysis", um in der Vergangenheit entstandenes Wissen aus Projekten für künftige Vertriebsprozesse von Dokumenten- und Workflow-Management-Systemen (DMS/WMS) zu unterstützen (vgl. hierzu [HaSt01]).

Ausgangspunkt der Forschungen sind Erkenntnisse, nach denen bei projektorientierten Unternehmen (z. B. beim Praxispartner COI GmbH in Herzogenaurach) die fachübergreifende Kommunikation und Koordination zwischen den am Vertrieb und am resultierenden Projektgeschäft beteiligten Mitarbeitern durch IV-Systeme unterstützt werden können. Beispielsweise würde ein Projektcontrolling-System erkennen, wenn wiederholt im Projektbereich der veranschlagte Aufwand für das Customizing einer bestimmten Hardwarekomponente deutlich überschritten wird, und diese Information an den Vertrieb weiterleiten, sodass in Folgeprojekten der entsprechende Planaufwand von Anfang an höher angesetzt werden kann.

Das hierfür erforderliche Know-how sowie die entsprechenden Daten befinden sich punktuell verteilt im Unternehmen. Die personelle Beschaffung dieses Wissens ist extrem zeitaufwändig. Will beispielsweise ein Interessent vom zuständigen Vertriebsmitarbeiter wissen, ob die COI für andere Unternehmen der gleichen Branche mit ähnlichen Anforderungen (z. B. eine Normenverwaltung für ein Maschinenbauunternehmen) bereits erfolgreich Projekte realisiert hat, so muss dieser sich durch Telefonate bzw. per E-Mail diese Informationen von seinen Vertriebskollegen, den Projektleitern oder mit Hilfe einer personellen Recherche in der Projektdatenbank beschaffen.

Die ICF wurde im Rahmen des Forschungsprojektes dahin gehend erweitert, dass nun auch Zusammenhänge zwischen den Unternehmensmerkmalen und dem Bedarf an DMS/WMS darstellbar bzw. analysierbar sind. Dazu wurden die in der Datenbasis gespeicherten Anwendungsfälle klassifiziert. Die resultierende Datenstruktur ist hierbei kompatibel zur ICF, sodass diese Fälle auch für andere Auswertungen zur Verfügung stehen. Des Weiteren wurde eine Projektdatenbank beim Industriepartner generiert, die alle wesentlichen kaufmännischen und technischen Informationen über historische Projekte des Unternehmens enthält. Beide Datenquellen bilden gemeinsam die Grundlage zur Anwendung des Case Based Reasoning (CBR), mit dessen Hilfe ähnliche Fälle gefunden werden können.

3.2 Komponenten-Repository

Aufbauend auf der Komponente „ICF-Requirements" entstand in Zusammenarbeit mit der DATEV eG, Nürnberg, ein Prototyp zur Auswahl von Software-Komponenten. Dabei wurden die in der ICF hinterlegten Funktionen auf Basis einer Reihe von Interviews mit Mitarbeitern des Praxispartners ergänzt und erweitert (siehe hierzu auch [Hau01a]). Im Rahmen dieses Projektes sind Anwendungssysteme der auch als Software-Hersteller tätigen DATEV mithilfe eines normierten Sprachschatzes beschrieben und hinterlegt worden. Damit ist es möglich, nach Auswahl einer Menge von IV-Anforderungen den „Erfüllungsgrad" der Software zu ermitteln und – im Falle einer ausreichend großen Überdeckung – der Nachfrage ein Angebot gegenüber zu stellen.

Im Vergleich dieses Prototypen mit dem ICF-Funktionsbaum können drei wesentliche Unterschiede festgestellt werden:

- Der DATEV-Funktionsbaum umfasst mit zurzeit 673 Einträgen rund 45% mehr Funktionen, Ausprägungen, Verfahren und Parameter zum Rechnungswesen als der von ICF. Etwa dasselbe Verhältnis gilt im Bereich Warenwirtschaft.

- Bereits auf der zweiten Hierarchieebene verwenden die dargestellten Funktionsbäume abweichende Benennungen. So bedeutet etwa „Erfassen und verwalten" in der DATEV-Terminologie alle mit einem Objekt zusammenhängenden administrativen und dispositiven Aufgaben; „Auswerten" dagegen umschreibt Planungs- und Kontrollfunktionen.

- Der im Komponenten-Repository verwendete Funktionsbaum wurde mit Blick auf die Wünsche des Projektpartners umsortiert und bereinigt. Ein Grund dafür war der Versuch, oft gemeinsam benötigte Funktionalität auch innerhalb der Baumstruktur „in der Nähe" wieder zu finden. Dies erlaubt es einem Benutzer (z. B. Steuer- oder Organisationsberater), sich schneller in die Anwendung einzuarbeiten.

Mit diesem u. a. auf der CeBIT 2001 präsentierten System wurde eine Möglichkeit aufgezeigt, eine der Anforderungsanalyse nachgelagerte Phase der betrieblichen Software-Auswahl zu gestalten (vgl. ausführlich [Hau01b]).

Die Unterschiede belegen die in Abschnitt 2.1 vertretene These, dass der Baum niemals vollständig sein kann, stellen aber auch ein Kernproblem der Software-Auswahl heraus: Es gibt wenig Einheitlichkeit in der Beschreibung dessen, was ein Produkt zu leisten vermag, so dass ist auch in diesem Bereich noch sehr viel Normierungsarbeit zu leisten bleibt.

4 Ausblick

Neben den derzeit laufenden Bestrebungen, das System auf eine neue technologische Plattform zu migrieren, laufen Verhandlungen mit Kooperationspartnern, um die ICF weiter in Richtung eines Beratungswerkzeuges zu entwickeln. Im Fokus der Betrachtungen stehen dabei Erweiterungen der Regelbasis, das Bilden von Betriebstypen sowie Untersuchungen, welchen Einstieg (über die Auswahl von Funktionen, über die Beschreibung via Merkmale oder über die Branche) Kunden oder Berater wählen, um ihre Software-Bedarfe zu spezifizieren. Auch an einer Branchenklassifikation wird gearbeitet, da einerseits die Wirtschaftszweigsystematik des Statistischen Bundesamtes (siehe [Stat93]) zur Beantwortung von Fragen bezüglich der IV-Bedarfe ungeeignet erscheint, andererseits keine allgemein gültige Definition des Begriffs „Branche" existiert.

Literaturverzeichnis

[BeSc96] Becker, J.; Schütte, R.: Handelsinformationssysteme. Landsberg am Lech 1996.

[Dems89] Demsar, R.: Die Entwicklung eines Betriebsvergleichs auf typologischer Grundlage. Dissertation, Essen 1989.

[Grif98] Griffel, F.: Componentware. Heidelberg 1998.

[HaSt01] Hartmann, P.; Studt, R.: Möglichkeiten und Grenzen der IV-Unterstützung im Vertrieb von dokumentenbasierten Workflow-Management-Systemen. Arbeitspapier Nr. 3/2001, Bereich Wirtschaftsinformatik I, Universität Erlangen-Nürnberg. Nürnberg 2001.

[Hau01a] Hau, M.: Das DATEV-Komponenten-Repository. Ein Beitrag zu Marktplätzen für betriebswirtschaftliche Software-Bausteine. FORWIN-Bericht Nr. 2001-003. Nürnberg u. a. 2001.

[Hau01b] Hau, M.: Computergestützte Auswahl komponentenbasierter betrieblicher Anwendungssysteme unter besonderer Berücksichtigung der Selektion durch steuerliche Berater. Dissertation, Nürnberg 2001.

[KaLM01] Kaufmann, T.; Lohmann, M.; Morschheuser, P.: Die Informationsbank ICF. Eine wissensbasierte Werkzeugsammlung für die Software-Anforderungsanalyse. FORWIN-Bericht Nr. 2001-002. Nürnberg u. a. 2001.

[KaMo98] Kaufmann, T.; Morschheuser, P.: ICF-Expert – A Tool for Knowledge-based Requirements Analysis. In: Cuena, J. (Hrsg.): IT & KNOWS Information Technologies and Knowledge Systems, Proceedings of the IV. IFIP World Computer Congress. Wien 1998, S. 273-286.

[Kauf99] Kaufmann, T. et al.: ICF-System – Ein Werkzeug zur Anforderungsanalyse. In: Konferenzband KnowTechForum '99. Potsdam 1999.

[MeGr00]   Mertens, P.; Griese, J.: Integrierte Informationsverarbeitung. Band 2: Planungs- und Kontrollsysteme. 8. Aufl., Wiesbaden 2000.

[MeLo00]   Mertens, P.; Lohmann, M.: Branche oder Betriebstyp als Klassifikationskriterien für die Standardsoftware der Zukunft. In: F. Bodendorf, M. Grauer (Hrsg.): Verbundtagung Wirtschaftsinformatik 2000. Aachen 2000, S. 110-135.

[Mert96]   Mertens, P.: Individual- und Standardsoftware: tertium datur? In: H. C. Mayr (Hrsg.): Beherrschung von Informationssystemen. Wien u. a. 1996, S. 55-81.

[Mert01]   Mertens, P.: Integrierte Informationsverarbeitung. Band 1: Administrations- und Dispositionssysteme in der Industrie. 13. Aufl., Wiesbaden 2001.

[Mors98]   Morschheuser, P.: Die Analyse des Zusammenhangs zwischen Unternehmensmerkmalen und IV-Anforderungen. Ein Beitrag zur Selektion und Konstruktion individualisierter Standardsoftware in der Industrie. Dissertation, Nürnberg 1998.

[Ortn00]   Ortner, E.: Terminologiebasierte, komponentenorientierte Entwicklung von Anwendungssystemen. In: Flatscher, R., Turowski, K. (Hrsg.): Tagungsband des 2. Workshops „Komponentenorientierte betriebliche Anwendungssysteme (WKBA 2)". Wien 2000, S. 1-20.

[Sche97]   Scheer, A.-W.: Wirtschaftsinformatik. Referenzmodelle für industrielle Geschäftsprozesse. 7. Aufl., Berlin u. a. 1997.

[Spro00]   Sprott, D.: Componentizing the Enterprise Application Packages. Communications of the ACM, 43 (2000) 4, S. 63-69.

[Szyp97]   Szyperski, C.: Component Software – Beyond Object-Oriented Programming. Harlow u. a. 1997.

[Stat93]   Statistisches Bundesamt (Hrsg.): Klassifikation der Wirtschaftszweige mit Erläuterungen, Ausgabe 1993, Wiesbaden 1993.

[Turo01]   Turowski, K.: Fachkomponenten. Habilitationsschrift, Magdeburg 2001.

Organisational-Memory-System zur Unterstützung informationstechnisch basierter Verbesserungen von Geschäftsprozessen

Frank Habermann, Oliver Thomas, Christian Botta

Bei der Realisierung innovativer Geschäftsstrategien ist das Wissen über ablauforganisatorische Zusammenhänge ein kritischer Erfolgsfaktor. Das Geschäftsprozesswissen zu dokumentieren, zu integrieren und nutzbar zu machen ist somit eine zentrale betriebswirtschaftliche Herausforderung. In diesem Beitrag wird die Entwicklung eines computerbasierten Organisationshandbuches motiviert, mit dem das Wissen im IT-Bereich effizient organisiert und die IT-basierte Verbesserung von Geschäftsprozessen unterstützt werden kann. Als Lösungskonzept dient dabei der Begriff des Organisational Memory, der pragmatisch als ein Medium angesehen werden kann, um aus Wissen über Vergangenes für die Zukunft zu lernen. Dabei werden als Kernfunktionen eines Organisational-Memory-Systems die Wissenserfassung, die Wissensintegration sowie die Wissensverwendung identifiziert.

1 Entwicklung von Wissensmanagement-Systemen

1.1 Theorie und Praxis

In den letzten Jahren hat sich die Anzahl der wissenschaftlichen Beiträge zum Thema „Wissen in der Unternehmung" vervielfacht. Der Stellenwert von Wissen in der Managementforschung resultiert jedoch weniger aus einer produktionstheoretischen Betrachtungsweise. Verantwortlich ist vielmehr die mittlerweile zum Allgemeingut gewordene Erkenntnis, dass in Zeiten dynamischer Märkte die Beherrschung des organisationalen Wissens zu einem kritischen Erfolgsfaktor wird [Wiig89]. Die aktuelle Beschäftigung mit Wissen in der Unternehmung gründet auf einer zentralen organisationstheoretischen Problemstellung. Sie lautet: Wie sind Organisationen zu gestalten, damit sie den Anforderungen der externen Umwelt bestmöglich entsprechen [Ober96, S. 42]? Die Forschung zu diesem Thema betrifft die Felder Organisationsentwicklung, Innovationsmanagement und Organisationales Lernen, zu denen eine Vielzahl theoretischer Konzepte existieren. Wissensmanagement als relativ junge Disziplin baut auf diesen theoretischen

Arbeiten auf. Es fokussiert die wettbewerbsrelevante Rolle von Wissen in der Unternehmung und behandelt die von der oben genannten Problemstellung abgewandelte Frage: Wie ist das organisationale Wissen zu planen, zu organisieren und zu steuern, um die Leistungsfähigkeit einer Unternehmung auf Dauer zu sichern? [DaDB98, S. 44]

Eine Analyse von Wissensmanagement-Projekten zeigt allerdings, dass sich die Anwendung der theoretischen Konzepte in der Unternehmungspraxis als schwierig herausstellt. Im Wesentlichen werden folgende Probleme genannt:

- *Simplifizierung*: Aufgrund von Zeitmangel oder anderen Restriktionen werden beim Systementwurf Wissenstypen und Wissensprozesse so stark vereinfacht, dass das resultierende Wissensmanagement-System nicht zur Lösung des zugrunde liegenden Problems dient. Ein Beispiel hierfür ist der Einsatz grober Phasenmodelle für die Steuerung von Wissensprozessen.

- *Theoriedefizit*: Aus der Theorie logisch abgeleitete Schlussfolgerungen und Empfehlungen werden zwar richtig in die Praxis umgesetzt, führen dort jedoch nicht zum erwarteten Effekt. Als Beispiel dient die theoretisch begründete Aussage, das richtige Wissen müsse „zum richtigen Zeitpunkt am richtigen Ort" verfügbar sein, um den gewünschten Effekt zu erbringen. In der Praxis wird beobachtet, dass sogar das Gegenteil der Fall sein kann. Als eine Ursache dafür werden nicht bekannte Wechselwirkungen und bisher unerforschte kognitive und soziale Prozesse angenommen.

- *Theorievielfalt*: Die zum Teil stark uneinheitlichen theoretischen Ansätze können dazu führen, dass Unternehmungen versuchen, eine eigene, „beste" theoretische Konzeption zu finden, die dann als Grundlage für die Systementwicklung dient. In solchen Fällen besteht die Gefahr, dass entweder die Projekte bereits in der Definitionsphase stagnieren oder eine verabschiedete Definition im Rahmen der Implementierung wieder verworfen werden muss.

Im Rahmen des Projektes „Entwicklung eines computerbasierten Organisationshandbuches zur Unterstützung kontinuierlicher Prozessverbesserungen", gefördert von der Deutschen Forschungsgemeinschaft (Az.: Sche 185/20-1), wird am Institut für Wirtschaftsinformatik (IWi) der Universität des Saarlandes ein computerbasiertes Informationssystem zur Unterstützung des Wissensmanagements entworfen. Ein solches Vorhaben muss sich des oben erläuterten Spannungsverhältnisses bewusst sein und versuchen dieses aufzulösen. Zum einen ist ein fundiertes Theorieverständnis nötig, um die Aufgaben des Wissensmanagements adäquat unterstützen zu können. Zum anderen erfordert die Entwicklung eines Informationssystems Gestaltungsentscheidungen auf der Basis von Annahmen und Abstraktion. In seiner besonderen Gestaltungsaufgabe verfolgt dieses Projekt damit ein grundsätzliches Ziel betriebswirtschaftlicher Forschung: Die Verbindung von Theorie und Praxis.

1.2 Prozesswissen und Informationstechnik

Die Rolle der Informationstechnologie (IT) als „enabler of process innovation" [Dave93, S. 47] ist spätestens seit Beginn der 90er-Jahre in das Bewusstsein von organisationalen Entscheidungsträgern gelangt. Mit kaum einer anderen Ressource wurden so viele Hoffnungen auf Verbesserungen der Geschäftsprozesse verbunden. Waren die Erwartungen an IT zu Beginn noch primär auf einen radikalen Wandel der Geschäftstätigkeit gerichtet, so wurden im weiteren Verlauf ebenfalls die kontinuierlichen Verbesserungen der Unternehmungsprozesse fokussiert.

Die hohen Erwartungen an IT spiegeln sich auch in monetären Größen wider. In keine andere Ressource wurde in der vergangenen Dekade so viel investiert. Erfahrungen haben allerdings gezeigt, dass die Anschaffung neuer IT nicht zwangsläufig zu einer Verbesserung der Geschäftsprozesse führt. Gerade in der Verwaltungs- und der Dienstleistungsbranche sowie in den nicht-produzierenden Bereichen von Industriebetrieben konnte lange kein positiver Zusammenhang zwischen IT-Ausgaben und Produktivität festgestellt werden. Im Gegenteil: Paradoxerweise konnte sogar nachgewiesen werden, dass ein erhöhter IT-Einsatz negative Auswirkungen auf die Geschäftsprozesse haben kann [Bryn93].

Die reine Verfügbarkeit von IT ist immer weniger der entscheidende Faktor für die Realisierung innovativer Geschäftsmodelle. Wichtiger als die IT, die in der Regel bereits vorhanden oder kostengünstig zu beschaffen ist, ist das Wissen um die betriebswirtschaftlichen Potenziale und ablauforganisatorischen Auswirkungen des IT-Einsatzes [ScET00]. So reicht es beispielsweise im Falle von Electronic Commerce nicht aus, den Kunden ein Online-Bestellformular via Internet zugänglich zu machen. Erst wenn auch die Logistikprozesse der materiellen Güterströme gemäß der neuen Anforderungen verändert und die ablauforganisatorischen Ressourcen im „Back Office" entsprechend reorganisiert werden, kann Electronic Commerce über reine Rationalisierungseffekte hinaus erfolgreich sein [ScHa99]. Das Wissen über die Unternehmungsabläufe wird somit zu einer kritischen Ressource und das Management von Geschäftsprozesswissen – kurz: *Prozesswissen* – zu einer zentralen Herausforderung.

Schon ein kurzes Studium der Literatur verdeutlicht, dass nicht der Frage nachgegangen werden sollte, ob es prinzipiell sinnvoll ist, computergestützte Systeme für das Management von Prozesswissen zu entwickeln. Dies wurde z. B. anhand von Prozessmodell-Repositorien für das Business Process Reengineering und die Einführung betriebswirtschaftlicher Standardsoftware [Sche98a] theoretisch und praktisch bewiesen. Vielmehr muss erforscht werden, wie ein Wissensmanagement-System gestaltet sein sollte, um den Anforderungen eines bestimmten Anwendungsfeldes gerecht zu werden.

Das in diesem Beitrag betrachtete System soll speziell für das Management von Wissen über solche Gestaltungen von Geschäftsprozessen genutzt werden, die durch den Einsatz von IT verursacht bzw. ermöglicht werden. Die Wissensdomäne wird kurz als „IT-basierte Prozessverbesserungen" betitelt. Die Abgrenzung des Anwendungsfeldes des zu entwickelnden Systems veranschaulicht das „7-S-Modell" [PaAt81, S. 93] (vgl. Abbildung 1).

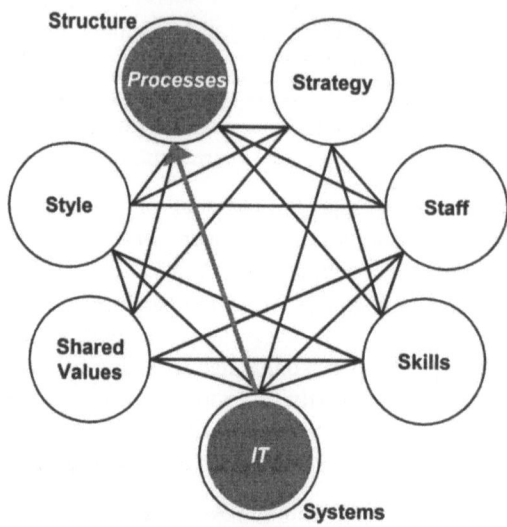

Abbildung 1: Abgrenzung der Domäne IT-basierte Prozessverbesserungen

Die sieben Komponenten Systems, Shared Values, Style, Structure, Strategy, Staff und Skills sowie deren Wechselbeziehungen charakterisieren das komplexe System einer Unternehmung. Jede Komponente und jede Verbindung zwischen den Komponenten kann Gegenstand einer organisationalen Gestaltungsmaßnahme sein. Das zu entwickelnde System bildet Wissen darüber ab, inwiefern IT genutzt werden kann, Geschäftsprozesse zu verbessern. Es wird umgekehrt nicht behandelt, welche Auswirkungen Geschäftsprozesse auf die Gestaltung der IT haben.

1.3 Konzeption des Organisational Memory

Unter dem Begriff „Organisational Memory" (OM) ist das organisationale Gedächtnis seit den 60er-Jahren Gegenstand der US-amerikanischen Forschung. Zahlreiche Wissenschaftsdisziplinen, wie Kommunikationsforschung, Psychologie, Soziologie, künstliche Intelligenz und Betriebswirtschaftslehre, haben sich seitdem aus unterschiedlichen Blickwinkeln mit der Thematik befasst. So wurde zwar umfassende theoretische Arbeit geleistet, bislang jedoch kein generell akzeptiertes, fachübergreifendes Konzept für OM gefunden. Allen Definitionsversuchen gemein ist zumindest die Kausalität zwischen Gedächtnis und Lernen. So wird ein OM als Medium angesehen, mit dem aus Wissen über Vergangenes für die Zukunft gelernt und derart die Effektivität der Organisation erhöht werden kann. In diesem Sinne kann ein OM allgemein definiert werden durch die Merkmale seiner

Prozesse bzw. Funktionen, die bestimmte Wissensinhalte verarbeiten, und dem Ziel der Effektivität folgen [WaUn91, S. 61f.; Stei95, S. 19, 22].

1.3.1 Funktionen eines Organisational Memory

Ein Organisationales Gedächtnis kann als Prozess verstanden werden, der – im Unterschied zum menschlichen Gedächtnisprozess – nicht-kognitiv ist [Stei95, S. 26]. Zahlreiche Autoren haben diese organisationalen Wissensprozesse charakterisiert und versucht, die Kernfunktionen herauszuarbeiten. Sie lassen sich zu den Folgenden zusammenfassen:

- *Wissenserfassung*: die Akquisition bzw. das Aufspüren von relevanten Wissensträgern und das Dokumentieren von Wissensinhalten. Wissenserfassung bezieht sich sowohl auf die Explizierung von Mitarbeiterwissen als auch auf die (Neu-)Erfassung bereits dokumentierter Wissensinhalte, z. B. mittels neuer Medien oder in einer veränderten Form.

- *Wissensintegration*: die semantische Verknüpfung und die physische Speicherung der Wissensobjekte auf der Basis einer logisch integrierten Metastruktur. Diese Struktur sollte offen und erweiterbar sein, so dass unterschiedliche Wissensinhalte und Medien miteinander kombiniert werden können.

- *Wissensverwendung*: die Suche und Navigation nach dem für die Lösung einer Problemstellung relevanten Wissen, dessen Selektion und Verteilung über Netzwerke an die beteiligten Personen sowie die Ausgabepräsentation der Wissensinhalte. Wissensverwendung in einem weiteren Sinne umfasst auch die rückwirkende Bewertung des verwendeten Wissens.

1.3.2 IT-Unterstützung eines Organisational Memory

Die definitorischen Merkmale eines OM wurden von zahlreichen Autoren behandelt. Es existieren jedoch nur wenige Arbeiten, welche die technische Unterstützung und Implementierung des OM-Konzepts thematisieren. Als Grund dafür nennt LEHNER, dass erst jetzt geeignete Technologie-Konzepte zur Verfügung stehen, die es ermöglichen, die Anforderungen an ein OM umzusetzen [Lehn98, S. 48].

Einer der wenigen theoretischen Erklärungsversuche findet sich bei STEIN und ZWASS. Sie definieren ein Organisational-Memory-System (OMS) basierend auf der OM-Definition von WALSH/UNGSON [WaUn91] als die Gesamtheit der technischen Mittel, die eingesetzt werden, um die Funktionen eines OM zu unterstützen [StZw95, S. 95]. Auch LEHNER definiert ein OMS unter anderem über seine funktionalen Eigenschaften [Lehn00, S. 167]. Findet auch die inhaltliche Ausrichtung auf ein Anwendungsfeld in der Definition Berücksichtigung, so kann ein OMS verstanden werden als ein computerbasiertes System, das verschiedene Basistechnologien, wie Modellierungs-, Datenbank- und Retrievaltechnologien, kombiniert, um das relevante Wissen eines wohldefinierten Anwendungsfeldes, d. h. alle Wissensarten, -stufen und -inhalte, kontinuierlich zu erfassen, zu integrieren und für zukünftige Unternehmungsentscheidungen verwendbar zu machen [WaUn91, S. 61-64; StZw95, S. 95; AbDK98, S. 213]. Abbildung 2 illustriert das Zusammenwirken der OMS-Komponenten.

Ein OM wird mit dem Ziel entworfen, das organisationale Lernen zu fördern. Es wird als Voraussetzung begriffen, um Erfahrungen und Kenntnisse aus der Vergangenheit für zukünftige Unternehmungsentscheidungen zu nutzen. Ferner ist es selbst Bestandteil von organisationalem Lernen und wird durch dieses im Zeitablauf verändert. Sowohl OM als auch organisationales Lernen können weitere Effekte haben. WALSH und UNGSON sprechen in diesem Zusammenhang von „use, misuse and abuse" von OM [WaUn91, S. 74-77].

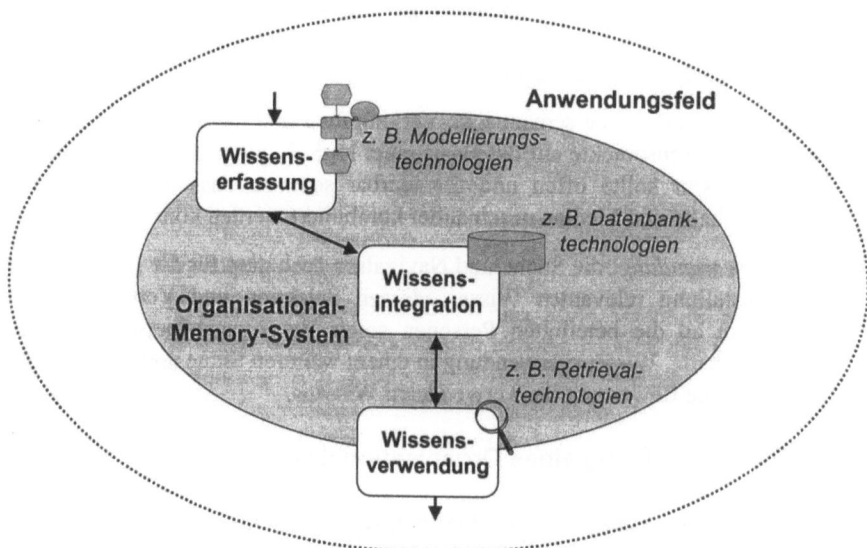

Abbildung 2: Komponenten eines Organisational-Memory-Systems

2 Werkzeuge für das Management von Prozesswissen

2.1 Systeme und Technologien

Systeme und Anwendungsbeispiele, welche die oben genannten Funktionen eines OMS unterstützen und die wesentlichen Aspekte der Nutzung einer bestimmten Technologie für das Management von Prozesswissen verdeutlichen, werden im Folgenden beispielhaft charakterisiert.

Erfahrungsdatenbanken zielen darauf, implizites und unmittelbar mit Personen verbundenes Wissen zu dokumentieren und für andere Mitarbeiter nutzbar zu machen. Aufgrund der weiten Verbreitung und der guten Beherrschung der Datenbanktechnologien und -produkte zählen Erfahrungsdatenbanken heute zu den meistgenutzten Wissensmanagement-Werkzeugen [Warg98, S. 25]. Sie bilden häufig die technische und konzeptionelle Grundlage für höher entwickelte Instrumente zur Wissensrepräsentation und -verarbeitung, wie z. B. für Data Warehouses. Typische Einsatzfelder für Erfahrungsdatenbanken sind Designprozesse (sowohl von Produkten als auch von Geschäftsprozessen) [MCLP93] und kundenorientierte Abläufe (Marketing, After Sales Service, Call Center, Helpdesks) [Geng97].

Data-Warehouse-Systeme [Inmo92] versuchen, traditionelle Datenbanksysteme um Such- und Analysemöglichkeiten zu ergänzen und so die Entscheidungsunterstützung zu verbessern. Eine Trennung zwischen den aktuellen Daten der operativen Systeme und den historischen, entscheidungsunterstützenden Daten ist definitorisches Merkmal eines Data-Warehouse-Systems. Anstrengungen, unternehmungsweite Data Warehouses aufzubauen, haben sich allerdings in der Praxis häufig als zu aufwändig herausgestellt. Etabliert haben sich indessen auf bestimmte organisatorische Bereiche begrenzte Datensammlungen, so genannte Data Marts [Flad96, S. 25]. Die Entwicklung eines Data-Mining-Konzepts [ChHY96; FaPS96] ist ein konsequenter Schritt nach dem Aufbau eines Data Warehouse [Inmo97; Sche96].

Modell-Datenbanken unterscheiden sich von traditionellen Datenbanklösungen durch die Form der Wissenserfassung und -präsentation. In oben genannten Erfahrungsdatenbanken wird das Wissen in textueller Form, als „Episode" aus dem Geschäftsleben beschrieben. In Modell-Datenbanken hingegen wird das Wissen in grafischer Form als abstrahiertes Unternehmungsabbild gespeichert [Rose96, S. 17]. Da sich die Probleme des Geschäftsprozessmanagements in der Regel nicht vollständig formalisieren lassen, kommen heuristische Modellierungsmethoden zum Einsatz [Hess96, S. 19]. Business Process Reengineering, Einführung von Standardsoftware, Implementierung von Workflow-Management-Systemen oder Qualitätszertifizierung nach ISO-Normen sind Beispiele für Anwendungsfelder, in denen sich die Modellierung von Geschäftsprozessen bewährt hat [Sche98a].

Die meisten Modellierungswerkzeuge, wie „VISIO" von Microsoft, „Rational Rose" der Rational Software Corporation oder „ARIS-Toolset" der IDS Scheer AG, integrieren verschiedene, semi-formale Modellierungsmethoden unter einer einheitlichen Oberfläche. Die Güte der Methodenintegration ist abhängig von der Qualität des zugrunde liegenden Repository, d. h. des Meta-Informationssystems, das die fachlichen und die technischen Merkmale aller verwendeten Modellierungsmethoden beschreibt [Ortn99, S. 236].

Hypertext-Lösungen [Conk87] weisen im Gegensatz zu als Text repräsentiertem Wissen eine nicht-lineare Struktur auf. Die Grundidee von Hypertext besteht darin, Wissensobjekte, die in der Logik des entsprechenden Anwendungsfeldes flexibel verknüpft sind, zu navigieren, zu aktivieren und zu manipulieren [Kuhl91, S. 13]. Da diese verknüpften Wissensobjekte nicht auf Textdokumente beschränkt sind, sondern z. B. Bilder, Tonaufzeichnungen und Videos umfassen, wird das Synonym „Hypermedia" verwendet [GlSt90]. Die Flexibilität der als „Hyperlinks" bezeichneten Verknüpfungen bezieht sich jedoch nicht nur auf die Multimedialität der eingebundenen Wissensobjekte, sondern insbesondere auf die Multidimensionalität der abgebildeten semantischen Zusammenhänge. Die Wissensobjekte stehen in einem netzwerkartigen Zusammenhang. Aufgrund dieser strukturgebenden Merkmale eignen sich Hypermedia-Lösungen nicht zuletzt als Mittel der Wissensintegration [Kuhl91, S. 58]. Methoden, nach denen Hypermedia-Wissensnetze aufgebaut werden können, sind *Concept Mapping* [GaSh99] und *Mind Mapping* [BuBu96]. Beide Darstellungsformen strukturieren ein Themengebiet assoziativ.

Knowledge Maps unterscheiden sich von den bisher vorgestellten Systemen dadurch, dass sie nicht das Wissen zu einem bestimmten Anwendungsfeld abbilden, sondern primär Wissen über Wissen beschreiben – es handelt sich um so genannte Meta-Wissenssysteme. Sie versuchen, die Wissensressourcen einer Unternehmung zu identifizieren, zu klassifizieren, zu lokalisieren und dadurch die Wissenstransparenz zu erhöhen [PrRR97, S. 104]. Vor allem in „wissensintensiven" Bereichen, wie der Softwareentwicklung, der Konstruktion oder der Beratung, ist die Transparenz und Bewahrung des Mitarbeiterwissens ein kritischer Erfolgsfaktor [Dave98]. Eine der frühesten und heute weit verbreiteten Intranet-Anwendungen von Knowledge Maps sind die „Yellow Pages" [ChRW91]. Dies sind unternehmungsweit verfügbare Verzeichnisse von Wissensträgern, die klassifiziert nach Wissenskategorien durchsucht werden können. Das unternehmungsübergreifende Pendant zu Yellow Pages sind weltweite – meist über das Internet zugängliche – Expertennetzwerke.

Systeme der Künstlichen Intelligenz (KI) versuchen die Fähigkeit zu logischer Schlussfolgerung als Grundlage intelligenten Verhaltens nachzuahmen [BlBü92]. Um ein KI-System für das Prozessmanagement zu realisieren, wird eine Wissensbasis modelliert, aus der durch Gebrauch von Inferenzmechanismen intelligente ablauforganisatorische Lösungen generiert werden [ABHK98]. Eine derart intelligente Ablaufplanung, die z. B. Konflikte und Warteschlangen vor Bearbeitungsressourcen auflöst, kommt vor allem in der Fertigungssteuerung zur Anwendung [BrSc95]. Die Probleme beim Management von Prozesswissen richten sich jedoch weniger auf das maschinelle Entwerfen von Ablaufplänen als vielmehr auf die Notwendigkeit, in der Unternehmung bestehendes Prozesswissen zu erfassen, zu integrieren und wiederzuverwenden. Der Nutzen von KI-Systemen muss in diesem Zusammenhang eher darin gesehen werden, menschliche Entscheidungsprozesse zu verbessern als automatische Lösungen zu entwickeln [HeVr99, S. 115f.].

Fallbasiertes Schliessen (Case-Based-Reasoning, CBR) und *Expertensysteme* sind die am häufigsten im Zusammenhang mit Wissensmanagement diskutierten KI-

Instrumentarien. Frühe CBR-Systembeispiele zur Abbildung technischen Wissens finden sich bei [Wess92]. Heute setzen sich CBR-Systeme auch zur Unterstützung von Kundenservice- und Verkaufsprozessen durch. Typische Anwendungsfelder sind Call-Center- und Helpdesk-Systeme. Expertensysteme extrahieren das Wissen menschlicher Experten, speichern es in einer integrierten Datenbasis und machen es durch Inferenzmechanismen verwendbar. Sie erheben zwar den Anspruch als Werkzeuge des Wissensmanagements einsetzbar zu sein [AmSt99, S. 81], es liegen jedoch nur wenige professionelle Erfahrungen in der Nutzung dieser Systeme vor. Zuweilen wird die praktische Relevanz von Expertensystemen als Werkzeuge des Wissensmanagements auch bezweifelt [HeVr99, S. 113f.].

2.2 Systemzusammenhänge und weitere Technologien

Die gewählten beispielhaften Kategorien zur Beschreibung der existierenden Wissensbanken sind nicht frei von Überschneidungen. Keines der genannten Systeme basiert auf einer einzelnen Technologie, vielmehr handelt es sich um komplexe „Technologiebündel" [Krcm97, S. 163]. Zugleich weisen bestimmte Systeme konzeptionelle Gemeinsamkeiten auf. Beispielsweise können Modell-Datenbanken Erfahrungswissen in Form von Referenzmodellen speichern und für die Adaption der Referenzmodelle CBR-Mechanismen einsetzen. So wird dies z. B. innerhalb des Vorgehens zur Einführung von mySAP.com-Lösungen durch Frage/Antwort-Dialoge realisiert, durch welche vordefinierte Templates in Form so genannter „Collaborative Business Scenarios" an die Anforderungen der betrieblichen Realität angepasst werden [IDSS00, S. 6f.].

Weitere Anwendungsbeispiele für die genannten Technologien finden sich u. a. bei [BoPa98, Gent99, Lehn00]. In Theorie und Praxis lassen sich weitere Technologien finden, die im Zusammenhang mit Wissensmanagement diskutiert werden, z. B. Recommender- und Pointer-Systeme [ReVa97] und Frequently Asked Questions (FAQ)-Systeme [BHKL97]. Diese sind jedoch meist Spezialisierungen der vorgestellten Systeme und erbringen für das Management von Geschäftsprozesswissen keinen originären Beitrag.

2.3 Konsequenz für OMS-Architekturen

Es wurde deutlich, dass die Entwicklung eines OMS nicht an der Verfügbarkeit geeigneter Technologien scheitert – „the next generation of knowledge support systems will be limited more by our creative imaginations, than by our available technologies" [GaRS92, S. 14]. Es besteht eine fast unüberschaubare Vielfalt an Technologien, die Potenziale für die Realisierung eines OMS bieten. Die Schwierigkeit besteht darin, die relevanten Systemmerkmale zu ermitteln, geeignete Technologien auszuwählen und so zu integrieren, dass ein schlüssiges Gesamtkonzept entsteht. Die Frage, der es nachzugehen gilt, muss deshalb lauten: Wie sollte ein OMS gestaltet sein, um den Anforderungen eines bestimmten Anwendungsfeldes möglichst gut gerecht zu werden [MCLP99, S. 441]?

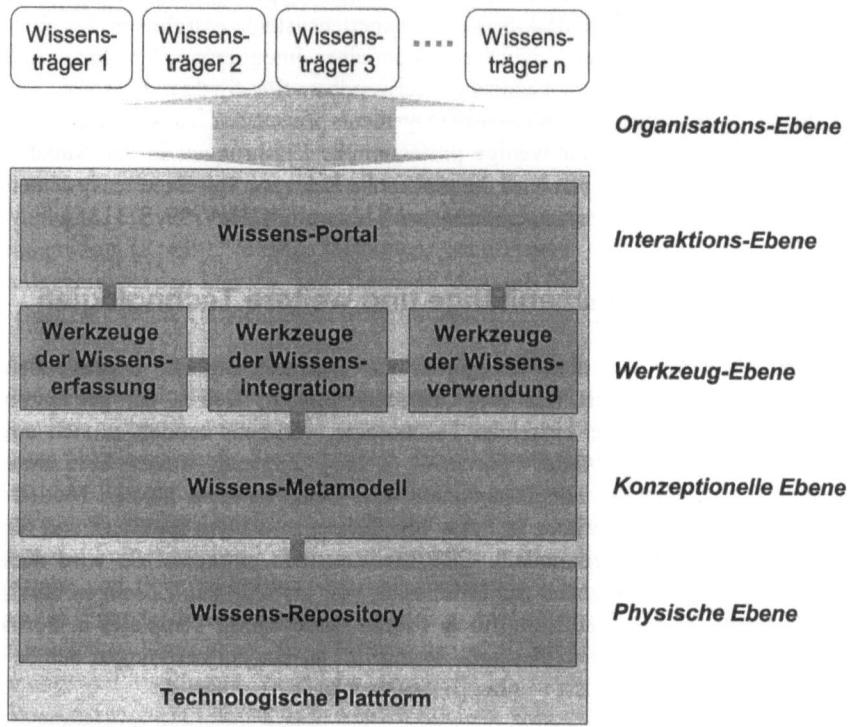

Abbildung 3: OMS-Architektur

Die in Abbildung 3 in Anlehnung an [Ovum98, S. 138] dargestellte Architektur veranschaulicht die Komponenten eines OMS sowie deren funktionales Zusammenwirken. Sie weist Ähnlichkeiten mit den Architekturen von Datenbank- und Expertensystemen auf. Auf der Organisations-Ebene der Architektur wird z. B. die Rolle des Wissensmanagers geklärt oder die Frage von Anreizsystemen und Freiräumen zur Wissenserfassung durch die Wissensträger behandelt. Durch die Technologische Plattform wird die Integration des OMS mit den operativen Anwendungssystemen hergestellt. Auf der Interaktions-Ebene wird auf dieser Basis die Benutzungsschnittstelle des OMS definiert, die durch die Angabe individueller Profile an die Arbeitsanforderungen der einzelnen Wissensträger anpassbar sein sollte. So bildet sie ein persönliches Portal zur Erfassung, Integration und Verwendung von Wissen. Die Werkzeuge zur Unterstützung dieser Aufgaben werden auf der Werkzeug-Ebene gestaltet. Die Gestaltung der geeigneten Werkzeuge erfolgt auf der Konzeptionellen Ebene durch das OMS-Metamodell. Es beschreibt die abstrakte Struktur der Elemente des Anwendungsfeldes, die durch ein OMS unterstützt werden sollen, d. h. Wissensträger, ihre organisatorische Einordnung, Wissensformen, -dokumente, -inhalte und deren Beziehungen. Die Erarbeitung des Metamodells ist insofern eine wesentliche intellektuelle Herausforderung bei der Entwicklung eines OMS. Dies gilt umso mehr, als die Metastruktur gleichzeitig das Implementierungsmodell für die physische Datenspeicherung liefert. Aus dem Metamodell wird schließlich in der Physischen Ebene das Schema des Systems abgeleitet.

Kommerzielle Wissensmanagement-Systeme, wie „Hyperwave IS/6" der Hyperwave AG, „GrapeVine" von GrapeVine Technologies oder „KnowledgeX" von IBM, stellen zwar integrierte technische Lösungen für die Unterstützung einzelner OMS-Funktionen bereit, wie z. B. Mind Mapping für die Wissensintegration oder agentenbasierte Wissenssuche und -verteilung. Sie sind jedoch nicht auf bestimmte Anwendungsfelder ausgerichtet und verfügen über keine anwendungsspezifische Konzeption. Sie bieten eher eine Vorauswahl verfügbarer Technologien als eine inhaltliche Problemlösung. Eine Unternehmung, die z. B. das Prozesswissen in der Produktentwicklung, der internen Beratung oder dem Customer Relationship Management organisieren will, muss Wissensmanagement konzeptionell gestalten. Eine vorimplementierte Technologieauswahl kann dabei hinderlich wirken [Rugg96, S. 14]. Vielmehr sollte zunächst das Anwendungsfeld konzeptionell beschrieben werden. Erst dann kann auf dieser Grundlage entschieden werden, welches die benötigten Wissensmanagement-Werkzeuge sind und ob die Anforderungen durch eine kommerzielle Lösung abgedeckt werden [WaRO99, S. 57f.].

Im Folgenden wird diese Gestaltungsaufgabe für das Anwendungsfeld „IT-basierte Prozessverbesserungen" bearbeitet. Zunächst werden diejenigen Objekte des Anwendungsfeldes und ihre Beziehungen modelliert, die durch ein OMS „gemanagt" werden müssen. Auf dieser Grundlage werden die konkreten Anforderungen an die Gestaltung eines OMS definiert, d. h. die OMS-Komponenten zur Wissenserfassung, Wissensintegration und Wissensverwendung.

3 OMS-Metamodell

Das zu entwerfende OMS soll das Wissen im IT-Bereich effizient organisieren und die IT-basierte Verbesserung von Geschäftsprozessen unterstützen. Als IT-basierte Prozessverbesserung wird dabei jede durch den Einsatz von IT bedingte Veränderung eines Geschäftsprozesses bezeichnet, die dessen Effektivität erhöht.

3.1 Makromodell IT-basierter Prozessverbesserungen

Eine wesentliche Aufgabe der Modellierung ist es, das Verständnis des Anwendungsfeldes zu erhöhen, um auf dieser Basis Gestaltungsvorschläge machen zu können. Diese Aufgabe umfasst die Klärung der relevanten Begriffe und die Festlegung einer einheitlichen Terminologie. Beispielsweise könnte der Begriff „Prozessverbesserung" sowohl als Vorgang, mit dem Ziel der Verbesserung eines betrieblichen Prozesses, als auch als das Ergebnis eines solchen Vorgangs, d. h. als verbesserter Prozess, interpretiert werden. Während bei sprachlichen Ausführungen die Bedeutung des Begriffs oft nur aus dem Kontext geschlossen werden kann, muss im Rahmen der Systementwicklung eine eindeutige Definition erfolgen.

Makromodelle [Booc94, S. 229f.] machen den ersten Schritt bei dieser Begriffsklärung. Sie stellen Modelle dar, die in feinere Elemente zerlegt werden können und sind dazu geeignet, ein komplexes Anwendungsfeld grob zu strukturieren sowie eine Übersicht über die relevanten Modellbausteine zu geben. In der Unified Modeling Language (UML) erfüllt das Paketdiagramm [FoSc98, S. 115] diese Aufgabe. Zur Notation sei auf [RaSC99] verwiesen. Das in Abbildung 4 präsentierte Paketdiagramm zeigt auf abstrakter Ebene die grundsätzlichen Abhängigkeiten zwischen den Komponenten IT-basierter Prozessverbesserungen auf.

Die durch Pfeile dargestellten Beziehungen zwischen den Paketen drücken die Tatsache aus, dass es in assoziierten Paketen mindestens jeweils eine Objektklasse gibt, die Beziehungen unterhält. Eine ORGANISATORISCHE EINHEIT kann einen VERBESSERUNGSVORSCHLAG äußern, der VERBESSERUNGSPROJEKTE nach sich ziehen kann. VERBESSERUNGSPROJEKTE werden in konkreten VERBESSERUNGSMASSNAHMEN umgesetzt, die ebenfalls von ORGANISATORISCHEN EINHEITEN ausgeführt werden. Ein Verbesserungsvorschlag sollte bereits Hinweise auf einen konkreten Lösungsweg, d. h. die geplanten Verbesserungsmaßnahmen enthalten [Urba94, S. 23]. Die Beziehung zwischen VERBESSERUNGSVORSCHLAG, -PROJEKT und -MASSNAHME ist folglich transitiv. Das VERBESSERUNGSCONTROLLING bewertet die durchgeführten VERBESSERUNGSMASSNAHMEN und PROJEKTE nach Wirtschaftlichkeitsaspekten.

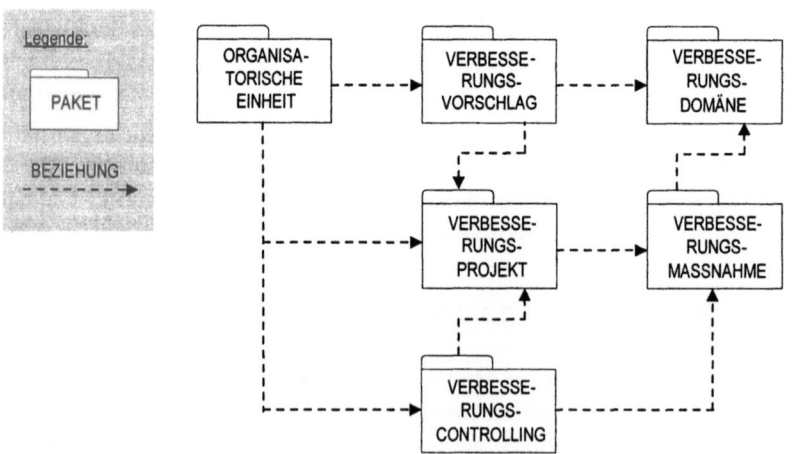

Abbildung 4: Makromodell IT-basierter Prozessverbesserungen

3.2 Mikromodelle IT-basierter Prozessverbesserungen

Bei der Gestaltung der OMS-Mikromodelle sollte darauf geachtet werden, dass diese prinzipiell für verschiedene Anwendungsfelder des Verbesserungsmanagements wiederverwendbar sind. Diese Wiederverwendung von Modell- bzw. Systembausteinen ist ein wesentliches Ziel komponentenbasierter Systementwicklung [Pree97]. Die spezielle Ausrichtung auf das Anwendungsfeld „IT-basierte Prozessverbesserungen" erfolgt innerhalb des Pakets VERBESSERUNGSDOMÄNE (vgl. Abbildung 4). Durch seine speziellen Eigenschaften und die Wechselwirkungen mit anderen Paketen prägt es das Gesamtmodell und gibt erste Hinweise für die Systemkonzeption.

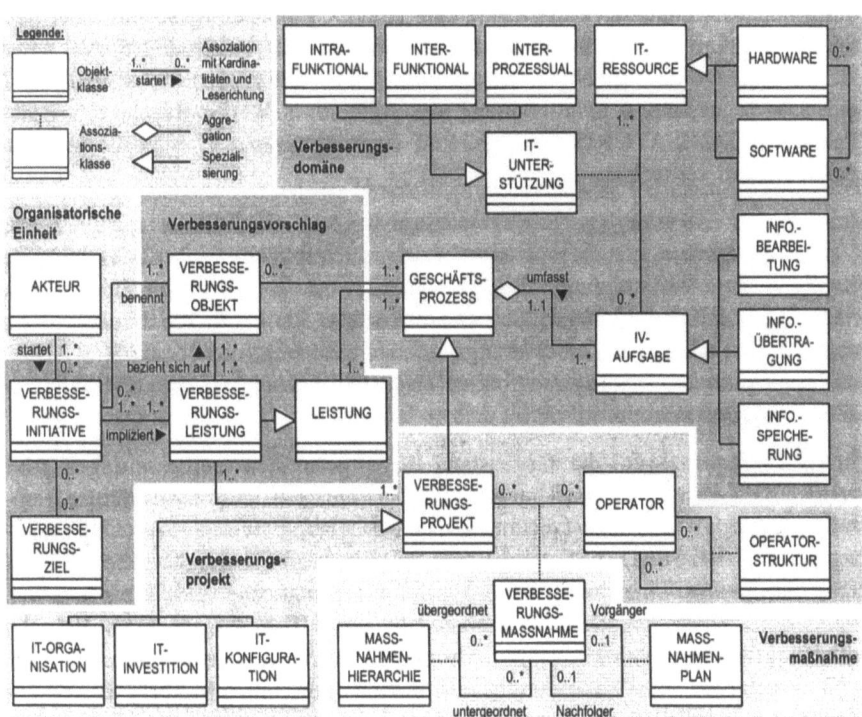

Abbildung 5: Ausschnitt des Metamodells IT-basierter Prozessverbesserung

Die einzelnen Objektklassen und die konkreten Zusammenhänge zwischen den Paketen werden im Folgenden beispielhaft für die Pakete VERBESSERUNGS-VORSCHLAG, -DOMÄNE, -PROJEKT und -MASSNAHME erläutert. Ein Ausschnitt des Metamodells der IT-basierten Prozessverbesserung ist in Abbildung 5 gegeben. Die Objektklassen sind als Rechtecke dargestellt, die durch ihren Namen gekennzeichnet sind. Auf die Modellierung von Attributen und Methoden wird verzichtet. Die dafür vorgesehenen Modellierungskonstrukte sind durch die Dreiteilung der Objektklassen angedeutet. Objektbeziehungen – in der UML auch als

Assoziationen bezeichnet – werden durch Kanten zwischen den beteiligten Klassen dargestellt. Das Gesamtmodell ist vollständig in [Habe01] dokumentiert.

3.2.1 Verbesserungsvorschlag

Eine Initiative ist allgemein der zeitliche und logische Startimpuls für einen Tätigkeitsablauf [Haus97, S. 224]. Der hier interessierende Tätigkeitsablauf hat die Verbesserung der betrieblichen Prozesse zum Ziel. Er wird daher im Folgenden als „Verbesserungsinitiative" bezeichnet. Die Objektklasse VERBESSERUNGSINITIATIVE ist der Kern des Pakets VERBESSERUNGSVORSCHLAG. Eine Verbesserungsinitiative wird von einem Individuum ausgelöst, dem zu einem bestimmten Zeitpunkt an einer Sache oder einem Geschehen etwas ein- oder auffällt [Haus97, S. 224]. Die Objektklasse VERBESSERUNGSINITIATIVE weist Beziehungen zu den Objektklassen AKTEUR und VERBESSERUNGSOBJEKT auf. Die organisatorische Einbettung der Akteure, d. h. die Beschreibung des Pakets ORGANISATORISCHE EINHEIT (vgl. Abbildung 4) wird für den Modellausschnitt vernachlässigt.

Im Rahmen eines Verbesserungsvorschlags benennt ein Initiator nicht nur das Verbesserungsobjekt, auf das er sich bezieht. Er impliziert auch das angestrebte Ergebnis der Verbesserung. Dieses Ergebnis ist in der Klasse VERBESSERUNGSLEISTUNG abgebildet. Diese Struktur kann um die Ursachen, die dazu führen, dass eine Verbesserungsinitiative gestartet wird [Leav65, S. 1145], und um die mit der Initiative verfolgten Ziele (Objektklasse VERBESSERUNGSZIEL) erweitert werden.

In Geschäftsprozessen, die Gegenstand der angestrebten Verbesserungen sind, werden die Leistungen einer Unternehmung erstellt, d. h. Geschäftsprozesse transformieren Input- in Output-Leistungen. Die Assoziation zwischen den Objektklassen GESCHÄFTSPROZESS und LEISTUNG beschreibt, dass jeder Geschäftsprozess mindestens eine betriebliche Leistung erbringt und jede Leistung von mindestens einem Geschäftsprozess erstellt wird [Sche98b, S. 148]. Ein Geschäftsprozess, der keine Leistung erbringt, ist betriebswirtschaftlich nicht sinnvoll. Ergebnisse von Verbesserungsinitiativen können als besondere Leistungen verstanden werden. Eine prozessorientierte Verbesserungsinitiative zielt darauf, die Effizienz bzw. Effektivität der betrieblichen Leistungserstellung zu erhöhen.

Um eine Verbesserungsleistung zu erbringen, muss ebenfalls ein Prozess durchgeführt werden, der Verbesserungsprozess. Aufgrund ihrer zeitlichen und inhaltlichen Restriktionen weisen Verbesserungsprozesse i. d. R. Projektcharakter auf. Deshalb wird für sie die Objektklasse VERBESSERUNGSPROJEKT eingeführt. Sie verweist auf die Schnittstelle zu dem gleichnamigen Objektpaket (vgl. Abbildung 4). Analog zu der Spezialisierungsbeziehung zwischen LEISTUNG und VERBESSERUNGSLEISTUNG kann ein Verbesserungsprojekt als ein spezieller Geschäftsprozess interpretiert werden. Anders ausgedrückt ist ein Verbesserungsprojekt ein planmäßiger Vorgang, der mit dem Ziel erfolgt, andere Geschäftsprozesse – oder sich selbst – zu verbessern.

Durch die vorgenommenen Spezialisierungen bzw. Generalisierungen wird es möglich, Arbeits- und Wissensprozesse anhand einer einheitlichen Beschreibungssprache abzubilden. Diese Beschreibung dient als Basis für die fachliche und technische Einführung des OMS in die Arbeitswelt.

3.2.2 Verbesserungsdomäne

Bei der Leistungserstellung in Geschäftsprozessen werden Informationen verarbeitet. Je nach Umfang und Bedeutung der Informationsverarbeitung für die betriebliche Leistungserstellung können Material transformierende und Informationen transformierende Geschäftsprozesse unterschieden werden [Sche97, S. 116]. Ein Beispiel für einen Material transformierenden Geschäftsprozess ist die Fertigung eines Industrieproduktes, für einen Informationen transformierenden Geschäftsprozess die Bearbeitung eines Kundenauftrags.

Ein informationsverarbeitender Geschäftsprozess ist ein Geschäftsprozess, der mindestens eine Aufgabe der Informationsverarbeitung umfasst, deshalb aber nicht zwangsläufig primär informationsverarbeitend sein muss. In Abbildung 5 werden informationsverarbeitende Geschäftsprozesse als Verbesserungsobjekt modelliert. Zu diesem Zweck wird eine Beziehung zwischen der Objektklasse GESCHÄFTSPROZESS und der Objektklasse IV-AUFGABE, welche die Aufgaben der Informationsverarbeitung (IV) beschreibt, modelliert. Es werden nur Geschäftsprozesse betrachtet, die mindestens eine IV-Aufgabe umfassen, i. d. R. aber Aggregate aus einer Reihe solcher Aufgaben sind.

Zu den grundsätzlichen Aufgaben der Informationsverarbeitung werden die Erfassung, Speicherung, Übertragung und Transformation von Informationen gezählt [HaNe01, S. 11]. Für die semantische Beschreibung der Verbesserungsdomäne wird nicht zwischen Erfassungs- und Transformationsaufgaben unterschieden. Sie werden unter dem Begriff Informationsbearbeitung zusammengefasst. Für die Aufgaben der Informationsverarbeitung werden in Abbildung 5 folglich die Objektklassen INFORMATIONSBEARBEITUNG, -ÜBERTRAGUNG und -SPEICHERUNG als Spezialisierungen der übergeordneten Objektklasse IV-AUFGABE modelliert. Eine IT-basierte Prozessverbesserung bezieht sich auf mindestens eine dieser IV-Aufgaben innerhalb eines Geschäftsprozesses – genauer: auf die Ressourcen, die zur Unterstützung dieser Aufgaben eingesetzt werden. Sie werden durch die Objektklasse IT-RESSOURCE modelliert, welche in die Objektklassen HARDWARE und SOFTWARE spezialisiert wird.

Unabhängig von der Zuordnung zu bestimmten Aufgabentypen kann die IT-Unterstützung noch nach der organisationalen Reichweite charakterisiert werden. Demnach kann grundsätzlich unterschieden werden, ob eine IT-Ressource eine einzelne, isolierte betriebswirtschaftliche Funktion innerhalb eines Geschäftsprozesses unterstützt, auf mehrere betriebswirtschaftliche Funktionen bzw. einen Teilprozess zugreift, oder ob die IT-Unterstützung prozessübergreifend, sogar interorganisational ist. In Abbildung 5 werden diese Formen der IT-Unterstützung durch die spezialisierten Objektklassen INTRAFUNKTIONAL, INTERFUNKTIONAL und INTERPROZESSUAL abgebildet.

3.2.3 Verbesserungsprojekt

Verbesserungsprojekte können danach charakterisiert werden, ob sie primär die bereits in der Unternehmung existierenden Systeme fokussieren oder auf die Einführung informationstechnischer Innovationen zielen. Verbesserungsprojekte, die auf die Beschaffung neuer IT zielen, werden in Abbildung 5 durch die Objektklasse IT-INVESTITION gekennzeichnet. IT-Investitionen führen informationstechnische Neuerungen in die Organisation ein. Dabei stellt sich die grundsätzliche Frage, ob die neuen IT-Ressourcen selbst entwickelt oder fremdbezogen werden sollen – „make or buy". Gleich ob Kauf oder Eigenentwicklung, die Beschaffung einer geeigneten IT-Ressourcen alleine führt nicht unbedingt zu einer Prozessverbesserung. Wurde eine „richtige" IT-Ressource beschafft, muss auch sichergestellt werden, dass sie die richtigen Aufgaben löst. Die Aufgabenverteilung auf IT-Ressourcen wird in Abbildung 5 durch die Klasse IT-UNTERSTÜTZUNG abgebildet.

Mit der Objektklasse IT-ORGANISATION werden diejenigen Projekte modelliert, die sich auf die Verbesserung dieser Aufgabenzuordnung beziehen. IT-Organisation ist jedoch kein Verbesserungsprojekt, das nur im Anschluss an neue IT-Investitionen relevant wird. Vielmehr bezieht sich IT-Organisation auf die Strukturierung und die kontinuierliche Verbesserung der Aufgabenverteilung aller in einer Unternehmung eingesetzten Systeme [Krcm97, S. 162-164].

Mit der fachlichen Aufgabenzuordnung verfolgt IT-Organisation die Verbesserung der IT-Unterstützung aus einer primär betriebswirtschaftlichen Sicht. Sind die IV-Aufgaben auf die geeigneten IT-Ressourcen verteilt, müssen die IT-Ressourcen technisch so integriert werden, dass ein reibungsloser Systemablauf erreicht wird. Effizienz, Sicherheit und Robustheit des laufenden Informationssystems sind die wesentlichen Gestaltungsziele der nächsten Projektklasse. Sie wird in Abbildung 5 mit IT-KONFIGURATION bezeichnet.

Investition, Organisation und Konfiguration von IT sind keine voneinander unabhängigen Verbesserungsprojekte. Sie stehen in einem fachlichen Zusammenhang. Dies zeigt sich insbesondere bei der Einführung strategischer IT-Innovationen – es entstehen assoziierte Teilprojekte. Zur Beschreibung dieses Sachverhalts wird in Abbildung 5 die Assoziationsklasse VERBESSERUNGSMASSNAHME modelliert. Sie beschreibt einen Netzplan, in dem die logischen Vorgänger- und Nachfolgerbeziehungen zwischen Teilprojekten abgebildet werden können.

3.2.4 Verbesserungsmaßnahme

Die Identifizierung von typischen Projekten ist der erste Schritt, um das Wissen über IT-basierte Prozessverbesserungen in einer Unternehmung abbilden und nutzen zu können. Ein Verbesserungsprojekt besteht aus den konkreten Maßnahmen, mit denen eine angestrebte Verbesserungsleistung realisiert werden soll. Die Anzahl, Art und logische Reihenfolge dieser Verbesserungsmaßnahmen muss ebenfalls durch das zu entwickelnde OMS beschrieben werden. Die Beschreibung dieser Verbesserungsmaßnahmen stellt eine bedeutende intellektuelle Herausforderung bei der Gestaltung eines Werkzeugs für das Management von Prozesswissen dar – „the key intellectual challenge: how to represent organizational processes?" [MCLP93].

Eine konkrete Verbesserungsmaßnahme ist Bestandteil eines Verbesserungsprojektes bzw. -teilprojektes. Ein Verbesserungsprojekt umfasst mindestens eine konkrete Maßnahme. Dies wird in Abbildung 5 als Beziehung zwischen den Objektklassen VERBESSERUNGSPROJEKT und VERBESSERUNGSMASSNAHME modelliert. Verbesserungsmaßnahmen können grundsätzlich unterschieden werden in koordinierende Tätigkeiten des Projektmanagements und in Tätigkeiten, die unmittelbar die angestrebte Veränderung fachlich verfolgen [DrKS98, S. 277f.]. Als allgemeinste Ablaufstruktur von Verbesserungsmaßnahmen wird hier eine Netzstruktur modelliert. Die Assoziationsklasse MASSNAHMENPLAN besagt, dass eine Verbesserungsmaßnahme mehrere Nachfolger und Vorgänger haben kann aber nicht muss. Unterschiedliche Granularitätsgrade werden schließlich durch die Assoziationsklasse MASSNAHMENHIERARCHIE abgebildet. Sie beschreibt die Möglichkeit, dass eine Verbesserungsmaßnahme aus mehreren untergeordneten Maßnahmen bestehen kann bzw. möglicherweise ein Element einer übergeordneten Maßnahme ist.

3.3 OMS-Rahmenwerk

Die Strukturen des OMS-Metamodells liefern ein objektorientiertes und komponenten-basiertes sowie wiederverwendbares Rahmenwerk zur Systementwicklung. Die Schaffung eines Metamodells, das es erlaubt, das bei der Modellierung eingegangene und erworbene Wissen für die Entwicklung unterschiedlicher Anwendungssysteme wiederzuverwenden, muss als Zielsetzung des Wissensmanagements interpretiert werden. Das Rahmenwerk besteht aus den definierten Paketen bzw. Komponenten (vgl. Abbildung 4) und den modellierten Objektstrukturen (vgl. Abbildung 5). Innerhalb des Rahmenwerks können bestimmte Komponenten so entworfen werden, dass sie in Form so genannter „Hot Spots" [Pree97, S. 7] austauschbar sind.

Die Komponenten Verbesserungsinitiative, organisatorische Einheit und Verbesserungscontrolling sind am stärksten unabhängig von einer speziellen Verbesserungsdomäne. Sie werden so entworfen, dass sie nahezu unverändert für andere Anwendungsfelder des Verbesserungsmanagements eingesetzt werden können. Das konkrete Anwendungsfeld „IT-basierte Prozessverbesserung" wird durch die Komponente Verbesserungsdomäne charakterisiert. Diese Komponente markiert den fachlichen Hot Spot des Rahmenwerks. Wird das Rahmenwerk für ein anderes Fachgebiet des Verbesserungsmanagements wiederverwendet, müsste sie ausgetauscht werden.

4 Konzeption und Umsetzung der OMS-Werkzeuge

Auf Grundlage der Hauptfunktionen des OMS sowie des OMS-Metamodells für das Anwendungsfeld „IT-basierte Prozessverbesserungen" werden die OMS-Werkzeuge zur Unterstützung der Funktionen gestaltet: Documentator (Wissenserfassung), Mind Mapper (Wissensintegration) und Improvement Process Generator (Wissensverwendung). Grundlage für diese Gesamtkonzeption bildet dabei das Operatorenkonzept.

4.1 Operatoren als Gestaltungsmuster

Die Gestaltung der Funktionalität Wissenserfassung hängt unmittelbar mit der organisatorischen Einbindung des Systems zusammen. Für bestimmte OMS-Anwendungen hat sich in Analogie zum Chief Information Officer (CIO) die organisatorische Einführung der Rolle eines „Chief Knowledge Officer" (CKO) bewährt [DaDB98]. Dieser hat die Aufgabe, das in einem Anwendungsbereich relevante Wissen aufzuspüren, zu erfassen und durch das Hinzufügen von Metadaten in eine nutzbare Form zu bringen [AbDK98]. Dieses Organisationskonzept stößt jedoch bei einer großen Anzahl von Nutzern und einer starken räumlichen Verteilung des Wissens schnell an seine Grenzen.

Daher wird für das hier betrachtete Anwendungsfeld der Ansatz verfolgt, das Wissen direkt „an der Quelle" zu erfassen. Durch die Implementierung semiautomatisierter Dokumentationswerkzeuge sollen die IT-Wissensträger in die Lage versetzt werden, ihre Wissensinhalte unmittelbar in das OMS einzustellen. Dabei wird die These verfolgt, dass sich alle IT-basierten Verbesserungsmaßnahmen auf eine endliche Anzahl so genannter *Operatoren* zurückführen lassen. Diese Operatoren sind gewissermaßen Gestaltungsmuster für die Arbeitsschritte, die es vorzunehmen gilt, um eine IT-basierte Prozessverbesserung zu verwirklichen.

Die Operatoren werden anhand von Unternehmungsmodellen erarbeitet. Zu diesem Zweck können individuelle Unternehmungsmodelle oder Referenzmodelle genutzt werden, welche die allgemeinen, branchentypischen Gestaltungsmöglichkeiten von IT zeigen. Um alle relevanten Operatoren zu erhalten, ist zunächst von einem bestimmten Anwendungsfeld, z. B. Chemische Industrie, Banken oder Öffentliche Verwaltung, zu abstrahieren. Die Definition der Operatoren erfolgt somit auf der Metaebene. Operatoren sind im Wesentlichen Einfüge-, Lösch- und Änderungsoperationen an Objekten, Attributen und Domänen der Elemente des Systems „IT-basierte Prozessverbesserungen".

Das Ergebnis dieses Vorgehens ist eine Menge an Textbausteinen bzw. Mustern für die Gestaltung IT-basierter Prozessverbesserungen, die nach verschiedenen Kriterien geordnet, durchsucht und angewendet werden können. Da die Operatoren systematisch über verschiedene Abstraktionsebenen aus Geschäftsprozessmodellen abgeleitet werden, sind die mit ihnen erstellten Wissensbeschreibungen grundsätzlich intersubjektiv vergleichbar. Gleichzeitig sind die textuellen Operatoren prinzipiell für Wissensträger aller Qualifikationsstufen ohne Kenntnis von Modellierungsmethoden verständlich und anwendbar.

Auf der Metaebene wird die Repository-Struktur des OMS zur operator-basierten Wissenserfassung definiert. Die Metastruktur sollte flexibel und erweiterbar sein, so dass das Operatoren-Konzept an die individuellen Anforderungen einer Unternehmung angepasst werden kann. Diese Anpassungen umfassen sowohl inhaltliche als auch formale Veränderungen der Operatoren.

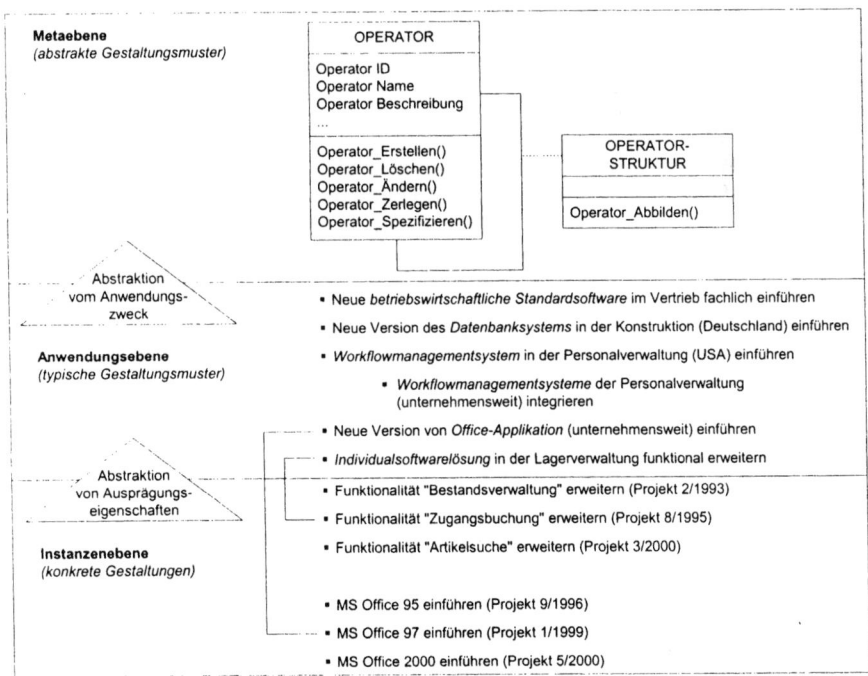

Abbildung 6: Operatoren zur Dokumentation von Prozessverbesserungen

Um die erforderliche Anpassbarkeit und Erweiterbarkeit des Operatoren-Konzepts zu veranschaulichen, wurden in Abbildung 6 entsprechende Objektmethoden modelliert. Durch das Zerlegen und Spezifizieren von Operatoren können Operatorstrukturen abgebildet werden. Diese können nach verschiedenen Kriterien geordnet und aufgebaut werden und fördern so das ursprünglich erklärte Ziel der Unterstützung menschlicher Gestaltungskompetenz.

Auf der Anwendungsebene in Abbildung 6 sind Beispiele für typische Operatoren aufgeführt, die als Muster zur Erfassung von IT-basierten Prozessverbesserungen genutzt werden können. Die aufgeführten Operatoren resultieren aus mehreren Spezialisierungs- und Dekompositionsschritten und befinden sich auf unterschiedlichen Detaillierungsstufen. Der Operator „Neue betriebswirtschaftliche Standardsoftware im Vertrieb fachlich einführen" beinhaltet z. B. die Spezialisierungen Softwareressource/Standardsoftware/betriebswirtschaftlich/Vertrieb und die Dekomposition in fachliche Einführung. Für die Einführung eines Workflow-Management-Systems ist auf der Anwendungsebene eine Strukturbeziehung von Operatoren dargestellt. Durch die Anwendung der typischen Gestaltungsmuster der Anwendungsebene auf konkrete Verbesserungsprojekte wird das IT-basierte Gestaltungswissen erfasst. Dies erfolgt auf der Instanzenebene. In Abbildung 6 sind für zwei Operatoren der Anwendungsebene konkrete Projekthistorien beispielhaft angegeben.

Im Metamodell des OMS (vgl. Abbildung 5) wurde dieses Operatorenkonzept durch Einführung der Objektklasse OPERATOR integriert. Die Assoziationsklasse OPERATORSTRUKTUR beschreibt die durch Spezialisierung und Dekomposition gewonnenen Beziehungen zwischen den Operatoren. Durch die Assoziation zwischen Operatoren und Verbesserungsprojekten werden konkrete Verbesserungsmaßnahmen festgehalten. Da die Operatoren auf unterschiedlichen Detaillierungsebenen entwickelt werden, können auch Verbesserungsmaßnahmen auf unterschiedlichen fachlichen Aggregationsstufen erfasst werden. Der Zusammenhang zwischen diesen unterschiedlich detaillierten Maßnahmen wurde durch die Assoziationsklasse MASSNAHMENHIERARCHIE dargestellt. Die Assoziationsklasse MASSNAHMENPLAN drückt die ablauflogische Reihenfolge von Verbesserungsmaßnahmen zur Realisierung eines Verbesserungsprojektes aus.

4.2 Documentator – Wissenserfassung

Die Wissenserfassung ist mit dem Operator-Konzept nicht abgeschlossen. Eine mittels Operatoren erzeugte Liste von Verbesserungsmaßnahmen umfasst nur einen Teil des Wissens über eine IT-basierte Prozessverbesserung. Zur vollständigen Erfassung eines Verbesserungsprojekts muss diese Wissensbeschreibung durch diejenigen Wissensobjekte ergänzt werden, die im Metamodell der Abbildung 5 identifiziert wurden. So muss z. B. erfasst werden, welche „organisatorische Einheit" eine „Verbesserungsinitiative" startet und wie der „Nutzen" des initiierten Projektes bewertet wird.

Das OMS muss es ferner ermöglichen, alle erfassten Wissensobjekte miteinander zu integrieren. Dabei können mehrere Integrationsformen unterschieden werden. Grundlage der *fachlichen* Integration ist das entwickelte Metamodell. Es ist das konzeptionelle Modell des OMS-Repository und erlaubt es, die projektbezogenen Antworten so genannter „W-Fragen" (Wer, Warum, Wann, Wo, Wie usw.) in einem semantisch korrekten Zusammenhang zu verknüpfen. Diese Verknüpfungen können mittels Hyperlinks flexibel gestaltet werden. Im Rahmen der *technischen* Integration muss das OMS die Einbindung verschiedener Medien wie Text, Ton, Bild und Bewegbild ermöglichen. Das betrifft z. B. grafische Präsentationen von Projektergebnissen, Audio- und Videoaufzeichnungen von Projektbesprechungen und textuelle Projektberichte.

Die zu erfassenden Kernelemente einer IT-basierten Prozessverbesserung wurden schon in Abbildung 1 in Form einer kausalen Beziehung gekennzeichnet: IT und Geschäftsprozesse („processes") verhalten sich zueinander wie Ursachen und Wirkungen der durch den Pfeil angedeuteten Gestaltungsentscheidungen. Die Ordnungskriterien, die bei der Dokumentation von IT-basierten Prozessverbesserungen beachtet werden müssen, sind damit die Informationstechnik, die Geschäftsprozesse als Gestaltungsobjekt und die Gestaltungsentscheidung.

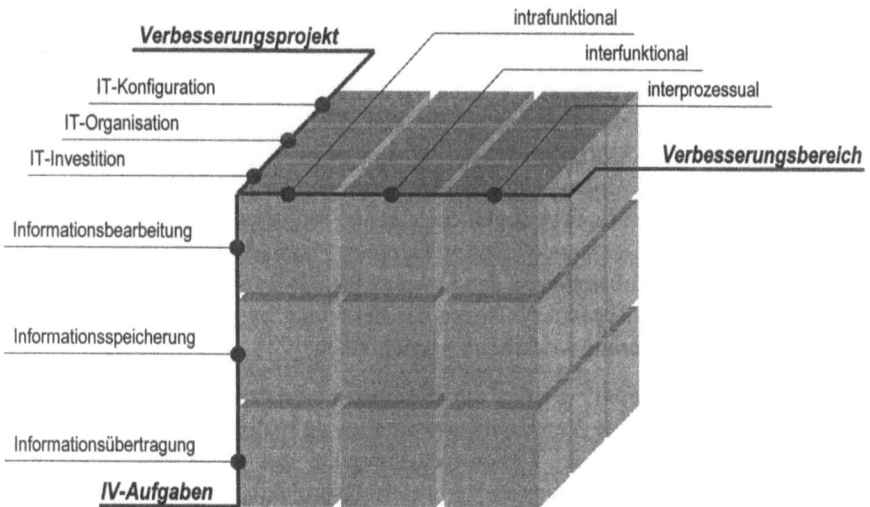

Abbildung 7: Dimensionen IT-basierter Prozessverbesserungen

Aufgrund der bestehenden Multikausalität (z. B. können Veränderungen auf Seiten der IT mehrere ablauforganisatorische Effekte bewirken) können die Ordnungskriterien als Dimensionen des in Abbildung 7 dargestellten Würfels interpretiert werden, die den Raum IT-basierter Prozessverbesserungen aufspannen. Eine zu erfassende IT-basierte Prozessverbesserung schließt einen oder mehrere Teilwürfel ein. Beispielsweise könnte für die Verbesserung der Informationsbearbeitung einer einzelnen fachlichen Funktion (intrafunktional) eine isolierte IT-Investition erfolgen (Teilwürfel vorne links oben), oder es wird ein umfassendes, prozessübergreifendes Projekt durchgeführt, das alle IV-Aufgaben betrifft (alle Teilwürfel rechts).

Diese Überlegungen spiegeln sich auch in der in Abbildung 8 dargestellten Benutzungsoberfläche des OMS wider. Die Menüleiste gliedert die Basisfunktionen des OMS in OMS-Benutzer („User"), Verbesserungsprojekte („Project"), Suche und Navigation von Wissen („Search") und Hilfe zur Bedienung des OMS („Help"). Der Arbeitsbereich des OMS gliedert sich in „Explorer" (links) und „Viewer" (rechts). Im Explorer werden alle Projekte zur IT-basierten Prozessverbesserung angezeigt. Sie können anhand verschiedener Kriterien sortiert und durchsucht werden. Explorer und Viewer sind logisch miteinander verbunden: ein im Explorer ausgewähltes Verbesserungsprojekt wird im Viewer im Detail angezeigt und kann dort manipuliert werden.

Die Karte „Overview" fasst alle grundlegenden Projektinformationen zusammen. Der rechte Teil umfasst Angaben über den Projektleiter (Project Leader), den Projektzeitraum (Project Time), den Fortschritt des Projekts (Project Progress) und dessen Status (Project Status). Im linken Teil der Karte werden die Kernelemente einer IT-basierten Prozessverbesserung charakterisiert: Geschäftsprozesse, IT-Ressourcen und die Art der Gestaltungsmaßnahme (vgl. Abbildung 7). Über diese Kernelemente wird der Titel eines Verbesserungsprojekts so definiert, dass es eindeutig identifiziert und zur Wissensverwendung benutzt werden kann. Der montierte Projekttitel weist immer die Struktur „[VERÄNDERE] [IT-RESSOURCE] in [GESCHÄFTSPROZESS]" auf. Das in Abbildung 8 aktive Projekt lautet „New Webserver for Customer Order Processing". Die Komponenten des Titels wurden vom Benutzer beim Anlegen eines neuen Projektes über die Buttons „Business Process", „IT-Resource" und „Operation" nacheinander ausgewählt. Sie bilden quasi die Schnittstellen zu den Operatoren-, IT-Ressourcen- und Projektdatenbanken des OMS-Repository. Neben der Betitelung hat der Benutzer die Möglichkeit, das Verbesserungsvorhaben zu beschreiben.

In der Karte „Operations" werden die einzelnen Maßnahmen bestimmt, die nötig sind, um das angestrebte Verbesserungsvorhaben zu realisieren. Sie werden nach dem gleichen Muster wie Verbesserungsprojekte auf Basis des Operatoren-Konzepts betitelt. Dadurch weisen Verbesserungsprojekte, Teilprojekte und Maßnahmen dieselbe Struktur auf und können nach den gleichen Kriterien miteinander verknüpft und gesucht werden. Dies ist eine wesentliche Eigenschaft des OMS, um eine effektive Wissensverwendung zu erreichen (vgl. Abschnitt 4.4).

Organisational-Memory-System zur Verbesserung von Geschäftsprozessen 313

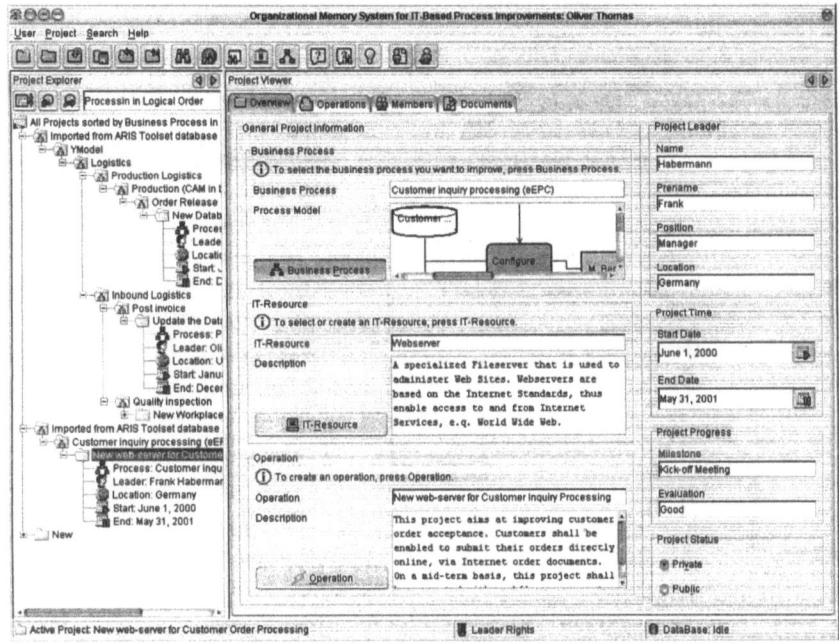

Abbildung 8: Benutzeroberfläche des OMS

In der Konzeption wurde gefordert, die Anzahl der Elemente eines Maßnahmenplans begrenzt zu halten. Zu diesem Zweck können Verbesserungsmaßnahmen den Charakter von Teilprojekten aufweisen und wiederum einen Maßnahmenplan umfassen. Das entspricht der Dekomposition von Projektwissen.

Mit dem Projekttitel und dem Maßnahmenplan wurde der strukturierte Kern der Wissensbeschreibung definiert. Er kann flexibel mit weiteren Wissensobjekten verknüpft werden. Dies sind insbesondere Verweise auf die Projektmitarbeiter (Karte „Members") als Träger impliziten Wissens und die Einbindung von explizit erfassten Wissensdokumenten (Karte „Documents").

4.3 Mind Mapper – Wissensintegration

Die Abbildung verschiedener logischer Beziehungen zwischen den Speicherelementen ist Aufgabe des Organisational Mind Mappers (vgl. Abbildung 9). Knoten der resultierenden Organizational Mind Map sind Prozessverbesserungen und Verbesserungsprozesse, wie sie mittels der Dokumentationsfunktion des Organisationshandbuchs beschrieben wurden. Der Mind Mapper ermittelt die für die Prozessverbesserung relevanten semantischen Beziehungen zwischen ihnen und bildet sie ab. Er ist gewissermaßen ein Werkzeug für die Unternehmungsmodellierung aus der Wissenssicht.

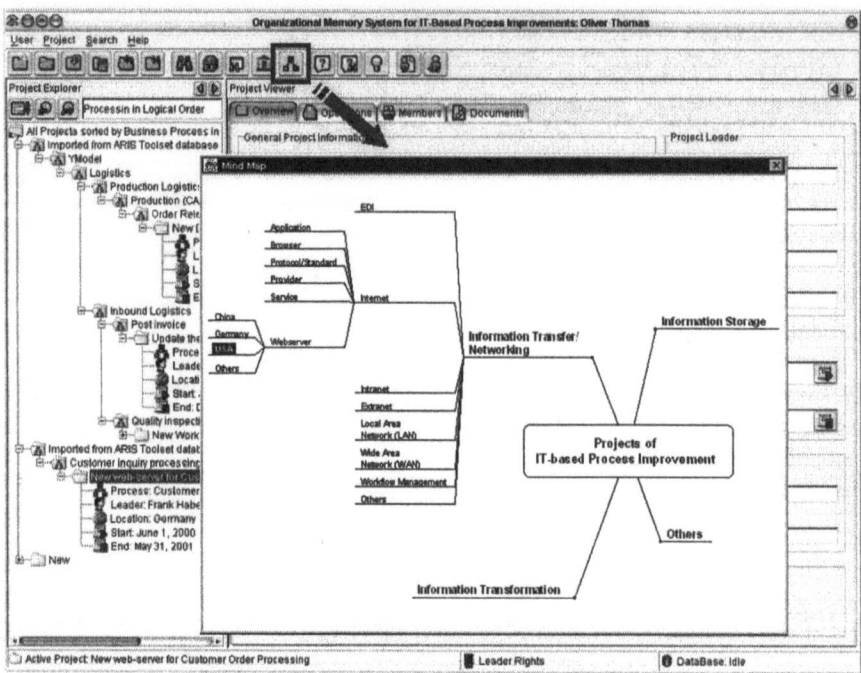

Abbildung 9: Benutzungsoberfläche des „Mind Mappers"

Ein wesentliches Ziel besteht in der Erarbeitung geeigneter Kriterien zur Integration verschiedener Wissensarten und zur Vernetzung verschiedener Verbesserungsmaßnahmen und in der Verbindung zu einer multidimensionalen organisatorischen „Wissenslandkarte". Dabei darf jedoch nicht nur darauf geachtet werden, welche die aus organisatorischer Sicht geeigneten Vernetzungskriterien sind. Das Netz muss informationstechnisch navigierbar und durchsuchbar sein.

Aufgrund des Anwendungszwecks des OMS wird das Ziel verfolgt, auch nicht streng formalisierbare Vernetzungskriterien abzubilden. Hier soll der Benutzer dann innerhalb semi-formaler Strukturen navigieren können. Beispiele für Vernetzungskriterien sind unter anderem Ursachen, Ziele von Verbesserungsmaßnahmen, Zeitbezug, Erfolgswirkung oder Initiator einer Prozessverbesserung, aber auch Verbesserungsprozessverantwortliche, die Kosten, die Durchlaufzeit oder die eingesetzten Werkzeuge innerhalb des Verbesserungsprozesses.

4.4 Improvement Process Creator – Wissensverwendung

Die durch den Documentator erfassten und den Mind Mapper multidimensional vernetzten Prozessverbesserungen sollten als Ausgangspunkt für die Definition neuer Verbesserungsprojekte genutzt werden können. Der „Improvement Process Generator" muss so gestaltet sein, dass aus bereits durchgeführten und dokumentierten Prozessverbesserungen Schlüsse für das Management zukünftiger Verbesserungsprojekte gezogen werden können. Verbesserungsprojekte sollen dabei als Muster für die Ableitung neuer Verbesserungsstrukturen genutzt werden und die Ableitung zukünftiger Verbesserungsprojekte unterstützen. Die Konzeption von geeigneten Navigations- und Suchfunktionen ist Voraussetzung für die Wissensverwendung. Das OMS sollte die Wiederverwendung bereits erfasster Verbesserungsprojekte durch eine möglichst aktive und kontextsensitive Wissenslieferung unterstützen [AbDK98].

Ein im OMS gespeichertes Verbesserungsprojekt wird von einem Wissenssuchenden dann als nützlich erachtet, wenn es bestimmte Wissensbeschreibungen umfasst, die zur Deckung seines aktuellen Wissensbedarfs beitragen. Der Benutzer nutzt die dokumentierten Prozessverbesserungen als Ausgangspunkt und „surft" in Gruppen, Verzeichnissen und Listen. Wurde während dieses „Organisational Mining" eine Ähnlichkeit von Wissensinhalten ausgemacht, können die gefundenen Verbesserungsprojekte prinzipiell als „Referenz-Vorgehensmodell" für ein neues Verbesserungsvorhaben genutzt werden. Im Gegensatz zu dem gängigen Referenzmodellbegriff bildet der als ähnlich identifizierte, bereits dokumentierte Verbesserungsprozess jedoch keine „Common-Practice-Lösung" ab. Er stellt nicht das abstrahierte Vorgehen für einen bestimmten Problemtyp dar. Vielmehr ist er wie das neu zu gestaltende Verbesserungsprojekt, für das er als Vorlage dient, eine individuelle Ausprägung – gewissermaßen eine „Best-Local-Practice-Lösung".

Das Projektwissen kann anhand der angesprochenen Explorer- bzw. Mind-Map-Strukturen navigiert werden (vgl. Abbildung 9). Die Ausgabepräsentation gefundenen Wissens erfolgt im Projekt-Viewer anhand der Karten „Overview", „Details", „People" und „Documents" (vgl. Abbildung 8).

Die im Projekt-Explorer implementierten Suchkriterien zur Identifikation von Verbesserungsprojekten sind in Abbildung 10 dargestellt. Die Ausprägungen der Suchkriterien erscheinen im Projekt-Explorer als untergeordnete Verzeichnisse. Anhand der Kriterien und ihrer Ausprägungen kann die Menge der gespeicherten Projekte in mehreren Schritten untergliedert werden, wodurch geeignete Verbesserungsprojekte identifiziert werden können. Mittels der genannten Kriterien wird die Gesamtmenge der gespeicherten Verbesserungsprojekte in Teilmengen gegliedert. Bei einer sehr großen Projektmenge kann diese Form der Wissenssuche zu zahlreichen Verzweigungen führen. Deshalb ist es sinnvoll, den Suchraum bereits vor der Wissensnavigation zu begrenzen. Dies kann durch gezielte Suche erfolgen.

Zu diesem Zweck wurde eine einfache Volltextsuche implementiert, bei der im Explorer-Feld „Find" der Suchbegriff als Freiformtext eingegeben werden kann. Gefunden werden alle Projekttitel, die den Suchbegriff beinhalten. Das Resultat dient als Ausgang für die weitere Wissensnavigation.

Suchkriterien (im Feld "Sort by")	Ausprägungen						
Business Process	Long Term Planning/ Management	Controlling/ Finance	Production	Engineering/ Research	Purchasing	Sales/ Distribution	Human Resources
Scope	Intrafunctional			Interfunctional		Interprocessual	
IT Resource	Information Storage			Information Transfer/ Networking		Information Transformation	
Operation	Investment			Organisation		Configuration	
Location	China			Germany		USA	Others
Participation	My Projects/Leader			My Projects/Co-Worker		Other Projects	
Time	Start Date				End Date		
Progress	Finished				In Progress		
Title	keine						

Abbildung 10: Kriterien zur Identifikation von Verbesserungsprojekten

Für die Anpassung und Adaption einer gefundenen Lösung als Vorlage geplanter Verbesserungsprojekte sollen wiederum die OMS-Werkzeuge zur Wissenserfassung genutzt werden. Sie erfüllen damit nicht nur Aufgaben der Ist-Erfassung von laufenden Verbesserungsprojekten, sondern auch der Soll-Beschreibung. Durch den Vergleich von Soll und Ist bzw. von vergangenen Projekten, die als Vorlage dienen, und neuen Projekten, die auf diesen Vorlagen basieren, kann das Verbesserungscontrolling unterstützt werden.

5 Organisational Memory – Herausforderungen

In der Informations- und Kommunikationstechnologie sieht die überwiegende Mehrheit der Führungskräfte und Mitarbeiter den entscheidenden Wettbewerbsfaktor für ihre Unternehmung. Alle Beteiligten sind sich bewusst, dass zur Nutzung dieses Wettbewerbsfaktors Arbeitsumgebungen und Geschäftsprozesse verändert werden müssen. Die Bereitschaft, diese Veränderungsprozesse aktiv anzugehen, sich über neue Entwicklungen auf dem Laufenden zu halten und kontinuierlich zu lernen, ist in den letzten Jahren enorm gestiegen [CSCi00].

In diesem Beitrag wurden Organisational-Memory-Systeme als Mittel zur Unterstützung dieses organisationalen Wandels behandelt. Dabei standen IT-basierte Veränderungen im Mittelpunkt. Für dieses Anwendungsfeld wurde auf Basis eines semantischen Modells eine konkrete Systemlösung entwickelt. Das Ergebnis stellt ein semi-strukturiertes Hypermedia-System dar, das explizites und implizites Wissen miteinander verknüpft. Den Kern der Systemlösung bildet das auf der Basis von Prozessmodellen über mehrere Abstraktionsebenen entworfene Operatoren-Konzept. Es bietet den Anwendern Orientierung und Hilfestellung, um Prozesswissen systematisch zu erfassen und zielgerichtet verwenden zu können. Das erarbeitete OMS-Konzept wurde prototypisch am Institut für Wirtschaftsinformatik (IWi) der Universität des Saarlandes implementiert.

Es ist kaum möglich, einer Unternehmung ein von Anfang an funktional und inhaltlich voll ausgereiftes Anwendungssystem zur Unterstützung der IT-basierten Prozessverbesserung zu Verfügung zu stellen. Vielmehr besteht die Notwendigkeit, das zu entwickelnde OMS in der Unternehmung „wachsen" zu lassen. Das heißt, es muss sowohl an die Inhalte als auch an die fachspezifische Terminologie der Unternehmung angepasst werden können, um die nötige Akzeptanz der Anwender zu finden und das Bewusstsein für IT-basierte Prozessverbesserungen zu schärfen.

Das OMS sollte daher über eine Basisfunktionalität verfügen, die seine Nutzung zunächst auch unabhängig von der Zielsetzung „Prozessverbesserung" ermöglicht. Das heißt, es ist so zu konzipieren, dass es von Beginn an als effektives Hilfsmittel in der Unternehmung dienen kann. Durch Nutzung der Basisfunktionalität sollten die Organisationsmitglieder jedoch schon auf die erweiterten Funktionalitäten zur Unterstützung der Prozessverbesserung vorbereitet werden. Diese Basisfunktionalität des OMS muss deshalb so ausgewählt werden, dass sie eine bestehende betriebliche Aufgabe löst und den Zusatznutzen der Prozessverbesserung impliziert. Die Dokumentationsfunktion des „Organisationsspeichers" OMS erfüllt diese Anforderung. Der Dokumentation organisatorischer Maßnahmen kommt in Unternehmungen auch ohne die Zielsetzung „Prozessverbesserung" eine große Bedeutung zu – sei es zur Information der Belegschaft, zur Präsentation und Bewertung von Reorganisationsmaßnahmen gegenüber Geschäftsführung oder Betriebsrat, zur Einweisung und Schulung neuer Mitarbeiter oder zur Zertifizierung nach ISO 9000ff-Normen.

Es mangelt derzeit noch an Erfahrungen darüber, wie OMS gepflegt und an technologische Weiterentwicklungen, wie z. B. neue Internet-Standards, angepasst und effizienter gestaltet werden können. Als zukünftige Herausforderungen, die es bezüglich des Themenkomplexes OMS zu lösen gilt, sehen die Autoren insbesondere die organisatorische Einführung von OM und die Untersuchung der Wirkungen von OMS (vgl. auch [Lehn00, S. 443]). Ineffiziente Organisations- und Personalentwicklungen verurteilen auch Organisational-Memory-Ansätze zum Scheitern. Kulturelle und infrastrukturelle Zusammenhänge in den Unternehmungen, wie z. B. die Lernbereitschaft der Mitarbeiter, sind auch in Zukunft unabdingbare Voraussetzungen für erfolgreiche Implementierungsstrategien von Organisational-Memory-Systemen.

Literaturverzeichnis

[AbDK98]   Abecker, A.; Decker, S.; Kühn, O.: Organizational Memory. Informatik Spektrum, 21 (1998) 4, S. 213-214.

[ABHK98]   Abecker, A.; Bernardi, A.; Hinkelmann, K.; Kühn, O.; Sintek, M.: Toward a Technology for Organizational Memories. IEEE Intelligent Systems, 13 (1998) 3, S. 40-48.

[AmSt99]   Amelingmeyer, J.; Strahringer, S.: Expertensysteme als Werkzeuge für das Wissensmanagement. HMD, 36 (1999) 208, S. 80-92.

[BHKL97]   Burke, R.; Hammond, K.; Kulyukin, V.; Lytinen, S.; Tomuro, N.; Schoenberg, S.: Question Answering from Frequently Asked Question Files: Experiences with the FAQ Finder System. AI Magazine, 18 (1997) 2, S. 57-66.

[BlBü92]   Bläsius, K.-H.; Bürckert, H.-J. (Hrsg.): Deduktionssysteme. 2. Aufl., München, Wien 1992.

[Booc94]   Booch, G.: Objektorientierte Analyse und Design. Bonn 1994.

[BoPa98]   Borghoff, U.; Pareschi, R. (Hrsg.): Information Technology for Knowledge Management. Berlin et al. 1998.

[Bryn93]   Brynjolfsson, E.: The Productivity Paradox of Information Technology. Communications of the ACM, 36 (1993) 12, S. 61-77.

[BrSc95]   Brown, D.; Scherer, W.: Intelligent Scheduling Systems. Boston MA 1995.

[BuBu96]   Buzan, T.; Buzan, B.: The Mind Map Book: How to Use Radiant Thinking to Maximize Your Brain's Untapped Potential. New York 1996.

[ChHY96]   Chen, M.-S.; Han, J.; Yu, P. S.: Data Mining: An Overview from Database Perspective. IEEE Transactions on Knowledge and Data Engineering, 8 (1996) 6, S. 866-883.

[ChRW91]   Chrapary, H.; Rosenow-Schreiner, E.; Waldhör, K.: Das Elektronische Organisationshandbuch. In: Lutze, R.; Kohl, A. (Hrsg.): Wissensbasierte Systeme im Büro. München 1991, S. 295-312.

[Conk87]   Conklin, J.: Hypertext: An Introduction and Survey. IEEE Computer Magazine, 20 (1987) 9, S. 17-41.

[CSCi00]   CSC Ploenzke AG, infas GmbH (Hrsg.): Auf dem Sprung in die Wissensgesellschaft – Chancen und Risiken angewandter IT für die Arbeitswelt von heute. Kiedrich bei Wiesbaden 2000. http://www.cscploenzke.de/de/study/ 20001025_studie_wissensgesell/pdf/wissensgesell.pdf, Abruf: 2002-01-22.

[Dave93] Davenport, T.: Process Innovation: Reengineering Work through Information Technology. Boston MA 1993.

[Dave98] Davenport, T.: Some Principles of Knowledge Management. http://www.bus.utexas.edu/kman/kmprin.htm, Abruf: 2002-01-22.

[DaDB98] Davenport, T.; De Long, D.; Beers, M.: Successful Knowledge Management Projects. Sloan Management Review, 39 (1998) 2, S. 43-57.

[DrKS98] Drexl, A.; Kolisch, R.; Sprecher, A.: Koordination und Integration im Projektmanagement. Zeitschrift für Betriebswirtschaft, 68 (1998) 3, S. 275-295.

[FaPS96] Fayyad, U.; Piatetsky-Shapiro, G.; Smyth, P.: Knowledge Discovery and Data Mining: Towards a Unifying Framework. In: Agrawal, R.; Stolorz, P. (Hrsg.): Proceedings of the Second International Conference on Knowledge Discovery and Data Mining (KDD'96), Portland, Oregon, August 2-4, 1996, S. 82-88.

[Flad96] Flade-Ruf, U.: Data Warehouse – nicht nur etwas für Großunternehmen. In: Hannig, U. (Hrsg.): Data Warehouse und Management – Informationssysteme, Markt, Technik, Anwendungen. Stuttgart 1996, S. 25-31.

[FoSc98] Fowler, M.; Scott, K.: UML konzentriert: die neue Standardmodellierungssprache anwenden. Bonn 1998.

[GaRS92] Gaines, B. R.; Rappaport, A.; Shaw, M. L. G.: Combining paradigms in knowledge engineering. Data & Knowledge Engineering, 9 (1992) 1, S. 1-18.

[GaSh99] Gaines, B.; Shaw, M.: Concept Maps as Hypermedia Components. http://ksi.cpsc.ucalgary.ca/articles/ConceptMaps/CM.html, Abruf: 2002-01-22.

[Geng97] Gengler, B.: Durch Wissen für alle sparen US-Banker elf Millionen Dollar in einem Jahr ein. Computerzeitung, 28 (1997) 40, S. 22.

[Gent99] Gentsch, P.: Business Intelligence: Aus Daten systematisch Wissen entwickeln. In: Scheer, A.-W. (Hrsg.): Electronic Business und Knowledge Management – Neue Dimensionen für den Unternehmungserfolg. Heidelberg 1999, S. 167-195.

[GlSt90] Gloor, P.; Streitz, N.: Hypertext und Hypermedia: Von theoretischen Konzepten zur praktischen Anwendung. Berlin et al. 1990.

[Habe01] Habermann, F.: Management von Geschäftsprozesswissen. IT-basierte Systeme und Architektur. Wiesbaden 2001.

[Haus97] Hauschildt, J.: Innovationsmanagement. 2. Aufl., München 1997.

[HaNe01] Hansen, H. R.; Neumann, G.: Wirtschaftsinformatik I, Grundlagen der betrieblichen Informationsverarbeitung. 8. Aufl., Stuttgart 2001.

[Hess96] Hess, T.: Entwurf betrieblicher Prozesse: Grundlage – Bestehende Methoden – Neue Ansätze. Wiesbaden 1996.

[HeVr99] Hendriks, P.; Vriens, D.: Knowledge-based systems and knowledge management: Friends or foes? Information & Management, 35 (1999) 2, S. 113-125.

[IDSS00] IDS Scheer AG (Hrsg.): Erfolgreiche Umsetzung von mySAP.com-Lösungen, ARIS for mySAP.com, Version 5.0. White Paper Juli 2000. http://www.ids-scheer.com/sixcms_upload/media/35/aris_for_mysapcom_dt.pdf, Abruf: 2001-01-22.

[Inmo92] Inmon, W. H.: Building the Data Warehouse. New York 1992.

[Inmo97] Inmon, W. H.: Data Warehouse and Data Mining. The On-Line Executive Journal for Data-Intensive Decision Support, 1 (1997) 1. http://www.tgc.com/dsstar/971007/100001.html, Abruf: 2001-01-22.

[Krcm97] Krcmar, H.: Informationsmanagement. Berlin et al. 1997.

[Kuhl91] Kuhlen, R.: Hypertext: Ein nicht-lineares Medium zwischen Buch und Wissensbank. Berlin et al. 1991.

[Lehn00] Lehner, F.: Organisational Memory, Konzepte und Systeme für das organisatorische Lernen und das Wissensmanagement. München, Wien 2000.

[Leav65] Leavitt, H.: Applied organizational change in industry: Structural, technological and humanistic approaches. In: J. March (Hrsg.): Handbook of organizations. Chicago 1965, S. 1144-1170.

[Lehn98] Lehner, F.: Organisational Memory-Systeme – Eine Dimension der Informationssystem- und Organisationsentwicklung. In: Hummeltenberg, W. (Hrsg.): Information Management for Business and Competitive Intelligence and Excellence, Proceedings der Frühjahrstagung Wirtschaftsinformatik'98. Braunschweig, Wiesbaden 1998, S. 43-54.

[MCLP99] Malone, T. W.; Crowston, K.; Lee, J.; Pentland, B.; Dellarocas, C.; Wyner, G.; Quimby, J.; Osborn, C. S.; Bernstein, A.; Herman, G.; Klein, M.; O'Donnell, E.: Tools for inventing organizations: toward a handbook of organizational processes. Management Science, 45 (1999) 3, S. 425-443.

[MCLP93] Malone, T. W.; Crowston, K.; Lee, J.; Pentland, B.: Tools for inventing organizations: Toward a handbook of organizational processes. In: Proceedings of Second Workshop on Enabling Technologies: Infrastructure for Collaborative Enterprises. Morgantown 1993, S. 72-82.

[Ober96] Oberschulte, H.: Organisatorische Intelligenz – Ein Vorschlag zur Konzeptdifferenzierung. In: G. Schreyögg, P. Conrad (Hrsg.): Managementforschung 6. Berlin, New York 1996, S. 41-81.

[Ortn99] Ortner, E.: Repository Systems. Informatik Spektrum, 22 (1999) 4, S. 236-251.

[Ovum98] Ovum Ltd. (Hrsg.): Knowledge Management: Applications, Markets and Technologies. Analyst Report, London 1998.

[PaAt81]   Pascale, R.; Athos, A.: The Art of Japanese management. Harmondsworth 1981.

[Pree97]   Pree, W.: Komponentenbasierte Softwareentwicklung mit Frameworks. Heidelberg 1997.

[PrRR97]   Probst, G.; Raub, S.; Romhardt, K.: Wissen managen: Wie Unternehmen ihre wertvollste Ressource optimal nutzen. Frankfurt am Main 1997.

[RaSC99]   Rational Software Corporation, Inc. (Hrsg.): OMG Unified Modeling Language Specification, Version 1.3. Juni 1999.

[ReVa97]   Resnick, P.; Varian, H. R.: Recommender systems. Communications of the ACM, 40 (1997) 3, S. 56-58.

[Rose96]   Rosemann, M.: Komplexitätsmanagement in Prozeßmodellen – Methodenspezifische Gestaltungsempfehlungen für die Informationstechnologie. Wiesbaden 1996.

[Rugg96]   Ruggles, R.: Tool Time: The Next Generation. In: Ernst & Young LLP (Hrsg.): Center for Business Innovation, 12. März 1996. http://www.cbi.cgey.com/pub/docs/ToolTime.PDF, Abruf: 2001-01-22.

[Sche96]   Scheer, A.-W.: Data Warehouse und Data Mining: Konzepte der Entscheidungsunterstützung. IM Information Management, 11 (1996) 1, S. 74-75.

[Sche97]   Scheer, A.-W.: Die Geschäftsprozesse einheitlich steuern. Harvard Business Manager, 19 (1997) 1, S. 115-122.

[Sche98a] Scheer, A.-W.: ARIS – Vom Geschäftsprozeß zum Anwendungssystem. 3. Aufl., Berlin et al. 1998.

[Sche98b] Scheer, A.-W.: ARIS – Modellierungsmethoden, Metamodelle, Anwendungen. 3. Aufl., Berlin et al. 1998.

[ScET00]   Scheer, A.-W.; Erbach, F.; Thomas, O.: E-Business – Wer geht? Wer bleibt? Wer kommt? In: A.-W. Scheer (Hrsg.): E-Business – Wer geht? Wer bleibt? Wer kommt? 21. Saarbrücker Arbeitstagung 2000 für Industrie, Dienstleistung und Verwaltung. Heidelberg 2000, S. 3-45.

[ScHa99]   Scheer, A.-W.; Habermann, F.: Electronic Business: Vom ‚Why now?' zum ‚Let's Go!'. IM Information Management & Consulting, 14 (1999), S. 7-14.

[Stei95]   Stein, E.: Organizational Memory: Review of Concepts and Recommendations for Management. International Journal of Information Management, 15 (1995) 2, S. 17-32.

[StZw95]   Stein, E.; Zwass, V.: Actualizing Organizational Memory with Information Systems. Information Systems Research, 6 (1995) 2, S. 85-117.

[Urba94]   Urban, C.: Das Vorschlagswesen und seine Weiterentwicklung zum europäischen KAIZEN. 2. Aufl., Konstanz 1994.

[Warg98]   Wargitsch, C.: Ein Beitrag zur Integration von Workflow- und Wissensmanagement unter besonderer Berücksichtigung komplexer Geschäftsprozesse. Dissertation, Friedrich-Alexander-Universität, Erlangen-Nürnberg 1998.

[WaRO99]   Warschat, J.; Ribas, M.; Ohlhausen, P.: Wissensbasierte Informationssysteme zur Unterstützung wissensintensiver Prozesse in Unternehmen. HMD, 36 (1999) 208, S. 53-58.

[WaUn91]   Walsh, J., Ungson, G.: Organizational Memory. The Academy of Management Review, 16 (1991) 1, S. 57-91.

[Wess92]   Wess, S.: Fallbasiertes Schließen in Deutschland – Eine Übersicht. KI Künstliche Intelligenz, 6 (1992) 4, S. 46-51.

[Wiig89]   Wiig, K.: Managing knowledge: A survey of executives perspectives. Arlington 1989.

Autorenverzeichnis

Prof. Dr. Jörg Becker
Westfälische Wilhelms-Universität Münster,
Institut für Wirtschaftsinformatik,
Leonardo-Campus 3, D-48149 Münster,
Tel.: +49 (0)251/83-38 100, Fax: +49 (0)251/83-38 109,
E-Mail: becker@wi.uni-muenster.de,
http://www.wi.uni-muenster.de/is

Jörg Bergerfurth
Westfälische Wilhelms-Universität Münster,
Institut für Wirtschaftsinformatik,
Leonardo-Campus 3, D-48149 Münster,
Tel.: +49 (0)251/83-38 082, Fax: +49 (0)251/83-38 109,
E-Mail: joerg.bergerfurth@wi.uni-muenster.de,
http://www.wi.uni-muenster.de/is

Christian Botta
Universität des Saarlandes,
Institut für Wirtschaftsinformatik (IWi),
Im Stadtwald, Geb. 43.8, D-66123 Saarbrücken,
Tel.: +49 (0)6 81/30 2 52 41, Fax: +49 (0)6 81/30 2 36 96,
E-Mail: botta@iwi.uni-sb.de,
http://www.iwi.uni-sb.de

Dr. Heide Brücher
Universität Bern,
Institut für Wirtschaftsinformatik,
Abteilung Information Engineering,
Engehaldenstrasse 8, CH-3012 Bern,
Tel.: +41(0)31/631-3809, Fax: +41 (0)31/631-4682,
E-Mail: bruecher@ie.iwi.unibe.ch,
http://www.ie.iwi.unibe.ch

Patrick Delfmann

Westfälische Wilhelms-Universität Münster,
Institut für Wirtschaftsinformatik,
Leonardo-Campus 3, D-48149 Münster,
Tel.: +49 (0)251/83-38 083, Fax: +49 (0)251/83-38 109,
E-Mail: patrick.delfmann@wi.uni-muenster.de,
http://www.wi.uni-muenster.de/is

Rainer Endl

IGIM AG,
Bildstrasse. 5, CH-9015 St. Gallen,
Tel.: +41 (0)31.631.3809, Fax: +41 (0)31/631-4682,
E-Mail: endl@ie.iwi.unibe.ch,
http://www.ie.iwi.unibe.ch

Peter Fettke

Technische Universität Chemnitz,
Professur Wirtschaftsinformatik II,
D-09107 Chemnitz,
Tel.: +49 (0)371/531-4362, Fax: +49 (0)371/531-4376,
E-Mail: peter.fettke@isym.tu-chemnitz.de,
http://www.isym.tu-chemnitz.de

Dr. Stefan Gerber

b2b - Solutions for Financial Industries AG,
Puschkinallee 3a, D-14469 Potsdam,
Tel.: +49 (0)331/20147-510,
E-Mail: stefan.gerber@b2b-sfi.net,
http://www.b2b-sfi.net

Dr. Frank Habermann

imc information multimedia communication GmbH,
Geschäftsstelle Berlin,
Schönhauser Allee 10-11, D-10119 Berlin,
Tel.: +49 (0)30/44 31-21 0, Fax: +49 (0)30/44 31-21 44,
E-Mail: frank.habermann@im-c.de,
http://www.im-c.de

Holger Hansmann
Westfälische Wilhelms-Universität Münster,
Institut für Wirtschaftsinformatik,
Leonardo-Campus 3, D-48149 Münster,
Tel.: +49 (0)251/83-38 055, Fax: +49 (0)251/83-28 074,
E-Mail: holger.hansmann@wi.uni-muenster.de,
http://www.wi.uni-muenster.de/is

Dr. Michael Hau
DATEV e. G.,
Paumgartnerstr. 6-14, D-90329 Nürnberg,
Tel.: +49 (0)911/276-0, Fax: +49 (0)911/276-1709,
E-Mail: michael.hau@datev.de,
http://www.datev.de

Prof. Dr. Thomas Hess
Ludwigs-Maximilians-Universität München,
Lehrstuhl für Allgemeine BWL, Wirtschaftsinformatik und Neue Medien,
Ludwigstr. 28, D-80539 München,
Tel.: +49 (0)89/2180-6391, Fax: +49 (0)89/2180-13541,
E-Mail: thess@bwl.uni-muenchen.de,
http://www.wi.bwl.uni-muenchen.de

Dr. Roland Holten
Westfälische Wilhelms-Universität Münster,
Institut für Wirtschaftsinformatik,
Leonardo-Campus 3, D-48149 Münster,
Tel.: +49 (0)251/83-38 106, Fax: +49 (0)251/83-38 109,
E-Mail: roland.holten@wi.uni-muenster.de,
http://www.wi.uni-muenster.de/is

Ralf Knackstedt
Westfälische Wilhelms-Universität Münster,
Institut für Wirtschaftsinformatik,
Leonardo-Campus 3, D-48149 Münster,
Tel.: +49 (0)251/83-38 094, Fax: +49 (0)251/83-38 109,
E-Mail: ralf.knackstedt@wi.uni-muenster.de,
http://www.wi.uni-muenster.de/is

Dominik Kuropka

Westfälische Wilhelms-Universität Münster,
Institut für Wirtschaftsinformatik,
Leonardo-Campus 3, D-48149 Münster,
Tel.: +49 (0)251/83-38 079, Fax: +49 (0)251/83-38 109,
E-Mail: dominik.kuropka@wi.uni-muenster.de,
http://www.wi.uni-muenster.de/is

Michael Lohmann

Bayerischer Forschungsverbund Wirtschaftsinformatik (FORWIN),
Äußerer Laufer Platz 13-15, D-90403 Nürnberg,
Tel.: +49 (0)911/5302-370, Fax: +49 (0)911/5302-149,
E-Mail: lohmann@forwin.de,
http://www.forwin.de

Prof. Dr. Peter Loos

Technische Universität Chemnitz,
Professur Wirtschaftsinformatik II,
D-09107 Chemnitz,
Tel.: +49 (0)371/531-4375, Fax: +49 (0)371/531-4376,
E-Mail: loos@isym.tu-chemnitz.de,
http://www.isym.tu-chemnitz.de

André Mai

b2b – Solutions for Financial Industries AG,
Puschkinallee 3a, D-14469 Potsdam,
Tel.: +49 (0)331/20147-510, Mobil: +49 (0)160/19 11 408,
E-Mail: andre.mai@b2b-sfi.net,
http://www.b2b-sfi.net

Florian Melchert

Universität St. Gallen,
Institut für Wirtschaftsinformatik,
Müller-Friedberg-Strasse 8, CH-9000 St. Gallen,
Tel.: +41 (0)71/224-37 74, Fax: +41 (0)71/224-21 89,
E-Mail: florian.melchert@unisg.ch,
http://www.iwi.unisg.ch

Prof. Dr. Dr. h. c. mult. Peter Mertens

Bayerischer Forschungsverbund Wirtschaftsinformatik (FORWIN),
Äußerer Laufer Platz 13-15, D-90403 Nürnberg,
Tel.: +49 (0)911/5302-284, Fax: +49 (0)911/5302-149,
E-Mail: mertens@forwin.de,
http://www.forwin.de

Stefan Neumann

Westfälische Wilhelms-Universität Münster,
Institut für Wirtschaftsinformatik,
Leonardo-Campus 3, D-48149 Münster,
Tel.: +49 (0)251/83-38 091, Fax: +49 (0)251/83-38 109
E-Mail: stefan.neumann@wi.uni-muenster.de,
http://www.wi.uni-muenster.de/is

Dr. Michael Rohloff

Siemens AG,
Corporate Department Information and Knowledge Management,
Richard-Strauss-Str. 76, D-81679 München,
E-Mail: michael.rohloff@siemens.com,
http://www.siemens.com

Fabian Schmidt-Schröder

IDS Scheer AG,
Niederlassung München,
Lindwurmstraße 23, D-80337 München,
Tel.: +49 (0)89/230886-0, Fax: +49 (0)89/230886-66,
E-Mail: f.schmidt-schroeder@ids-scheer.de,
http://www.ids-scheer.de

Dr. Gerd Stumme

Universität Karlsruhe,
Institut für Angewandte Informatik und Formale Beschreibungsverfahren,
Englerstr. 11, D-76128 Karlsruhe,
Tel.: +49 (0)721/608-4754, Fax: + 49 (0)721/608-6580,
E-Mail: stumme@aifb.uni-karlsruhe.de,
http://www.aifb.uni-karlsruhe.de/WBS/gst

Oliver Thomas

Universität des Saarlandes,
Institut für Wirtschaftsinformatik (IWi),
Im Stadtwald, Geb. 43.8, D-66123 Saarbrücken,
Tel.: +49 (0)681/30 2-52 21, Fax: +49 (0)681/30 2-36 96,
E-Mail: thomas@iwi.uni-sb.de,
http://www.iwi.uni-sb.de

Antonios Tzouvaras

Universität Göttingen,
Abteilung Wirtschaftsinformatik II,
Platz der Göttinger Sieben 5, D-37073 Göttingen,
Tel.: +49 (0)551/39-9736, Fax: +49 (0)551/39-9735,
E-Mail: atzouva@uni-goettingen.de,
http://www.wi2.wiso.uni-goettingen.de

Michael Wegener

Kontakt über Herrn Fabian Schmidt-Schröder,
IDS Scheer AG,
Niederlassung München,
Lindwurmstraße 23, D-80337 München,
Tel.: +49 (0)89/230886-0, Fax: +49 (0)89/230886-66,
E-Mail: f.schmidt-schroeder@ids-scheer.de,
http://www.ids-scheer.de

MIX
Papier aus verantwortungsvollen Quellen
Paper from responsible sources
FSC® C105338

If you have any concerns about our products,
you can contact us on
ProductSafety@springernature.com

In case Publisher is established outside the EU,
the EU authorized representative is:
**Springer Nature Customer Service Center GmbH
Europaplatz 3, 69115 Heidelberg, Germany**

Printed by Libri Plureos GmbH
in Hamburg, Germany